서울교통공사

필기시험 모의고사

제 1 회	영 역	의사소통능력, 수리능력, 문제해결능력, 조직이해능력 정보능력, 자원관리능력, 기술능력, 자기개발능력 대인관계능력, 직업윤리
	문항수	80문항
	비 고	객관식 5지선다형

SEOWONGAK
(주)서원각

제1회 필기시험 모의고사

1 다음 밑줄 친 어휘의 쓰임이 가장 적절하지 않은 것은?

자율주행차·인공지능(AI) 등 신(新)산업 등으로 적용 범위가 대폭 확대된 「기업활력법」이 오는 13일부터 본격적으로 시행된다. 산업통상자원부는 11일 대한상공회의소에서 개정 「기업활력법」의 출범을 알리는 간담회를 열었다. 이날 회의에서는 「기업활력법」 운영성과와 향후 운영방향, 「기업활력법」을 통한 효과적인 지원방안 등을 논의했다. 이번 「기업활력법」 개정안 시행을 통해 과잉공급 업종에 속한 기업뿐만 아니라, 인공지능(AI), 빅데이터나 자율주행차 등 신산업 분야로 진출하려는 기업도 혜택을 받을 수 있게 됐다.

① 대폭
② 본격
③ 출범
④ 논의
⑤ 진출

2 다음 중 밑줄 친 외래어 표기가 올바르게 쓰인 것은?

① 이번 영화의 컨셉은 실화를 각색한 것이다.
② 올해의 패션 트랜드는 샤이니이다.
③ 이번 여름은 너무 더워 런닝 셔츠만 입게 생겼다.
④ 다음 달은 이곳에서 바비큐를 할 거야.
⑤ 의학계에서 알콜 문제를 심각하게 다루고 있어.

3 다음 밑줄 친 단어의 의미와 동일하게 쓰인 것을 고르시오.

김동연 경제부총리 겸 기획재정부 장관은 26일 최근 노동이슈 관련 "다음 주부터 시행되는 노동시간 단축 관련 올해 말까지 계도기간을 설정해 단속보다는 제도 정착에 초점을 두고 추진할 것"이라고 밝혔다.

김동연 부총리는 이날 정부서울청사에서 노동현안 관련 경제현안간담회를 주재하고 "7월부터 노동시간 단축제도가 시행되는 모든 기업에 대해 시정조치 기간을 최장 6개월로 늘리고, 고소·고발 등 법적인 문제의 처리 과정에서도 사업주의 단축 노력이 충분히 참작될 수 있도록 하겠다."라며 이같이 말했다.

김 부총리는 "노동시간 단축 시행 실태를 면밀히 조사해 탄력 근로단위기간 확대 등 제도개선 방안도 조속히 마련하겠다."라며 "불가피한 경우 특별 연장근로를 인가받아 활용할 수 있도록 구체적인 방안을 강구할 것"이라고 밝혔다.

① 우리는 10년 만에 넓은 평수로 늘려 이사했다.
② 그 집은 알뜰한 며느리가 들어오더니 금세 재산을 늘려 부자가 되었다.
③ 적군은 세력을 늘린 후 다시 침범하였다.
④ 실력을 늘려서 다음에 다시 도전해 보아라.
⑤ 대학은 학생들의 건의를 받아들여 쉬는 시간을 늘리는 방안을 추진 중이다.

4 다음은 서울교통공사 공고문의 일부이다. 빈칸에 공통적으로 들어갈 단어로 가장 적절한 것은?

지하철 (　　)운행 안내
　설 연휴를 맞아 귀경객의 교통편의를 위하여 서울지하철 1~8호선을 (　　)운행하오니 많은 이용 바랍니다.
• 설 연휴 : 2019. 2. 2. (토)~2. 6. (수)/ 5일간
• 지하철 (　　)운행 : 2019. 2. 5. (화)~2. 6(수)/ 2일간
※ 종착역 도착기준 다음날 02시까지 (　　)운행

① 지연
② 지속
③ 지체
④ 연장
⑤ 연속

5 다음의 밑줄 친 단어의 한자어 표기가 옳지 않은 것은?

산업의 중심이 점차 2차 산업에서 3차 산업으로 넘어가는 <u>추세</u>에 따라 3차 산업을 상업, 금융, <u>보험</u>, 수송 등에 국한시키고, 4차와 5차 산업의 개념을 확대 도입하려는 움직임이 일고 있다. 이때 4차 산업이란 <u>정보</u>, 의료, 교육, 서비스 산업 등 지식 <u>집약</u>적 산업을 총칭하며, 5차 산업이란 패션, <u>오락</u> 및 레저산업을 가리킨다.

① 추세 – 趨勢　　② 보험 – 保險

③ 정보 – 精報　　④ 집약 – 集約

⑤ 오락 – 娛樂

▌6～7▌ 다음 지문을 읽고 이어지는 질문에 답하시오.

고객들에게 자사 제품과 브랜드를 최소의 비용으로 최대의 효과를 내며 알릴 수 있는 비법이 있다면, 마케팅 담당자들의 스트레스는 훨씬 줄어들 것이다. 이런 측면에서 웹2.0 시대의 UCC를 활용한 마케팅 전략은 자사 제품의 사용 상황이나 대상에 따라 약간의 차이는 보이겠지만, 마케팅 활동에 있어 굉장한 기회가 될 것이다. 그러나 마케팅 교육을 담당하는 입장에서 보면, 아직까지는 인터넷 업종을 제외한 주요 기업 마케팅 담당자들의 UCC에 대한 이해 수준이 생각보다 깊지 않다. 우선 웹2.0에 대한 정확한 이해가 부족하고, 자사 제품이나 브랜드를 어떻게 적용할 것인가 하는 고민은 많지만, 활용 전략에서 많은 어려움을 겪는다. 그래서 후년부터 (　　　　　　　)을(를) 주제로 강의를 할 예정이다. 이 강좌를 통해 국내 대표 인터넷 기업들의 웹2.0 비즈니스 성공 모델을 분석하면서 어떻게 활용할 것인가를 함께 고민하고자 한다.

6 윗글의 예상 독자는 누구인가?

① UCC 제작 교육을 원하는 기업 마케터들

② UCC 활용 교육을 원하는 기업 마케터들

③ UCC 이해 교육을 원하는 기업 웹담당자들

④ UCC 전략 교육을 원하는 기업 웹담당자들

⑤ UCC를 마케팅에 활용하고 있는 인터넷 기업 대표들

7 윗글의 괄호 안에 들어갈 강의 제목으로 가장 적절한 것은 무엇인가?

① 웹2.0 시대의 마케팅 담당자

② 웹2.0 시대의 비즈니스 성공 열쇠

③ 웹2.0 시대 비즈니스 성공 모델 완벽 분석

④ 웹2.0 시대 UCC를 통한 마케팅 활용 전략

⑤ 웹2.0 시대 국내 대표 인터넷 기업들

8 다음 글의 주제로 가장 적절한 것을 고른 것은?

유럽의 도시들을 여행하다 보면 여기저기서 벼룩시장이 열리는 것을 볼 수 있다. 벼룩시장에서 사람들은 낡고 오래된 물건들을 보면서 추억을 되살린다. 유럽 도시들의 독특한 분위기는 오래된 것을 쉽게 버리지 않는 이런 정신이 반영된 것이다.

영국의 옥스팜(Oxfam)이라는 시민단체는 헌옷을 수선해 파는 전문 상점을 운영해, 그 수익금으로 제3세계를 지원하고 있다. 파리 시민들에게는 유행이 따로 없다. 서로 다른 시절의 옷들을 예술적으로 배합해 자기만의 개성을 연출한다.

땀과 기억이 배어 있는 오래된 물건은 실용적 가치만으로 따질 수 없는 보편적 가치를 지닌다. 선물로 받아서 10년 이상 써 온 손때 묻은 만년필을 잃어버렸을 때 느끼는 상실감은 새 만년필을 산다고 해서 사라지지 않는다. 그것은 그 만년필이 개인의 오랜 추억을 담고 있는 증거물이자 애착의 대상이 되었기 때문이다. 그러기에 실용성과 상관없이 오래된 것은 그 자체로 아름답다.

① 서양인들의 개성은 시대를 넘나드는 예술적 가치관으로부터 표현된다.

② 실용적 가치보다 보편적인 가치를 중요시해야 한다.

③ 만년필은 선물해 준 사람과의 아름다운 기억과 오랜 추억이 담긴 물건이다.

④ 오래된 물건은 실용적인 가치보다 더 중요한 가치를 지니고 있다.

⑤ 오래된 물건은 실용적 가치만으로 따질 수 없는 개인의 추억과 같은 보편적 가치를 지니기에 그 자체로 아름답다.

9 다음 글은 「철도안전법」에 규정되어 있는 철도종사자의 안전교육 대상 등에 대한 내용이다. 이를 보고 잘못 이해한 사람은 누구인가?

철도종사자의 안전교육 대상 등〈「철도안전법 시행규칙」 제41조의2〉

① 철도운영자 등이 철도안전에 관한 교육(이하 "철도안전교육"이라 한다)을 실시하여야 하는 대상은 다음과 같다.

• 철도차량의 운전업무에 종사하는 사람(이하 "운전업무 종사자"라 한다)

• 철도차량의 운행을 집중 제어·통제·감시하는 업무(이하 "관제업무"라 한다)에 종사하는 사람

• 여객에게 승무(乘務) 서비스를 제공하는 사람(이하 "여객승무원"이라 한다)

• 여객에게 역무(驛務) 서비스를 제공하는 사람(이하 "여객역무원"이라 한다)

• 철도차량의 운행선로 또는 그 인근에서 철도시설의 건설 또는 관리와 관련된 작업의 현장감독업무를 수행하는 사람

• 철도시설 또는 철도차량을 보호하기 위한 순회점검업무 또는 경비업무를 수행하는 사람

• 정거장에서 철도신호기·선로전환기 또는 조작판 등을 취급하거나 열차의 조성업무를 수행하는 사람

• 철도에 공급되는 전력의 원격제어장치를 운영하는 사람

② 철도운영자 등은 철도안전교육을 강의 및 실습의 방법으로 매 분기마다 6시간 이상 실시하여야 한다. 다만, 다른 법령에 따라 시행하는 교육에서 제3항에 따른 내용의 교육을 받은 경우 그 교육시간은 철도안전교육을 받은 것으로 본다.

③ 철도안전교육의 내용은 아래와 같으며, 교육방법은 강의 및 실습에 의한다.

• 철도안전법령 및 안전관련 규정

• 철도운전 및 관제이론 등 분야별 안전업무수행 관련 사항

• 철도사고 사례 및 사고예방대책

• 철도사고 및 운행장애 등 비상 시 응급조치 및 수습복구대책

• 안전관리의 중요성 등 정신교육

• 근로자의 건강관리 등 안전·보건관리에 관한 사항

• 철도안전관리체계 및 철도안전관리시스템

• 위기대응체계 및 위기대응 매뉴얼 등

④ 철도운영자 등은 철도안전교육을 법 제69조에 따른 안전전문기관 등 안전에 관한 업무를 수행하는 전문기관에 위탁하여 실시할 수 있다.

⑤ 제1항부터 제4항까지에서 규정한 사항 외에 철도안전교육의 평가방법 등에 필요한 세부사항은 국토교통부장관이 정하여 고시한다.

---

① 동수 : 운전업무 종사자, 관제업무 종사자, 여객승무원, 여객역무원은 철도안전교육을 받아야 하는구나.

② 영수 : 철도안전교육은 강의 및 실습의 방법으로 매 분기마다 6시간 이상 실시하는구나.

③ 미희 : 철도안전교육은 전문기관에 위탁하여 실시하기에는 너무나 어렵구나.

④ 지민 : 철도안전교육에 철도운전 및 관제이론 등 분야별 안전업무수행 관련 사항, 철도사고 사례 및 사고예방대책 등도 포함되는구나.

⑤ 현민 : 정거장에서 철도신호기·선로전환기 또는 조작판 등을 취급하거나 열차의 조성업무를 수행하는 사람도 철도안전교육을 받아야 하는구나.

10 다음 A, B 두 사람의 논쟁에 대한 분석으로 가장 적절한 것은?

A : 최근 인터넷으로 대표되는 정보통신기술 혁명은 과거 유례를 찾을 수 없을 정도로 세상이 돌아가는 방식을 근본적으로 바꿔놓았다. 정보통신기술 혁명은 물리적 거리의 파괴로 이어졌고, 그에 따라 국경 없는 세계가 출현하면서 국경을 넘나드는 자본, 노동, 상품에 대한 규제가 철폐될 수밖에 없는 사회가 되었다. 이제 개인이나 기업 혹은 국가는 과거보다 훨씬 더 유연한 자세를 견지해야 하고, 이를 위해서는 강력한 시장 자유화가 필요하다.

B : 변화를 인식할 때 우리는 가장 최근의 것을 가장 혁신적인 것으로 생각하는 경향이 있다. 인터넷 혁명의 경제적, 사회적 영향은 최소한 지금까지는 세탁기를 비롯한 가전제품만큼 크지 않았다. 가전제품은 집안일에 들이는 노동시간을 대폭 줄여줌으로써 여성들의 경제활동을 촉진했고, 가족 내의 전통적인 역학관계를 바꾸었다. 옛것을 과소평가해서도 안 되고 새것을 과대평가해서도 안 된다. 그렇게 할 경우 국가의 경제정책이나 기업의 정책은 물론이고 우리 자신의 직업과 관련해서도 여러 가지 잘못된 결정을 내리게 된다.

A : 인터넷이 가져온 변화는 가전제품이 초래한 변화에 비하면 전 지구적인 규모이고 동시적이라는 점에 주목해야 한다. 정보통신기술이 초래한 국경 없는 세계의 모습을 보라. 국경을 넘어 자본, 노동, 상품이 넘나들게 됨으로써 각 국가의 행정 시스템은 물론 세계 경제 시스템에도 변화가 불가피하게 되었다. 그런 점에서 정보통신기술의 영향력은 가전제품의 영향력과 비교될 수 없다.

B : 최근의 기술 변화는 100년 전에 있었던 변화만큼 혁명적이라고 할 수 없다. 100년 전의 세계는 1960~1980년에 비해 통신과 운송 부문에서의 기술은 훨씬 뒤떨어졌으나 세계화는 오히려 월등히 진전된 상태였다. 사실 1960~1980년 사이에 강대국 정부가 자본, 노동, 상품이 국경을 넘어 들어오는 것을 엄격하게 규제했기에 세계화의 정보는 그리 높지 않았다. 이처럼 세계화의 정도를 결정하는 것은 정치이지 기술력이 아니다.

---

① 이 논쟁의 핵심 쟁점은 정보통신기술 혁명과 가전제품을 비롯한 제조분야 혁명의 영향력 비교이다.

② A는 최근의 정보통신 혁명으로 말미암아 자본, 노동, 상품이 국경을 넘나드는 것이 현실이 되었다는 점을 근거로 삼고 있다.

③ B는 A가 제시한 근거가 다 옳다고 하더라도 A의 주장을 받아들일 수 없다고 주장하고 있다.

④ B와 A는 인터넷의 영향력에 대한 평가에는 의견을 달리하지만 가전제품의 영향력에 대한 평가에는 의견이 일치한다.

⑤ B는 A가 원인과 결과를 뒤바꾸어 해석함으로써 현상에 대한 잘못된 진단을 한다고 비판하고 있다.

11 다음 글을 읽고 알 수 있는 내용으로 적절하지 않은 것은 어느 것인가?

> 인공지능이란 인간처럼 사고하고 감지하고 행동하도록 설계된 일련의 알고리즘인데, 컴퓨터의 역사와 발전을 함께한다. 생각하는 컴퓨터를 처음 제시한 것은 컴퓨터의 아버지라 불리는 앨런 튜링(Alan Turing)이다. 앨런 튜링은 현대 컴퓨터의 원형을 제시한 인물로 알려져 있다. 그는 최초의 컴퓨터라 평가받는 에니악(ENIAC)이 등장하기 이전(1936)에 '튜링 머신'이라는 가상의 컴퓨터를 제시했다. 가상으로 컴퓨터라는 기계를 상상하던 시점부터 앨런 튜링은 인공지능을 생각한 것이다.
>
> 2016년에 이세돌 9단과 알파고의 바둑 대결이 화제가 됐지만, 튜링은 1940년대부터 체스를 두는 기계를 생각하고 있었다. 흥미로운 점은 튜링이 생각한 '체스 기계'는 경우의 수를 빠르게 계산하는 방식의 기계가 아니라 스스로 체스 두는 법을 학습하는 기계를 의미했다는 것이다. 요즘 이야기하는 머신러닝을 70년 전에 고안했던 것이다. 튜링의 상상을 약 70년 만에 현실화한 것이 '알파고'다. 이전에도 체스나 바둑을 두던 컴퓨터는 많았다. 하지만 그것들은 인간이 체스나 바둑을 두는 알고리즘을 입력한 것이었다. 이 컴퓨터들의 체스, 바둑 실력을 높이려면 인간이 더 높은 수준의 알고리즘을 제공해야 했다. 결국 이 컴퓨터들은 인간이 정해준 알고리즘을 수행하는 역할을 할 뿐이었다. 반면, 알파고는 튜링의 상상처럼 스스로 바둑 두는 법을 학습한 인공지능이다. 일반 머신러닝 알고리즘을 기반으로, 바둑의 기보를 데이터로 입력받아 스스로 바둑 두는 법을 학습한 것이 특징이다.

① 앨런 튜링이 인공지능을 생각해 낸 것은 컴퓨터의 등장 이전이다.

② 앨런 튜링은 세계 최초의 머신러닝 발명품을 개발했다.

③ 알파고는 스스로 학습하는 인공지능을 지녔다.

④ 알파고는 바둑을 둘 수 있는 세계 최초의 컴퓨터가 아니다.

⑤ 알파고는 입력된 알고리즘을 바탕으로 새로운 지능적 행위를 터득한다.

12 다음은 어느 시민사회단체의 발기 선언문이다. 이 단체에 대해 판단한 내용으로 적절하지 않은 것은?

> 우리 사회의 경제적 불의는 더 이상 방치할 수 없는 상태에 이르렀다. 도시 빈민가와 농촌에 잔존하고 있는 빈곤은 최소한의 인간적 삶조차 원천적으로 박탈하고 있으며, 경제력을 4 사치와 향락은 근면과 저축의욕을 감퇴시키고 손쉬운 투기와 불로소득은 기업들의 창의력과 투자의욕을 감소시킴으로써 경제 성장의 토대가 와해되고 있다. 부익부빈익빈의 극심한 양극화는 국민 간의 균열을 심화시킴으로써 사회 안정 기반이 동요되고 있으며 공공연한 비윤리적 축적은 공동체의 기본 규범인 윤리 전반을 문란케 하여 우리와 우리 자손들의 소중한 삶의 터전인 이 땅을 약육강식의 살벌한 세상으로 만들고 있다.
>
> 부동산 투기, 정경유착, 불로소득과 탈세를 공인하는 차명계좌의 허용, 극심한 소득차, 불공정한 노사관계, 농촌과 중소기업의 피폐 및 이 모든 것들의 결과인 부와 소득의 불공정한 분배, 그리고 재벌로의 경제적 집중, 사치와 향락, 환경오염 등 이 사회에 범람하고 있는 경제적 불의를 척결하고 경제정의를 실천함은 이 시대 우리 사회의 역사적 과제이다.
>
> 이의 실천이 없이는 경제 성장도 산업 평화도 민주복지 사회의 건설도 한갓 꿈에 불과하다. 이 중에서도 부동산 문제의 해결은 가장 시급한 우리의 당면 과제이다. 인위적으로 생산될 수 없는 귀중한 국토는 모든 국민들의 복지 증진을 위하여 생산과 생활에만 사용되어야 함에도 불구하고 소수의 재산 증식 수단으로 악용되고 있다. 토지 소유의 극심한 편중과 투기화, 그로 인한 지가의 폭등은 국민생활의 근거인 주택의 원활한 공급을 극도로 곤란하게 하고 있을 뿐만 아니라 물가 폭등 및 노사 분규의 격화, 거대한 투기 소득의 발생 등을 초래함으로써 현재 이 사회가 당면하고 있는 대부분의 경제적 사회적 불안과 부정의의 가장 중요한 원인으로 작용하고 있다.
>
> 정부 정책에 대한 국민들의 자유로운 선택권이 보장되며 경제적으로 시장 경제의 효율성과 역동성을 살리면서 깨끗하고 유능한 정부의 적절한 개입으로 분배의 편중, 독과점 및 공해 등 시장 경제의 결함을 해결하는 민주복지사회를 실현하여야 한다. 그리고 이것이 자유와 평등, 정의와 평화의 공동체로서 우리가 지향할 목표이다.

① 이 단체는 극빈층을 포함한 사회적 취약계층의 객관적인 생활수준은 향상되었지만 불공정한 분배, 비윤리적 부의 축적 그리고 사치와 향락 분위기 만연으로 상대적 빈곤은 심각해지고 있다고 인식한다.

② 이 단체는 정책 결정 과정이 소수의 특정 집단에 좌우되고 있다고 보고 있으므로, 정책 결정 과정에 국민 다수의 참여 보장을 주장할 가능성이 크다.

③ 이 단체는 윤리 정립과 불의 척결 등의 요소도 경제 성장에 기여할 수 있다고 본다.

④ 이 단체는 '기업의 비사업용 토지소유 제한을 완화하는 정책'에 비판적일 것이다.

⑤ 이 단체는 경제 성장의 조건으로 저축과 기업의 투자 등을 꼽고 있다.

┃13~15┃ 다음 글을 읽고 물음에 답하시오.

　디지털 통신 시스템은 송신기, 채널, 수신기로 구성되며, 전송할 데이터를 빠르고 정확하게 전달하기 위해 부호화 과정을 거쳐 전송한다. 영상, 문자 등인 데이터는 기호 집합에 있는 기호들의 조합이다. 예를 들어 기호 집합 {a, b, c, d, e, f}에서 기호들을 조합한 add, cab, beef 등이 데이터이다. 정보량은 어떤 기호가 발생했다는 것을 알았을 때 얻는 정보의 크기이다. 어떤 기호 집합에서 특정 기호의 발생 확률이 높으면 그 기호의 정보량은 적고, 발생 확률이 낮으면 그 기호의 정보량은 많다. 기호 집합의 평균 정보량(각 기호의 발생 확률과 정보량을 서로 곱하여 모두 더한 것)을 기호 집합의 엔트로피라고 하는데 모든 기호들이 동일한 발생 확률을 가질 때 그 기호 집합의 엔트로피는 최댓값을 갖는다.

　송신기에서는 소스 부호화, 채널 부호화, 선 부호화를 거쳐 기호를 부호로 변환한다. 소스 부호화는 데이터를 압축하기 위해 기호를 0과 1로 이루어진 부호로 변환하는 과정이다. 어떤 기호가 110과 같은 부호로 변환되었을 때 0 또는 1을 비트라고 하며 이 부호의 비트 수는 3이다. 이때 기호 집합의 엔트로피는 기호 집합에 있는 기호를 부호로 표현하는 데 필요한 평균 비트 수의 최솟값이다. 전송된 부호를 수신기에서 원래의 기호로 복원하려면 부호들의 평균 비트 수가 기호 집합의 엔트로피보다 크거나 같아야 한다. 기호 집합을 엔트로피에 최대한 가까운 평균 비트 수를 갖는 부호들로 변환하는 것을 엔트로피 부호화라 한다. 그중 하나인 '허프만 부호화'에서는 발생 확률이 높은 기호에는 비트 수가 적은 부호를, 발생 확률이 낮은 기호에는 비트 수가 많은 부호를 할당한다.

　채널 부호화는 오류를 검출하고 정정하기 위하여 부호에 잉여 정보를 추가하는 과정이다. 송신기에서 부호를 전송하면 채널의 잡음으로 인해 오류가 발생하는데 이 문제를 해결하기 위해 잉여 정보를 덧붙여 전송한다. 채널 부호화 중 하나인 '삼중 반복 부호화'는 0과 1을 각각 000과 111로 부호화한다. 이때 수신기에서는 수신한 부호에 0이 과반수인 경우에는 0으로 판단하고, 1이 과반수인 경우에는 1로 판단한다. 즉 수신기에서 수신된 부호가 000, 001, 010, 100 중 하나라면 0으로 판단하고, 그 이외에는 1로 판단한다. 이렇게 하면 000을 전송했을 때 하나의 비트에서 오류가 생겨 001을 수신해도 0으로 판단하므로 오류는 정정된다. 채널 부호화를 하기 전 부호의 비트 수를, 채널 부호화를 한 후 부호의 비트 수로 나눈 것을 부호율이라 한다. 삼중 반복 부호화의 부호율은 약 0.33이다.

　채널 부호화를 거친 부호들을 채널을 통해 전송하려면 부호들을 전기 신호로 변환해야 한다. 0 또는 1에 해당하는 전기 신호의 전압을 결정하는 과정이 선 부호화이다. 전압의 결정 방법은 선 부호화 방식에 따라 다르다. 선 부호화 중 하나인 '차동 부호화'는 부호의 비트가 0이면 전압을 유지하고 1이면 전압을 변화시킨다. 차동 부호화를 시작할 때는 기준 신호가 필요하다. 예를 들어 차동 부호화 직전의 기준 신호가 양(+)의 전압이라면 부호 0110은 '양, 음, 양, 양'의 전압을 갖는 전기 신호로 변환된다. 수신기에서는 송신기와 동일한 기준 신호를 사용하여, 전압의 변화가 있으면 1로 판단하고 변화가 없으면 0으로 판단한다.

13　윗글에서 알 수 있는 내용으로 적절한 것은?

① 소스 부호화는 전송할 기호에 정보를 추가하여 오류에 대비하는 과정이다.

② 영상을 전송할 때는 잡음으로 인한 오류가 발생하지 않는다.

③ 잉여 정보는 데이터를 압축하기 위해 추가한 정보이다.

④ 수신기에는 부호를 기호로 복원하는 기능이 있다.

⑤ 영상 데이터는 채널 부호화 과정에서 압축된다.

14　윗글을 바탕으로, 2가지 기호로 이루어진 기호 집합에 대해 이해한 내용으로 적절하지 않은 것은?

① 기호들의 발생 확률이 모두 1/2인 경우, 각 기호의 정보량은 동일하다.

② 기호들의 발생 확률이 각각 1/4, 3/4인 경우의 평균 정보량이 최댓값이다.

③ 기호들의 발생 확률이 각각 1/4, 3/4인 경우, 기호의 정보량이 더 많은 것은 발생 확률이 1/4인 기호이다.

④ 기호들의 발생 확률이 모두 1/2인 경우, 기호를 부호화하는 데 필요한 평균 비트 수의 최솟값이 최대가 된다.

⑤ 기호들의 발생 확률이 각각 1/4, 3/4인 기호 집합의 엔트로피는 발생 확률이 각각 3/4, 1/4인 기호 집합의 엔트로피와 같다.

15　윗글의 '부호화'에 대한 내용으로 적절한 것은?

① 선 부호화에서는 수신기에서 부호를 전기 신호로 변환한다.

② 허프만 부호화에서는 정보량이 많은 기호에 상대적으로 비트 수가 적은 부호를 할당한다.

③ 채널 부호화를 거친 부호들은 채널로 전송하기 전에 잉여 정보를 제거한 후 선 부호화한다.

④ 채널 부호화 과정에서 부호에 일정 수준 이상의 잉여 정보를 추가하면 부호율은 1보다 커진다.

⑤ 삼중 반복 부호화를 이용하여 0을 부호화한 경우, 수신된 부호에서 두 개의 비트에 오류가 있으면 오류는 정정되지 않는다.

16 둘레가 6km인 공원을 영수와 성수가 같은 장소에서 동시에 출발하여 같은 방향으로 돌면 1시간 후에 만나고, 반대 방향으로 돌면 30분 후에 처음으로 만난다고 한다. 영수가 성수보다 걷는 속도가 빠르다고 할 때, 영수가 걷는 속도는?

① 5km/h   ② 6km/h

③ 7km/h   ④ 8km/h

⑤ 9km/h

17 두 기업 서원각, 소정의 작년 상반기 매출액의 합계는 91억 원이었다. 올해 상반기 두 기업 서원각, 소정의 매출액은 작년 상반기에 비해 각각 10%, 20% 증가하였고, 두 기업 서원각, 소정의 매출액 증가량의 비가 2 : 3이라고 할 때, 올해 상반기 두 기업 서원각, 소정의 매출액의 합계는?

① 96억 원   ② 100억 원

③ 104억 원   ④ 108억 원

⑤ 112억 원

18 그림과 같이 P도시에서 Q도시로 가는 길은 3가지이고, Q도시에서 R도시로 가는 길은 2가지이다. P도시를 출발하여 Q도시를 거쳐 R도시로 가는 방법은 모두 몇 가지인가?

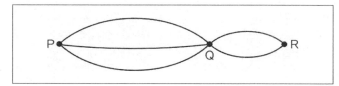

① 3가지   ② 4가지

③ 5가지   ④ 6가지

⑤ 7가지

19 3개월의 인턴기간 동안 업무평가 점수가 가장 높았던 甲, 乙, 丙, 丁 네 명의 인턴에게 성과급을 지급했다. 제시된 조건에 따라 성과급은 甲 인턴부터 丁 인턴까지 차례로 지급되었다고 할 때, 네 인턴에게 지급된 성과급 총액은 얼마인가?

- 甲 인턴은 성과급 총액의 1/3보다 20만 원 더 받았다.
- 乙 인턴은 甲 인턴이 받고 남은 성과급의 1/2보다 10만 원을 더 받았다.
- 丙 인턴은 乙 인턴이 받고 남은 성과급의 1/3보다 60만 원을 더 받았다.
- 丁 인턴은 丙 인턴이 받고 남은 성과급의 1/2보다 70만 원을 더 받았다.

① 860만 원

② 900만 원

③ 940만 원

④ 960만 원

⑤ 1,020만 원

20 김정은과 시진핑은 양국의 우정을 돈독히 하기 위해 함께 서울에 방문하여 용산역에서 목포역까지 열차를 활용한 우정 휴가를 계획하고 있다. 아래의 표는 인터넷 사용법에 능숙한 김정은과 시진핑이 서울-목포 간 열차종류 및 이에 해당하는 요소들을 배치해 알아보기 쉽게 도표화한 것이다. 아래의 표를 참조하여 이 둘이 선택할 수 있는 대안(열차종류)을 보완적 방식을 통해 고르면 어떠한 열차를 선택하게 되겠는가? (단, 각 대안에 대한 최종결과 값 수치에 대한 반올림은 없는 것으로 한다.)

평가 기준	중요도	열차 종류				
		KTX 산천	ITX 새마을	무궁화호	ITX 청춘	누리로
경제성	60	3	5	4	6	6
디자인	40	9	7	2	4	5
서비스	20	8	4	3	4	4

① ITX 새마을   ② ITX 청춘

③ 무궁화호   ④ 누리로

⑤ KTX 산천

21 다음 글을 근거로 판단할 때 문장과 그 대응되는 수를 바르게 짝지은 것은?

'$x+a$는 $y+a$와 같다'는 문장은 $x+a=y+a$로 바꿀 수 있다. 이런 식으로 단어를 기호, 쉼표나 괄호, ∧(그리고)나 ∨(또는), ∼(아니다), →(…면 …다) 같은 논리식 기호, ∀(모든), ∃(어떤 …가 있다) 등을 이용해 바꾸어 일반적인 문장을 수학적 문장으로 바꿀 수 있다. 그 다음에 이 기호 하나하나에 다음과 같이 어떤 숫자를 대응시켜 볼 수 있다.

∧	∨	∼	=	+	÷	→	x	y	p	q	a	∀	∃
↓	↓	↓	↓	↓	↓	↓	↓	↓	↓	↓	↓	↓	↓
1	2	3	4	5	6	7	8	9	10	11	12	13	14

소인수분해는 어떤 수를 2, 3, 4, 7, 11과 같은 소수(素數)들의 곱으로 표시하는 것을 말한다. 어떤 수를 소인수분해하는 방법은 오직 하나만 존재한다. 예를 들면, 360을 $2^3 \times 3^2 \times 5$로 표현하는 것을 소인수분해라고 하고, 360을 소인수분해하는 방법은 방금 말한 한 가지뿐이다. 이런 것을 소인수분해의 일의성(一意性)이라고 한다. 다시 말하면 자연수와 그것을 소인수분해하는 식 사이에는 일대일대응이 존재한다고 할 수 있다.

위의 방법들을 이용해 문장을 하나의 수로 바꿀 수 있다. 간단한 예를 들어보자. 'p가 아니거나 q다'라는 문장은 수학적 문장으로 바꾸면 '$\sim p \vee q$'이다. 위에서 약속한 대로 할 경우 이 문장에서 기호들은 각각 3($\sim$), 10(p), 2($\vee$), 11(q)에 대응된다. 다음에, 소수를 작은 수부터 나열해보면 2, 3, 5, 7, 11, 13, 17, 19, … 순으로 배열되는데, 조금 전의 네 수를 앞에서부터 차례로 이 소수들의 지수로 얹어서 곱해보는 것이다. 그럼 $2^3 \times 3^{10} \times 5^2 \times 7^{11}$이 된다. 이 수가 바로 $\sim p \vee q$에 대응하는 숫자가 된다. 같은 식으로 '$x+a$는 $y+a$와 같다'는 문장에 대응하는 숫자는 $2^8 \times 3^5 \times 5^{12} \times 7^4 \times 11^9 \times 13^5 \times 17^{12}$임을 알 수 있다.

	문장	대응되는 수
①	$x+a$는 $p+q$와 같다	$2^8 \times 3^5 \times 5^{12} \times 7^4 \times 11^{10} \times 13^6 \times 17^{11}$
②	p가 아니면 q다	$2^3 \times 3^{10} \times 5^6 \times 7^{11}$
③	x 또는 y다	$3^8 \times 5^2 \times 7^9$
④	모든 x는 a와 같다	$2^{14} \times 3^8 \times 5^4 \times 7^{12}$
⑤	x와 y가 같다면 a다	$2^8 \times 3^4 \times 5^9 \times 7^7 \times 11^{12}$

---

22 다음 주어진 〈상황〉을 근거로 판단할 때, ○○씨가 지원받을 수 있는 주택보수비용의 최대 액수는?

- 주택을 소유하고 해당 주택에 거주하는 가구를 대상으로 주택 노후도 평가를 실시하여 그 결과(경·중·대보수)에 따라 다음과 같이 주택보수비용을 지원한다.

[주택보수비용 지원 내용]

구분	경보수	중보수	대보수
보수항목	도배 또는 장판	수도시설 또는 난방시설	지붕 또는 기둥
주택당 보수비용 지원한도액	350만 원	650만 원	950만 원

- 소득인정액에 따라 위 보수비용 지원한도액의 80~100% 차등 지원

구분	중위소득 25% 미만	중위소득 25% 이상 35% 미만	중위소득 35% 이상 43% 미만
지원율	100%	90%	80%

〈상황〉

○○씨는 현재 거주하고 있는 A주택의 소유자이며, 소득인정액이 중위 40%에 해당한다. A주택 노후도 평가 결과, 지붕의 수선이 필요한 주택보수비용 지원 대상에 선정되었다.

① 520만 원
② 650만 원
③ 760만 원
④ 855만 원
⑤ 950만 원

23 다음 〈그림〉은 연도별 연어의 포획량과 회귀율을 나타낸 것이다. 이에 대한 설명 중 옳지 않은 것은?

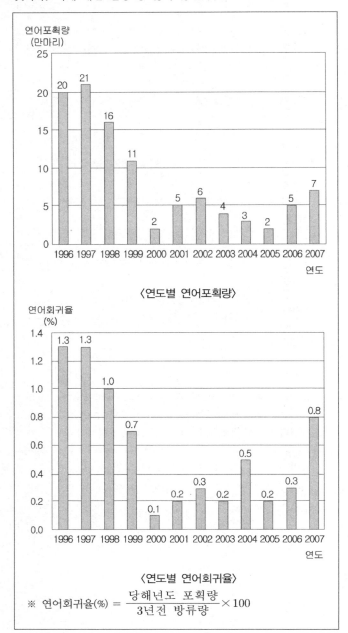

〈연도별 연어포획량〉

〈연도별 연어회귀율〉

※ 연어회귀율(%) = $\dfrac{\text{당해년도 포획량}}{\text{3년전 방류량}} \times 100$

① 1999년도와 2000년도의 연어방류량은 동일하다.

② 연어포획량이 가장 많은 해와 가장 적은 해의 차이는 20만 마리를 넘지 않는다.

③ 연어회귀율은 증감을 거듭하고 있다.

④ 2004년도 연어방류량은 1,500만 마리가 넘는다.

⑤ 2000년도는 연어포획량이 가장 적고, 연어회귀율도 가장 낮다.

24 다음은 C지역의 알코올 질환 환자 동향에 관한 자료이다. 이를 참고하여 글로 정리할 때, 다음 빈칸에 들어갈 적절한 것을 구하면?

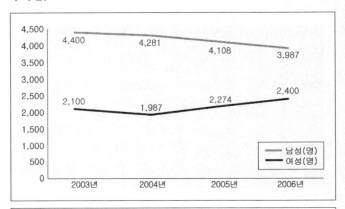

　　C지역의 음주 관련 범죄가 날로 심해지자 시 차원에서 알코올 질환 환자를 대상으로 프로그램을 실시했다. 프로그램 시행 첫 해인 2003년의 알코올 질환 환자는 남성이 여성보다 ㉠___ 명 더 많았다. 2004년의 알코올 질환 환자 수는 전년 대비 남성과 여성 모두 100명 이상 ㉡___하였다. 2005년의 알코올 질환 환자 수는 남성은 전년 대비 173명이 감소하였지만, 여성은 전년 대비 287명이 ㉢___하였다. 2003년부터 2006년까지 4년간 알코올 질환 환자 동향을 평가하면, 2003년 대비 2006년의 남성 알코올 질환 환자는 413명 감소하였지만, 여성 알코올 질환 환자는 ㉣___명 증가하였다. 따라서 이 프로그램은 남성에게는 매년 효과가 있었지만 여성에게는 두 번째 해를 제외하면 효과가 없었다고 볼 수 있다.

	㉠	㉡	㉢	㉣
①	2,200	감소	증가	200
②	2,300	감소	증가	300
③	2,400	감소	감소	400
④	2,500	증가	감소	500
⑤	2,600	증가	감소	600

|25~26| 다음은 특정 지역의 연도별 불법, 무질서 행위의 유형별 현황을 나타낸 자료이다. 이 자료를 보고 이어지는 물음에 답하시오.

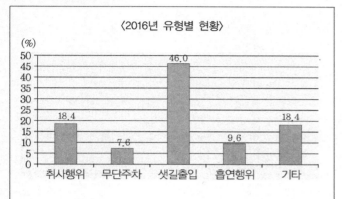

〈2016년 유형별 현황〉

〈과년도 자료〉

(단위 : 건)

구분	계	취사행위	무단주차	샛길출입	흡연행위	기타
2012년	2,428	512	343	968	308	297
2013년	2,918	585	299	1,243	394	397
2014년	2,667	364	301	1,269	372	361
2015년	2,611	484	296	1,163	276	392

25 위의 자료를 참고할 때, 2016년의 전년대비 전체 불법, 무질서 행위 증가율이 10%일 경우 2016년의 샛길출입 건수는 얼마인가? (모든 수치 계산은 반올림하여 정수로 표시함)

① 1,288건
② 1,295건
③ 1,305건
④ 1,321건
⑤ 1,347건

26 다음 중 위 자료에 대한 설명으로 적절하지 않은 것은 어느 것인가?

① 흡연행위 건수는 2014~2015년 기간 동안 전년보다 증가한 적은 없다.
② 매년 가장 많은 불법, 무질서 행위는 샛길출입이다.
③ 무단주차 건수의 비율은 2016년이 전년보다 더 높다.
④ 취사행위의 건수가 증가한 해에는 '기타'의 건수도 증가하였다.
⑤ 2014년 샛길출입 건수는 그해 불법, 무질서 행위 전체 건수의 40% 이상을 차지한다.

|27~28| 다음은 서울교통공사의 편의시설물 계약 현황에 관한 자료이다. 물음에 답하시오.

구분	계약자	계약기간	수량	계약방법
조례시설물	580	–	–	–
음료수 자판기	4명	13.12.23~ 19.01.20	4역 4대	공모 추첨
	9명	14.03.01~ 19.02.28	9역 9대	
	215명	14.10.01~ 19.09.30	112역 215대	
	185명	15.07.25~ 20.08.09	137역 185대	
통합 판매대	5명	14.03.01~ 19.02.28	5역 5대	
	5명	14.03.01~ 19.02.28	5역 5대	
	90명	14.10.01~ 19.09.30	60역 90대	
	40명	15.07.26~ 20.08.09	34역 40대	
스낵 자판기	25명	13.12.23~ 19.01.20	24역 25대	
	3명	15.08.03~ 20.08.09	3역 3대	
일반시설물	7명	–	5종 1219대	–
현금 인출기	㈜○○러스	16.01.22~ 21.01.21	114역 228대	공개 경쟁 입찰
	㈜○○링크	13.04.29~ 18.07.28	155역 184대	
위생용품 자동판매기	㈜○○실업	13.10.14~ 18.10.31	117역 129대	
		14.06.30~ 19.08.29	144역 149대	
스낵 자판기	㈜○○시스	14.01.02~ 19.01.01	106역 184대	
자동칼라 사진기	㈜○○양행	17.07.10~ 20.06.01	91역 91대	
		15.03.02~ 20.06.01	100역 100대	
무인택배 보관함	㈜○○새누	12.03.06~ 17.12.31	98역 154개소	
물품보관 · 전달함	㈜○○박스	15.11.10~ 18.11.09	151역 157개소	협상에 의한 계약

27 공모추첨을 통해 계약한 시설물 중 가장 많은 계약자를 기록하고 있는 시설물은?

① 조례시설물 　　② 음료수자판기

③ 통합판매대 　　④ 스낵자판기

⑤ 일반시설물

28 2019년에 계약이 만료되는 계약자는 총 몇 명인가? (단, 단일 계약자는 제외한다.)

① 353 　　　　② 368

③ 371 　　　　④ 385

⑤ 392

▌29~30▌ 다음은 제주도의 수출에 대한 자료이다. 물음에 답하시오.

〈연도별 수출실적〉

(단위 : 천 달러, %)

구분	2016년	2017년
합계	128,994	155,292
1차 산품	68,685	61,401
농산물	24,530	21,441
수산물	41,996	38,555
축산물	2,159	1,405
공산품	60,309	93,891

〈부문별 수출실적〉

(단위 : 천 달러, %)

구분		농산물	수산물	축산물	공산품
2013년	금액	27,895	50,868	1,587	22,935
	비중	27.0	49.2	1.5	22.2
2014년	금액	23,905	41,088	1,086	40,336
	비중	22.5	38.6	1.0	37.9
2015년	금액	21,430	38,974	1,366	59,298
	비중	17.7	32.2	1.1	49.0
2016년	금액	24,530	41,996	2,159	60,309
	비중	19.0	32.6	1.7	46.7
2017년	금액	21,441	38,555	1,405	93,891
	비중	13.8	24.8	0.9	60.5

29 위의 자료에 대한 올바른 설명을 〈보기〉에서 모두 고른 것은 어느 것인가?

〈보기〉

㈎ 2016년과 2017년의 수산물 수출실적은 1차 산품에서 50%~60%의 비중을 차지한다.

㈏ 2013년~2017년 기간 동안 수출실적의 증감 추이는 농산물과 수산물이 동일하다.

㈐ 2013년~2017년 기간 동안 농산물, 수산물, 축산물, 공산품의 수출실적 순위는 매년 동일하다.

㈑ 2013년~2017년 기간 동안 전체 수출실적은 매년 꾸준히 증가하였다.

① ㈎, ㈏

② ㈏, ㈑

③ ㈐, ㈑

④ ㈎, ㈏, ㈐

⑤ ㈏, ㈐, ㈑

30 다음 중 2013년 대비 2017년의 수출금액 감소율이 가장 큰 1차 산품부터 순서대로 올바르게 나열한 것은 어느 것인가?

① 농산물 > 축산물 > 수산물

② 농산물 > 수산물 > 축산물

③ 수산물 > 농산물 > 축산물

④ 수산물 > 축산물 > 농산물

⑤ 축산물 > 수산물 > 농산물

31 다음 제시된 조건을 보고, 만일 영호와 옥숙을 같은 날 보낼 수 없다면, 목요일에 보내야 하는 남녀사원은 누구인가?

> 영업부의 박 부장은 월요일부터 목요일까지 매일 남녀 각 한 명씩 두 사람을 회사 홍보 행사 담당자로 보내야 한다. 영업부에는 현재 남자 사원 4명(길호, 철호, 영호, 치호)과 여자 사원 4명(영숙, 옥숙, 지숙, 미숙)이 근무하고 있으며, 다음과 같은 제약 사항이 있다.
>
> ㉠ 매일 다른 사람을 보내야 한다.
> ㉡ 치호는 철호 이전에 보내야 한다.
> ㉢ 옥숙은 수요일에 보낼 수 없다.
> ㉣ 철호와 영숙은 같이 보낼 수 없다.
> ㉤ 영숙은 지숙과 미숙 이후에 보내야 한다.
> ㉥ 치호는 영호보다 앞서 보내야 한다.
> ㉦ 옥숙은 지숙 이후에 보내야 한다.
> ㉧ 길호는 철호를 보낸 바로 다음 날 보내야 한다.

① 길호와 영숙

② 영호와 영숙

③ 치호와 옥숙

④ 길호와 옥숙

⑤ 영호와 미숙

32 경찰서에서 목격자 세 사람이 범인에 관하여 다음과 같이 진술하였다.

> A : 은이가 범인이거나 영철이가 범인입니다.
> B : 영철이가 범인이거나 숙이가 범인입니다.
> C : 은이가 범인이 아니거나 또는 숙이가 범인이 아닙니다.

경찰에서는 이미 이 사건이 한 사람의 단독 범행인 것을 알고 있었다. 그리고 한 진술은 거짓이고 나머지 두 진술은 참이라는 것이 나중에 밝혀졌다. 그러나 안타깝게도 어느 진술이 거짓인지는 밝혀지지 않았다면 다음 중 반드시 거짓인 것은?

① 은이가 범인이다.

② 영철이가 범인이다.

③ 숙이가 범인이다.

④ 숙이는 범인이 아니다.

⑤ 은이가 범인이 아니면 영철이도 범인이 아니다.

33 다음을 보고 옳은 것을 모두 고르면?

> 서울교통공사에서 문건 유출 사건이 발생하여 관련자 다섯 명을 소환하였다. 다섯 명의 이름을 편의상 갑, 을, 병, 정, 무라 부르기로 한다. 다음은 관련자들을 소환하여 조사한 결과 참으로 밝혀진 내용들이다.
>
> ㉠ 소환된 다섯 명이 모두 가담한 것은 아니다.
> ㉡ 갑이 가담했다면 을도 가담했고, 갑이 가담하지 않았다면 을도 가담하지 않았다.
> ㉢ 을이 가담했다면 병이 가담했거나 갑이 가담하지 않았다.
> ㉣ 갑이 가담하지 않았다면 정도 가담하지 않았다.
> ㉤ 정이 가담하지 않았다면 갑이 가담했고 병은 가담하지 않았다.
> ㉥ 갑이 가담하지 않았다면 무도 가담하지 않았다.
> ㉦ 무가 가담했다면 병은 가담하지 않았다.

① 가담한 사람은 갑, 을, 병 세 사람뿐이다.

② 가담하지 않은 사람은 무 한 사람뿐이다.

③ 가담한 사람은 을과 병 두 사람뿐이다.

④ 가담한 사람은 병과 정 두 사람뿐이다.

⑤ 가담한 사람은 갑, 을, 병, 무 이렇게 네 사람이다.

34 다음 글에 나타난 문제해결의 장애요소는?

> 최근 A사의 차량이 화재가 나는 사고가 연달아 일어나고 있다. 현재 리콜 대상 차량은 10만여 대로 사측은 전국의 서비스 업체에서 안전진단을 통해 불편을 해소하는 데에 최선을 다하겠다고 말했다. A사 대표는 해당 서비스를 24시간 확대 운영은 물론 예정되어 있던 안전진단도 단기간에 완료하겠다고 입장을 밝혔다. 덕분에 서비스센터 현장은 여름휴가 기간과 겹쳐 일반 서비스 차량과 리콜 진단 차량까지 전쟁터를 방불케 했다. 그러나 안전진단은 결코 답이 될 수 없다는 게 전문가들의 의견이다. 문제가 되는 해당 부품이 개선된 제품으로 교체되어야만 해결할 수 있는 사태이고, 개선된 제품은 기본 20여 일이 걸려 한국에 들어올 수 있기 때문에 이 사태가 잠잠해지기까지는 상당한 시간이 걸린다는 것이다. 또한 단순 안전진단만으로는 리콜이 시작되기 전까지 오히려 고객들의 불안한 마음만 키울 수 있어 이를 해결할 확실한 대안이 필요하다고 지적했다.

① 실질적 대안이 아닌 고객 달래기식 대응을 하고 있다.

② 해결책을 선택하는 타당한 이유를 마련하지 못하고 있다.

③ 선택한 해결책을 실행하기 위한 계획을 수립하지 못하고 있다.

④ 중요한 의사결정 인물이나 문제에 영향을 받게 되는 구성원을 참여시키지 않고 있다.

⑤ 개인이나 팀이 통제할 수 있거나 영향력을 행사할 수 있는 범위를 넘어서는 문제를 다루고 있다.

35 다음은 SWOT에 대한 설명이다. 다음 중 시장의 위협을 회피하기 위해 강점을 사용하는 전략의 예로 적절한 것은?

〈SWOT 분석〉

　SWOT분석이란 기업의 환경 분석을 통해 마케팅 전략을 수립하는 기법이다. 조직 내부 환경으로는 조직이 우위를 점할 수 있는 강점(Strength), 조직의 효과적인 성과를 방해하는 자원·기술·능력면에서의 약점(Weakness), 조직 외부 환경으로는 조직 활동에 이점을 주는 기회(Opportunity), 조직 활동에 불이익을 미치는 위협(Threat)으로 구분된다.

		내부환경요인	
		강점 (Strength)	약점 (Weakness)
외부환경요인	기회 (Opportunity)	SO	WO
	위협 (Threat)	ST	WT

① 세계적인 유통라인을 내세워 개발도상국으로 사업을 확장한다.

② 저가 정책으로 마진이 적지만 인구 밀도에 비해 대형마트가 부족한 도시에 진출한다.

③ 부품의 10년 보증 정책을 통해 대기업의 시장 독점을 이겨낸다.

④ 고가의 연구비를 타사와 제휴를 통해 부족한 정부 지원을 극복한다.

⑤ 친환경적 장점을 내세워 관련 법령에 해당하는 정부 지원을 받는다.

36 다음은 드론과 관련된 기사를 읽고 사원들 간에 나눈 대화의 일부이다. 이를 듣고 있던 팀장이 사원들에게 "그래서 지금 대화의 결론이 뭔가요?"라고 물었을 때, 그 대답으로 가장 적절한 것은?

○○일보 제4321호 ▌ 드론의 출연과 정체 ▌2019.11.11.(월)

　드론은 무선전파로 조종할 수 있는 무인 항공기다. 카메라, 센서, 통신시스템 등이 탑재돼 있으며 25g부터 1,200kg까지 무게와 크기도 다양하다. 드론은 군사용도로 처음 생겨났지만 최근엔 고공촬영과 배달 등으로 그 용도가 확대됐다. 농약을 살포하거나, 공기의 질을 측정하는 등 다방면에 활용되고 있다.

　'드론'이라는 영어 단어는 원래 벌이 내는 웅웅거리는 소리를 뜻하는데, 작은 항공기가 소리를 내며 날아다니는 모습을 보고 이러한 이름을 붙였다. 초창기 드론은 공군의 미사일 폭격 연습 대상으로 쓰였는데, 점차 정찰기와 공격기로 용도가 확장됐다. ……

甲 : 현재 드론은 군사용뿐 아니라 기업, 미디어, 개인을 위한 용도로도 활용되고 있다고 해.

乙 : 하지만 여전히 드론 시장에 나온 제품 가운데 90%는 군사용이라던데?

丙 : 아직 그렇기는 해도 드론이 가지는 가능성은 무궁무진하다고 봐.

丁 : 그래. 최근에는 구글, 페이스북, 아마존 같은 글로벌 기업들은 물론 방송·영화업계에서도 주목하고 있다고 하니까.

① 효율적인 군사 전력으로서의 드론이 세계적으로 주목을 받고 있습니다.

② 드론의 사용이 다양화되고 개인화되어 군사적 기능은 사라질 것으로 전망됩니다.

③ 드론은 현재 군사적 기능에 치중되어 있으나 앞으로 많은 가능성을 가지고 있다고 보입니다.

④ 드론은 여러모로 유용한 기구이나, 그 활용에 있어서 많은 윤리적 문제를 가지고 있습니다.

⑤ 국가적 차원에서 드론 개발에 적극적으로 투자해야 합니다.

37 다음 글을 근거로 판단할 때, 〈보기〉에서 옳은 것만을 모두 고르면?

- 서울교통공사는 2020년부터 역사를 신축할 때는 새롭게 개정된 「화장실 위생기구 설치기준」에 따라 위생기구(대변기 또는 소변기)를 설치하고자 한다.
- 남자 화장실에는 위생기수가 짝수인 경우 대변기와 소변기를 절반씩 나누어 설치하고, 홀수인 경우 대변기를 한 개 더 많게 설치한다. 여자 화장실에는 모두 대변기를 설치한다.
- 화장실 위생기구 설치기준

기준	시간당 평균 화장실 이용 인구 수 (명/성별당)	위생기구 수(개)
A	1~9	1
	10~35	2
	36~55	3
	56~80	4
	81~110	5
	111~150	6
B	1~15	1
	16~40	2
	41~75	3
	76~150	4
C	1~50	2
	51~100	3
	101~150	4

〈보기〉

㉠ 시간당 평균 화장실 이용 인구가 남자 30명, 여자 30명일 경우, A기준과 B기준에 따라 설치할 위생기구 수는 같다.

㉡ 시간당 평균 화장실 이용 인구가 남자 50명, 여자 40명일 경우, B기준에 따라 설치할 남자 화장실과 여자 화장실의 대변기 수는 같다.

㉢ 시간당 평균 화장실 이용 인구가 남자 80명과 여자 80명일 경우, A기준에 따라 설치할 소변기는 총 4개이다.

㉣ 시간당 평균 화장실 이용 인구가 남자 150명과 여자 100명일 경우, C기준에 따라 설치할 대변기는 총 5개이다.

① ㉠, ㉡
② ㉡, ㉢
③ ㉠, ㉡, ㉢
④ ㉠, ㉡, ㉣
⑤ ㉠, ㉢, ㉣

┃38~39┃ 기술보증기금 ○○지점에서 근무하는 박 차장은 보증서를 발급하면서 고객의 보증료를 산출하고 있다. 보증료 산출에 관한 주요 규정이 다음과 같을 때, 물음에 답하시오.

- 보증료 계산 : 보증금액 × 보증료율 × 보증기간/365
  - 계산은 십 원 단위로 하고 10원 미만 단수는 버림
- 기준보증료율 기술사업평가등급에 따라 다음과 같이 적용한다.

등급	적용요율	등급	적용요율	등급	적용요율
AAA	0.8%	BBB	1.4%	CCC	1.7%
AA	1.0%	BB	1.5%	CC	1.8%
A	1.2%	B	1.6%	C	2.2%

- 아래에 해당되는 경우 기준보증료율에서 해당 감면율을 감면할 수 있다.

가산사유	가산요율
1. 벤처 · 이노비즈기업	-0.2%p
2. 장애인기업	-0.3%p
3. 국가유공자기업	-0.3%p
4. 지방기술유망기업	-0.3%p
5. 지역주력산업 영위기업	-0.1%p

※ 감면은 항목은 중복해서 적용할 수 없으며, 감면율이 가장 큰 항목을 우선 적용한다.

※ 사고기업(사고유보기업 포함)에 대해서는 보증료율의 감면을 적용하지 아니한다.

- 아래에 해당되는 경우 산출된 보증료율에 해당 가산율을 가산한다.

가산사유	가산요율
1. 고액보증기업	
가. 보증금액이 15억 원 초과 30억 원 이하 기업	+0.1%p
나. 보증금액이 30억 원 초과 기업	+0.2%p
2. 장기이용기업	
가. 보증이용기간이 5년 초과 10년 이하 기업	+0.1%p
나. 보증이용기간이 10년 초과 15년 이하 기업	+0.2%p
다. 보증이용기간이 15년 초과 기업	+0.3%p

※ 가산사유가 중복되는 경우에는 사유별 가산율을 모두 적용한다.

※ 경영개선지원기업으로 확정된 기업에 대해서는 가산요율을 적용하지 않는다.

- 감면사유와 가산사유에 모두 해당되는 경우 감면사유를 먼저 적용한 후 가산사유를 적용한다.

38 ㈜서원의 회계과장인 이 과장은 보증서 발급에 앞서 보증료가 얼마나 산출되었는지 박 차장에게 다음과 같이 이메일로 문의하였다. 문의에 따라 보증료를 계산한다면 ㈜서원의 보증료는 얼마인가?

안녕하세요, 박 차장님.
㈜서원의 회계과장인 이ㅁㅁ입니다. 대표님께서 오늘 보증서(보증금액 5억 원, 보증기간 365일)를 발급받으러 가시는데, 보증료가 얼마나 산출되었는지 궁금하여 문의드립니다.
저희 회사의 기술사업평가등급은 BBB등급이고, 지방기술사업을 영위하고 있으며 작년에 벤처기업 인증을 받았습니다. 다른 특이사항은 없습니다.

① 4,000천 원
② 4,500천 원
③ 5,500천 원
④ 5,500천 원
⑤ 6,000천 원

39 박 차장은 아래 자료들을 토대로 갑, 을, 병 3개 회사의 보증료를 산출하였다. 보증료가 높은 순서대로 정렬한 것은?

구분	기술사업 평가등급	특이사항	보증금액 (신규)	보증기간
갑	BBB	• 국가유공자기업 • 지역주력산업영위기업 • 신규보증금액 포함한 총 보증금액 100억 원 • 보증이용기간 7년	10억 원	365일
을	BB	• 벤처기업 • 이노비즈기업 • 보증이용기간 20년 • 경영개선지원기업	10억 원	365일
병	BB	• 장애인기업 • 이노비즈기업 • 보증이용기간 1년	10억 원	365일

① 갑 – 을 – 병
② 갑 – 병 – 을
③ 을 – 갑 – 병
④ 을 – 병 – 갑
⑤ 병 – 갑 – 을

| 40~41 | 다음은 C공공기관의 휴가 규정이다. 이를 보고 이어지는 물음에 답하시오.

휴가종류		휴가사유	휴가일수
연가		정신적, 육체적 휴식 및 사생활 편의	재직기간에 따라 3~21일
병가		질병 또는 부상으로 직무를 수행할 수 없거나 전염병으로 다른 직원의 건강에 영향을 미칠 우려가 있을 경우	-일반병가 : 60일 이내 -공적병가 : 180일 이내
공가		징병검사, 동원훈련, 투표, 건강검진, 헌혈, 천재지변, 단체교섭 등	공가 목적에 직접 필요한 시간
특별 휴가	경조사 휴가	결혼, 배우자 출산, 입양, 사망 등 경조사	대상에 따라 1~20일
	출산 휴가	임신 또는 출산 직원	출산 전후 총 90일(한 번에 두 자녀 출산 시 120일)
	여성보건 휴가	매 생리기 및 임신한 여직원의 검진	매월 1일
	육아시간 및 모성보호 시간 휴가	생후 1년 미만 유아를 가진 여직원 및 임신 직원	1일 1~2시간
	유산·사산 휴가	유산 또는 사산한 경우	임신기간에 따라 5~90일
	불임치료 휴가	불임치료 시술을 받는 직원	1일
	수업 휴가	한국방송통신대학에 재학 중인 직원 중 연가일수를 초과하여 출석 수업에 참석 시	연가일수를 초과하는 출석수업 일수
	재해 구호 휴가	풍수해, 화재 등 재해피해 직원 및 재해지역 자원봉사 직원	5일 이내
	성과우수자 휴가	직무수행에 탁월한 성과를 거둔 직원	5일 이내
	장기재직 휴가	10~19년, 20~29년, 30년 이상 재직자	10~20일
	자녀 입대 휴가	군 입대 자녀를 둔 직원	입대 당일 1일
	자녀 돌봄 휴가	어린이집~고등학교 재학 자녀를 둔 직원	2일(3자녀인 경우 3일)

※ 휴가일수의 계산
• 연가, 병가, 공가 및 특별휴가 등의 휴가일수는 휴가 종류별로 따로 계산
• 반일연가 등의 계산

-반일연가는 14시를 기준으로 오전, 오후로 사용, 1회 사용을 4시간으로 계산
-반일연가 2회는 연가 1일로 계산
-지각, 조퇴, 외출 및 반일연가는 별도 구분 없이 계산, 누계 8시간을 연가 1일로 계산하고, 8시간 미만의 잔여시간은 연가일수 미산입

40 다음 중 위의 휴가 규정에 대한 올바른 설명이 아닌 것은?

① 출산휴가와 육아시간 및 모성보호시간 휴가는 출산한 여성이 사용할 수 있는 휴가다.

② 15세 이상 자녀가 있는 경우에도 자녀를 돌보기 위하여 휴가를 사용할 수 있다.

③ 재직기간에 따라 휴가 일수가 달라지는 휴가 종류는 연가밖에 없다.

④ 징병검사나 동원훈련에 따른 휴가 일수는 정해져 있지 않다.

⑤ 30년 이상 재직한 직원의 최대 장기재직 특별휴가 일수는 20일이다.

41 C공공기관에 근무하는 T대리는 지난 1년간 다음과 같은 근무기록을 가지고 있다. 다음 기록만을 참고할 때, T대리의 연가 사용일수에 대한 올바른 설명은?

> T대리는 지난 1년간 개인적인 용도로 외출 16시간을 사용하였다. 또한, 반일연가 사용횟수는 없으며, 인사기록지에는 조퇴가 9시간, 지각이 5시간이 각각 기록되어 있다.

① 연가를 4일 사용하였다.

② 연가를 4일 사용하였으며, 외출이 1시간 추가되면 연가일수가 5일이 된다.

③ 연가를 3일 사용하였다.

④ 연가를 3일 사용하였으며, 외출이 2시간 추가되어도 연가일수가 추가되지 않는다.

⑤ 연가를 3일과 반일연가 1회를 사용하였다.

|42~43| 다음은 김치냉장고 매뉴얼 일부이다. 물음에 답하시오.

〈김치에 대한 잦은 질문〉

구분	확인 사항
김치가 얼었어요.	• 김치 종류, 염도에 따라 저장하는 온도가 다르므로 김치의 종류를 확인하여 주세요. • 저염김치나 물김치류는 얼기 쉬우므로 '김치저장-약냉'으로 보관하세요.
김치가 너무 빨리 시어요.	• 저장 온도가 너무 높지 않은지 확인하세요. 저염김치의 경우는 낮은 온도에서는 얼 수 있으므로 빨리 시어지더라도 '김치저장-약냉'으로 보관하세요. • 김치를 담글 때 양념을 너무 많이 넣으면 빨리 시어질 수 있습니다.
김치가 변색 되었어요.	• 김치를 담글 때 물빼기가 덜 되었거나 숙성되며 양념이 어우러지지 않아 발생할 수 있습니다. • 탈색된 김치는 효모 등에 의한 것이므로 건어내고, 김치 국물에 잠기도록 하여 저장하세요.
김치 표면에 하얀 것이 생겼어요.	• 김치 표면이 공기와 접촉하면서 생길 수 있으므로 보관 시 공기가 닿지 않도록 우거지를 덮고 소금을 뿌리거나 위생비닐로 덮어주세요. • 김치를 젖은 손으로 꺼내지는 않으시나요? 외부 수분이 닿을 경우에도 효모가 생길 수 있으니 마른 손 혹은 위생장갑을 사용해 주시고, 남은 김치는 꾹꾹 눌러 국물에 잠기도록 해주세요. • 효모가 생긴 상태에서 그대로 방치하면 더 번질 수 있으며, 김치를 무르게 할 수 있으므로 생긴 부분은 바로 제거해 주세요. • 김치냉장고에서도 시간이 경과하면 발생할 수 있습니다.
김치가 물러졌어요.	• 물빼기가 덜 된 배추를 사용할 경우 혹은 덜 절여진 상태에서 공기에 노출되거나 너무 오래절일 경우 발생할 수 있습니다. 저염 김치의 경우에서 빈번하게 발생하므로 적당히 간을 하는 것이 좋습니다. 또한 설탕을 많이 사용할 경우에도 물러질 수 있습니다. • 무김치의 경우는 무를 너무 오래 절이면 무에서 많은 양의 수분이 빠져나오게 되어 물러질 수 있습니다. 절임 시간은 1시간을 넘지 않도록 하세요. • 김치 국물에 잠긴 상태에서 저장하는 것이 중요합니다. 특히 저염 김치의 경우는 주의해주세요.

김치에서 이상한 냄새가 나요.	• 초기에 마늘, 젓갈 등의 양념에 의해 발생할 수 있으나 숙성되면서 점차 사라질 수 있습니다. 마늘, 양파, 파를 많이 넣으면 노린내나 군덕내가 날 수 있으니 적당히 넣어주세요. • 발효가 시작되지 않은 상태에서 김치냉장고에 바로 저장할 경우 발생할 수 있습니다. • 김치가 공기와 많이 접촉했거나 시어지면서 생기는 효모가 원인이 될 수 있습니다. • 김치를 담근 후 공기와의 접촉을 막고, 김치를 약간 맛들인 상태에서 저장하면 예방할 수 있습니다.
김치에서 쓴맛이 나요.	• 김치가 숙성되기 전에 나타날 수 있는 현상으로, 숙성되면 줄거나 사라질 수 있습니다. • 품질이 좋지 않은 소금이나 마그네슘 함량이 높은 소금으로 배추를 절였을 경우에도 쓴맛이 날 수 있습니다. • 열무김치의 경우, 절인 후 씻으면 쓴맛이 날 수 있으므로 주의하세요.
배추에 양념이 잘 배지 않아요.	• 김치를 담근 직후 바로 낮은 온도에 보관하면 양념이 잘 배지 못하므로 적당한 숙성을 거쳐 보관해 주세요.

42 다음 상황에 적절한 확인 사항으로 보기 어려운 것은?

> 나영씨는 주말에 김치냉장고에서 김치를 꺼내고는 이상한 냄새에 얼굴을 찌푸렸다. 담근 지 세 달 정도 지났는데도 잘 익은 김치냄새가 아닌 꿉꿉한 냄새가 나서 어떻게 처리해야 할지 고민이다.

① 초기에 마늘, 양파, 파를 많이 넣었는지 확인한다.
② 발효가 시작되지 않은 상태에서 김치냉장고에 바로 넣었는지 확인한다.
③ 김치가 공기와 많이 접촉했는지 확인한다.
④ 김치를 젖은 손으로 꺼냈는지 확인한다.
⑤ 시어지면서 생기는 효모가 원인인지 확인한다.

43 위 매뉴얼을 참고하여 확인할 수 없는 사례는?

① 쓴 맛이 나는 김치
② 양념이 잘 배지 않는 배추
③ 김치의 나트륨 문제
④ 물러진 김치
⑤ 겉면에 하얀 것이 생긴 김치

┃44~45┃ S공사는 창립 10주년을 기념하기 위하여 A센터 공연장에서 창립기념 행사와 함께 사내 음악회를 대대적으로 열고자 한다. 다음은 행사 진행 담당자인 총무팀 조 대리가 A센터로부터 받은 공연장의 시설 사용료 규정이다. 이를 보고 이어지는 물음에 답하시오.

〈기본시설 사용료〉

시설명	사용목적	사용기준	사용료(원)		비고
			대공연장	아트 홀	
공연장	대중음악 일반행사 기타	오전 1회 (09:00–12:00)	800,000	120,000	1. 토요일 및 공휴일은 30% 가산 2. 미리 공연을 위한 무대 설치 후 본 공연(행사)까지 시설사용을 하지 않을 경우, 2시간 기준 본 공연 기본 사용료의 30% 징수 3. 1회당 시간 초과 시 시간당 대공연장 100,000원, 아트 홀 30,000원 징수 4. 대관료 감면 대상 공연 시 사용료 중 전기·수도료는 감면혜택 없음
		오후 1회 (13:00–17:00)	900,000	170,000	
		야간 1회 (18:00–22:00)	950,000	190,000	
	클래식 연주회 연극 무용 창극 뮤지컬 오페라 등	오전 1회 (09:00–12:00)	750,000	90,000	
		오후 1회 (13:00–17:00)	800,000	140,000	
		야간 1회 (18:00–22:00)	850,000	160,000	
전시실	전시 (1층 및 2층)	1일 (10:00–18:00)	150,000		※ 1일 : 8시간 기준(전기·수도료 포함)이며, 토요일 및 공휴일 사용료는 공연장과 동일 규정 적용

44 조 대리가 총무팀장에게 시설 사용료 규정에 대하여 보고한 다음 내용 중 규정을 올바르게 이해하지 못한 것은?

① "공연 내용에 따라 사용료가 조금 차이가 나고요, 공연을 늦은 시간에 할수록 사용료가 비쌉니다."

② "아무래도 오후에 대공연장에서 열리는 창립기념행사가 가장 중요한 일정일 테니 아침 9시쯤부터 무대 장치를 준비해야겠어요. 2시간이면 준비가 될 거고요, 사용료 견적은 평일이니까 900,000원으로 받았습니다.

③ "전시실을 토요일에 사용하게 된다면 하루에 8시간 사용이 가능하며 사용료가 195,000원이네요."

④ "홍보팀에서 클래식 연주를 2시간 정도 계획하고 있다고 하던데요, 평일 오후에 소규모 공연장으로 일정이 잡히면 사용료는 140,000원이 나옵니다."

⑤ "토요일 야간에 대공연장에서 3시간짜리 오페라 공연을 하려면 사용료만 1,000,000원을 초과하네요."

45 조 대리의 보고를 받은 총무팀장은 다음과 같은 지시사항을 전달하였다. 다음 중 팀장의 지시를 받은 조 대리가 판단한 내용으로 적절하지 않은 것은 어느 것인가?

> "조 대리, 이번 행사는 전 임직원뿐 아니라 외부에서 귀한 분들도 많이 참석을 하게 되니까 준비를 잘 해야 되네. 이틀간 진행될 거고 금요일은 임직원들 위주, 토요일은 가족들과 외부 인사들이 많이 방문할 거야. 금요일엔 창립기념행사가 오후에 있을 거고, 업무 시간 이후 저녁엔 사내 연극 동아리에서 준비한 멋진 공연이 있을 거야. 연극 공연은 조그만 홀에서 진행해도 될 걸세. 그리고 창립기념행사 후에 우수 직원 표창이 좀 길어질 수도 있으니 아예 1시간 정도 더 예약을 해 두게.
> 토요일은 임직원 가족들 사진전이 있을 테니 1개 층에서 전시가 될 수 있도록 준비해 주고, 홍보팀 클래식 기타 연주회가 야간 시간으로 일정이 확정되었으니 그것도 조그만 홀로 미리 예약을 해 두어야 하네."

① '전시를 1개 층만 사용하면 혹시 전시실 사용료가 감액되는지 물어봐야겠군.'

② '와우, 총 시설 사용료가 200만 원을 훌쩍 넘겠군.'

③ '토요일 사진전엔 아이들도 많이 올 텐데 전기·수도료를 따로 받지 않으니 그건 좀 낫군.'

④ '사진전 시설 사용료가 연극 동아리 공연 시설 사용료보다 조금 더 비싸군.'

⑤ '우수 직원 표창을 위해 1시간 더 예약하면 10만 원이 추가되겠네.'

46 서울교통공사는 서울지하철 1~8호선, 9호선 2·3단계 구간(290역, 313.7km)을 운영하는 세계적 수준의 도시철도 운영기관으로서, 하루 600만 명이 넘는 시민에게 안전하고 편리한 도시철도 서비스를 제공하고 있는 공기업이다. 다음 중 서울교통공사에서 수행하는 사업의 범위에 해당하지 않는 것은?

① 도시철도 건설·운영에 따른 도시계획사업

② 「도시철도법」에 따른 도시철도부대사업

③ 시각장애인 등 교통약자를 위한 시설의 개선과 확충

④ 도시철도와 다른 교통수단의 연계수송을 위한 각종 시설의 건설·운영

⑤ 기존 버스운송사업자의 노선과 중복되는 버스운송사업

47 다음에서 설명하고 있는 것은 서울교통공사의 공사이미지 중 무엇에 대한 내용인가?

> 누구나 안전하고 행복하게 이용할 수 있는 서울교통공사가 될 수 있도록 최선을 다하겠습니다.
> 장난꾸러기 지하철 친구
> "또타"
> 또, 또, 타고 싶은 서울지하철!
> 시민들에게 어떻게 웃음을 주나 늘 고민하는 장난꾸러기 친구, "또타"를 소개합니다.
>
> 서울교통공사의 공식 캐릭터 "또타"는 시민 여러분과 늘 함께하는 서울지하철의 모습을 밝고 유쾌한 이미지로 표현합니다.
>
> 전동차 측면 모양으로 캐릭터 얼굴을 디자인하여 일상적으로 이용하는 대중교통수단의 모습을 참신한 느낌으로 담아냈고, 메인 컬러로 사용한 파란색은 시민과 공사 간의 두터운 신뢰를 상징하고 있습니다.
>
> 안전하며 편리한 서울지하철, 개구쟁이 "또타"와 함께라면 자꾸만 타고 싶은 즐겁고 행복한 공간이 됩니다.

① 슬로건　　　　　　　② 캐릭터

③ 로고송　　　　　　　④ 홍보영화

⑤ 사이버홍보관

48 다음은 「철도안전법」상 운전업무 종사자와 관제업무 종사자의 준수사항이다. 다음 자료를 참고할 때 희재(운전업무 종사자)와 수호(관제업무 종사자)에 대한 설명으로 옳은 것은?

〈운전업무 종사자의 준수사항〉
㉠ 철도차량이 차량정비기지에서 출발하는 경우 다음의 기능에 대하여 이상 여부를 확인할 것
• 운전제어와 관련된 장치의 기능
• 제동장치 기능
• 그 밖에 운전 시 사용하는 각종 계기판의 기능
㉡ 철도차량이 역시설에서 출발하는 경우 여객의 승하차 여부를 확인할 것. 다만, 여객승무원이 대신하여 확인하는 경우에는 그러하지 아니하다.
㉢ 철도신호에 따라 철도차량을 운행할 것
㉣ 철도차량의 운행 중에 휴대전화 등 전자기기를 사용하지 아니할 것. 다만, 다음의 어느 하나에 해당하는 경우로서 철도운영자가 운행의 안전을 저해하지 아니하는 범위에서 사전에 사용을 허용한 경우에는 그러하지 아니하다.
• 철도사고 등 또는 철도차량의 기능장애가 발생하는 등 비상상황이 발생한 경우
• 철도차량의 안전운행을 위하여 전자기기의 사용이 필요한 경우
• 그 밖에 철도운영자가 철도차량의 안전운행에 지장을 주지 아니한다고 판단하는 경우
㉤ 철도운영자가 정하는 구간별 제한속도에 따라 운행할 것
㉥ 열차를 후진하지 아니할 것. 다만, 비상상황 발생 등의 사유로 관제업무 종사자의 지시를 받는 경우에는 그러하지 아니하다.
㉦ 정거장 외에는 정차를 하지 아니할 것. 다만, 정지신호의 준수 등 철도차량의 안전운행을 위하여 정차를 하여야 하는 경우에는 그러하지 아니하다.
㉧ 운행구간의 이상이 발견된 경우 관제업무 종사자에게 즉시 보고할 것
㉨ 관제업무 종사자의 지시를 따를 것

〈관제업무 종사자의 준수사항〉
㉠ 관제업무 종사자는 다음의 정보를 운전업무 종사자, 여객승무원에게 제공하여야 한다.
• 열차의 출발, 정차 및 노선변경 등 열차 운행의 변경에 관한 정보
• 열차 운행에 영향을 줄 수 있는 다음의 정보
– 철도차량이 운행하는 선로 주변의 공사·작업의 변경 정보
– 철도사고등에 관련된 정보
– 재난 관련 정보
– 테러 발생 등 그 밖의 비상상황에 관한 정보
㉡ 철도사고 등이 발생하는 경우 여객 대피 및 철도차량 보호 조치 여부 등 사고현장 현황을 파악할 것
㉢ 철도사고 등의 수습을 위하여 필요한 경우 다음의 조치를 할 것
• 사고현장의 열차운행 통제
• 의료기관 및 소방서 등 관계기관에 지원 요청

• 사고 수습을 위한 철도종사자의 파견 요청
• 2차 사고 예방을 위하여 철도차량이 구르지 아니하도록 하는 조치 지시
• 안내방송 등 여객 대피를 위한 필요한 조치 지시
• 전차선(電車線, 선로를 통하여 철도차량에 전기를 공급하는 장치를 말한다)의 전기공급 차단 조치
• 구원(救援)열차 또는 임시열차의 운행 지시
• 열차의 운행간격 조정

① 희재는 차량정비기지에서 자신이 운전하는 철도 차량의 2가지 기능의 이상여부를 확인 후 출발하였다.
② 철도차량의 기능 고장에 따른 비상상황에서도 희재는 핸드폰을 사용할 수 없다.
③ 철도사고의 수습을 위하여 필요한 경우 희재는 전차선의 전기공급 차단 조치를 해야 한다.
④ 수호는 운행구간의 이상이 발생하면 희재에게 보고해야 한다.
⑤ 비상상황에 따른 수호의 지시가 있을 경우 희재는 열차를 후진할 수 있다.

┃49~50┃ 다음은 서울교통공사의 조직도이다. 물음에 답하시오.

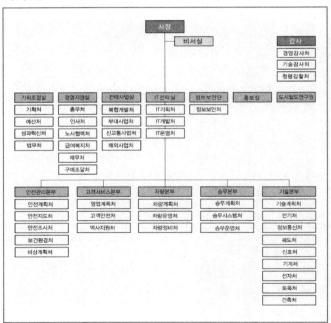

49 위 조직도를 참고하여 다음 빈칸에 들어갈 말로 적절한 것은?

> 서울교통공사는 (㉠)개의 실과 5개의 본부, (㉡)개의 처로 이루어져 있다.

	㉠	㉡
①	8	42
②	7	43
③	6	44
④	5	45
⑤	4	46

50 다음 중 조직도를 올바르게 이해한 사람을 고르면?

> ㉠ 진우 : 승무계획처, 역사지원처, 보건환경처는 본부 소속이다.
> ㉡ 수향 : 경영감사처, 기술감사처, 정보보안처는 같은 소속이다.
> ㉢ 진두 : 노사협력처, 급여복지처, 성과혁신처는 같은 소속이다.
> ㉣ 상우 : 도시철도연구원 아래 안전계획처와 안전지도처가 있다.
> ㉤ 연경 : 홍보실 아래 영업계획처, 해외사업처가 있다.

① 진우 ② 수향
③ 진두 ④ 상우
⑤ 연경

51 다음은 엑셀 함수의 사용에 따른 결과 값을 나타낸 것이다. 옳은 값을 모두 고른 것은?

> ㉠ =ROUND(2.145, 2) → 2.15
> ㉡ =MAX(100, 200, 300) → 200
> ㉢ =IF(5 > 4, "보통", "미달") → 미달
> ㉣ =AVERAGE(100, 200, 300) → 200

① ㉠, ㉡ ② ㉠, ㉣
③ ㉡, ㉢ ④ ㉡, ㉣
⑤ ㉢, ㉣

52 다음에서 설명하고 있는 개념의 특징으로 적절한 것은?

> 이것은 개인용 컴퓨터나 멀티미디어 작업이 가능한 기타 멀티미디어 기기를 이용하여 각종 정보를 여러 가지 효율적인 형태로 상대방에게 전달하는 것이다. 마이크로소프트사의 파워포인트와 같은 전용 프로그램도 있지만 대부분의 문서 작성 프로그램은 이 기능을 가지고 있다.

① 각종 발표 시 사용하는 자료 문서로, 청중을 설득시키는 데 그 목적이 있다.
② 문서를 작성, 편집, 저장 및 인쇄할 때 사용하는 소프트웨어를 말한다.
③ 'MS워드'와 '아래아한글(이하 한글)'이 대표적인 프로세서로 꼽힌다.
④ 계산, 차트 작성 등을 할 수 있어서 급여 계산표, 성적 관리표 등에 이용하고 있다.
⑤ 가로 행과 세로 행이 교차하면서 셀이라는 공간이 구성되는데 이 셀은 정보를 저장하는 단위이다.

53 다음 빈칸에 들어갈 개념으로 적절한 것은?

> • (㉠)은/는 객관적 실제의 반영이며, 그것을 전달할 수 있도록 기호화한 것이다.
> • (㉡)은/는 (㉠)을/를 특정한 목적과 문제해결에 도움이 되도록 가공한 것이다.
> • (㉢)은/는 (㉡)을/를 집적하고 체계화하여 장래의 일반적인 사항에 대비해 보편성을 갖도록 한 것이다.

	㉠	㉡	㉢
①	자료	정보	지식
②	자료	지식	정보
③	지식	자료	지식
④	지식	정보	자료
⑤	지식	자료	정보

54 다음 파일/폴더에 관한 특징 중, 올바른 설명을 모두 고른 것은 ?

(가) 파일은 쉼표(,)를 이용하여 파일명과 확장자를 구분한다.

(나) 폴더는 일반 항목, 문서, 사진, 음악, 비디오 등의 유형을 선택하여 각 유형에 최적화된 폴더로 사용할 수 있다.

(다) 파일/폴더는 새로 만들기, 이름 바꾸기, 삭제, 복사 등이 가능하며, 파일이 포함된 폴더도 삭제할 수 있다.

(라) 파일/폴더의 이름에는 ₩, /, :, *, ?, ", 〈, 〉 등의 문자는 사용할 수 없으며, 255자 이내로(공백 미포함) 작성할 수 있다.

(마) 하나의 폴더 내에 같은 이름의 파일이나 폴더가 존재할 수 없다.

(바) 폴더의 '속성' 창에서 해당 폴더에 포함된 파일과 폴더의 개수를 확인할 수 있다.

① (나), (다), (라), (마)

② (가), (라), (마), (바)

③ (나), (다), (마), (바)

④ (가), (나), (라), (마)

⑤ (나), (라), (마), (바)

55 다음과 같은 도표의 C6 셀에 제시된 바와 같은 수식을 넣을 경우 나타나게 될 오류 메시지는 다음 중 어느 것인가?

	A	B	C
1	직급	이름	수당(원)
2	과장	홍길동	750,000
3	대리	조길동	600,000
4	차장	이길동	830,000
5	사원	박길동	470,000
6	합계		=SUM(C2:C6)

① #NUM!

② #VALUE!

③ #DIV/0!

④ 순환 참조 경고

⑤ #N/A

56 다음 자료는 '워커홀릭'에 관한 글이다. '워커홀릭'에 해당하는 유형의 사람이라고 보기 힘든 사람은?

워커홀릭(workaholic)은 가정이나 다른 것보다 일이 우선이어서 오로지 일에만 몰두하여 사는 사람을 뜻한다. 말 그대로 일중독자나 업무중독자를 일컫는 말인데, 미국의 경제학자인 W.오츠가 그의 저서 〈워커홀릭〉에서 일종의 병이라고 규정하기도 했다.

현대 산업사회에서 자신의 모든 가치기준을 일에 두고 있는 사람들에 대한 경종을 울리면서, 이러한 업무제일주의는 단순히 성격적인 성향이 아니라 일종의 병이라고 한 것이다. 1980년대 초부터 사용하기 시작한 용어로, 그렇다고 해서 정신과적인 병명은 아니다.

워커홀릭은 그 원인이 여러 가지로 알려져 있지만 보통 (   ) 사람, (   ) 사람, (   ) 사람에게서 나타는 경향이 있다. 이 사람들은 일을 하지 않으면 불안해하고, 외로움을 느끼며, 자신의 가치가 떨어진다고 생각한다.

① 일에 대한 집념이 강한

② 경제력에 대해 강박관념을 가지고 있는

③ 완벽을 추구하거나 성취지향적인

④ 자신의 능력에 자신이 없는

⑤ 자신의 능력을 과장되게 생각하는

57 다음에서 설명하고 있는 자원의 성격은?

자원이란 인간 생활에 유용한 물질 중 하나로 기술적으로나 경제적으로 개발이 가능한 것을 말하며 기술적으로는 개발이 가능한 광물이지만 매장량이 적거나 광물의 품질이 낮은 경우, 또는 지나치게 채굴 비용이 많이 들어 경제성이 없는 경우에는 개발이 불가능하다. 철광석은 대체로 철의 함량이 일정량 이상 포함된 것을 개발하여 이용하고 있다. 철의 함량이 일정량 이하인 철광석은 기술적 의미로는 자원이 될 수 있으나, 현재로서는 경제성이 없어 개발할 수가 없기 때문에 경제적 의미의 자원이 될 수는 없는 것이다.

① 편재성　　　　　② 가변성

③ 유한성　　　　　④ 상대성

⑤ 공간성

58 다음에 나타난 사례에 해당하는 산업수명주기는?

> 시장은 포화상태로 판매량은 줄어들지만 과잉설비가 증가하여 수익이 줄어든다. 수요보다 공급이 많아지면서 가격이 하락하면서 이익률이 줄어들어 매출성장률이 하락하게 된다. 여기에 기존 산업의 틀을 깨는 파괴적 산업이 새롭게 등장하면 제품 진부화로 빠르게 매출이 감소하면서 쇠퇴하기 시작한다. 따라서 이 단계의 기업들에게 투자하는 것은 상당히 조심스럽게 접근해야 한다. 청산과정을 밟고 있는 과정 중에 많은 자산을 가지고 있는 것 이외에는 그다지 투자에 적합한 모습이 나타나지 않는다.

① 도입기   ② 성장기
③ 성숙기   ④ 쇠퇴기
⑤ 완성기

59 다음은 B사의 어느 시점 경영 상황을 나타내고 있는 자료이다. 다음 자료를 보고 판단한 의견 중 적절하지 않은 것은?

계정과목	금액(단위 : 백만 원)
1. 매출액	5,882
2. 매출원가	4,818
상품매출원가	4,818
3. 매출총이익	1,064
4. 판매/일반관리비	576
직접비용 직원급여	256
복리후생비	56
보험료	3.7
출장비	5.8
시설비	54
간접비용 지급임차료	44
통신비	2.9
세금과공과	77
잡비	4.5
여비교통비	3.8
장비구매비	6
사무용품비	0.3
소모품비	1
광고선전비	33
건물관리비	28
5. 영업이익	488

① 영업이익이 해당 기간의 최종 순이익이라고 볼 수 없다.
② 여비교통비는 직접비용에 포함되어야 한다.
③ 위와 같은 표는 특정한 시점에서 그 기업의 자본 상황을 알 수 있는 자료이다.
④ 매출원가는 기초재고액에 당기 제조원가를 합하고 기말 재고액을 차감하여 산출한다.
⑤ 지급보험료는 간접비용에 포함되어야 한다.

60 A사의 인도네시아 지부는 수도 자카르타에서 AI 관련 글로벌 사업설명회를 개최하였다. 다음의 〈통역경비 산정기준〉과 〈진행상황〉을 바탕으로 A사가 이 사업설명회에서 쓴 총 통역경비를 계산하면 얼마인가?

> **[통역경비 산정기준]**
> • 통역경비는 통역료와 출장비(교통비, 이동보상비)의 합으로 산정한다.
> • 통역료(통역사 1인당)

구분	기본요금 (3시간까지)	추가요금 (3시간 초과 시)
영어, 중국어, 아랍어	500,000원	100,000원/시간
베트남어, 인도네시아어	600,000원	150,000원/시간

> • 출장비(통역사 1인당)
> – 교통비는 왕복으로 실비 지급
> – 이동보상비는 이동 시간당 10,000원 지급
>
> **[진행상황]**
> • 사업설명회는 영어 통역사 2명과 인도네시아어 통역사 2명이 통역을 진행하였으며, 시간은 통역사 1인당 영어 통역은 4시간, 인도네시아어 통역은 2시간 진행되었다.
> • 자카르타까지는 편도로 2시간이 소요되며, 개인당 교통비는 왕복으로 100,000원이 들었다.

① 316만 원   ② 296만 원
③ 284만 원   ④ 268만 원
⑤ 246만 원

61 다음과 같은 문서 작성 시 주의해야 할 점으로 옳지 않은 것은?

〈○○ SOUND〉

■ 제품 특징

- 안정적인 블루투스 V4.0 칩셋 탑재로 안정적인 사용이 가능합니다.
- 고성능 유닛과 Real Sound 시스템을 통해 강력한 중저음을 보여줍니다.
- FM라디오가 탑재되어 라디어 감상이 가능합니다.
- 시간 기능이 탑재되어 탁상시계로 활용할 수 있습니다.
- USB전원과 리튬전지 사용이 가능하여 효율적인 전원 사용이 가능합니다.
- 무선 리모콘이 함께 제공되어 편리하게 제품을 조작할 수 있습니다.
- Micro SD카드 사용 시 Repeat/Random 모드가 지원됩니다.

■ 제품 사양

- Output Power : 5W
- Bluetooth spec : v4.0＋EDR
- Audio input : Bluetooth, Micro SD, Stick, FM Radio, Aux
- Power : Chargin DC 5V / Battery-3.7V Lithium Battery (2,000mAh)
- Frequency Response : 100Hz-18KHz.
- Operating Range : about 12 meters
- Playback Time : about 10 hours
- Charging Time : about 5 hours
- Size : 132(W)×95(D)×86(H)mm
- Weight : 0.5kg

■ 기본 사용 방법

1. 처음 사용 시 Micro USB 케이블을 PC의 USB 포트 또는 USB 아답터에 연결하여 5시간 충전합니다.
2. 전원버튼을 길게 누르면 전원이 ON되며 FM 모드로 설정됩니다.
   (입력모드 선택 버튼을 눌러 원하는 입력 방식을 설정할 수 있습니다.)
3. 볼륨 버튼을 조정하여 적당한 음량으로 조절합니다.
4. 다시 전원버튼을 길게 누르면 전원이 OFF 됩니다.

① 상품의 특징 등을 상세하게 기술해야 한다.
② 사용자의 심리적 배려가 있어야 한다.
③ 유통사가 알기 쉬운 문장으로 쓰여야 한다.
④ 상품명과 규격을 정확히 기재해야 한다.
⑤ 사용자가 찾고자 하는 정보를 쉽게 찾을 수 있어야 한다.

62 다음에 나타난 산업재해의 원인으로 적절한 것은?

지난 15일 A지역의 아파트 신축 공사현장에서 작업하던 노동자가 갑자기 쓰러져 사망한 것으로 전해졌다. 열사병 등 온열질환으로 인한 사망자가 속출하는 가운데 올해 벌써 5명의 노동자가 작업 중 열사병으로 사망했다. 자체 조사 결과 폭염이 한 달 가량 지속되었지만 건설업체가 공사기한을 맞추기 위해 근로자를 무리하게 폭염 속 현장으로 내모는 과정에서 일어난 사고로 밝혀졌다.

① 안전 지식의 불충분
② 기계 장치의 설계 불량
③ 무리한 작업 지시
④ 안전 관리 조직의 결함
⑤ 유해 위험 작업 교육 불충분

63 다음은 서울교통공사 운전취급규정 중 운전방식에 대한 내용이다. 열차운전 중 운전모드의 변경이 필요한 경우 기관사는 관제사의 승인을 받아 변경하여야 한다. 그러나 예외인 경우도 존재한다. 다음 중 승인을 받지 않고 운전모드를 변경할 수 있는 경우가 아닌 것은?

제26조(완전자동운전모드) 운전모드선택스위치를 완전자동운전(Full-Auto)으로 선택하여 기관사 조작 없이 운전하는 방식을 말하며 완전자동운전의 시행은 따로 정하는 바에 의한다.

제27조(자동운전모드) 운전모드선택스위치를 자동운전(Semi-Auto)으로 선택하는 것으로 ATP감시 하에 ATO에 의해 기관사가 출발명령을 수행하면 자동으로 열차운행이 되는 운전방식으로 본선운전 기본모드이다.

제28조(수동운전모드) 운전모드선택스위치를 수동운전(MCS)으로 선택하는 것으로 ATP 감시 하에 차내 신호기에 따라 기관사가 직접 주간제어기를 조작하여 운전하는 것이다.

제29조(야드운전)
① 운전모드선택스위치를 야드운전(YARD)으로 선택하는 것으로 제한된 ATP 감시 하에 기관사에 의한 수동운전으로서 열차운행 속도가 25km/h 이하로 운전하는 방식이다.
② 다음 각 호에 해당하는 경우에는 야드운전을 하여야 한다.
  1. 차량기지구 내에서 차량입환을 할 때 또는 차내신호를 수신할 수 없는 운전취급역 구내에서 입환운전할 때
  2. ATC 비설비 구간을 운전할 때
  3. 정위치 조정 운전할 때
  4. 기타 사유로 9호선 관제사의 지시에 의할 때

제30조(비상운전) 운전모드선택스위치를 비상운전으로 선택하는 것으로 9호선 관제사는 다음 각 호에 해당하는 경우에는 기관사에게 비상운전을 승인할 수가 있다.
  1. ATC 고장 시(대용폐색방식)
  2. 다른 열차와 합병 시
  3. 전령법 시행 시
  4. 밀기운전 시
  5. 정위치 조정 운전 시
  6. 무폐색운전 시

제31조(자동회차운전) 자동회차운전은 자동회차(ATB)모드로 종착역이나 지정된 중간회차역에서 전동차의 진행방향을 자동으로 바꾸는 것이다. 다만, 지정회차역이 아닌 역에서 회차하는 경우에는 자동회차모드로 운전하여서는 아니 된다.

제32조(운전모드의 변경)
① 열차운전 중 운전모드의 변경이 필요한 경우 기관사는 9호선 관제사의 승인을 받아 변경하여야 한다. 다만, 다음 각 호에 해당 하는 경우에는 그러하지 아니하다.
  1. 운전방식을 지정하였을 경우
  2. 역구내에서 반복을 위하여 입환 할 경우
  3. 스크린 도어 설치 역에서 진입 중 정지위치 전에 정차되어 정차위치를 조정 할 경우
  4. 스크린 도어 설치 역에서 진입 중 정지위치를 벗어나 정차한 경우
  5. 기타 특별한 사유가 있을 경우

② 운전모드 변경요청을 받았을 경우 9호선 관제사는 상황파악 후 안전을 확인하고 운전모드의 변경을 승인하여야 한다. 단 자동운전(ATO)와 수동운전(MCS)간 변경은 승인을 생략한다.

① 운전방식을 지정하였을 경우
② 스크린 도어 설치 역에서 진입 중 정지위치 전에 정차되어 정차위치를 조정 할 경우
③ 차내신호를 수신할 수 없는 운전취급역 구내에서 입환운전할 경우
④ 스크린 도어 설치 역에서 진입 중 정지위치를 벗어나 정차한 경우
⑤ 역구내에서 반복을 위하여 입환 할 경우

┃64~65┃ 다음은 명령어에 따른 도형의 변화에 관한 설명이다. 물음에 답하시오.

〈명령어〉	
명령어	**도형의 변화**
□	1번과 2번을 180도 회전시킨다.
■	1번과 3번을 180도 회전시킨다.
◇	2번과 3번을 180도 회전시킨다.
◆	2번과 4번을 180도 회전시킨다.
○	1번과 3번의 작동상태를 다른 상태로 바꾼다. (숫자 → 숫자)
●	2번과 4번의 작동상태를 다른 상태로 바꾼다. (숫자 → 숫자)

64 도형이 다음과 같이 변하려면, 어떤 명령어를 입력해야 하는가?

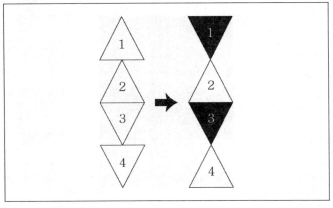

① □ ◆ ○
② ■ ◇ ●
③ ○ ◇ ◆
④ ◆ ◇ ■
⑤ ◇ ■ □

65 다음 상태에서 명령어 ◆■●○을 입력한 경우의 결과로 적절한 것은?

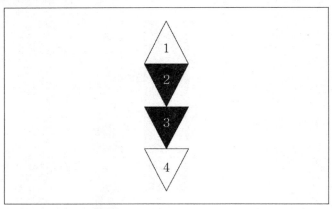

①　
②

③

④

⑤

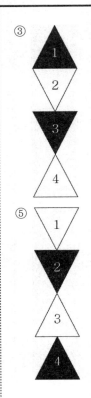

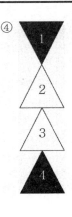

66 귀하는 ○○제조회사의 품질관리 담당자로 근무 중이다. 맡은 일의 특성상 항상 직무와 관련된 새로운 지식을 습득하려고 노력하고 있다. 다음 중 귀하의 직무능력을 향상시키는 데 다른 보기에 비해 가장 거리가 먼 직무지식은 어느 것인가?

① 6시그마 활동 수행능력

② 제조물책임 방어 대책 지식

③ 서브시스템위험분석 방법 이해

④ 고성과자 관리에 대한 방안 및 툴

⑤ 품질경영시스템 요구사항 대응 · 조치 지식

67 다음 사례와 어울리는 개념은 무엇인가?

> B사는 '효율적으로 일하고 신나게 쉬기'를 지향하는 다양한 사내 제도를 운영 중이다. 대표적으로 태블릿 PC와 같은 스마트 툴을 지원, 원격근무가 가능한 시스템으로 직원들의 업무 몰입도를 높이는 환경을 제공하며, 직원 본인이 시업 및 종업 시각을 선택할 수 있는 시차출퇴근제를 확대 운영하고 있다.
> 매주 금요일은 퇴근시간보다 1시간 일찍 업무를 마무리하는 방식으로 운영된다. 근속년수에 따라 장기 유급휴가 및 여행비를 지급하는 안식휴가제도도 마련되어 있다. 또한 직원들이 눈치 보지 않고 연차를 쓸 수 있기 때문에 매년 연차휴가 사용률 100%를 달성하고 있다.

① 와셋   ② 워라밸
③ 기판력   ④ 오가노이드
⑤ 디가우징

68 다음의 내용을 읽고 A씨에게 작용한 자기개발 저해요인으로 옳은 것은?

> 철도 관련 회사에 다니는 A씨는 최근 스마트 트레인과 관련하여 기존에 고속철도 등에 제공되는 승객 서비스는 팔걸이에 이어폰을 꽂아 들을 수 있는 라디오 정도였지만 고속철도 차량이 LTE-R을 지원하게 되면 서비스의 양상이 현저히 달라질 수 있음을 알게 되었다. 이에 따라 4차 산업혁명과 연계한 철도 사업의 연구 개발 분야에 대해 좀 더 공부를 해야겠다고 결심한 A씨는 관련 서적과 정보를 찾아 공부하기로 결정하였다. 하지만 퇴근 후 친구들과의 약속을 가거나 몸이 아프다는 이유로 이를 미뤘던 A씨는 결국 단 한 권의 관련 서적도 공부하지 못 했다.

① 문화적 장애   ② 제한적 사고
③ 관습적 사고   ④ 개인적 욕구
⑤ 사회적 장애

69 당신은 자기소개서를 작성하는 과정에서 자신의 성격에 대해 서술하기 위해 조하리의 창(Johari's Window)에 대한 이론을 검색해 보았다. 조하리의 창은 나의 성격에 대해 '타인의 인지'와 '나의 인지' 정도를 기준으로 자아에 대해 분석할 수 있게 해주는 이론이다. 이를 활용하여 당신은 자신의 다양한 측면의 자아를 탐색하고, 자기소개서에 반영하기 위해 당신의 친구에게 당신의 성격(A)에 대해 물어 보았다. 그리고 다음 날 '애니어그램'을 통해 자신이 어떤 사람(B)인지 확인하여 자기소개서에 자신에 대해 좀 더 풍부하게 반영하였다. 조하리의 창을 기준으로 하여 A와 B에 해당하는 자아로 적절하게 짝지어진 것은?

	A	B
①	미지의 자아	눈먼 자아
②	숨겨진 자아	미지의 자아
③	눈먼 자아	미지의 자아
④	공개된 자아	공개된 자아
⑤	미지의 자아	숨겨진 자아

70 당신은 홍보팀에 입사한 지 3년 차 되는 사원이다. 당신은 올해 상반기 인사부와 상담을 하면서 경력개발계획을 구체적으로 수립해 나갈 것을 지시받았다. 경력개발계획은 다음과 같은 단계를 가지고 있는데, 다음 중 빈칸에 해당하는 단계에 적합한 당신의 개발계획으로 적합한 것은?

> 직무정보 탐색 → 자신과 환경 이해 → (   ) → 경력개발 전략 수립 → 실행 및 평가

① 수립한 계획을 바탕으로 인사부와 협의하기
② 홍보팀장님과 상담을 통해 자신에 대한 객관적인 평가 듣기
③ 홍보팀의 업무를 이해하고, 자신에게 가장 잘 맞는 업무 선별하기
④ 내 경력개발에 도움이 되는 팀장님, 선배 사원, 외부 인사를 찾아다니며 인적 네트워크를 구축하기
⑤ 홍보팀 내에서 성장할 수 있는 단기적 목표와 장기적 관점에서 내가 추구하는 삶에 대한 목표를 설정하기

71 다음은 동료양해각서(CLOU)의 주요 내용이다. 이에 대한 내용을 잘못 이해한 사람은 누구인가?

항목	내용
목표	각자 한 해 동안 이루고자 하는 목표 설정 자신의 위치에서 기업을 좋은 방향으로 이끌어 가기 위한 목표 설정
활동	목표 달성을 위한 주요 활동 명시 개인별로 약 30가지 활동에 대해 구체적으로 작성
지표	활동별로 평가 척도 설정
시간계획	목표 달성을 위해 투입할 시간 결정
동료 동의	CLOU 작성 과정에서 협의한 동료들의 이름과 서명 CLOU의 내용에 서명한 동료들이 동의했음을 뜻함
자기 계발	장단기 자기 계발 목표 설정

① 동근 – 동료들 간 협의와 동의를 가지므로, 이것은 약속과 선언의 의미를 가집니다.

② 현구 – 우리 회사에는 개인적인 보스는 없지만 실제 더 많은 보스가 존재합니다.

③ 수현 – 일반회사에서는 보스가 압박을 주지만 우리 모두는 동료에게 압박을 받습니다.

④ 미지 – 실제 우리 회사의 평가과정은 더욱 투명해 지고 불합리성은 줄어들었습니다.

⑤ 영수 – 모두가 공통목표를 가지므로 나만이 해야 하는 업무는 따로 존재하지 않습니다.

72 철도 관련 소기업 G사의 사장은 최근 경영상황이 악화되었으나 스마트 트레인과 관련하여 자사가 가지고 있는 기술을 활용할 수 있음을 확인하고 지금의 위기 상황을 탈출하기 위한 방침을 설명하며 절대 사기를 잃지 말 것을 주문하고자 한다. 다음 중 G사의 사장이 바람직한 리더로서 직원들에게 해야 할 연설의 내용으로 적절하지 않은 것은?

① "지금의 어려움뿐 아니라 항상 미래의 지향점을 잊지 않고 반드시 이 위기를 극복하겠습니다."

② "여러분들이 해 주어야 할 일들을 하나하나 제가 지시하기보다 모두가 자발적으로 우러나오는 마음을 가질 수 있는 길이 무엇인지 고민할 것입니다."

③ "저는 어떠한 일이 있어도 위험이 따르는 도전을 거부할 것이니 모두들 안심하고 업무에 만전을 기해주시길 바랍니다."

④ "우리 모두 지금 상황에 안주하지 말고 도전과 혁신을 위해 지속적으로 노력해야 합니다."

⑤ "저는 이 난관을 극복하기 위해 당면한 과제를 어떻게 해결할까 하는 문제보다 무엇을 해야 하는지에 집중하며 여러분을 이끌어 나가겠습니다."

73 동진이는 팀원들과 함께 아이디어 회의를 하고 있는 중이다. 다양한 아이디어를 수집하여 정리하고 토론을 하였다. 다음 중 '직무책임'에 관하여 틀린 의견을 낸 사람은 누구인가?

① 김대리 – 내가 해야 할 직무를 개인적인 일보다 우선적으로 수행해야 합니다.

② 이대리 – 내가 해야 할 직무를 행함에 있어서, 역할과 책임을 명확하게 해야 합니다.

③ 신주임 – 자신의 고유직무만 아니라 소속팀의 공동직무도 공동책임입니다.

④ 정과장 – 직무수행 중 일어난 과실에 대해서는 법적 책임만 져야 합니다.

⑤ 최과장 – 자신이 과실을 저질렀을 때에는 끝까지 책임지려는 책임감이 무엇보다도 중요합니다.

74 다음 글에서 의미하는 공동체윤리의 덕목으로 가장 적절한 것은 어느 것인가?

> 오 사원은 민원실을 찾아 요청사항을 해결하고자 하는 고객에게 최선을 다한다. 항상 고객의 물음에 열성적인 마음으로 답을 해줄 뿐 아니라, 민원실 문을 열고 들어오는 고객을 발견한 순간부터 상담이 끝날 때까지 오 사원은 한시도 고객으로부터 시선을 떼지 않는다. 또한 상담 중에 다른 불편함이 있지나 않은지 고객을 유심히 살피기도 한다. 가끔 상담을 마치고 민원실을 나서는 고객의 얼굴에선 오 사원의 태도에 매우 만족했음을 느낄 수 있다.

① 성실   ② 봉사

③ 근면   ④ 예절

⑤ 책임

75 다음 상황에서 당신이 할 수 있는 답변은?

> A사 체인점은 매월 4주차 목요일에 휴무로 규정되어 있다. 그러나 점장은 명절 연휴를 맞아 잔뜩 주문한 상품을 모두 판매하기 위해 휴무인 날도 가게를 열도록 직원인 당신에게 지시하였다.

① 업무에 대해서 숨김없이 처리하겠습니다.

② 본사에서 정한 규정을 준수해야 합니다.

③ 명절 연휴인 만큼 가게를 여는 것이 맞습니다.

④ 공과 사를 명확히 구분하여 처리하는 것이 맞습니다.

⑤ 명절 연휴인 만큼 상품을 더 주문해야 합니다.

76 다음 상황에서 당신이 할 수 있는 답변으로 적절하지 않은 것은?

> 당신은 S사 영업팀장이다. 매주 월요일은 근무 시작과 동시에 회의를 한다. 하지만 A사원이 회의시간에 도착하지 않고 연락되지 않고 있다. 출근시간보다 1시간가량 늦게 도착한 A사원은 출근 도중 바로 앞에서 교통사고를 목격했고, 인적이 드문 도로였기 때문에 자신이 환자를 병원에 실어다주고 왔다는 것이다.

① 도덕적인 일을 했으니 마음에 담지는 말아.

② 직업인으로서 회사에 보고를 잊은 것은 잘못되었어.

③ 선택은 공적인 입장에서 판단해야 돼.

④ 직업인으로서 책임을 망각해버렸군.

⑤ 직업인에게 있어 공무는 최우선이 되어야 해.

77 다음 사례에 나타난 직장 내 분위기를 저해하는 요인은?

> 최근 의학 드라마를 보면 이런 장면이 나온다. A씨는 ○○병원에서 10년간 부원장을 지낸 의사이다. 그동안 원장을 보필하며 온갖 뒤치다꺼리를 했던 그는 병원 내에서 주치의들에게는 철저히 '갑'의 입장을 보여준다. 잦은 폭력과 상대방을 내려깎는 언행은 지위를 이용한 해당 캐릭터에 잘 녹아들어 있다.

① 상급자 앞에서 철저히 자신을 낮추고 있다.

② 동료나 하급자 등을 대할 때 반말을 사용하고 있다.

③ 하급자에 대해서 우월적 지위를 이용한 태도를 보이고 있다.

④ 학연을 이유로 부하 직원을 차별하고 있다.

⑤ 수업을 핑계로 성 차별을 하고 있다.

78 직장 내에서의 성희롱 문제는 많은 부분 성희롱의 판단 기준에 대한 확실한 인식 부족에서 기인하기도 한다. 다음 중, 성희롱에 대한 인식과 그 판단 기준으로 적절하지 않은 것은?

① 성희롱은 행위자가 성적 의도를 가지고 한 행동이냐 아니냐를 밝혀내는 것이 가장 중요한 판단 기준으로 인정된다.

② 피해자와 비슷한 조건과 상황에 있는 사람이 피해자의 입장이라면 문제가 되는 성적 언동에 대해 어떻게 반응했을까를 함께 고려하여야 한다.

③ 성적 수치심은 성적 언동 등으로 인해 피해자가 느끼는 불쾌한 감정으로 그 느낌은 행위자가 아닌 피해자의 관점을 기초로 판단되어야 한다.

④ 성적 언동 및 요구는 신체의 접촉이나 성적인 의사표현 뿐만 아니라 성적 함의가 담긴 모든 언행과 요구를 말한다.

⑤ 성희롱은 「남녀차별금지 및 구제에 관한 법률」과 「남녀고용평등법」 등에 명문화 되어 있다.

79. (가), (나)의 사례에 나타난 직업관의 유형으로 옳은 것은?

> (가) 힘들고, 위험한 일을 기피하는 현상 때문에 노동력은 풍부하지만 생산인력은 부족한 실정이다. 하지만 주윤발 씨는 개인의 소질, 능력, 성취도를 최우선으로 하고 있어 생산직 사원 모집 광고를 보고 원서를 제출하였다.
>
> (나) 사장은 장비 씨의 연로한 나이와 그의 성실성을 고려하여 근무시간을 줄여 주고 월급도 50% 인상해 주었다. 그러자 장비 씨는 회사에 사표를 내고 다른 직장으로 이직을 원하였다. 이에 사장이 그만두는 이유를 묻자 "저는 돈을 벌기 위하여 일을 하는 것이 아니라 남은 인생을 될 수 있는 한 많은 사람을 위해 일하고 싶은 것인데, 근무 시간이 줄어들었으니 그만둘 수밖에 없습니다."라고 대답하였다.

	(가)	(나)
①	업적주의적 직업관	개인중심적 직업관
②	업적주의적 직업관	귀속주의적 직업관
③	귀속주의적 직업관	결과지향적 직업관
④	귀속주의적 직업관	개인중심적 직업관
⑤	개인중심적 직업관	결과지향적 직업관

80. 다음은 직업윤리에 대한 강좌에서 강사와 수강생들의 대화이다. 강사의 질문에 대한 답변으로 옳은 것만을 모두 고른 것은?

> 수강생 A : 직업 일반 윤리는 직업을 가지고 있는 모든 사람이
> 　　　　　지켜야 할 도리입니다.
> 수강생 B : 직업별 윤리는 각각의 직업에 종사하는 직업인에게
> 　　　　　요구되는 윤리적 규범을 말합니다.
> 강사 : 그럼 직업별 윤리에는 어떤 것이 있을까요?

> ㉠ 봉사, 책임 등의 공동체 윤리
> ㉡ 노사 관계 안에서의 근로자 및 기업가의 윤리
> ㉢ 직종별 특성에 맞는 법률, 규칙, 선언문, 윤리 요강

① ㉠　　　　　　　　　　② ㉡
③ ㉠, ㉢　　　　　　　　④ ㉡, ㉢
⑤ ㉠, ㉡, ㉢

서 원 각

www.goseowon.com

서울교통공사

필기시험 모의고사

제 2 회	영 역	의사소통능력, 수리능력, 문제해결능력, 조직이해능력 정보능력, 자원관리능력, 기술능력, 자기개발능력 대인관계능력, 직업윤리
	문항수	80문항
	비 고	객관식 5지선다형

제 2 회 필기시험 모의고사

📋 문항수 : 80문항
⏱ 시 간 : 100분

---

1 다음 밑줄 친 어휘의 쓰임이 가장 적절하지 않은 것은?

> 인공지능(AI) 의사 '왓슨'이 오는 10월부터 국내 암 환자를 대상으로 <u>진료</u>를 시작한다. ○○대 ☆☆병원은 IBM의 '왓슨 포 온콜로지'를 국내 최초로 <u>도입</u>해 유방암, 폐암, 대장암, 직장암 및 위암 치료 지원에 활용한다고 밝혔다.
>
> 왓슨 포 온콜로지(Watson for Oncology·종양 전문 왓슨)는 암을 진단하는 IBM의 인공지능 솔루션이다. 왓슨은 <u>방대한</u> 분량의 의료 데이터를 분석해 암 환자의 치료 방법을 <u>제시한</u>다. 많은 분량의 데이터를 분석해 자연어로 제시된 복잡한 질문을 이해하고, 구체적인 <u>근간</u>에 기반을 둔 해답을 제안하는 것이 특징이다.

① 진료
② 도입
③ 방대한
④ 제시
⑤ 근간

---

2 다음 밑줄 친 외래어의 맞춤법이 틀린 것은?

① 서울시가 4차 산업혁명 <u>심포지움</u>을 성공적으로 마쳤다.
② IT기술의 발달로 홍보 및 투자 <u>트렌드</u>가 급격히 변하고 있다.
③ 미국산 <u>로브스터</u>를 캐나다산으로 속이고 판매해 온 온라인 유통업자가 붙잡혔다.
④ 새로 출시된 <u>모션</u> 베드는 국내외 IT 기업들의 기술이 결합된 걸작이다.
⑤ 서울 지하철역 중 가장 긴 <u>에스컬레이터</u>를 가지고 있는 역은 당산역이다.

---

3 다음 중 맞춤법이 옳은 것으로 적절한 것은?

> 김씨는 여행 도중 ㉠<u>고냉지</u> 농업의 한 장면을 사진에 담을 수 있었다. 앞머리가 ㉡<u>벗겨진</u> 농부는 새벽부터 수확에 열을 다하고 있었다. 잠깐 쉬고 있던 젊은 친구들은 밭 주인의 성화에 못이겨 ㉢<u>닝큼</u> 일어났다. 때마침 배추를 가지러 온 트럭은 너무 많은 양을 실었는지 움직이지 못하고 바퀴가 헛돌고 있었다. 한 번에 많이 실어가려고 요령을 피우다 결국 트럭은 시동이 꺼지고 오히려 고장이 나버렸다. 머리를 굴리다 오히려 이것이 큰 ㉣<u>골칫거리</u>가 된 셈이다. 다른 차량이 오기까지는 한 시간은 기다려야 해서 결국 수확은 잠시 중단되었다. 한 시간 가량을 쉰 젊은 일꾼들은 차량이 오자 ㉤<u>오뚜기</u>처럼 다시 일어났다.

① ㉠
② ㉡
③ ㉢
④ ㉣
⑤ ㉤

---

4 다음 밑줄 친 단어의 의미와 동일하게 쓰인 것을 고르시오.

> 농림축산식품부를 비롯한 농정 유관기관들이 제7호 태풍 '쁘라삐룬'과 집중호우 피해 최소화에 총력을 모으고 나섰다.
>
> 농식품부는 2일 오전 10시 농식품부 소관 실국과 농촌진흥청, 농어촌공사, 농협중앙회 등 유관기관이 참여하는 '태풍 쁘라삐룬 2차 대책회의'를 열고 집중호우에 따른 농업분야 피해 및 대책 추진상황을 긴급 점검했다.
>
> 농식품부가 지자체 등의 보고를 토대로 집계한 농업분야 피해는 이날 오전 6시 현재 농작물 4258ha, 저수지 1개소 제방 유실, 용수간선 4개소 유실·매몰 피해가 발생했다.

① 안전기의 스위치를 <u>열고</u> 퓨즈가 끊어진 것을 확인한다.
② 아직 교육의 혜택을 제대로 받지 못한 오지에 학교를 <u>열었다</u>.
③ 정상회담에 앞서서 준비회담을 <u>열었으나</u> 그 회담 내용은 알려지지 않았다.
④ 사람들이 토지에 정착하여 살 수 있게 됨으로써 인류 역사에 농경 시대를 <u>열게</u> 되었다.
⑤ 모든 사람에게 마음을 <u>열고</u> 살기 위해서는 무엇보다도 타인에 대한 사랑과 이해가 우선되어야 한다.

5 다음은 서울교통공사의 주요연혁의 일부이다. 빈칸에 들어갈 수 없는 단어는?

1974	8. 15.	1호선(서울역~청량리 7.8km) ( )
1981	9. 1.	서울특별시지하철공사 ( )
2010	2. 18.	3호선 ( ) (수서~오금 구간 3km)
2017	5. 31.	서울교통공사 ( )

① 출범   ② 설립
③ 개통   ④ 연장
⑤ 개시

┃6~7┃ 다음 지문을 읽고 물음에 답하시오.

(가) 과학은 이 세상의 어떤 부분에 대한 믿을 만한 지식을 추구하고, 그런 지식을 이용해서 사회를 발전시키는 데에 크게 기여하였다. 과학의 핵심은 자연은 물론 자연에 대한 인간의 간섭을 주의 깊게 관찰하는 것이라고 할 수 있다. 티리언퍼플의 색깔이 어떤 분자에서 비롯된 것이고, 어떻게 그 분자를 변형시켜서 더 밝은 자주색이나 파란색을 얻을 수 있을까를 알아내려는 노력이 바로 그런 관찰에 해당된다.

(나) 로마인들은 도로에 대해 잘 알고 있었다. 즉 도로를 어떻게 닦고 어디에서 어디로 연결해야 할 지 그리고 그것들을 오래 유지하는 방법을 알고 있었다. 로마 도로의 영구성은 오늘날에도 감탄을 자아내기에 충분하다. 20세기를 넘어서까지 계속해서 사용해 왔는데도 수백 마일의 로마 도로는 여전히 건재하고 있으니 말이다. 예를 들어, 로마의 남쪽에서부터 나폴리와 브린디쉬까지 갈 수 있는 아피아 가도는 오늘날에도 많은 자동차들이 달리고 있을 정도로 견고하다.

(다) 섹스투스에게서는 친절을 배웠다. 또 그로 인해 부성애로 다스려지는 가정의 전형을 알게 되었다. 자연에 순응하는 사상을, 거만에 물들지 않은 근엄함을, 친구의 생각을 중히 여기고 그 희망을 따르는 마음씨를 배웠다. 그리고 무식한 무리들에 대해서도 관대해야 한다는 것을 배웠다.

6 다음 중 (가)와 (나)의 서술상의 공통점으로 가장 적절한 것은?

① 문답 형식으로 화제에 대해 구체적으로 설명하고 있다.
② 구체적인 예를 들어 전달하고자 하는 내용을 설명하고 있다.
③ 비유적인 예를 통하여 문제를 제기하고 이를 반박하고 있다.
④ 문제 상황을 소개하고 이를 해결하는 과정을 제시하고 있다.
⑤ 열린 결말을 제시하여 독자의 상상력을 자극하고 있다.

7 다음은 (가)~(다)의 내용을 읽고 난 후의 감상이다. 가장 적절하지 않은 것은?

① 보다 더 나은 인격체가 되는 삶은 (다)와 가깝지.
② 세상을 살아가는 데는 (가)와 같은 앎이 (다)와 같은 앎보다 중요해.
③ 오늘날 과학기술의 발달에는 (가), (나)와 같은 앎이 큰 기여를 했지.
④ (가)와 (다) 제시문에서 바라보는 자연에 대한 시각은 다소 차이가 있어.
⑤ 부실시공이 판치는 요즘 세상도 (나)와 같은 앎을 좀 더 중요시하면 좋을 텐데.

8 다음의 공모전에 응모하기 위해 〈보기〉와 같이 개요를 작성하였다. 개요의 수정 방안으로 적절하지 않은 것은?

> 그린 IT 운동의 필요성과 실천 방안을 알리는 원고 공모
> 그린 IT 운동이란, 정보 통신 분야에서 에너지와 자원을 효율적으로 사용하여 환경오염을 줄이려는 사회적 운동입니다.

> 〈보기〉
> 제목 : 그린 IT 운동의 확산을 위하여
>
> Ⅰ. 그린 IT 운동의 개념 ·············· ㉠
>
> Ⅱ. 그린 IT 운동의 실천 방안
>   1. 기술 및 기기 개발 차원
>   (1) 획기적인 정보 통신 기술 개발 ·········· ㉡
>   (2) 폐기물을 재활용한 정보 통신 기기 개발
>   2. 기기 이용 차원
>   (1) 에너지 효율이 높은 기기 이용
>   (2) 빈번한 기기 교체 자제
>   (3) 성과에 대한 포상제도 마련 ········· ㉢
>   3. 인식적 차원
>   (1) 사회적 인식 확산을 위한 대책 마련
>   (2) 경쟁력 강화를 위한 생산성 향상 ········· ㉣
>
> Ⅲ. 그린 IT 운동 정착을 위한 당국의 정책 개발 촉구 ···· ㉤

① ㉠은 공모의 취지를 고려해, '그린 IT 운동의 개념과 필요성'으로 고친다.
② ㉡은 구체적이지 않으므로, '에너지 효율을 높이는 정보 통신 기술 개발'로 바꾼다.
③ ㉢은 상위 항목에 어울리지 않으므로, 'Ⅱ-3'의 하위 항목으로 옮긴다.
④ ㉣은 글의 주제에서 벗어나므로, '기업과 소비자의 의식 전환'으로 바꾼다.
⑤ ㉤은 글 전체의 흐름으로 보아, '그린 IT 운동 확산을 위한 사회 공동의 노력 촉구'로 바꾼다.

9 다음 제시된 내용을 토대로 관광회사 직원들이 추론한 내용으로 가장 적합한 것은?

세계여행관광협의회(WTTC)에 따르면 지난해인 2016년 전 세계 국내총생산(GDP) 총합에서 관광산업이 차지한 직접 비중은 2.7%이다. 여기에 고용, 투자 등 간접적 요인까지 더한 전체 비중은 9.1%로, 금액으로 따지면 6조 3,461억 달러에 이른다. 직접 비중만 놓고 비교해도 관광산업의 규모는 자동차 산업의 2배이고 교육이나 통신 산업과 비슷한 수준이다. 아시아를 제외한 전 대륙에서는 화학 제조업보다도 관광산업의 규모가 큰 것으로 나타났다.

서비스 산업의 특성상 고용을 잣대로 삼으면 그 차이는 더욱 더 벌어진다. 지난해 전세계 관광산업 종사자는 9,800만 명으로 자동차 산업의 6배, 화학 제조업의 5배, 광업의 4배, 통신 산업의 2배로 나타났다. 간접 고용까지 따지면 2억 5,500만 명이 관광과 관련된 일을 하고 있어, 전 세계적으로 근로자 12명 가운데 1명이 관광과 연계된 직업을 갖고 있는 셈이다. 이러한 수치는 향후 2~3년간은 계속 유지될 것으로 보인다. 실제 백만 달러를 투입할 경우, 관광산업에서는 50명분의 일자리가 추가로 창출되어 교육 부문에 이어 두 번째로 높은 고용 창출효과가 있는 것으로 조사되었다.

유엔세계관광기구(UNWTO)의 장기 전망에 따르면 관광산업의 성장은 특히 한국이 포함된 동북아시아에서 두드러질 것으로 예상된다. UNWTO는 2010년부터 2030년 사이 이 지역으로 여행하는 관광객이 연평균 9.7% 성장하여 2030년 5억 6,500만명이 동북아시아를 찾을 것으로 전망했다. 전 세계 시장에서 차지하는 비율도 현 22%에서 2030년에는 30%로 증가할 것으로 예측했다.

그런데 지난해 한국의 관광산업 비중(간접 분야 포함 전체 비중)은 5.2%로 세계 평균보다 훨씬 낮다. 관련 고용자수(간접 고용 포함)도 50만 3,000여 명으로 전체의 2%에 불과하다. 뒤집어 생각하면 그만큼 성장의 여력이 크다고 할 수 있다.

① 상민 : 2016년 전 세계 국내총생산(GDP) 총합에서 관광산업이 차지한 직접 비중을 금액으로 따지면 2조 달러가 넘는다.

② 대현 : 2015년 전 세계 통신 산업의 종사자는 자동차 산업의 종사자의 약 3배 정도이다.

③ 동근 : 2017년 전 세계 근로자 수는 20억 명을 넘지 못한다.

④ 수진 : 한국의 관광산업 수준이 간접 고용을 포함하는 고용 수준에서 현재의 세계 평균 수준 비율과 비슷해지려면 3백억 달러 이상을 관광 산업에 투자해야 한다.

⑤ 영수 : 2020년에는 동북아시아를 찾는 관광객의 수가 연간 약 2억 8,000명을 넘을 것이다.

10 다음 글에 대한 이해로 적절하지 않은 것은?

외국 통화에 대한 자국 통화의 교환 비율을 의미하는 환율은 장기적으로 한 국가의 생산성과 물가 등 기초 경제 여건을 반영하는 수준으로 수렴된다. 그러나 단기적으로 환율은 이와 괴리되어 움직이는 경우가 있다. 만약 환율이 예상과는 다른 방향으로 움직이거나 또는 비록 예상과 같은 방향으로 움직이더라도 변동 폭이 예상보다 크게 나타날 경우 경제 주체들은 과도한 위험에 노출될 수 있다. 환율이나 주가 등 경제 변수가 단기에 지나치게 상승 또는 하락하는 현상을 오버슈팅(overshooting)이라고 한다. 이러한 오버슈팅은 물가 경직성 또는 금융 시장 변동에 따른 불안 심리 등에 의해 촉발되는 것으로 알려져 있다. 여기서 물가 경직성은 시장에서 가격이 조정되기 어려운 정도를 의미한다.

물가 경직성에 따른 환율의 오버슈팅을 이해하기 위해 통화를 금융 자산의 일종으로 보고 경제 충격에 대해 장기와 단기에 환율이 어떻게 조정되는지 알아보자. 경제에 충격이 발생할 때 물가나 환율은 충격을 흡수하는 조정 과정을 거치게 된다. 물가는 단기에는 장기 계약 및 공공요금 규제 등으로 인해 경직적이지만 장기에는 신축적으로 조정된다. 반면 환율은 단기에서도 신축적인 조정이 가능하다. 이러한 물가와 환율의 조정 속도 차이가 오버슈팅을 초래한다. 물가와 환율이 모두 신축적으로 조정되는 장기에서의 환율은 구매력 평가설에 의해 설명되는데, 이에 의하면 장기의 환율은 자국 물가 수준을 외국 물가 수준으로 나눈 비율로 나타나며, 이를 균형 환율로 본다. 가령 국내 통화량이 증가하여 유지될 경우 장기에서는 자국 물가도 높아져 장기의 환율은 상승한다. 이때 통화량을 물가로 나누는 실질 통화량은 변하지 않는다.

그런데 단기에는 물가의 경직성으로 인해 구매력 평가설에 기초한 환율과는 다른 움직임이 나타나면서 오버슈팅이 발생할 수 있다. 가령 국내 통화량이 증가하여 유지될 경우, 물가가 경직적이어서 실질 통화량은 증가하고 이에 따라 시장 금리는 하락한다. 국가 간 자본 이동이 자유로운 상황에서, 시장 금리 하락은 투자의 기대 수익률 하락으로 이어져, 단기성 외국인 투자 자금이 해외로 빠져나가거나 신규 해외 투자 자금 유입을 위축시키는 결과를 초래한다. 이 과정에서 자국 통화의 가치는 하락하고 환율은 상승한다. 통화량의 증가로 인한 효과는 물가가 신축적인 경우에 예상되는 환율 상승에, 금리 하락에 따른 자금의 해외 유출이 유발하는 추가적인 환율 상승이 더해진 것으로 나타난다. 이러한 추가적인 상승 현상이 환율의 오버슈팅인데, 오버슈팅의 정도 및 지속성은 물가 경직성이 클수록 더 크게 나타난다. 시간이 경과함에 따라 물가가 상승하여 실질 통화량이 원래 수준으로 돌아오고 해외로 유출되었던 자금이 시장 금리의 반등으로 국내로 복귀하면서, 단기에 과도하게 상승했던 환율은 장기에는 구매력 평가설에 기초한 환율로 수렴된다.

① 환율의 오버슈팅이 발생한 상황에서 물가 경직성이 클수록 구매력 평가설에 기초한 환율로 수렴되는 데 걸리는 기간이 길어질 것이다.

② 환율의 오버슈팅이 발생한 상황에서 외국인 투자 자금이 국내 시장 금리에 민감하게 반응할수록 오버슈팅 정도는 커질 것이다.

③ 물가 경직성에 따른 환율의 오버슈팅은 물가의 조정 속도보다 환율의 조정 속도가 빠르기 때문에 발생하는 것이다.

④ 물가가 신축적인 경우가 경직적인 경우에 비해 국내 통화량 증가에 따른 국내 시장 금리 하락 폭이 작을 것이다.

⑤ 국내 통화량이 증가하여 유지될 경우 장기에는 실질 통화량이 변하지 않으므로 장기의 환율도 변함이 없을 것이다.

11 다음은 스마트 트레인과 관련된 내용의 글이다. 다음 글에 대한 설명으로 옳은 것은?

> 부산국제철도기술산업전의 'Digital Railway' 부스에서는 현대로템 열차 운전 시스템의 현재와 발전 진행 상황을 알아볼 수 있었다. CBTC는 'Communication-Based Train Control'의 약자로 중앙관제센터에서 통신을 기반으로 열차를 중앙집중식으로 원격 제어하는 철도 신호시스템을 이야기하는데 한국에서는 RF-CBCT 타입인 KRTCS-1을 사용하고 있다. 현재 신분당선이나 우이신설선, 인천지하철 2호선 등 무인운전 차량들도 KRTCS-1을 탑재하고 있다.
>
> 차량에 탑재된 KRTCS-1 시스템은 지상 신호 장치인 WATC, 차상 신호 장치, 관제실로 구분되는데 관제실에서 명령 신호가 오면 지상 신호 장치 WATC는 경로가 운행 가능한 상태인지를 빠르게 판단하고 차량에게 이동 권한을 부여한다. 이를 받은 차량 신호 장치는 정해진 목적지까지 안전하고 빠르게 운행하며 지상 신호 장치와 관제실과 실시간으로 운행 데이터를 주고받을 수 있다. 이는 운전자 개입 없이 관제실에서 원격 제어만으로 기동과 출발 전 워밍업, 본선 운행과 스케줄링까지 모두 자동으로 이루어지는 무인 시스템이며 영국의 국제공인 인증기관 '리카르도'로부터 ATP(Automatic Train Protection, 열차자동방호) 부분에 대해서 안전등급 중 최고인 SIL Level 4 인증까지 취득했다. 이뿐만 아니라, 출퇴근 시간 등 배차 간격이 좁은 시간대가 아닐 때는 친환경 모드인 '에코-드라이빙' 모드로 추진·제동제어, 출입문 자동 제어 등의 기능을 활용하여 최적의 운행패턴으로 운행 가능하도록 지원할 수 있다.
>
> 한편 현재 현대로템이 개발 중인 운전 시스템으로 KRTCS-2가 있다. KRTCS-1이 도시철도용 신호 시스템이었다면 KRTCS-2는 도시와 도시를 연결하는 간선형 철도나 고속철도용으로 개발되고 있는 것이 특징이다. KRTCS-2는 유럽 철도 표준인 ETCS-2에 기반을 두고 있으며 KTX나 SRT 등에 향후 ETCS-2 도입이 예정된 만큼, KRTCS-2 역시 적용 가능한 시스템으로 볼 수 있다.

> KRTCS-2 시스템은 차량과 지상, 관제실 통신에 초고속 무선 인터넷 LTE-R을 이용한다. KRTCS-1이 지상 센서만으로 차량의 이동을 감지하고 컨트롤했다면, KRTCS-2는 LTE-R 무선통신을 도입해 열차가 어느 구간(폐색)에 위치하는지를 실시간으로 감지하고 좀 더 효율적으로 스케줄링할 수 있다는 장점이 있다. KRTCS-2 역시 SIL Level 4등급을 독일의 시험인증 기관인 'TUV-SUD'로부터 인증받아 그 안전성과 정확성을 입증했다. 현재 KRTCS-2에서 열차를 안전하게 보호하는 ATP 시스템이 개발을 마쳤고, 자동운전 기능을 추가하기 위한 작업에 박차를 가하고 있다. 따라서 가까운 시일 내에 한국의 고속철도에 KRTCS-2 시스템이 적용되어 도시철도뿐만 아니라 일반·고속철도에서도 무인운전이 현실화될 것으로 기대된다.

① KRTCS-1는 한국의 철도 신호시스템이며 현재 무인운전 차량에는 탑재되어 있지 있다.

② SIL Level 4 인증을 취득한 시스템은 KRTCS-2뿐이다.

③ KRTCS-2는 간선형 철도나 고속철도용으로 개발되고 있다.

④ KRTCS-1 시스템은 LTE-R 무선통신을 도입해 열차가 어느 구간에 위치하는지를 실시간으로 감지하고 좀 더 효율적으로 스케줄링할 수 있다는 장점이 있다.

⑤ 무인운전의 경우 고속철도에서는 현실화되기 어렵다.

▌12~13▐ 다음 글을 읽고 이어지는 물음에 답하시오.

논리실증주의자와 포퍼는 지식을 수학적 지식이나 논리학 지식처럼 경험과 무관한 것과 과학적 지식처럼 경험에 의존하는 것으로 구분한다. 그중 과학적 지식은 과학적 방법에 의해 누적된다고 주장한다. 가설은 과학적 지식의 후보가 되는 것인데, 그들은 가설로부터 논리적으로 도출된 예측을 관찰이나 실험 등의 경험을 통해 맞는지 틀리는지 판단함으로써 그 가설을 시험하는 과학적 방법을 제시한다. 논리실증주의자는 예측이 맞을 경우에, 포퍼는 예측이 틀리지 않는 한, 그 예측을 도출한 가설이 하나씩 새로운 지식으로 추가된다고 주장한다.

하지만 콰인은 가설만 가지고서 예측을 논리적으로 도출할 수 없다고 본다. 예를 들어 새로 발견된 금속 M은 열을 받으면 팽창한다는 가설만 가지고는 열을 받은 M이 팽창할 것이라는 예측을 이끌어낼 수 없다. 먼저 지금까지 관찰한 모든 금속은 열을 받으면 팽창한다는 기존의 지식과 M에 열을 가했다는 조건 등이 필요하다. 이렇게 예측은 가설, 기존의 지식들, 여러 조건 등을 모두 합쳐야만 논리적으로 도출된다는 것이다. 그러므로 예측이 거짓으로 밝혀지면 정확히 무엇 때문에 예측에 실패한 것인지 알 수 없다는 것이다. 이로부터 콰인은 개별적인 가설뿐만 아니라 기존의 지식들과 여러 조건 등을 모두 포함하는 전체 지식이 경험을 통한 시험의 대상이 된다는 총체주의를 제안한다.

논리실증주의자와 포퍼는 수학적 지식이나 논리학 지식처럼 경험과 무관하게 참으로 판별되는 분석 명제와, 과학적 지식처럼 경험을 통해 참으로 판별되는 종합 명제를 서로 다른 종류라고 구분한다. 그러나 콰인은 총체주의를 정당화하기 위해 이 구분을 부정하는 논증을 다음과 같이 제시한다. 논리실증주의자와 포퍼의 구분에 따르면 "총각은 총각이다."와 같은 동어 반복 명제와, "총각은 미혼의 성인 남성이다."처럼 동어 반복 명제로 환원할 수 있는 것은 모두 분석 명제이다. 그런데 후자가 분석 명제인 까닭은 전자로 환원할 수 있기 때문이다. 이러한 환원이 가능한 것은 '총각'과 '미혼의 성인 남성'이 동의적 표현이기 때문인데 그게 왜 동의적 표현인지 물어보면, 이 둘을 서로 대체하더라도 명제의 참 또는 거짓이 바뀌지 않기 때문이라고 할 것이다. 하지만 이것만으로는 두 표현의 의미가 같다는 것을 보장하지 못해서, 동의적 표현은 언제나 반드시 대체 가능해야 한다는 필연성 개념에 다시 의존하게 된다. 이렇게 되면 동의적 표현이 동어 반복 명제로 환원 가능하게 하는 것이 되어, 필연성 개념은 다시 분석 명제 개념에 의존하게 되는 순환론에 빠진다. 따라서 콰인은 종합 명제와 구분되는 분석 명제가 존재한다는 주장은 근거가 없다는 결론에 도달한다.

콰인은 분석 명제와 종합 명제로 지식을 엄격히 구분하는 대신, 경험과 직접 충돌하지 않는 중심부 지식과, 경험과 직접 충돌할 수 있는 주변부 지식을 상정한다. 경험과 직접 충돌하여 참과 거짓이 쉽게 바뀌는 주변부 지식과 달리 주변부 지식의 토대가 되는 중심부 지식은 상대적으로 견고하다. 그러나 이 둘의 경계를 명확히 나눌 수 없기 때문에, 콰인은 중심부 지식과 주변부 지식을 다른 종류라고 하지 않는다.

수학적 지식이나 논리학 지식은 중심부 지식의 한가운데에 있어 경험에서 가장 멀리 떨어져 있지만 그렇다고 경험과 무관한 것은 아니라는 것이다. 그런데 주변부 지식이 경험과 충돌하여 거짓으로 밝혀지면 전체 지식의 어느 부분을 수정해야 할지 고민하게 된다. 주변부 지식을 수정하면 전체 지식의 변화가 크지 않지만 중심부 지식을 수정하면 관련된 다른 지식이 많기 때문에 전체 지식도 크게 변화하게 된다. 그래서 대부분의 경우에는 주변부 지식을 수정하는 쪽을 선택하겠지만 실용적 필요 때문에 중심부 지식을 수정하는 경우도 있다. 그리하여 콰인은 중심부 지식과 주변부 지식이 원칙적으로 모두 수정의 대상이 될 수 있고, 지식의 변화도 더 이상 개별적 지식이 단순히 누적되는 과정이 아니라고 주장한다.

12 밑줄 친 단어의 한자 표기가 적절하지 않은 것은?

① 누적 – 累積

② 팽창 – 膨脹

③ 판별 – 判別

④ 환원 – 還源

⑤ 대체 – 代替

13 위 글로 미루어 볼 때, 포퍼와 콰인이 모두 '아니요'라고 답변할 질문은 무엇인가?

① 수학적 지식과 과학적 지식은 종류가 다른 것인가?

② 예측은 가설로부터 논리적으로 도출될 수 있는가?

③ 경험과 무관하게 참이 되는 지식이 존재하는가?

④ 경험을 통하지 않고 가설을 시험할 수 있는가?

⑤ 과학적 지식은 개별적으로 누적되는가?

┃14~15┃ 다음 글을 읽고 이어지는 물음에 답하시오.

경쟁의 승리는 다른 사람의 재산권을 침탈하지 않으면서 이기는 경쟁자의 능력, 즉 경쟁력에 달려 있다. 공정경쟁에서 원하는 물건의 소유주로부터 선택을 받으려면 소유주가 원하는 대가를 치를 능력이 있어야 하고 남보다 먼저 신 자원을 개발하거나 신 발상을 창안하려면 역시 그렇게 해낼 능력을 갖추어야 한다. 다른 기업보다 더 좋은 품질의 제품을 더 값싸게 생산하는 기업은 시장경쟁에서 이긴다. 우수한 자질을 타고났고, 탐사 또는 연구개발에 더 많은 노력을 기울인 개인이나 기업은 새로운 자원이나 발상을 대체로 남보다 앞서서 찾아낸다.

개인의 능력은 천차만별인데 그 차이는 타고나기도 하고 후천적 노력에 의해 결정되기도 한다. 능력이 후천적 노력만의 소산이라면 능력의 우수성에 따라 결정되는 경쟁 결과를 불공정하다고 불평하기는 어렵다. 그런데 능력의 많은 부분은 타고난 것이거나 부모에게서 직간접적으로 물려받은 유무형적 재산에 의한 것이다. 후천적 재능 습득에서도 그 성과는 보통 개발자가 타고난 자질에 따라 서로 다르다. 타고난 재능과 후천적 능력을 딱 부러지게 구분하기도 쉽지 않은 것이다.

어쨌든 내가 능력 개발에 소홀했던 탓에 경쟁에서 졌다면 패배를 승복해야 마땅하다. 그러나 순전히 타고난 불리함 때문에 불이익을 당했다면 억울함이 앞선다. 이 점을 내세워 타고난 재능으로 벌어들이는 소득은 그 재능 보유자의 몫으로 인정할 수 없다는 필자의 의견에 동의하는 학자도 많다. 자신의 재능을 발휘하여 경쟁에서 승리하였다 하더라도 해당 재능이 타고난 것이라면 승자의 몫이 온전히 재능 보유자의 것일 수 없고 마땅히 사회에 귀속되어야 한다는 말이다.

그런데 재능도 노동해야 발휘할 수 있으므로 재능발휘를 유도하려면 그 노고를 적절히 보상해주어야 한다. 이론상으로는 재능발휘로 벌어들인 수입에서 노고에 대한 보상만큼은 재능 보유자의 소득으로 인정하고 나머지만 사회에 귀속시키면 된다.

14 윗글을 읽고 나눈 다음 대화의 ㉠~㉤ 중, 글의 내용에 따른 합리적인 의견 제기로 볼 수 없는 것은?

> A : "타고난 재능과 후천적 노력에 대하여 어떻게 보아야 할지에 대한 필자의 의견이 담겨 있는 글입니다."
> B : "맞아요. 필자의 의견에 따르면 앞으로는 ㉠선천적인 재능에 대한 경쟁이 더욱 치열해질 것 같습니다."
> A : "그런데 우리가 좀 더 확인해야 할 것은, ㉡과연 얼마만큼의 보상이 재능 발휘 노동의 제공에 대한 몫이냐 하는 점입니다."
> B : "그와 함께, ㉢얻어진 결과물에서 어떻게 선천적 재능에 의한 부분을 구별해낼 수 있을까에 대한 물음 또한 과제로 남아 있다고 볼 수 있겠죠."
> A : "그뿐이 아닙니다. ㉣타고난 재능이 어떤 방식으로 사회에 귀속되어야 공정한 것인지, ㉤특별나게 열심히 재능을 발휘할 유인은 어떻게 찾을 수 있을지에 대한 고민도 함께 이루어져야 하겠죠."

① ㉠

② ㉡

③ ㉢

④ ㉣

⑤ ㉤

15 윗글에서 필자가 주장하는 내용과 견해가 다른 것은 어느 것인가?

① 경쟁에서 승리하기 위해서는 능력이 필요하다.

② 능력에 의한 경쟁 결과가 불공정하다고 불평할 수 없다.

③ 선천적인 능력이 우수한 사람은 경쟁에서 이길 수 있는 확률이 높다.

④ 후천적인 능력이 모자란 결과에 대해서는 승복해야 한다.

⑤ 타고난 재능에 의해 얻은 승자의 몫은 일정 부분 사회에 환원해야 한다.

16 서울에서 부산까지 자동차를 타고 가는데, 갑이 먼저 출발하였고, 갑이 출발한 후 30분이 지나 을이 출발하였다. 갑이 시속 80km로 가고, 을이 시속 100km의 속력으로 간다고 할 때, 을이 출발한지 몇 시간 후에 갑을 따라잡을 수 있는가?

① 1시간   ② 1시간 30분

③ 2시간   ④ 2시간 30분

⑤ 3시간

17 용인의 한 놀이공원의 입장료는 어른이 8,000원이고, 학생은 6,000원이다. 오늘 하루 입장권이 총 1,200장이 팔렸는데 입장료 총 수입이 8,320,000원이라고 할 때, 입장한 학생의 수는 몇 명인가?

① 540명   ② 560명

③ 600명   ④ 640명

⑤ 720명

18 어느 인기 그룹의 공연을 준비하고 있는 기획사는 다음과 같은 조건으로 총 1,500장의 티켓을 판매하려고 한다. 티켓 1,500장을 모두 판매한 금액이 6,000만 원이 되도록 하기 위해 판매해야 할 S석 티켓의 수를 구하면?

㈎ 티켓의 종류는 R석, S석, A석 세 가지이다.
㈏ R석, S석, A석 티켓의 가격은 각각 10만 원, 5만 원, 2만 원이고, A석 티켓의 수는 R석과 S석 티켓의 수의 합과 같다.

① 450장   ② 600장

③ 750장   ④ 900장

⑤ 1,050장

19 바른 항공사는 서울–상해 직항 노선에 50명이 초과로 예약 승객이 발생하였다. 승객 모두는 비록 다른 도시를 경유해서라도 상해에 오늘 도착하기를 바라고 있다. 아래의 그림이 경유 항공편의 여유 좌석 수를 표시한 항공로일 때, 타 도시를 경유하여 상해로 갈 수 있는 최대의 승객 수는 구하면?

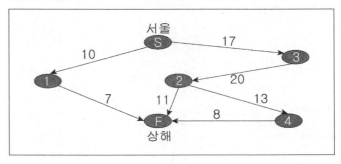

① 24   ② 29

③ 30   ④ 33

⑤ 37

20 그림과 같이 가로의 길이가 2, 세로의 길이가 1인 직사각형이 있다. 이 직사각형과 넓이가 같은 정사각형의 한 변의 길이는?

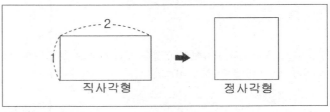

① $\sqrt{2}$ ② $\sqrt{3}$

③ 2   ④ 3

④ $\sqrt{5}$

21 다음은 S공사에서 사원에게 지급하는 수당에 대한 자료이다. 2019년 7월 현재 부장 甲의 근무년수는 12년 2개월이고, 기본급은 300만 원이다. 2019년 7월 甲의 월급은 얼마인가? (단, S공사 사원의 월급은 기본급과 수당의 합으로 계산되고 제시된 수당 이외의 다른 수당은 없으며, 10년 이상 근무한 직원의 정근수당은 기본급의 50%를 지급한다)

구분	지급 기준	비고
정근수당	근무년수에 따라 기본급의 0~50% 범위 내 차등 지급	매년 1월, 7월 지급
명절휴가비	기본급의 60%	매년 2월(설), 10월(추석) 지급
가계지원비	기본급의 40%	매년 홀수 월에 지급
정액급식비	130,000원	매월 지급
교통보조비	• 부장 : 200,000원 • 과장 : 180,000원 • 대리 : 150,000원 • 사원 : 130,000원	매월 지급

① 5,830,000원　　　　② 5,880,000원

③ 5,930,000원　　　　④ 5,980,000원

⑤ 6,030,000원

22 다음은 A시의 교육여건 현황을 나타낸 자료이다. 이에 대한 설명 중 옳지 않은 것을 고르면?

교육 여건 학교급	전체 학교수	학교당 학급수	학급당 주간 수업시수 (시간)	학급당 학생수	학급당 교원수	교원당 학생수
초등학교	150	30	28	32	1.3	25
중학교	70	36	34	35	1.8	19
고등학교	60	33	35	32	2.1	15

① 모든 초등학교와 중학교의 총 학생수 차이는 모든 중학교와 고등학교의 총 학생수 차이보다 크다.

② 모든 초등학교의 총 교원수는 모든 중학교와 고등학교의 총 교원수의 합보다 크다.

③ 모든 초등학교의 주간 수업시수의 합은 모든 중학교의 주간 수업시수의 합보다 많다.

④ 고등학교의 교원당 주간 수업시수는 17시간 이하이다.

⑤ 모든 고등학교의 학급수는 모든 중학교의 학급수의 80% 이하이다.

23 다음은 성인 남녀 1천 명을 대상으로 실시한 에너지원별 국민인식 조사 결과이다. 다음 자료를 올바르게 해석한 것은 어느 것인가?

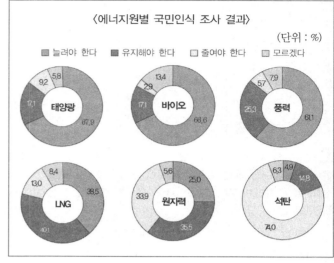

① 모든 에너지원에 대하여 줄여야 한다는 의견이 압도적으로 많다.

② 유지하거나 늘려야 한다는 의견은 모든 에너지원에서 절반 이상을 차지한다.

③ 한 가지 의견이 절반 이상의 비중을 차지하는 에너지원은 모두 4개이다.

④ 늘려야 한다는 의견이 더 많은 에너지원일수록 줄여야 한다는 의견도 더 많다.

⑤ LNG와 원자력에 대한 국민 인식 현황은 동일한 순서로 나타난다.

24 다음은 S공사 직원의 출장 횟수에 관한 자료이다. 이에 대한 설명 중 옳지 않은 것을 고르면? (단, 회당 출장 인원은 동일하며 제시된 자료에 포함되지 않은 해외 출장은 없다)

- 최근 9년간 S공사 본사 직원의 해외 법인으로의 출장 횟수

(단위 : 회)

구분	2009	2010	2011	2012	2013	2014	2015	2016	2017
유럽 사무소	61	9	36	21	13	20	12	8	11
두바이 사무소	9	0	5	6	2	3	9	1	8
아르헨티나 사무소	7	2	24	15	0	2	4	0	6

- 최근 5년간 해외 법인 직원의 S공사 본사로의 출장 횟수

(단위 : 회)

지역 \ 기간	2013년	2014년	2015년	2016년	2017년
UAE	11	5	7	12	7
호주	2	30	43	9	12
브라질	9	11	17	18	32
아르헨티나	15	13	9	35	29
독일	11	2	7	5	6

① 최근 9년간 두바이사무소로 출장을 간 본사 직원은 아르헨티나사무소로 출장을 간 본사 직원 수보다 적다.

② 2013년 이후 브라질 지역의 해외 법인 직원이 본사로 출장을 온 횟수는 지속적으로 증가하였다.

③ S공사 본사에서 유럽사무소로의 출장 횟수가 많은 해부터 나열하면 09년, 11년, 14년, 12년, 13년, 15년, 17년, 10년, 16년 순이다.

④ 2014~2015년에 UAE 지역의 해외 법인 직원이 본사로 출장을 온 횟수는 2015년 본사 직원이 유럽사무소로 출장을 간 횟수와 같다.

⑤ 2014년 해외 법인 직원이 본사로 출장을 온 총 횟수는 2010년 이후 본사 직원이 아르헨티나사무소로 출장을 간 총 횟수보다 많다.

▌25~26▐ 다음은 서울교통공사에서 제공하고 있는 유아수유실 현황에 관한 자료이다. 물음에 답하시오.

〈유아수유실 현황〉

○ 1호선

역명	역명
종로3가역	동대문역

○ 2호선

역명	역명
시청역	성수역
강변역	잠실역
삼성역	강남역
신림역	대림역
신촌역	영등포구청역
신설동역	

○ 3호선

역명	역명
구파발역	독립문역
옥수역	고속터미널역
양재역	도곡역

○ 4호선

역명	역명
노원역	미아사거리역
길음역	동대문역사문화공원역
서울역	이촌역
사당역	

○ 5호선

역명	역명
김포공항역	우장산역
까치산역	목동역
영등포구청역	신길역
여의도역	여의나루역
충정로역	광화문역
동대문역사문화공원역	청구역
왕십리역	답십리역
군자역	아차산역
천호역	강동역
고덕역	올림픽공원역
거여역	

○ 6호선

역명	역명
응암역	불광역
월드컵경기장역	합정역
대흥역	공덕역
삼각지역	이태원역
약수역	상월곡역
동묘앞역	안암역

○ 7호선

역명	역명
수락산역	노원역
하계역	태릉입구역
상봉역	부평구청역
어린이대공원역	뚝섬유원지역
논현역	고속터미널역
이수역	대림역
가산디지털단지역	광명사거리역
온수역	까치울역
부천종합운동장역	춘의역
신중동역	부천시청역
상동역	삼산체육관역
굴포천역	

○ 8호선

역명	역명
모란역	몽촌토성역
잠실역	가락시장역
장지역	남한산성입구역

※ 해당 역에 하나의 유아수유실을 운영 중이다.

25 다음 중 2호선 유아수유실이 전체에서 차지하는 비율은?

① 10.5% ② 11.5%
③ 12.5% ④ 13.5%
⑤ 14.5%

26 다음 중 가장 많은 유아수유실을 운영 중인 지하철 호선 ㉮와 가장 적은 유아수유실을 운영 중인 지하철 호선 ㉯로 적절한 것은?

	㉮	㉯		㉮	㉯
①	7호선	1호선	②	6호선	2호선
③	5호선	3호선	④	4호선	4호선
⑤	3호선	5호선			

▌27~28▐ 다음 교통사고와 관련된 자료를 보고 이어지는 물음에 답하시오.

구분	2007	2011	2012	2013	2014	2015	2016
사고(천 건)	212	222	224	215	224	232	221
사망(명)	6,166	5,229	5,392	5,092	4,762	4,621	4,292
부상(천 명)	336	341	345	329	337	350	332
자동차 1만대 당 교통사고(건)	3.1	2.4	2.4	2.2	2.0	1.9	1.7
인구 10만 명 당 교통사고 사망자수(명)	12.7	10.7	10.8	10.1	9.4	9.1	8.5
보행 시 교통사고자 중 사망자 구성비(%)	37.4	39.1	37.6	38.9	40.1	38.8	39.9

27 다음 중 위의 자료를 바르게 해석하지 못한 것은?

① 2016년에는 10년 전보다 사고 건수와 보행 시 교통사고자 중 사망자 구성비가 더 증가하였다.
② 교통사고 사망자와 부상자 수의 합은 2012년 이후 지속적으로 감소하였다.
③ 2011~2016년까지의 평균 사고 건수보다 더 높은 사고 건수를 기록한 해는 3개 연도이다.
④ 보행 시 교통사고가 나면 10명 중 약 4명꼴로 사망하였다.
⑤ 2012년 이후 자동차 1만대 당 교통사고 건과 인구 10만 명 당 교통사고 사망자 수는 지속 감소하였다.

28 2007년의 총 자동차 대수가 1천만 대였다고 가정할 경우, 2016년의 총 자동차 교통사고 건수가 2007년과 같아지게 될 때의 총 자동차 대수는 몇 대인가? (반올림하여 천의 자리까지 표시함)

① 17,508천 대 ② 17,934천 대
③ 18,011천 대 ④ 18,235천 대
⑤ 18,569천 대

▌29~30 ▌ 다음 자료를 보고 이어지는 물음에 답하시오.

〈'갑시의 도시철도 노선별 연간 범죄 발생건수〉

(단위 : 건)

연도 ＼ 노선	1호선	2호선	3호선	4호선	합
2017년	224	271	82	39	616
2018년	252	318	38	61	669

〈'갑시의 도시철도 노선별 연간 아동 상대 범죄 발생건수〉

(단위 : 건)

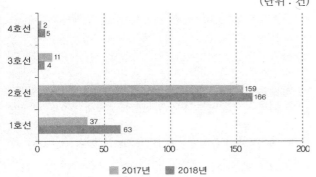

※ 노선별 범죄율 = 노선별 해당 범죄 발생건수 ÷ 전체 노선 해당 범죄 발생건수 × 100

※ 언급되지 않은 '갑시의 다른 노선은 고려하지 않으며, 범죄 발생건수는 아동 상대 범죄 발생건수와 비아동 상대 범죄 발생건수로만 구성됨

29 다음 중 위의 자료에 대한 올바른 설명을 〈보기〉에서 모두 고른 것은 어느 것인가?

〈보기〉

㉮ 2018년 비아동 상대 범죄 발생건수는 4개 노선 모두 전년보다 증가하였다.

㉯ 2018년의 전년 대비 아동 상대 범죄 발생건수의 증가폭은 비아동 상대 범죄 발생건수의 증가폭보다 더 크다.

㉰ 2018년의 노선별 전체 범죄율이 10% 이하인 노선은 1개이다.

㉱ 두 해 모두 전체 범죄율이 가장 높은 노선은 2호선이다.

① ㉯, ㉰   ② ㉯, ㉱
③ ㉮, ㉰   ④ ㉮, ㉯
⑤ ㉮, ㉱

30 다음 중 2018년의 비아동 상대 범죄의 범죄율이 높은 노선부터 순서대로 올바르게 나열한 것은 어느 것인가?

① 3호선 − 2호선 − 4호선 − 1호선

② 1호선 − 4호선 − 2호선 − 3호선

③ 1호선 − 2호선 − 3호선 − 4호선

④ 2호선 − 1호선 − 4호선 − 3호선

⑤ 1호선 − 2호선 − 4호선 − 3호선

31 A, B, C, D, E, F가 달리기 경주를 하여 보기와 같은 결과를 얻었다. 1등부터 6등까지 순서대로 나열한 것은?

㉠ A는 D보다 먼저 결승점에 도착하였다.

㉡ E는 B보다 더 늦게 도착하였다.

㉢ D는 C보다 먼저 결승점에 도착하였다.

㉣ B는 A보다 더 늦게 도착하였다.

㉤ E가 F보다 더 앞서 도착하였다.

㉥ C보다 먼저 결승점에 들어온 사람은 두 명이다.

① A − D − C − B − E − F

② A − D − C − E − B − F

③ F − E − B − C − D − A

④ B − F − C − E − D − A

⑤ C − D − B − E − F − A

32 A, B, C, D, E 5명의 입사성적을 비교하여 높은 순서로 순번을 매겼더니 다음과 같은 사항을 알게 되었다. 입사성적이 두 번째로 높은 사람은?

• 순번 상 E의 앞에는 2명 이상의 사람이 있고 C보다는 앞이었다.

• D의 순번 바로 앞에는 B가 있다.

• A의 순번 뒤에는 2명이 있다.

① A   ② B
③ C   ④ D
⑤ E

33 다음 글의 내용이 참일 때, 반드시 참인 것만을 모두 고른 것은?

> 전통문화 활성화 정책의 일환으로 일부 도시를 선정하여 문화관광특구로 지정할 예정이다. 특구 지정 신청을 받아본 결과, A, B, C, D, 네 개의 도시가 신청하였다. 선정과 관련하여 다음 사실이 밝혀졌다.
> • A가 선정되면 B도 선정된다.
> • B와 C가 모두 선정되는 것은 아니다.
> • B와 D 중 적어도 한 도시는 선정된다.
> • C가 선정되지 않으면 B도 선정되지 않는다.

> ㉠ A와 B 가운데 적어도 한 도시는 선정되지 않는다.
> ㉡ B도 선정되지 않고, C도 선정되지 않는다.
> ㉢ D는 선정된다.

① ㉠
② ㉡
③ ㉠㉢
④ ㉡㉢
⑤ ㉠㉡㉢

34 甲그룹은 A~G의 7개 지사를 가지고 있다. 아래에 제시된 조건에 따라, A에서 가장 멀리 떨어진 지사는? (단, 모든 지사는 동일 평면상에 있으며, 지사의 크기는 고려하지 않는다)

> • E, F, G는 순서대로 정남북 방향으로 일직선상에 위치하며, B는 C로부터 정동쪽으로 250km 떨어져 있다.
> • C는 A로부터 정남쪽으로 150km 떨어져 있다.
> • D는 B의 정북쪽에 있으며, B와 D 간의 거리는 A와 C 간의 거리보다 짧다.
> • E와 F 간의 거리는 C와 D 간의 직선거리와 같다.
> • G는 D로부터 정동쪽으로 350km 거리에 위치해 있으며, A의 정동쪽에 위치한 지사는 F가 유일하다.

① B
② D
③ E
④ F
⑤ G

35 100명의 근로자를 고용하고 있는 ○○기관 인사팀에 근무하는 S는 고용노동법에 따라 기간제 근로자를 채용하였다. 제시된 법령의 내용을 참고할 때, 기간제 근로자로 볼 수 없는 경우는?

> 제10조
> ① 이 법은 상시 5인 이상의 근로자를 사용하는 모든 사업 또는 사업장에 적용한다. 다만 동거의 친족만을 사용하는 사업 또는 사업장과 가사사용인에 대하여는 적용하지 아니한다.
> ② 국가 및 지방자치단체의 기관에 대하여는 상시 사용하는 근로자의 수에 관계없이 이 법을 적용한다.
> 제11조
> ① 사용자는 2년을 초과하지 아니하는 범위 안에서(기간제 근로계약의 반복갱신 등의 경우에는 계속 근로한 총 기간이 2년을 초과하지 아니하는 범위 안에서) 기간제 근로자※를 사용할 수 있다. 다만 다음 각 호의 어느 하나에 해당하는 경우에는 2년을 초과하여 기간제 근로자로 사용할 수 있다.
>   1. 사업의 완료 또는 특정한 업무의 완성에 필요한 기간을 정한 경우
>   2. 휴직 · 파견 등으로 결원이 발생하여 당해 근로자가 복귀할 때까지 그 업무를 대신할 필요가 있는 경우
>   3. 전문적 지식 · 기술의 활용이 필요한 경우와 박사 학위를 소지하고 해당 분야에 종사하는 경우
> ② 사용자가 제1항 단서의 사유가 없거나 소멸되었음에도 불구하고 2년을 초과하여 기간제 근로자로 사용하는 경우에는 그 기간제 근로자는 기간의 정함이 없는 근로계약을 체결한 근로자로 본다.
>
> ※ 기간제 근로자라 함은 기간의 정함이 있는 근로계약을 체결한 근로자를 말한다.

① 수습기간 3개월을 포함하여 1년 6개월간 A를 고용하기로 근로계약을 체결한 경우
② 근로자 E의 휴직으로 결원이 발생하여 2년간 B를 계약직으로 고용하였는데, E의 복직 후에도 B가 계속해서 현재 3년 이상 근무하고 있는 경우
③ 사업 관련 분야 박사학위를 취득한 C를 계약직(기간제) 연구원으로 고용하여 C가 현재 3년간 근무하고 있는 경우
④ 국가로부터 도급받은 3년간의 건설공사를 완성하기 위해 D를 그 기간 동안 고용하기로 근로계약을 체결한 경우
⑤ 근로자 F가 해외 파견으로 결원이 발생하여 돌아오기 전까지 3년간 G를 고용하기로 근로계약을 체결한 경우

36 사과, 배, 딸기, 오렌지, 귤 등 다섯 가지 상품만을 파는 과일가게가 있다. 가게 주인은 다음과 같은 조건을 걸고 이를 만족하는 손님에게만 물건을 팔았는데, 한 손님이 이 조건을 만족해 물건을 구입해 갔다. 이 손님이 구입한 상품으로 가능한 것은?

- 오렌지와 귤 중 한 가지를 반드시 사야 한다.
- 배와 딸기 중에서는 한 가지밖에 살 수 없다.
- 딸기와 오렌지를 사려면 둘 다 사야 한다.
- 귤을 사려면 사과와 오렌지도 반드시 사야 한다.

① 오렌지, 귤

② 배, 딸기

③ 딸기, 오렌지

④ 사과, 딸기, 귤

⑤ 사과, 배, 귤

37 다음 글과 〈대회 종료 후 대화〉를 근거로 판단할 때, 비긴 볼링 게임의 총 수는?

다섯 명의 선수(A~E)가 볼링 게임 대회에 참가했다. 각 선수는 대회에 참가한 다른 모든 선수들과 1:1로 한 번씩 볼링 게임을 했다. 각 게임의 승자는 점수 2점을 받고, 비긴 선수는 점수 1점을 받고, 패자는 점수를 받지 못한다.
이 볼링 게임 대회에서 각 선수가 얻은 점수의 총합이 큰 순으로 매긴 순위는 A, B, C, D, E 순이고 동점은 존재하지 않는다.

〈대회 종료 후 대화〉
B : 난 한 게임도 안 진 유일한 사람이야.
E : 난 한 게임도 못 이긴 유일한 사람이야.

① 2번   ② 3번

③ 4번   ④ 5번

⑤ 6번

38 ◇◇자동차그룹 기술개발팀은 수소연료전지 개발과 관련하여 다음의 자료를 바탕으로 회의를 진행하고 있다. 잘못된 분석을 하고 있는 사람은?

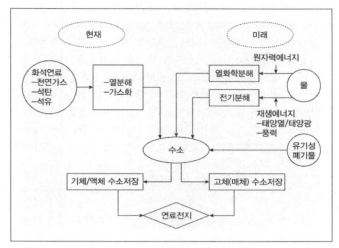

① 甲 : 현재는 석유와 천연가스 등 화석연료에서 수소를 얻고 있지만, 미래에는 재생에너지나 원자력을 활용한 수소 제조법이 사용될 것이다.

② 乙 : 수소는 기체, 액체, 고체 등 저장 상태에 관계없이 연료전지에 활용할 수 있다는 장점을 갖고 있다.

③ 丙 : 수소저장기술은 기체나 액체 상태로 저장하는 방식과 고체(매체)로 저장하는 방식으로 나눌 수 있다.

④ 丁 : 수소를 제조하는 기술에는 화석연료를 전기분해하는 방법과 재생에너지를 이용하여 물을 열분해하는 두 가지 방법이 있다.

⑤ 戊 : 수소는 물, 석유, 천연가스 및 유기성 폐기물 등에 함유되어 있으므로, 다양한 원료로부터 생산할 수 있다는 장점을 갖고 있다.

39 사람들은 살아가면서 많은 소비를 하게 되며, 그에 따른 의사결정을 하게 된다. 이렇듯 소비자 의사 결정이라고 불리는 이 과정은 크게 문제 인식, 정보 탐색, 대안 평가 및 선택, 결정, 구매 및 평가의 순서로 진행된다. 하지만 모든 소비자가 이러한 과정을 준수하여 소비하지는 않으며, 순서가 바뀌거나 또는 건너뛰는 경우도 있다. 다음의 사례는 5명의 사람이 여름휴가철을 맞아 드넓은 동해바다 앞의 게스트 하우스를 예약하고 이를 찾아가기 위해 활용할 교통수단을 놓고 선택에 대한 고민을 하고 있다. 이 부분은 소비자 의사결정과정 중 대안평가 및 선택에 해당하는 부분인데, 아래의 조건들은 대안을 평가하는 방식들을 나열한 것이다. 이들 중 ㉠의 내용을 참고하여 보완적 평가방식을 활용해 목적지까지 가는 동안의 이동수단으로 가장 적절한 것을 고르면?

Ⅰ. 조건

㉠ 보완적 평가방식이란 각각의 상표에 있어 어떤 속성의 약점을 다른 속성의 강점에 의해 보완하여 전반적인 평가를 내리는 방식을 말한다.

㉡ 사전편집식이란 가장 중요시하는 평가기준에서 최고로 평가되는 상표를 선택하는 방식을 말한다.

㉢ 순차적 제거식이란 중요하게 생각하는 특정 속성의, 최소 수용기준을 설정하고 난 뒤에 그 속성에서 수용 기준을 만족시키지 못하는 상표를 제거해 나가는 방식을 말한다.

㉣ 결합식이란, 상표 수용을 위한 최소 수용기준을 모든 속성에 대해 마련하고, 각 상표별로 모든 속성의 수준이 최소한의 수용 기준을 만족시키는가에 따라 평가하는 방식을 말한다.

Ⅱ. 내용

평가기준	중요도	이동수단들의 가치 값				
		비행기	고속철도	고속버스	오토바이	도보
속도감	40	9	8	2	1	1
경제성	30	2	5	8	9	1
승차감	20	4	5	6	2	1

① 고속철도
② 비행기
③ 오토바이
④ 고속버스
⑤ 도보

40 다음은 철도운행 안전관리자의 자격취소·효력정지 처분에 대한 내용이다. 다음의 내용을 참고하였을 때 옳지 않은 설명은? (단, 사고는 모두 철도운행 안전관리자의 고의 또는 중과실로 일어났다고 본다.)

---

1. 일반기준

㉠ 위반행위가 둘 이상인 경우로서 그에 해당하는 각각의 처분기준이 다른 경우에는 그중 무거운 처분기준에 따르며, 위반행위가 둘 이상인 경우로서 그에 해당하는 각각의 처분기준이 같은 경우에는 무거운 처분기준의 2분의 1까지 가중하되, 각 처분기준을 합산한 기간을 초과할 수 없다.

㉡ 위반행위의 횟수에 따른 행정처분의 기준은 최근 1년간 같은 위반행위로 행정처분을 받은 경우에 적용한다. 이 경우 행정처분 기준의 적용은 같은 위반행위에 대하여 최초로 행정처분을 한 날과 그 처분 후의 위반행위가 다시 적발된 날을 기준으로 한다.

2. 개별기준

위반사항 및 내용	처분기준		
	1차 위반	2차 위반	3차 위반
• 거짓이나 그 밖의 부정한 방법으로 철도운행 안전관리자 자격을 받은 경우	자격 취소		
• 철도운행 안전관리자 자격의 효력정지 기간 중 철도운행 안전관리자 업무를 수행한 경우	자격 취소		
• 철도운행 안전관리자 자격을 다른 사람에게 대여한 경우	자격 취소		
• 철도운행 안전관리자의 업무 수행 중 고의 또는 중과실로 인한 철도사고가 일어난 경우			
1) 사망자가 발생한 경우	자격 취소		
2) 부상자가 발생한 경우	효력 정지 6개월	자격 취소	
3) 1천만 원 이상 물적 피해가 발생한 경우	효력 정지 3개월	효력 정지 6개월	자격 취소
• 약물을 사용한 상태에서 철도운행 안전관리자 업무를 수행한 경우	자격 취소		
• 술을 마신 상태의 기준을 넘어서 철도운행 안전관리자 업무를 하다가 철도사고를 일으킨 경우	자격 취소		
• 술을 마신상태에서 철도운행 안전관리자 업무를 수행한 경우	효력 정지 3개월	자격 취소	
• 술을 마시거나 약물을 사용한 상태에서 업무를 하였다고 인정할만한 상당한 이유가 있음에도 불구하고 확인이나 검사 요구에 불응한 경우	자격 취소		

① 영호씨는 부정한 방법으로 철도운행 안전관리자 자격을 얻은 사실이 확인되어 자격이 취소되었다.

② 6개월 전 중과실 사고로 인해 효력정지 3개월의 처분을 받은 민수씨가 다시 철도운행 안전관리자의 업무 수행 중 2천만 원의 물적 피해를 입히는 사고를 일으켰다면 효력정지 6개월의 처분을 받게 된다.

③ 지만씨는 업무 수행 도중 사망자가 발생하는 사고를 일으켜 철도운행 안전관리자의 자격이 취소되었다.

④ 입사 후 처음으로 음주 상태에서 철도운행 안전관리자 업무를 수행한 정혜씨는 효력정지 3개월 처분을 받았다.

⑤ 위반행위가 없었던 경호씨는 이번 달 업무 수행 중 1천만 원의 물적 피해와 부상자가 발생하는 사고를 일으켰고 효력정지 3개월의 처분을 받았다.

41 다음 〈조건〉을 근거로 판단할 때, 〈보기〉에서 옳은 것만을 모두 고르면?

〈조건〉

• 인공지능 컴퓨터와 매번 대결할 때마다, 甲은 A, B, C전략 중 하나를 선택할 수 있다.

• 인공지능 컴퓨터는 대결을 거듭할수록 학습을 통해 각각의 전략에 대응하므로, 동일한 전략을 사용할수록 甲이 승리할 확률은 하락한다.

• 각각의 전략을 사용한 횟수에 따라 각 대결에서 甲이 승리할 확률은 아래와 같고, 甲도 그 사실을 알고 있다.

• 전략별 사용횟수에 따른 甲의 승률

(단위 : %)

전략별 사용횟수 / 전략종류	1회	2회	3회	4회
A전략	60	50	40	0
B전략	70	30	20	0
C전략	90	40	10	0

㉠ 甲이 총 3번의 대결을 하면서 각 대결에서 승리할 확률이 가장 높은 전략부터 순서대로 선택한다면, 3가지 전략을 각각 1회씩 사용해야 한다.

㉡ 甲이 총 5번의 대결을 하면서 각 대결에서 승리할 확률이 가장 높은 전략부터 순서대로 선택한다면, 5번째 대결에서는 B전략을 사용해야 한다.

㉢ 甲이 1개의 전략만을 사용하여 총 3번의 대결을 하면서 3번 모두 승리할 확률을 가장 높이려면, A전략을 선택해야 한다.

㉣ 甲이 1개의 전략만을 사용하여 총 2번의 대결을 하면서 2번 모두 패배할 확률을 가장 낮추려면, A전략을 선택해야 한다.

① ㉠, ㉡   ② ㉠, ㉢

③ ㉡, ㉣   ④ ㉠, ㉢, ㉣

⑤ ㉡, ㉢, ㉣

│42~43│ 다음 자료를 보고 이어지는 물음에 답하시오.

〈입찰 관련 낙찰업체 선정 기준〉

1. 1차 평가 : 책임건축사의 경력 및 실적(50점)

구분	배점	등급				
[경력] 전문분야 신축 건축설계 경력기간 합산 평가	20점	20년 이상	20년 미만 18년 이상	18년 미만 16년 이상	16년 미만 14년 이상	14년 미만
		20.0	16.0	12.0	8.0	0
[수행실적] 공고일 기준 최근 10년간 업무시설 신축 건축설계 수행실적	30점	4건 이상	3건 이상	2건 이상	1건 이상	1건 미만
		30.0	25.0	20.0	15.0	0

2. 2차 평가 : 계약회사 및 협력회사(50점)

1) 계약회사(건축설계) 30점

구분	배점	등급				
[수행실적] 공고일 기준 최근 10년간 건축회사의 업무시설 신축 건축설계 수행실적	건수 15점	4건 이상	3건 이상	2건 이상	1건 이상	1건 미만
		15.0	12.0	9.0	6.0	0
	면적 15점	8만㎡ 이상	8만㎡ 미만 6만㎡ 이상	6만㎡ 미만 4만㎡ 이상	4만㎡ 미만 2만㎡ 이상	2만㎡ 미만
		15.0	12.0	9.0	6.0	0

2) 협력회사(정비계획, 지하 공간 등) 20점

구분	배점	등급				
[수행실적] 정비계획실적 (착수~고시)	10점	4건 이상	3건 이상	2건 이상	1건 이상	1건 미만
		10.0	8.0	6.0	4.0	0
[지하 공간 수행실적] 지하공공보행통로 설계 실적	10점	4건 이상	3건 이상	2건 이상	1건 이상	1건 미만
		10.0	8.0	6.0	4.0	0

3. 환산점수 : 해당회사 점수 합계 ÷ 100 × 20

■ 환산점수 20점과 입찰 가격 80점을 합하여 100점 만점에 최고 득점 업체로 선정함

42 다음 중 위의 낙찰업체 선정 기준에 대한 설명으로 올바르지 않은 것은?

① 책임건축사와 계약회사가 모두 경력이 많을수록 낙찰될 확률이 높다.

② 책임건축사의 경력기간이 10년인 업체와 15년인 업체와의 환산점수는 8점의 차이가 난다.

③ 협력회사의 수행실적은 착수 단계에서 고시가 완료된 단계까지가 포함된 것을 인정한다.

④ 계약회사의 수행실적에서는 수행 면적의 크기도 평가 항목에 포함된다.

⑤ 계약회사의 수행 실적과 경력이 협력회사의 수행 실적과 경력보다 더 중요한 판단기준이다.

43 1, 2차 평가를 거쳐 가격 점수와 함께 비교 대상이 된 다음 2개 업체의 환산점수는 각각 몇 점인가?

구분		A	B
책임건축사	경력기간	18년	16년
	실적	3건	4건
계약회사	건수	3건	2건
	면적	4.5만㎡	6만㎡
협력회사	정비계획	4건	3건
	지하 공간	2건	3건

① 15.5점, 15.5점

② 15.8점, 15.6점

③ 15.3점, 15.6점

④ 15.2점, 15.4점

⑤ 15.6점, 15.8점

┃44~45┃ 다음은 A은행의 3개 지점 간 송금 및 입금 내역을 나타낸 자료이다. 이를 보고 이어지는 물음에 답하시오.

(단위 : 백만 원)

구분\날짜	K지점 송금	K지점 입금	H지점 송금	H지점 입금	S지점 송금	S지점 입금
8/1일	120	80	95	120	100	115
8/2일	85	85	60	40	55	75
8/3일	50	110	70	60	80	30
8/4일	100	125	125	65	75	110

※ 세 지점 간의 송금과 입금 이외에는 고려하지 않는다.

44 다음 중 기간 중 입금액이 송금액보다 더 적은 지점과 송금 규모가 가장 큰 날짜가 올바르게 짝지어진 것은?

① H지점, 8/1일

② S지점, 8/1일

③ S지점, 8/4일

④ H지점, 8/4일

⑤ K지점, 8/4일

45 8/1일의 K지점의 송금액 중 절반씩이 각각 H지점과 S지점으로 송금되었을 경우에 대한 설명으로 올바른 것은?

① 'H지점→K지점'의 송금액은 'H지점→S지점'의 송금액보다 더 많다.

② S지점은 H지점으로부터 50백만 원이 입금되었다.

③ K지점으로 입금된 80백만 원 중 30백만 원은 S지점으로부터 입금되었다.

④ 'S지점→H지점'의 송금액은 'S지점→K지점'의 송금액보다 더 많다.

⑤ H지점으로 입금된 120백만 원 중 70백만 원은 K지점으로부터 입금되었다.

46 어느 날 진수는 직장선배로부터 '직장 내에서 서열과 직위를 고려한 소개의 순서'를 정리하라는 요청을 받았다. 진수는 다음의 내용처럼 정리하고 직장선배에게 보여 주었다. 하지만 직장선배는 세 가지 항목이 틀렸다고 지적하였다. 지적을 받은 세 가지 항목은 무엇인가?

> ㉠ 연소자를 연장자보다 먼저 소개한다.
> ㉡ 같은 회사 관계자를 타 회사 관계자에게 먼저 소개한다.
> ㉢ 상급자를 하급자에게 먼저 소개한다.
> ㉣ 동료임원을 고객, 방문객에게 먼저 소개한다.
> ㉤ 임원을 비임원에게 먼저 소개한다.
> ㉥ 되도록 성과 이름을 동시에 말한다.
> ㉦ 상대방이 항상 사용하는 경우라면 Dr, 등의 칭호를 함께 언급한다.
> ㉧ 과거 정부 고관일지라도, 전직인 경우 호칭사용은 결례이다.

① ㉠㉡㉥
② ㉢㉤㉥
③ ㉣㉤㉥
④ ㉣㉤㉧
⑤ ㉣㉦㉧

47 다음에서 설명하고 있는 경영참가제도는?

> 기업이 자사 종업원에게 특별한 조건과 방법으로 자사 주식을 분양·소유하게 하는 제도이다. 제1차 세계대전 후 산업민주화의 풍조 속에서 생긴 제도로, 종업원 주식매입제도·우리사주제라고도 한다. 특별한 조건과 방법으로는 저가격·배당우선·공로주·의결권 제한·양도 제한 등이 있다. 이 제도의 목적은 종업원에 대한 근검저축의 장려, 공로에 대한 보수, 자사에의 귀속의식(歸屬意識) 고취, 자사에의 일체감 조성, 자본조달의 새로운 원천(源泉)개발 등에 있다. 그러나 자본조달의 원천개발은 부차적인 목적이고, 주목적은 소유참여(所有參與)나 성과참여로써 근로의욕을 높이고, 노사관계의 안정을 꾀하는 데 있다.

① 종업원지주제도
② 스톡옵션제도
③ 노사협의제도
④ 노사공동결정제도
⑤ 스캔론플랜

48 다음 조직도를 바르게 이해하지 못한 것은?

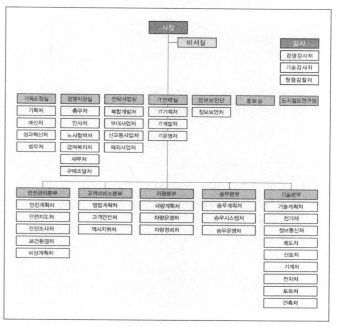

① 경영감사처는 사장 직속이 아니라 감사 산하에 별도로 소속되어 있다.
② 5본부가 사장 직속으로 구성되어 있다.
③ 7실 44처로 구성되어 있다.
④ 사장, 감사, 본부, 실, 단, 원, 처로 분류할 수 있다.
⑤ 기술본부는 9개의 처로 구성되어 있다.

49~50 ▎ 다음은 '갑'사의 내부 결재 규정에 대한 설명이다. 다음 글을 읽고 이어지는 물음에 답하시오.

제○○조(결재)

① 기안한 문서는 결재권자의 결재를 받아야 효력이 발생한다.

② 결재권자는 업무의 내용에 따라 이를 위임하여 전결하게 할 수 있으며, 이에 대한 세부사항은 따로 규정으로 정한다. 결재권자가 출장, 휴가, 기타의 사유로 상당한 기간 동안 부재중일 때에는 그 직무를 대행하는 자가 대결할 수 있되, 내용이 중요한 문서는 결재권자에게 사후에 보고(후열)하여야 한다.

③ 결재에는 완결, 전결, 대결이 있으며 용어에 대한 정의와 결재방법은 다음과 같다.

　1. 완결은 기안자로부터 최종 결재권자에 이르기까지 관계자가 결재하는 것을 말한다.

　2. 전결은 사장이 업무내용에 따라 각 부서장에게 결재권을 위임하여 결재하는 것을 말하며, 전결하는 경우에는 전결하는 자의 서명 란에 '전결'표시를 하고 맨 오른쪽 서명 란에 서명하여야 한다.

　3. 대결은 결재권자가 부재중일 때 그 직무를 대행하는 자가 하는 결재를 말하며, 대결하는 경우에는 대결하는 자의 서명 란에 '대결'표시를 하고 맨 오른쪽 서명 란에 서명하여야 한다.

제○○조(문서의 등록)

① 문서는 당해 마지막 문서에 대한 결재가 끝난 즉시 결재일자순에 따라서 번호를 부여하고 처리과별로 문서등록대장에 등록하여야 한다. 동일한 날짜에 결재된 문서는 조직내부 원칙에 의해 우선순위 번호를 부여한다. 다만, 비치문서는 특별한 규정이 있을 경우를 제외하고는 그 종류별로 사장이 정하는 바에 따라 따로 등록할 수 있다.

② 문서등록번호는 일자별 일련번호로 하고, 내부결재문서인 때에는 문서등록대장의 수신처란에 '내부결재'표시를 하여야 한다.

③ 처리과는 당해 부서에서 기안한 모든 문서, 기안형식 외의 방법으로 작성하여 결재권자의 결재를 받은 문서, 기타 처리과의 장이 중요하다고 인정하는 문서를 제1항의 규정에 의한 문서등록대장에 등록하여야 한다.

④ 기안용지에 의하여 작성하지 아니한 보고서 등의 문서는 그 문서의 표지 왼쪽 위의 여백에 부서기호, 보존기간, 결재일자 등의 문서등록 표시를 한 후 모든 내용을 문서등록대장에 등록하여야 한다.

---

49 다음 중 '갑'사의 결재 및 문서의 등록 규정을 올바르게 이해하지 못한 것은?

① '대결'은 결재권자가 부재중일 경우 직무대행자가 행하는 결재 방식이다.

② 최종 결재권자는 여건에 따라 상황에 맞는 전결권자를 지정할 수 있다.

③ '전결'과 '대결'은 문서 양식상의 결재방식이 동일하다.

④ 문서등록대장은 매년 1회 과별로 새롭게 정리된다.

⑤ 기안문과 보고서 등 모든 문서는 결재일자가 기재되며 그 일자에 따라 문서등록대장에 등록된다.

50 '갑'사에 근무하는 직원의 다음과 같은 결재 문서 관리 및 조치 내용 중 규정에 따라 적절하게 처리한 것은?

① A 대리는 같은 날짜에 결재된 문서 2건을 같은 문서번호로 분류하여 등록하였다.

② B 대리는 중요한 내부 문서에는 '내부결재'를 표시하였고, 그 밖의 문서에는 '일반문서'를 표시하였다.

③ C 과장은 부하 직원에게 문서등록대장에 등록된 문서 중 결재 문서가 아닌 것도 포함될 수 있다고 알려주었다.

④ D 사원은 문서의 보존기간은 보고서에 필요한 사항이며 기안 문서에는 기재할 필요가 없다고 판단하였다.

⑤ 본부장이 최종 결재권자로 위임된 문서를 본부장 부재 시에 팀장이 최종 결재하게 되면, 팀장은 '전결' 처리를 한 것이다.

51 다음 시트의 [D10]셀에서 ＝DCOUNT(A2:F7,4,A9:B10)을 입력했을 때 결과 값으로 옳은 것은?

	A	B	C	D	E	F
1	4차 산업혁명 주요 테마별 사업체당 종사자 수					
2		2015	2016	2017	2018	2019
3	자율주행	24.2	21.2	21.9	20.6	20
4	인공지능	22.6	17	19.2	18.7	18.7
5	빅데이터	21.8	17.5	18.9	17.8	18
6	드론	43.8	37.2	40.5	39.6	39.7
7	3D프린팅	25	18.6	21.8	22.7	22.6
8						
9	2015	2019				
10	<25	>19				

① 0　　　　　　　　　② 1

③ 2　　　　　　　　　④ 3

⑤ 4

52 다음에 나타난 개인정보 유출 사건을 방지하기 위한 방법으로 옳지 않은 것은?

> 경품 행사를 통해 입수한 고객의 개인정보 2,400만 건을 보험사에 팔아넘긴 혐의로 재판에 넘겨진 ○○이 파기환송심에서 징역형의 집행유예를 선고 받았다. 대법원이 무죄를 선고한 원심을 깨고 사건을 서울중앙지법에 돌려보낸 지 1년 만에 유죄가 인정된 것이다.
> 서울중앙지법 형사항소4부는 16일 개인정보보호법 위반 등 혐의로 기소된 ○○에 징역 10개월에 집행유예 2년을 선고했다.
> 재판부는 "경품 추첨 사실을 알리는 데 필요한 개인정보와는 관련 없는 성별·동거 여부 등 사생활 정보와 주민번호까지 수집하면서 이에 동의하지 않을 경우 추첨 제외라고 고지했다"며 "이는 정당한 목적으로 수집하는 경우라고 해도 목적에 필요한 최소한의 개인정보에 그쳐야 한다는 개인정보보호법 원칙과 규정을 위반한 것"이라고 지적했다.
> 동의 사항에 대한 고지가 1mm 크기 글씨로 기재된 것에 대해선 소비자 입장에서 그 내용을 읽기가 쉽지 않다며 이 역시 개인정보 보호법상 의무를 위반한 것이라고 지적했다.

① 이용 목적에 부합하는 정보를 요구하는지 확인한다.

② 행사 종료 시 정보 파기 여부를 확인한다.

③ 제시된 이용 약관을 꼼꼼히 읽는다.

④ 쉽게 유추할 수 있는 비밀번호는 자제한다.

⑤ 함부로 개인정보를 제공하지 않는다.

53 다음에서 설명하고 있는 운영체제의 특징으로 옳지 않은 것은?

> 마이크로소프트에서 개발한 컴퓨터 운영체제다. 키보드로 문자를 일일이 입력해 작업을 수행하는 명령어 인터페이스 대신, 마우스로 아이콘 및 메뉴 등을 클릭해 명령하는 그래픽 사용자 인터페이스를 지원해 멀티태스킹(다중 작업) 능력과 사용자 편의성이 탁월하다.

① OLE(개체 연결 및 포함) 기능을 지원한다.

② 단일 사용자의 다중작업이 가능하다.

③ 사용자가 원하는 대로 특정 기능을 추가할 수 있다.

④ 용도에 따라 크게 개인용, 기업용, 임베디드용으로 나뉜다.

⑤ 전체 데스크톱 운영체제 시장에서 대부분의 점유율을 가져가고 있다.

54 원모와 친구들은 여름휴가를 와서 바다에 입수하기 전 팬션 1층에 모여 날씨가 궁금해 인터넷을 통해 날씨를 보고 있다. 이때 아래에 주어진 조건을 참조하여 원모와 친구들 중 주어진 날씨 데이터를 잘못 이해한 사람을 고르면?

> (조건 1) 현재시간은 월요일 오후 15시이다.
> (조건 2) 5명의 휴가기간은 월요일 오후 15시(팬션 첫날)부터 금요일 오전 11시(팬션 마지막 날)까지이다.

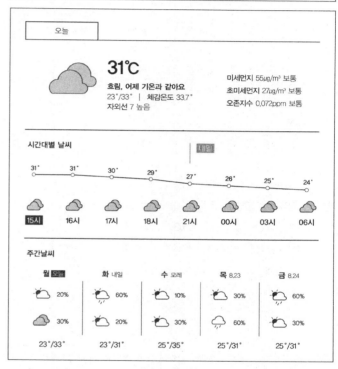

① 원모 : 우리 팬션 퇴실하는 날에는 우산을 준비 해야겠어.

② 형일 : 내일 오전에는 비가 와서 우산 없이는 바다를 보며 산책하기는 어려울 것 같아.

③ 우진 : 우리들이 휴가 온 이번 주 날씨 중에서 수요일 오후 온도가 가장 높아.

④ 연철 : 자정이 되면 지금보다 온도가 더 높아져서 열대야 현상으로 인해 오늘밤 잠을 자기가 힘들 거야.

⑤ 규호 : 오늘 미세먼지는 보통수준이야.

55 아래 워크시트에서 부서명[E2:E4]을 번호[A2:A11] 순서대로 반복하여 발령부서[C2:C11]에 배정하고자 한다. 다음 중 [C2] 셀에 입력할 수식으로 옳은 것은?

	A	B	C	D	E
1	번호	이름	발령부서		부서명
2	1	황현아	기획팀		기획팀
3	2	김지민	재무팀		재무팀
4	3	정미주	총무팀		총무팀
5	4	오민아	기획팀		
6	5	김혜린	재무팀		
7	6	김윤중	총무팀		
8	7	박유미	기획팀		
9	8	김영주	재무팀		
10	9	한상미	총무팀		
11	10	서은정	기획팀		

① = INDEX($E$2:$E$4, MOD(A2, 3))

② = INDEX($E$2:$E$4, MOD(A2, 3) + 1)

③ = INDEX($E$2:$E$4, MOD(A2 − 1, 3) + 1)

④ = INDEX($E$2:$E$4, MOD(A2 − 1, 3))

⑤ = INDEX($E$2:$E$4, MOD(A2 − 1, 3) − 1)

56 다음에서 설명하고 있는 인력배치의 원칙의 예로 적절한 것은?

> 혈연·지연·학연 등 일차 집단적 연고를 다른 사회적 관계보다 중요시하고, 이런 행동양식을 다른 사회관계에까지 확장·투사하는 문화적 특성을 말한다. 또한, 조직 내에 가족적·친화적 분위기를 조성해 인간관계를 개선하나, 파벌적·할거주의적 행태를 조장함으로써 대내외적 정책 및 조직 관리의 공평성과 합리성을 저해하는 역기능을 초래한다.

① 사무능력과 두뇌회전이 빠른 직원에게 총무 업무를 맡긴다.

② 이번 해의 중요 계약 성립에 관여한 직원을 승진시킨다.

③ 같은 지역 학교를 졸업한 사람을 직원으로 선발한다.

④ 수학교육을 전공한 직원에게 수리 문제 제작 업무를 맡긴다.

⑤ 상반기 수익률이 가장 높은 직원에게 성과급을 지급한다.

57 다음 글에서 의미하는 자원의 특성을 가장 적절하게 설명한 것은 어느 것인가?

> 물적자원을 얼마나 확보하고 활용할 수 있느냐가 큰 경쟁력이 된다. 국가의 입장에 있어서도 자국에서 생산되지 않는 물품이 있으면 다른 나라로부터 수입을 하게 되고, 이러한 물품으로 인해 양국 간의 교류에서 비교우위가 가려지게 된다. 이러한 상황에서 자신이 보유하고 있는 자원을 얼마나 잘 관리하고 활용하느냐 하는 물적자원 관리는 매우 중요하다고 할 수 있다.
> 한편, 물적자원 확보를 위해 경쟁력 있는 해외의 물건을 수입하는 경우가 있다. 이 때, 필요한 물적자원을 얻기 위하여 예산이라는 자원을 쓰게 된다. 또한 거꾸로 예산자원을 벌기 위해 내가 확보한 물적자원을 내다 팔기도 한다.

① 물적자원을 많이 보유하고 있는 것이 다른 유형의 자원을 보유한 것보다 가치가 크다.

② 양국 간에 비교우위 물품이 가려지게 되면, 더 이상 그 국가와의 물적자원 교류는 무의미하다.

③ 물적자원과 예산자원 외에는 상호 보완하며 교환될 수 있는 자원의 유형이 없다.

④ 물적자원의 유한성은 외국과의 교류를 통해 극복될 수 있다.

⑤ 서로 다른 자원이 상호 반대급부로 작용할 수 있고, 하나의 자원을 얻기 위해 다른 유형의 자원이 동원될 수 있다.

58 다음에 설명하는 RFID 관리시스템이 사용되기에 적절하지 않은 것은 어느 것인가?

> 'RFID'는 무선 주파수(RF, Radio Frequency)를 이용하여 물건이나 사람 등과 같은 대상을 식별할 수 있도록 해 주는 기술을 말한다. 이것은 기존의 바코드(Barcode)를 읽는 것과 비슷한 방식으로 이용된다. 그러나 바코드와는 달리 물체에 직접 접촉을 하거나 어떤 조준선을 사용하지 않고도 데이터를 인식할 수 있다. 또한, 여러 개의 정보를 동시에 인식하거나 수정할 수도 있으며, 태그와 리더 사이에 장애물이 있어도 정보를 인식하는 것이 가능하다. RFID는 바코드에 비해 많은 양의 데이터를 허용한다. 그런데도 데이터를 읽는 속도 또한 매우 빠르며 데이터의 신뢰도 또한 높다. RFID 태그의 종류에 따라 반복적으로 데이터를 기록하는 것도 가능하며, 물리적인 손상이 없는 한 반영구적으로 이용할 수 있다.

① 교통카드 및 고속도로 하이패스

② 의류 매장에서 판매되는 옷

③ 기업이나 제품의 홍보, 마케팅

④ 유통이나 물류 분야에서의 재고관리

⑤ 직원들의 근태관리 및 출입통제 수단

59 다음과 같은 상황에서 길동이가 '맛나 음식점'에서 계속 일하기 위한 최소한의 연봉은 얼마인가?

> 현재 '맛나 음식점'에서 일하고 있는 길동이는 내년도 연봉 수준에 대해 '맛나 음식점' 사장과 협상을 하고 있다. 길동이는 협상이 결렬될 경우를 대비하여 퓨전 음식점 T의 개업을 고려하고 있다. 시장 조사 결과는 다음과 같다.
> • 보증금 3억 원(은행에서 연리 7.5%로 대출 가능)
> • 임대료 연 3,000만 원
> • 연간 영업비용
> − 직원 인건비 8,000만 원
> − 음식 재료비 7,000만 원
> − 기타 경비 6,000만 원
> • 연간 기대 매출액 3.5억 원

① 8,600만 원　　　　　② 8,650만 원

③ 8,700만 원　　　　　④ 8,750만 원

⑤ 8,800만 원

60 다음 글과 표를 근거로 판단할 때, A직원이 선택할 광고수단은?

> • 서울교통공사 홍보팀에 근무하는 A는 12월 1일부터 31일까지 연말 광고를 진행하려고 한다.
> • 주어진 예산은 3천만 원이며, 월별 광고 효과가 가장 큰 광고수단 하나만을 선택한다.
> • 광고비용이 예산을 초과하면 해당 광고수단은 선택하지 않는다.
> • 광고효과는 $\dfrac{\text{총 광고 횟수} \times \text{회당 광고노출자 수}}{\text{광고비용}}$ 으로 계산한다.

광고수단	광고 횟수	회당 광고노출자 수	월 광고비용 (천 원)
TV	월 3회	100만 명	30,000
버스	일 1회	10만 명	20,000
KTX	일 70회	1만 명	35,000
지하철	일 60회	2천 명	25,000
포털사이트	일 50회	5천 명	30,000

① TV　　　　　② 버스

③ KTX　　　　　④ 지하철

⑤ 포털사이트

61 다음에 나타난 A시가 이용한 기술선택 방법은?

> A시는 5년 전부터 다른 지방자치단체와 기업체 등의 우수 시책과 사례를 분석, 시정에 접목해 시민의 행정 욕구를 충족해 왔다.
> 그동안의 우수 시책들은 그동안 시정의 생산성을 향상하고, 공무원의 경쟁력을 높이는 등 지역사회를 발전하게 하는 밑거름이 되었다.
> 이에 A시는 올해도 부서별 3명 정도로 짜인 19개 팀을 상·하반기 1회씩 당일 또는 1박2일 일정으로 다른 지방자치단체 등에 보내 참신하고 우수한 시책을 반영하기로 하였다.
> A시는 활동 결과보고서를 내부 전산시스템을 통해 공유하고, 새로운 행정환경 변화에 능동적으로 대처할 방침이다.

① 매뉴얼　　　　　② 벤치마킹

③ E-learning　　　　　④ 체크리스트

⑤ 종업원지주제도

62 다음은 장식품 제작 공정을 나타낸 것이다. 이에 대한 설명으로 옳은 것만을 〈보기〉에서 있는 대로 고른 것은? (단, 주어진 조건 이외의 것은 고려하지 않는다)

> 〈조건〉
> • A~E의 모든 공정 활동을 거쳐 제품이 생산되며, 제품 생산은 A 공정부터 시작된다.
> • 각 공정은 공정 활동별 한 명의 작업자가 수행하며, 공정 간 부품의 이동 시간은 고려하지 않는다.

〈작업순서〉

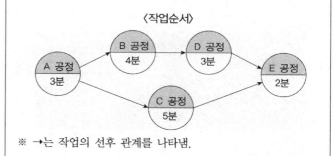

※ →는 작업의 선후 관계를 나타냄.

> 〈보기〉
> ㉠ 첫 번째 완제품은 생산 시작 12분 후에 완성된다.
> ㉡ 제품은 최초 생산 후 매 3분마다 한 개씩 생산될 수 있다.
> ㉢ C 공정의 소요 시간이 2분 지연되어도 첫 번째 완제품을 생산하는 총소요시간은 변화가 없다.

① ㉠　　　　　② ㉡

③ ㉠, ㉢　　　　　④ ㉡, ㉢

⑤ ㉠, ㉡, ㉢

63 다음은 정보 통신 기술과 융합된 첨단 기술의 사례이다. ㈎, ㈏에 융합된 기술로 가장 적절한 것은?

> ㈎ 여러 명의 의료진이 증강 현실 기기를 통해 3차원으로 구현된 환자의 상태를 살펴보면서 원격으로 동시에 진료할 수 있는 바이오 기술이 개발되었다.
> ㈏ 스마트폰용 증강 현실 게임은 위치 기반 서비스를 활용하여 가상의 동물을 얻거나 경기를 할 수 있는 애플리케이션으로 많은 인기를 얻고 있다.

	㈎	㈏
①	환경 기술	문화 기술
②	환경 기술	나노 기술
③	문화 기술	환경 기술
④	생명 공학 기술	문화 기술
⑤	생명 공학 기술	환경 기술

64 다음은 어떤 수를 구하는 과정이다. 이에 대한 설명으로 옳은 것을 〈보기〉에서 고른 것은?(단, 처음에 입력하는 A와 B는 자연수이다.)

> • 1단계 : A에 10, B에 5를 입력한다.
> • 2단계 : A를 B로 나눈 나머지 값을 A에 저장한다.
> • 3단계 : A와 B를 교환한다.
> • 4단계 : B가 0이면 6단계로 진행한다.
> • 5단계 : B가 0이 아니면 2단계로 진행한다.
> • 6단계 : A에 저장된 수를 출력하고 프로그램을 종료한다.

〈보기〉
> ㉠ 출력되는 수는 1이다.
> ㉡ 5단계는 한 번도 실행되지 않는다.
> ㉢ 최대공약수를 구하는 알고리즘이다.
> ㉣ A에 B보다 작은 수를 입력하면 무한 반복된다.

① ㉠, ㉡   ② ㉠, ㉢

③ ㉡, ㉢   ④ ㉡, ㉣

⑤ ㉢, ㉣

65 다음은 노면전차 운행과 관련한 법률 내용의 일부이다. 다음의 내용을 참고한 운행에 대한 설명으로 옳지 않은 것은?

① 운전 원칙
   ㉠ 노면전차 운전자는 일정한 운행 간격을 유지하면서 노면전차를 운전하여야 하고, 선행하는 노면전차가 비정상적으로 정지하는 경우에도 안전하게 정지할 수 있도록 안전거리를 유지하여야 한다.
   ㉡ 노면전차 운전자는 노면전차 신호기가 고장 나거나 신호기를 명확히 인식하기 곤란한 경우에는 정지신호가 있는 것으로 보아 정지하여야 한다.
   ㉢ 노면전차 운전자는 도로연계형 선로에서는 시계운전을 하여야 하고, 선로독립형 선로에서는 시스템운전을 하여야 한다. 다만, 하나의 노선에 도로연계형 선로와 선로독립형 선로가 함께 있는 경우에는 시스템운전을 하지 않을 수 있다.
② 운전방향
   ㉠ 복선으로 된 선로를 운행하는 노면전차는 우측으로 통행하여야 한다.
   ㉡ ㉠에도 불구하고 다음의 어느 하나에 해당하는 경우에는 보행자 또는 자동차 등의 안전을 확보하기 위한 조치를 한 후 운행 방향을 달리할 수 있다.
   • 선로 또는 노면전차가 고장난 경우
   • 구원전차(救援電車 : 사고 등의 복구에 운행되는 전차를 말한다)나 공사전차(工事電車 : 공사를 위해서 운행되는 전차를 말한다)를 운전하는 경우
③ 속도제한
   ㉠ 도로연계형 선로를 운행하는 노면전차는 해당 도로의 최고속도 및 시속 70킬로미터를 초과해서 운행할 수 없다.
   ㉡ 다음의 어느 하나에 해당하는 경우에는 시속 15킬로미터 이하로 운행하여야 한다.
   • 선로전환기가 쇄정되어 있지 아니한 곳을 운행할 때
   • 퇴행운전(최초로 진행한 방향과 반대방향으로 운전하는 것을 말한다)을 할 때
   • 같은 차로 내에서 선행하는 노면전차 또는 자동차 등과의 거리가 100미터 이하일 때
   ㉢ 노면전차 운영자는 안전운전에 필요한 속도제한 기준을 정하여야 한다. 이 경우 다음의 사항을 고려하여야 한다.
   • 곡선 구간 : 노면전차의 성능 및 승객의 승차감
   • 내리막길 구간 : 제동거리 및 제동성능
④ 승객안전 및 안내
   ㉠ 노면전차 운전자는 정거장에서 승객이 승하차하고 노면전차의 모든 출입문이 닫힌 것을 확인한 후 출발하여야 한다.
   ㉡ 노면전차 운전자는 정상 운영 과정에서 정차 시 승강장 방향으로만 노면전차의 출입문이 열리도록 하여야 한다.
   ㉢ 노면전차 운전자는 도착하는 정거장명, 출입문 열림 방향 및 환승정보를 승객에게 제공하여야 한다.
   ㉣ 노면전차 운전자는 운행 장애로 승객의 불편이 예상되는 경우 정거장과 노면전차 내 승객에게 장애 정보 및 대체 교통수단에 대한 정보를 제공하여야 한다.

① 운전자 A는 하나의 노선에 도로연계형 선로와 선로독립형 선로가 함께 있어 시스템운전을 하지 않았다.

② 운전자 B는 복선으로 된 선로를 운행하던 도중 선로가 고장나서 보행자 또는 자동차 등의 안전을 확보하기 위한 조치를 한 후 운행 방향을 달리했다.

③ 운전자 C는 선로전환기가 쇄정되어 있지 아니한 곳을 운행하고 있어서 30킬로미터로 운행했다.

④ 운전자 D는 정거장에서 승객이 승하차하고 노면전차의 모든 출입문이 닫힌 것을 확인한 후 출발했다.

⑤ 운전자 E는 도착하는 정거장명, 출입문 열림 방향 및 환승정보를 승객에게 제공했다.

---

66 다음에 나타난 자기개발 계획 수립의 장애요소는?

> 기찬이는 가수를 꿈으로 하는 학생이다. 그러나 자신이 결정하는 것에 대한 믿음이 없고 후회할까봐 걱정도 된다. 주변에서 좋은 평가를 해도 막상 무대에만 올라가면 입을 떼기 힘들다. 다른 것을 다 포기하고 노래에만 집중하기로 한 선택이 맞는 것인지 확신이 안서지만 이 길을 택한 것을 후회하고 싶지 않다.

① 자신의 흥미, 장점, 가치, 라이프스타일을 충분히 이해하지 못한다.

② 회사 내의 경력기회 및 직무 가능성에 대해 충분히 알지 못한다.

③ 다른 직업이나 회사 밖의 기회에 대해 충분히 알지 못한다.

④ 자기개발과 관련된 결정을 내릴 때 자신감이 부족하다.

⑤ 개인의 자기개발 목표와 가정 간 갈등이 심하다.

---

67 경력개발 과정 중 가장 마지막에 해야 할 일은?

① 관심 직무에서 요구하는 능력을 탐색한다.

② 자신의 능력, 흥미을 이해한다.

③ 자신이 이룰 경력 목표를 설정한다.

④ 경력목표 및 전략을 수정한다.

⑤ 인적 네트워크 강화 등 전략을 수립한다.

---

68 다음은 A, B 사원의 직업 기초 능력을 평가한 결과이다. 이에 대한 설명으로 가장 적절한 것은?

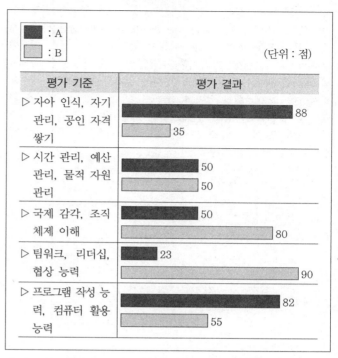

평가 기준	평가 결과
▷ 자아 인식, 자기 관리, 공인 자격 쌓기	A: 88 / B: 35
▷ 시간 관리, 예산 관리, 물적 자원 관리	A: 50 / B: 50
▷ 국제 감각, 조직 체제 이해	A: 50 / B: 80
▷ 팀워크, 리더십, 협상 능력	A: 23 / B: 90
▷ 프로그램 작성 능력, 컴퓨터 활용 능력	A: 82 / B: 55

(단위 : 점)

: A
: B

① A는 B보다 스스로를 관리하고 개발하는 능력이 우수하다.

② A는 B보다 조직의 체제와 경영을 이해하는 능력이 우수하다.

③ A는 B보다 업무 수행 시 만나는 사람들과 원만하게 지내는 능력이 우수하다.

④ B는 A보다 정보를 검색하고 정보 기기를 활용하는 능력이 우수하다.

⑤ B는 A보다 업무 수행에 필요한 시간, 자본 등의 자원을 예측 계획하여 할당하는 능력이 우수하다.

69 당신은 업무에만 집중하는 입사 3년 차 사원이다. 당신이 경력에 비해 능숙하게 업무를 처리하며, 좋은 성과를 보이자 회사의 기대가 높아졌다. 그래서 당신에게는 점점 중요한 업무들이 주어졌고, 이로 인해 귀하는 연이은 야근과 주말 출근으로 정신과 신체가 모두 탈진 상태에 이르게 되었다. 어느 날은 건강이 너무 안 좋은 것같아 부득이하게 병원에 가게 되었는데, 과도한 업무로 인해 전신이 쇠약해진 상태라 앞으로는 워크 & 라이프 밸런스를 고려한 삶을 살아야 한다는 조언을 받았다. 당신은 체계적인 자기관리를 위해 다음과 같은 시간 관리 매트릭스를 참고하여 업무 및 개인용무를 분류해 보았는데 다음 중 2사분면에 해당하는 것으로 옳은 것은?

(고) ↑ 중요도 (저) ↓	1사분면	2사분면
	3사분면	4사분면
	(고) 긴급도 (저) ← →	

① 운동
② 연애
③ 분기 실적 보고
④ 거래처와의 미팅
⑤ 각종 계약서의 검토

70 다음의 사례를 읽고 P씨가 경력개발을 하기 위해 행한 내용이 아닌 것은?

P씨는 금년에 45세이며, 자산관리 회사에서 경리직으로 일하고 있다. P씨의 꿈은 재테크 전문가가 되는 것이다. 그가 자신의 회사에서 일하는 재테크 전문가를 살펴보니, 개인이 노력한 이상의 높은 보수를 받고 자유롭게 시간을 쓸 수도 있는 것 같아서 좋았다. 또한 평상시에 부동산 정책이나 시세에 관심이 많고 다른 사람과의 대화를 좋아하는 자신의 성격에도 맞을 것 같았다. P씨는 자신이 일찍부터 재테크 전문가의 목표를 가지지 못한 것을 후회했지만 지금에 와서는 경리직 일이 너무 바빠서 다른 공부를 할 수 없으며, 그렇다고 그만 두고 하기에는 자금이 부족했다. 그래도 P씨는 날이 갈수록 재테크 전문가가 되고 싶다는 욕구가 확실해짐에 따라 P씨는 좀 더 장기적으로 접근을 하기로 했다. 먼저 재테크 전문가가 되기 위해서는 경영학 지식이 많이 필요하며, AFPK(Associate Financial Planner Korea) 자격증을 딴 후에, CFP(Certified Financial Planner)의 자격심사 시험에 합격해야 된다는 것을 알았다. 따라서 장기적으로 5년을 내다보다 CFP 취득을 목표로 삼았으며, 2년 동안 경영학을 공부한 후 3년 내에 AFPK를 취득하기로 결심하였다. 이를 위하여 회사를 마치는 저녁시간을 이용하여 사설학원에 등록하는 것을 물론, 자신의 회사에서 일하는 재테크 전문가들의 소모임에 참여를 하고 그들의 이야기에 귀를 기울이고 대인관계를 돈독히 쌓아감에 따라 자격증 시험에 대한 정보를 얻을 수 있었다.

① 노후를 위한 보험의 가입
② 재테크 전문가에 대한 정보의 탐색
③ 자신의 특성을 파악
④ 자격증 취득을 위한 정보의 수집
⑤ 인적 네트워크의 확대

71 다음에서 설명하고 있는 갈등의 최소화하기 위한 방법은?

사람과의 대화는 쌍방향으로 이루어지는 의견 교환이다. 단방향 대화는 자신의 이야기만 하게 되고, 상대방의 말에 상처받기도 한다. 그렇다면 상대방과 갈등 없는 대화는 무엇일까? 우선 상대방이 나와 의견이 달라도 그럴 수 있다고 인정해야 한다. 그게 설사 상대방에게서 듣고 싶은 이야기가 아닐지라도 화낼 필요가 없다. 상대방의 이야기에 대해서 크게 반응하지 않고 이해하는 것이 이기는 대화법의 정공법이며 그 뒤에 자신의 이야기를 시작해도 늦지 않다.

① 팀 갈등해결 모델을 사용한다.
② 다른 사람의 말을 경청하고 나서 어떻게 반응할 것인가를 결정한다.
③ 조금이라도 의심이 날 때에는 분명하게 말해 줄 것을 요구한다.
④ 자신이 알고 있는 바를 알 필요가 있는 사람들을 새롭게 파악한다.
⑤ 다른 팀원과 불일치하는 쟁점이나 사항이 있다면 다른 사람이 아닌 당사자에게 직접 말한다.

72 다음 중 **팀워크**에 관한 설명에 부합하는 사례로 옳은 것은?

팀워크란 팀 구성원이 공동의 목적을 달성하기 위해 상호 관계성을 가지고 서로 협력하여 일을 해나가는 것을 말한다. 좋은 팀워크를 유지한다고 해서 의견충돌이나 갈등이 없는 것이 아니지만 구성원은 상호 신뢰하고 존중하고 각자 역할과 책임을 다하므로 의견충돌이나 갈등상황이 지속되지 않고 효율적으로 업무를 추진한다. 이러한 조직에서는 이기주의 또는 자의식 과잉 등 개인을 우선하는 분위기, 팀 내 분열을 조장하는 파벌주의, 비효율적 업무처리 등 팀워크를 저해하는 요소를 찾을 수 없다.

〈사례〉

㉠ 평소 구성원 간 협동 또는 교류보다는 경쟁을 모토로 삼는 A팀은 올 상반기 매출실적이 사내 1위였다.

㉡ B팀은 지난주 회의 때 ○○제품의 출시일자를 두고 의견이 갈려 결론을 내지 못했지만, 이번 회의에서는 토론 및 설득을 통해 출시일자를 늦추자는 방안을 만장일치로 채택하였다.

㉢ C팀은 팀원 간 사적으로 친밀하고 단합을 중시하여 화기애애한 분위기이지만 사적인 관계로 인해 업무처리 속도가 다른 팀에 비하여 떨어지고 실수가 잦다.

① ㉠   ② ㉡
③ ㉢   ④ ㉠㉢
⑤ ㉡㉢

73 다음에서 설명하고 있는 **팀워크를 촉진시키는 방법**은?

어떤 사람들과 프로젝트를 이끌고 사업을 구성하는지에 따라 결과가 달라진다. 사업가의 비전에 공감할 수 있는 사람들로 팀을 구성하고 열정적으로 실행하는 것에 따라 성공과 실패가 나누어지는 것이다. 최고의 파트너는 각자의 역할을 맡고 전적으로 책임을 지는 사람이다. 각 업무별로 맡고 있는 영역에 대해 책임을 지고 업무를 해나간다면 최적의 성과로 이어질 수밖에 없다. 하지만 각 업무에 대한 책임감을 지니고 있지 못할 경우 팀워크의 시너지 효과는 제로가 될 수밖에 없다. 많은 업체들이 사업에 성공하고 실패했는지 아는 법은 그 회사 내의 팀원들과 팀워크 역량을 보면 알 수 있는 것도 이 때문이다.

① 동료 피드백 장려
② 책임감 있는 업무 활동
③ 노사간 갈등 해결
④ 창의력 조성을 위한 협력
⑤ 참여적인 의사결정

74 당신은 소프트웨어를 제작하는 ○○소프트사의 컨설팅 부서에서 근무하고 있다. 다음과 같은 상황에서 당신 또는 당신의 부서가 취할 조치로 가장 알맞은 것은?

당신의 회사는 작은 규모의 거래를 여러 회사와 하는 성향이 있다. 그런데 최근 한 고객사가 당신의 회사 담당자에게 매우 까다롭게 굴었다. 고객사의 요구는 다소 추상적이어서 답변하기 곤란할 뿐만 아니라, 상담하는 직원들에게 무례한 태도로 일관해 부서원들이 해당 회사와의 미팅 날이면 노이로제에 걸릴 판이었다. 결국, 몇몇 직원은 더는 해당 고객사와 대화하기 어렵다며 미팅 날이 잡히면 결근을 하거나 휴가를 가버리는 지경에 이르렀다.

① 해당 고객사와의 계약을 파기한다.
② 해당 고객사를 전경련에 신고한다.
③ 해당 고객사의 추가 주문을 거절한다.
④ 해당 고객사로부터 대량 주문을 요구한다.
⑤ 해당 고객사에게 인정받을 때까지 정중하게 다가간다.

75 당신은 강의를 통해 갈등에 대응하는 유형은 총 다섯 가지로 구분할 수 있다는 것을 알게 되었다. 다음은 분류한 유형에 관한 내용이다. 해당 유형과 이에 대한 설명의 연결이 바르지 않은 것은?

① 회피형 : 사안이 해결되지 않고, 상대방을 의심하게 되는 문제가 있다.
② 경쟁형 : 자신의 목표를 달성하는 대신 상대와의 관계는 희생하는 경향이 있다.
③ 타협형 : 상대방과 비슷한 역량을 가지고 상호 견제 하에 각자의 목표를 추구하는 유형이다.
④ 협력형 : 소통을 통해 다양한 의견을 통합해 문제를 해결하는 유형이다.
⑤ 순응형 : 갈등을 통해 자존심을 지키고, 원만한 갈등 해결이 가능하다.

76 스마트 트레인과 관련하여 CBM 시스템을 설명하는 甲과 乙의 말에서 알 수 있는 직업윤리의 덕목은 무엇인가?

甲 : "CBM(Condition Based Maintenance) 시스템은 4차산업 혁명의 핵심인 ABC 산업으로 불리는 AI, Big Data, Cloud 이 세 가지가 모두 집약되어 최적의 차량 유지보수를 가능하게 합니다. CBM 시스템과 연결된 운전실 디스플레이나 운영자 및 정비자에게 태블릿 PC로 열차상태를 실시간으로 확인할 수 있습니다. 이런 경우, 정해진 방법에 따라 운전자는 조속한 고장 조치를 취할 수 있으며, 이러한 정보는 서버를 통해 자동으로 운영자 및 유지보수자에게 전달되어 열차의 운행일정과 유지보수 일정의 효율적인 계획을 수립할 수 있습니다. 저는 이러한 CBM 시스템을 개발하는 것이 누구나 할 수 있는 것은 아니며 교육을 통한 지식과 경험을 갖추어야만 가능한 것임을 알고 있기에 제가 알고 있는 지식을 총 동원하여 최고의 시스템을 개발하기 위해 앞으로 더욱 노력할 것입니다."

乙 : "CBM 시스템은 차량과 지상 양쪽에서 모두 열차 상태에 대해 실시간 모니터링이 가능합니다. 현재 운행되는 열차는 유지보수 매뉴얼 등 별도의 문서 없이는 정비 인력이 설계도나 유지보수 방법을 모두 파악하기 어렵습니다. 여기서 CBM 시스템을 이용하면 이러한 문제도 쉽게 해결할 수 있습니다. CBM 시스템에 연결된 모바일 장비 또는 사무실의 PC에서 웹 기반의 빅데이터 분석 플랫폼에 접속하여 각 고장에 대한 유지보수 메뉴를 클릭하면 고장과 관련된 데이터와 작업 지시서를 확인할 수 있습니다. 작업지시서에는 작업 매뉴얼과 관련 부품 재고, 위치 등 유지보수 작업에 필요한 모든 정보가 표시되어 엔지니어가 차량의 고장에 효율적으로 대처할 수 있습니다. 차량의 부품에도 각각 센서를 부착해 마모 상태 등을 측정한 후 정말 문제가 있을 때에 한해서 교체하게 되면 불필요한 비용을 절감할 수 있게 됩니다. 저는 평소에도 스마트 트레인 분야에 관심이 많았는데 이러한 시스템을 개발하는 것은 저에게 딱 맞는 일이라고 생각합니다. 앞으로도 긍정적인 생각을 갖고 업무 수행을 원활히 하도록 노력할 것입니다."

	甲	乙
①	전문가의식	천직의식
②	전문가의식	직분의식
③	천직의식	전문가의식
④	천직의식	소명의식
⑤	소명의식	직분의식

77 다음 사례에서 파악할 수 있는 민수씨의 직업의식으로 적절한 것을 〈보기〉에서 고른 것은?

신발 회사의 대표를 맡고 있는 민수씨는 최고의 구두를 만들겠다는 일념으로 세계 유명 구두 디자인에 대한 사례 연구를 통해 독창적인 모델을 출시하여 대성공을 거두었다. 또한 민수씨는 회사 경영에 있어서도 인화와 협동을 중시하여 직원들을 대상으로 가족 초청 어버이날 행사, 단체 체육대회 등 노사가 함께하는 행사를 개최하여 유대를 강화하고 있다.

〈보기〉
㉠ 전문 의식
㉡ 귀속 의식
㉢ 연대 의식
㉣ 귀천 의식

① ㉠, ㉡   ② ㉠, ㉢
③ ㉡, ㉢   ④ ㉡, ㉣
⑤ ㉢, ㉣

78 다음 수철씨의 진로 선택 사례에서 알 수 있는 내용으로 옳은 것을 모두 고른 것은?

특성화 고등학교 출신인 A 씨는 자신의 진로 유형 검사가 기계적 기술이나 신체적 운동을 요구하는 업무에 적합한 유형으로 나온 것을 고려하여 ○○ 기업 항공기 정비원으로 입사하였다. 또한 A 씨는 보수나 지위에 상관없이 사회 구성원의 일원으로서 긍지와 자부심을 갖고 최선을 다해 일하고 있다.

㉠ 직업에 대해 천직 의식을 가지고 있다.
㉡ 홀랜드의 직업 흥미 유형 중 관습적 유형에 해당한다.
㉢ 직업의 개인적 의의보다 경제적 의의를 중요시하고 있다.
㉣ 한국 표준 직업 분류 중 기능원 및 관련 기능 종사자에 해당한다.

① ㉠, ㉡   ② ㉠, ㉣
③ ㉡, ㉢   ④ ㉡, ㉣
⑤ ㉢, ㉣

79 당신은 서울교통공사 입사 지원자이다. 서류전형 통과 후, NCS 기반의 면접을 보기 위해 면접장에 들어가 있는데, 면접관이 당신에게 다음과 같은 질문을 하였다. 다음 중 면접관의 질문에 대한 당신의 대답으로 가장 적절한 것은?

> 면접관 : 최근 많은 회사들이 윤리경영을 핵심 가치로 내세우며, 개혁을 단행하고 있습니다. 그건 저희 회사도 마찬가지입니다. 윤리경영을 단행하고 있는 저희 회사에 도움이 될 만한 개인 사례를 말씀해 주시기 바랍니다.
>
> 당신 : (   )

① 저는 시간관념이 철저하므로 회의에 늦은 적이 한 번도 없습니다.

② 저는 총학생회장을 역임하면서, 맡은 바 책임이라는 것이 무엇인지 잘 알고 있습니다.

③ 저는 상담사를 준비한 적이 있어서, 타인의 말을 귀 기울여 듣는 것이 얼마나 중요한지 알고 있습니다.

④ 저는 동아리 생활을 할 때, 항상 동아리를 사랑하는 마음으로 남들보다 먼저 동아리실을 청소하고, 시설을 유지하기 위해 노력했습니다.

⑤ 저는 모든 일이 투명하게 이뤄져야 한다고 생각합니다. 그래서 어린 시절 반에서 괴롭힘을 당하는 친구가 있으면 일단 선생님께 말씀드리곤 했습니다.

80 다음 빈칸에 들어갈 개념으로 적절한 것은?

> • (㉠)은/는 자신보다 고객의 가치를 최우선으로 하는 서비스 개념이다.
> • (㉡)은/는 모든 결과는 나의 선택으로 인한 결과임을 인식하는 태도이다.
> • (㉢)은/는 오랜 생활습관을 통해 정립된 관습적으로 행해지는 사회계약적 생활규범이다.

	㉠	㉡	㉢
①	봉사	책임	예절
②	준법	봉사	봉사
③	책임	근면	준법
④	예절	예절	근면
⑤	근면	준법	책임

서울교통공사

필기시험 모의고사

제 3 회	영 역	의사소통능력, 수리능력, 문제해결능력, 조직이해능력 정보능력, 자원관리능력, 기술능력, 자기개발능력 대인관계능력, 직업윤리
	문항수	80문항
	비 고	객관식 5지선다형

SEOWONGAK
(주)서원각

제3회 필기시험 모의고사

1 다음 밑줄 친 단어의 맞춤법이 틀린 것은?

① <u>곳간</u>에서 인심이 난다는 말이 있다.

② 흔들리는 <u>찻간</u>에 앉아 잠시 졸았다.

③ 그릇의 <u>갯수</u>를 세어서 이 종이에 적어라.

④ 괄호 안에 들어갈 알맞은 <u>숫자</u>를 쓰시오.

⑤ 회의가 이루어진 <u>횟수</u>를 모두 기록하였다.

2 다음 밑줄 친 어휘의 쓰임이 가장 적절하지 않은 것은?

알고리즘으로 <u>무장</u>한 국내외 ICT 사업자들이 무시할 수 없는 원칙이 나왔다. 방송통신위원회와 정보통신정책연구원이 '이용자 중심의 지능정보사회를 위한 원칙'을 <u>발표</u>했다. 이번 원칙을 만들기 위해 구글코리아, 페이스북코리아, 넷플릭스, 카카오, 삼성전자, KT, SKT, LG유플러스, 한국 IBM, 한국 마이크로소프트 등 사업자를 대표하는 13명과 학계 6명이 <u>자문</u>단으로 참여했다. 방통위는 보도자료를 내고 "신기술의 도입이 <u>초월</u>할 수 있는 기술적, 사회적 위험으로부터 안전한 지능정보서비스 환경을 <u>조성</u>하기 위해, 지능정보사회의 구성원들이 고려할 공동의 기본 원칙"을 만들었다고 밝혔다.

① 무장

② 발표

③ 자문

④ 초월

⑤ 조성

3 다음 글의 내용과 가장 부합하는 진술은?

여행을 뜻하는 서구어의 옛 뜻에 고역이란 뜻이 들어 있다는 사실이 시사하듯이 여행은 금리생활자들의 관광처럼 속 편한 것만은 아니다. 그럼에도 불구하고 고생스러운 여행이 보편적인 심성에 호소하는 것은 일상의 권태로부터의 탈출과 해방의 이미지를 대동하고 있기 때문일 것이다. 술 익는 강마을의 저녁노을은 '고약한 생존의 치욕에 대한 변명'이기도 하지만 한편으로는 그 치욕으로부터의 자발적 잠정적 탈출의 계기가 되기도 한다. 그리고 그것은 결코 가볍고 소소한 일이 아니다. 직업적 나그네와는 달리 보통 사람들은 일상생활에 참여하고 잔류하면서 해방의 순간을 간접 경험하는 것이다. 인간 삶의 난경은, 술 익는 강마을의 저녁노을을 생존의 치욕을 견디게 할 수 있는 매혹으로 만들어 주기도 하는 것이다.

① 여행은 고생으로부터의 해방이다.

② 금리생활자들이 여행을 하는 것은 고약한 생존의 치욕에 대한 변명을 위해서이다.

③ 윗글에서 '보편적인 심성'이라는 말은 문맥으로 보아 여행은 고생스럽다는 생각을 가리키는 것이다.

④ 사람들은 여행에서 일시적인 해방을 맛본다.

⑤ 여행은 금리생활자들의 관광처럼 편안하고 고된 일상으로부터의 탈출과 해방을 안겨준다.

4 다음 중 밑줄 친 단어와 같은 의미로 사용된 문장은?

종묘(宗廟)는 조선시대 역대 왕과 왕비, 그리고 추존(追尊)된 왕과 왕비의 신주(神主)를 봉안하고 제사를 <u>지내는</u> 왕실의 사당이다. 신주는 사람이 죽은 후 하늘로 돌아간 신혼(神魂)이 의지하는 것으로, 왕과 왕비의 사후에도 그 신혼이 의지할 수 있도록 신주를 제작하여 종묘에 봉안했다. 조선 왕실의 신주는 우주(虞主)와 연주(練主) 두 종류가 있는데, 이 두 신주는 모양은 같지만 쓰는 방식이 달랐다. 먼저 우주는 묘호(廟號), 상시(上諡), 대왕(大王)의 순서로 붙여서 썼다. 여기에서 묘호와 상시는 임금이 승하한 후에 신위(神位)를 종묘에 봉안할 때 올리는 것으로서, 묘호는 '태종', '세종', '문종' 등과 같은 추존 칭호이고 상시는 8글자의 시호로 조선의 신하들이 정해 올렸다.

한편 연주는 유명증시(有明贈諡), 사시(賜諡), 묘호, 상시, 대왕의 순서로 붙여서 썼다. 사시란 중국이 조선의 승하한 국왕에게 내려준 시호였고, 유명증시는 '명나라 왕실이 시호를 내린다'는 의미로 사시 앞에 붙여 썼던 것이었다. 하지만 중국 왕조가 명나라에서 청나라로 바뀐 이후에는 연주의 표기 방식이 바뀌었는데, 종래의 표기 순서 중에서 유명증시와 사시를 빼고 표기하게 되었다. 유명증시를 뺀 것은 더 이상 시호를 내려줄 명나라가 존재하지 않았기 때문이었고, 사시를 뺀 것은 청나라가 시호를 보냈음에도 불구하고 조선이 청나라를 오랑캐의 나라로 치부하여 그것을 신주에 반영하지 않았기 때문이었다.

① 그는 산속에서 <u>지내면서</u> 혼자 공부를 하고 있다.

② 둘은 전에 없이 친하게 <u>지내고</u> 있었다.

③ 그는 이전에 시장을 <u>지내고</u> 지금은 시골에서 글을 쓰며 살고 있다.

④ 비가 하도 오지 않아 기우제를 <u>지내기</u>로 했다.

⑤ 아이들은 휴양지에서 여름 방학을 <u>지내기</u>를 소원하였다.

5 다음 서식을 보고 빈칸에 들어갈 알맞은 단어를 고른 것은?

납품(장착) 확인서

1. 제　　품　　명 : 슈퍼터빈(연료과급기)
2. 회　　사　　명 : 서원각
3. 사업자등록번호 : 123-45-67890
4. 주　　　　　소 : 경기도 고양시 일산서구 가좌동 846
5. 대　　표　　자 : 정 확 한
6. 공 급 받 는 자 : ㈜소정 코리아
7. 납품(계약)단가 : 일금 이십육만원정(₩ 260,000)
8. 납품(계약)금액 : 일금 이백육십만원정(₩ 2,600,000)
9. 장착차량 현황

차종	연식	차량번호	사용연료	규격(size)	수량	비고
스타렉스			경유	72mm	4	
카니발			경유		2	
투싼			경유	56mm	2	
야무진			경유		1	
이스타나			경유		1	
합계					10	₩2,600,000

귀사 제품 슈퍼터빈을 테스트한 결과 연료절감 및 매연저감에 효과가 있으므로 당사 차량에 대해 (　　) 장착하였음을 확인합니다.

납　품　처 : ㈜소정 코리아
사업자등록번호 : 987-65-43210
상　　　호 : ㈜소정 코리아
주　　　소 : 서울시 강서구 가양동 357-9
대　표　자 : 장 착 해

① 일절　　　　　　　② 일체
③ 전혀　　　　　　　④ 반품
⑤ 환불

6 다음 글과 어울리는 사자성어로 적절한 것은?

> 어지러운 시기, 20대 중반 한 청년은 사법고시에 도전했다. 젊은이의 도전은 1차 시험 합격의 기쁨도 잠시, 안타깝게도 이 시기에 그는 동생을 잃었고, 아버지는 마음의 상처로 몸을 제대로 가누지 못했다. 그는 그대로 고시와 출세라는 상념에 빠져 잠을 이루지 못했다.
>
> 반복된 3번의 낙방으로 청년의 자신감은 바닥을 치고 있었고 건강에도 이상이 와 시골로 내려오게 되었다. 아버지는 눈과 귀가 어두워 몸이 불편했지만 한마디 불평 없이 뒷바라지하며 아들의 성공을 의심치 않았다.
>
> 그렇게 젊음의 패기로 도전했던 4번째 시험에 마침내 합격했다. 마을은 일주일 내도록 잔치를 벌였다. 살면서 그 순간만큼 행복을 느낀 적은 없었던 것 같다.

① 유비무환　　　　② 토사구팽
③ 맥수지탄　　　　④ 와신상담
⑤ 경국지색

7 다음 글을 읽고 이 글을 뒷받침할 수 있는 주장으로 가장 적합한 것은?

> X선 사진을 통해 폐질환 진단법을 배우고 있는 의과대학 학생을 생각해 보자. 그는 암실에서 환자의 가슴을 찍은 X선 사진을 보면서, 이 사진의 특징을 설명하는 방사선 전문의의 강의를 듣고 있다. 그 학생은 가슴을 찍은 X선 사진에서 늑골뿐만 아니라 그 밑에 있는 폐, 늑골의 음영, 그리고 그것들 사이에 있는 아주 작은 반점들을 볼 수 있다. 하지만 처음부터 그럴 수 있었던 것은 아니다. 첫 강의에서는 X선 사진에 대한 전문의의 설명을 전혀 이해하지 못했다. 그가 가리키는 부분이 무엇인지, 희미한 반점이 과연 특정질환의 흔적인지 전혀 알 수가 없었다. 전문의가 상상력을 동원해 어떤 가상적 이야기를 꾸며내는 것처럼 느껴졌을 뿐이다. 그러나 몇 주 동안 이론을 배우고 실습을 하면서 지금은 생각이 달라졌다. 그는 문제의 X선 사진에서 이제는 늑골 뿐 아니라 폐와 관련된 생리적인 변화, 흉터나 만성 질환의 병리학적 변화, 급성질환의 증세와 같은 다양한 현상들까지도 자세하게 경험하고 알 수 있게 될 것이다. 그는 전문가로서 새로운 세계에 들어선 것이고, 그 사진의 명확한 의미를 지금은 대부분 해석할 수 있게 되었다. 이론과 실습을 통해 새로운 세계를 볼 수 있게 된 것이다.

① 관찰은 배경지식에 의존한다.
② 과학에서의 관찰은 오류가 있을 수 있다.
③ 과학 장비의 도움으로 관찰 가능한 영역은 확대된다.
④ 관찰정보는 기본적으로 시각에 맺혀지는 상에 의해 결정된다.
⑤ X선 사진의 판독은 과학데이터 해석의 일반적인 원리를 따른다.

8 다음 글을 읽고 가장 잘 이해한다고 볼 수 있는 사람은?

> 사회에는 위법행위에 호의적인 가치와 호의적이지 않은 가치가 모두 존재한다. 사회 구성원들의 가치와 태도도 그러한 가치들로 혼합되어 나타나는데, 어떤 사람은 위법행위에 호의적인 가치를, 또 어떤 사람은 위법행위에 호의적이지 않은 가치를 더 많이 갖고 있다. 또한 청소년들은 그러한 주변 사람들로부터 가치와 태도를 학습한다. 그들이 위법행위에 더 호의적인 주위 사람과 자주 접촉하고 상호 작용하게 되면 그만큼 위법행위에 호의적인 가치와 관대한 태도를 학습하고 내면화하여, 그러한 가치와 태도대로 행동하다 보면 비행을 하게 된다. 예컨대 청소년 주위에는 비행청소년도 있고 모범청소년도 있을 수 있는데, 어떤 청소년이 모범청소년보다 비행청소년과 자주 접촉할 경우, 그는 다른 청소년들보다 위법행위에 호의적인 가치와 관대한 태도를 보다 많이 학습하게 되어 비행을 더 저지르게 된다.

① 갑 : 바늘 가는데 실 간다.
② 을 : 잘되면 내 탓! 못되면 남의 탓!
③ 병 : 까마귀 노는 곳에 백로야 가지 마라!
④ 정 : 잘못한 일은 누구를 막론하고 벌을 주자!
⑤ 무 : 어릴 때부터 친구는 커서도 친구이다!

9 甲의 견해에 근거할 때 정치적으로 가장 불안정할 것으로 예상되는 정치체제의 유형은?

민주주의 정치체제 분류는 선거제도와 정부의 권력구조(의원내각제 혹은 대통령제)를 결합시키는 방식에 따라 크게 A, B, C, D, E 다섯 가지 유형으로 나눌 수 있다. A형은 의원들이 비례대표제에 의해 선출되는 의원내각의 형태다. 비례대표제는 총 득표수에 비례해서 의석수를 배분하는 방식이다. B형은 단순다수대표제 방식으로 의원들을 선출하는 의원내각제의 형태다. 단순다수대표제는 지역구에서 1인의 의원을 선출하는 방식이다. C형은 의회 의원들을 단순다수대표 선거제도에 의해 선출하는 대통령제 형태다. D형의 경우 의원들은 비례대표제 방식을 통해 선출하며 권력구조는 대통령제를 선택하고 있는 형태다. 마지막으로 E형은 일종의 혼합형으로 권력구조에서는 상당한 권한을 가진 선출직 대통령과 의회에 기반을 갖는 수상이 동시에 존재하는 형태다. 의회 의원은 단순다수대표제에 의해 선출된다.

한편 甲은 "한 국가의 정당체제는 선거제도에 의해 영향을 받는다. 민주주의 국가들에 대한 비교 연구 결과에 의하면 비례대표제를 의회 선거제도로 운용하고 있는 국가들의 정당체제는 대정당과 더불어 군소정당이 존립하는 다당제 형태가 일반적이다. 전국을 다수의 지역구로 나누고 그 지역구별로 1인을 선출하는 단순다수대표제의 경우 군소정당 후보자들에게 불리하며, 따라서 두 개의 지배적인 정당이 출현하는 양당제의 형태가 자리 잡게 된다. 또한 정치적 안정 여부는 정당체제가 어떤 권력 구조와 결합하는가에 따라 결정된다. 의원내각제는 양당제와 다당제 모두와 조화되어 정치적 안정을 도모할 수 있는 반면 혼합형과 대통령제의 경우 정당체제가 양당제일 경우에만 정치적으로 안정되는 현상을 보인다."라고 주장하였다.

① A형 ② B형
③ C형 ④ D형
⑤ E형

┃10~11┃ 다음 글을 읽고 이어지는 물음에 답하시오.

㉮ 당뇨병 환자가 밤잠을 잘 못 이룬다면 합병증의 신호일 수 있어 주의를 해야 한다. 당뇨병 환자가 가장 많이 겪는 합병증인 '당뇨병성 신경병증'이 있는 경우 다리 화끈거림 등의 증상으로 수면장애를 겪는 경우가 많기 때문이다. 당뇨병성 신경병증은 높은 혈당에 의해 말초신경이 손상돼 생기며, 당뇨병 합병증 중에 가장 먼저 생기는 질환이다. 그 다음이 당뇨병성 망막병증, 당뇨병성 콩팥질환 순으로 발병한다. 2013년 자료에 따르면, 전체 당뇨병 환자의 14.4%가 당뇨병성 신경병증을 앓고 있다.

㉯ 통증(Pain)잡지에 발표된 논문에 따르면 당뇨병성 신경병증은 일반적으로 아침에 가장 통증이 적고 오후시간이 되면서 통증이 점차 증가해 밤 시간에 가장 극심해진다. 또한 당뇨병성 신경병증은 통증 등의 증상이 누워있을 때 악화되는 경우도 많아 수면의 질에 큰 영향을 미친다. 실제로 당뇨병성 신경병증 통증을 갖고 있는 환자 1338명을 대상으로 수면장애 정도를 조사한 결과, 수면의 질을 100점으로 했을 경우 '충분히 많이 잠을 잤다'고 느끼는 경우는 32.69점, '일어났을 때 잘 쉬었다'고 느끼는 경우는 38.27점에 머물렀다. '삶의 질'에 대한 당뇨병성 신경병증 환자의 만족도 역시 67.65점에 머물러 합병증이 없는 당뇨병 환자 74.29점보다 낮았다. 이는 일반인의 평균 점수인 90점에는 크게 못 미치는 결과이다.

㉰ 당뇨병성 신경병증은 당뇨병 진단 초기에 이미 환자의 6%가 앓고 있을 정도로 흔하다. 당뇨병 진단 10년 후에는 20%까지 증가하고, 25년 후에는 50%에 달해 당뇨병 유병기간이 길수록 당뇨병성 신경병증에 걸릴 확률이 크게 높아진다. 따라서 당뇨병을 오래 앓고 있는 사람은 당뇨병성 신경병증의 신호를 잘 살펴야 한다. 당뇨병 진단을 처음 받았거나 혈당 관리를 꾸준히 잘 해온 환자 역시 당뇨병성 신경병증 위험이 있으므로 증상을 잘 살펴야 한다.

㉱ 당뇨병성 신경병증의 4대 증상은 찌르는 듯한 통증, 스멀거리고 가려운 이상감각, 화끈거리는 듯한 작열감, 저리거나 무딘 무감각증이다. 환자에 따라 '화끈거린다', '전기 자극을 받는 것 같다', '칼로 베거나 찌르는 듯하다', '얼어버린 것 같다'는 등의 증상을 호소하는 경우가 많다. 당뇨병성 신경병증의 가장 큰 문제는 피부 감각이 둔해져 상처를 입어도 잘 모르는데다, 상처를 입으면 치유가 잘 되지 않아 궤양, 감염이 잘 생긴다는 것이다. 특히 발에 궤양·감염이 잘 생기는데, 심하면 발을 절단해야 하는 상황에까지 이르게 된다. 실제로 족부 절단 원인의 절반은 당뇨병으로 인한 것이라는 연구 결과도 있다. 따라서 당뇨병 환자는 진단받은 시점부터 정기적으로 감각신경·운동신경 검사를 받아야 한다.

㉲ 모든 당뇨병 합병증과 마찬가지로 당뇨병성 신경병증 또한 혈당조절을 기본으로 한다. 혈당 조절은 당뇨병성 신경병증의 예방뿐만 당뇨병성 망막병증 같은 눈의 합병증, 당뇨병성 콩팥질환 같은 콩팥 합병증이 생기는 것도 막을 수 있다. 그러나 이미 신경병증으로 인해 통증이 심한 환자의 경우에는 통증에 대한 약물 치료가 필요한 경우도 있다. 치료제로는 삼환계항우울제, 항경련제, 선택적 세로토닌/노르아드레날린 재흡수억제제, 아편유사제, 국소도포제 등이 처방되고 있다. 다만 약제 선택 시 통증 이외에도 수면장애 등 동반되는 증상까지 고려하고, 다른 약물과의 상호작용이 적은 약제를 선택해야 한다. 말초 혈액순환을 원활하게 하는 것도 중요하다. 그래야 말초 신경 손상이 악화되는 것을 예방할 수 있다. 말초 혈액순환을 원활히 하기 위해서는 금연이 중요하다. 당뇨병 환자가 금연을 하면 당뇨병성 신경병증이 약화되는 것은 물론, 눈·콩팥 등 다른 합병증도 예방할 수 있다.

10 윗글의 각 단락별 내용을 참고할 때, 다음 〈보기〉와 같은 글이 삽입되기에 가장 적절한 단락은 어느 것인가?

> 대다수가 앓고 있는 제2형 당뇨병의 경우는 발병 시점이 명확하지 않기 때문에 당뇨병을 얼마나 앓았는지 모르는 경우가 많다. 당장 당뇨병성 신경병증이 없더라도 대한당뇨병학회는 당뇨병 환자라면 매년 한 번씩 진찰을 받으라고 권하고 있다.

① (가)　　　　　　　② (나)

③ (다)　　　　　　　④ (라)

⑤ (마)

11 윗글에서 필자가 논점을 전개하는 방식에 대한 설명 중 적절한 것은 어느 것인가?

① 특정 환자들의 사례를 구체적으로 제시하여 논리의 근거를 마련하였다.

② 각 증상별 차이를 비교·대조하여 질환의 정도를 설명하였다.

③ 해당 병증을 앓고 있는 환자들의 통계를 분석하여 일반화된 정보를 추출하였다.

④ 의학계의 전문가 소견을 참고로 논리를 정당화시켰다.

⑤ 각 단락이 모두 유기적인 인과관계를 통하여 기승전결의 구성을 완성하였다.

|12~13| (가)는 카드 뉴스, (나)는 신문 기사이다. 물음에 답하시오.

(가)

[카드뉴스]

노약자석? NO 교통약자석!

버스나 지하철 '노약자석'의 정식 명칭은 '교통약자석'입니다.

교통약자석의 설치 근거는 '교통약자의 이동편의 증진법'입니다.

여기서 '교통약자'란 고령자 뿐만 아니라 장애인, 임산부, 영유아 동반자 등을 말합니다.

그러나 이에 대한 인식부족으로 교통약자석이 제 기능을 못하고 있습니다.

교통약자에 대한 배려와 평등권 보장이라는 의의를 지닌 교통약자석에 대해 올바른 인식이 필요한 때입니다.

(나)

> – 교통약자석, 본래의 기능 다하고 있나? –
> 좌석에 대한 올바른 인식 필요
>
> 　요즘 대중교통 교통약자석이 논란이 되고 있다. 실제로 서울 지하철 교통약자석 관련 민원이 2014년 117건에서 2016년 400건 이상으로 대폭 상승했다. 다음은 교통약자석과 관련된 인터뷰 내용이다.
> 　"저는 출근 전 아이를 시댁에 맡길 때 지하철을 이용해요. 가끔 교통약자석에 앉곤 하는데, 그 자리가 어르신들을 위한 자리 같아 마음이 불편해요. 자리다툼이 있었다는 뉴스를 본 후 앉는 것이 더 망설여져요." (회사원 김○○ 씨 (여, 32세))
> 　'교통약자의 이동편의 증진법'에 따라 설치된 교통약자석은 장애인, 고령자, 임산부, 영유아를 동반한 사람, 어린이 등 일상생활에서 이동에 불편을 느끼는 사람이라면 누구나 이용할 수 있다. 그러나 위 인터뷰에서처럼 시민들이 교통약자석에 대해 제대로 알지 못해 교통약자석이 본래의 기능을 다하고 있지 못하는 실정이다. 교통약자석이 제 기능을 다하기 위해서는 이에 대한 시민들의 올바른 인식이 필요하다.
> 　　　　　　　– 2017. 10. 24. ○○신문, □□□기자

12 ㈜에 대한 이해로 적절하지 않은 것은?

① 의문을 드러내고 그에 답하는 방식을 통해 교통약자석에 대한 잘못된 통념을 환기하고 있다.

② 교통약자석과 관련된 법을 제시하여 글의 정확성과 신뢰성을 높이고 있다.

③ 용어에 대한 설명을 통해 '교통약자'의 의미를 이해하도록 돕고 있다.

④ 교통약자석에 대한 인식 부족으로 인해 발생하는 문제점들을 원인에 따라 분류하고 있다.

⑤ 교통약자석의 설치 의의를 언급함으로써 글의 주제에 대해 공감할 수 있도록 유도하고 있다.

13 ㈜와 ㈏를 비교한 내용으로 적절한 것은?

① ㈜와 ㈏는 모두 다양한 통계 정보를 활용하여 주제를 뒷받침하고 있다.

② ㈜는 ㈏와 달리 글과 함께 그림들을 비중 있게 제시하여 의미 전달을 용이하게 하고 있다.

③ ㈜는 ㈏와 달리 제목을 표제와 부제의 방식으로 제시하여 뉴스에 담긴 의미를 강조하고 있다.

④ ㈏는 ㈜와 달리 비유적이고 함축적인 표현들을 주로 사용하여 주제 전달의 효과를 높이고 있다.

⑤ ㈏는 ㈜와 달리 표정이나 몸짓 같은 비언어적 요소를 활용하여 내용을 실감 나게 전달하고 있다.

│14~15│ 다음 글을 읽고 물음에 답하시오.

지레는 받침과 지렛대를 이용하여 물체를 쉽게 움직일 수 있는 도구이다. 지레에서 힘을 주는 곳을 힘점, 지렛대를 받치는 곳을 받침점, 물체에 힘이 작용하는 곳을 작용점이라 한다. 받침점에서 힘점까지의 거리가 받침점에서 작용점까지의 거리에 비해 멀수록 힘점에 작은 힘을 주어 작용점에서 물체에 큰 힘을 가할 수 있다. 이러한 지레의 원리에는 돌림힘의 개념이 숨어 있다.

물체의 회전 상태에 변화를 일으키는 힘의 효과를 돌림힘이라고 한다. 물체에 회전 운동을 일으키거나 물체의 회전 속도를 변화시키려면 물체에 힘을 가해야 한다. 같은 힘이라도 회전축으로부터 얼마나 멀리 떨어진 곳에 가해 주느냐에 따라 회전 상태의 변화 양상이 달라진다. 물체에 속한 점 X와 회전축을 최단 거리로 잇는 직선과 직각을 이루는 동시에 회전축과 직각을 이루도록 힘을 X에 가한다고 하자. 이때 물체에 작용하는 돌림힘의 크기는 회전축에서 X까지의 거리와 가해 준 힘의 크기의 곱으로 표현되고 그 단위는 N·m(뉴턴미터)이다.

동일한 물체에 작용하는 두 돌림힘의 합을 알짜 돌림힘이라 한다. 두 돌림힘의 방향이 같으면 알짜 돌림힘의 크기는 두 돌림힘의 크기의 합이 되고 그 방향은 두 돌림힘의 방향과 같다. 두 돌림힘의 방향이 서로 반대이면 알짜 돌림힘의 크기는 두 돌림힘의 크기의 차가 되고 그 방향은 더 큰 돌림힘의 방향과 같다. 지레의 힘점에 힘을 주지만 물체가 지레의 회전을 방해하는 힘을 작용점에 주어 지레가 움직이지 않는 상황처럼, 두 돌림힘의 크기가 같고 방향이 반대이면 알짜 돌림힘은 0이 되고 이때를 돌림힘의 평형이라고 한다.

회전 속도의 변화는 물체에 알짜 돌림힘이 일을 해 주었을 때에만 일어난다. 돌고 있는 팽이에 마찰력이 일으키는 돌림힘을 포함하여 어떤 돌림힘도 작용하지 않으면 팽이는 영원히 돈다. 일정한 형태의 물체에 일정한 크기와 방향의 알짜 돌림힘을 가하여 물체를 회전시키면, 알짜 돌림힘이 한 일은 알짜 돌림힘의 크기와 회전 각도의 곱이고 그 단위는 J(줄)이다.

가령, 마찰이 없는 여닫이문이 정지해 있다고 하자. 갑은 지면에 대하여 수직으로 서 있는 문의 회전축에서 1m 떨어진 지점을 문의 표면과 직각으로 300N의 힘으로 밀고, 을은 문을 사이에 두고 갑의 반대쪽에서 회전축에서 2m만큼 떨어진 지점을 문의 표면과 직각으로 200N의 힘으로 미는 상태에서 문이 90° 즉, 0.5π 라디안을 돌면, 알짜 돌림힘이 문에 해 준 일은 50π J이다.

알짜 돌림힘이 물체를 돌리려는 방향과 물체의 회전 방향이 일치하면 알짜 돌림힘이 양(+)의 일을 하고 그 방향이 서로 반대이면 음(−)의 일을 한다. 어떤 물체에 알짜 돌림힘이 양의 일을 하면 그만큼 물체의 회전 운동 에너지는 증가하고 음의 일을 하면 그만큼 회전 운동 에너지는 감소한다. 형태가 일정한 물체의 회전 운동 에너지는 회전 속도의 제곱에 정비례한다. 그러므로 형태가 일정한 물체에 알짜 돌림힘이 양의 일을 하면 회전 속도가 증가하고, 음의 일을 하면 회전 속도가 감소한다.

14 윗글의 내용과 일치하지 않는 것은?

① 물체에 힘이 가해지지 않으면 돌림힘은 작용하지 않는다.

② 물체에 가해진 알짜 돌림힘이 0이 아니면 물체의 회전 상태가 변화한다.

③ 회전 속도가 감소하고 있는, 형태가 일정한 물체에는 돌림힘이 작용한다.

④ 힘점에 힘을 받는 지렛대가 움직이지 않으면 돌림힘의 평형이 이루어져 있다.

⑤ 형태가 일정한 물체의 회전 속도가 2배가 되면 회전 운동 에너지는 2배가 된다.

15 박스 안의 예에서 문이 90˚ 회전하는 동안의 상황에 대한 이해로 적절한 것은?

① 갑의 돌림힘의 크기는 을의 돌림힘의 크기보다 크다.

② 알짜 돌림힘과 갑의 돌림힘은 방향이 같다.

③ 문에는 돌림힘의 평형이 유지되고 있다.

④ 문의 회전 운동 에너지는 점점 증가한다.

⑤ 알짜 돌림힘의 크기는 점점 증가한다.

16 5%의 소금물과 15%의 소금물로 12%의 소금물 200g을 만들고 싶다. 각각 몇 g씩 섞으면 되는가?

	5% 소금물	15% 소금물
①	40g	160g
②	50g	150g
③	60g	140g
④	70g	130g
⑤	80g	120g

17 한 학년에 세 반이 있는 학교가 있다. 학생수가 A반은 20명, B반은 30명, C반은 50명이다. 수학 점수 평균이 A반은 70점, B반은 80점, C반은 60점일 때, 이 세 반의 평균은 얼마인가?

① 62점 ② 64점

③ 66점 ④ 68점

⑤ 70점

18 어떤 이동 통신 회사에서는 휴대폰의 사용 시간에 따라 매월 다음과 같은 요금 체계를 적용한다고 한다.

요금제	기본 요금	무료 통화	사용 시간(1분)당 요금
A	10,000원	0분	150원
B	20,200원	60분	120원
C	28,900원	120분	90원

예를 들어, B요금제를 사용하여 한 달 동안의 통화 시간이 80분인 경우 사용 요금은 다음과 같이 계산한다.

$$20,200 + 120 \times (80 - 60) = 22,600 원$$

B요금제를 사용하는 사람이 A요금제와 C요금제를 사용할 때보다 저렴한 요금을 내기 위한 한 달 동안의 통화 시간은 a분 초과 b분 미만이다. 이때, $b-a$의 최댓값은? (단, 매월 총 사용 시간은 분 단위로 계산한다.)

① 70 ② 80

③ 90 ④ 100

⑤ 110

19 어느 인기 그룹의 공연을 준비하고 있는 기획사는 다음과 같은 조건으로 총 1,500장의 티켓을 판매하려고 한다. 티켓 1,500장을 모두 판매한 금액이 6,000만 원이 되도록 하기 위해 판매해야 할 S석 티켓의 수를 구하면?

> ㈎ 티켓의 종류는 R석, S석, A석 세 가지이다.
>
> ㈏ R석, S석, A석 티켓의 가격은 각각 10만 원, 5만 원, 2만 원이고, A석 티켓의 수는 R석과 S석 티켓의 수의 합과 같다.

① 450장 ② 600장

③ 750장 ④ 900장

⑤ 1,050장

20 다음은 이 대리가 휴가 기간 중 할 수 있는 활동 내역을 정리한 표이다. 집을 출발한 이 대리가 활동을 마치고 다시 집으로 돌아올 경우 전체 소요시간이 가장 짧은 것은 어느 것인가?

활동	이동수단	거리	속력	목적지 체류시간
당구장	전철	12km	120km/h	3시간
한강공원 라이딩	자전거	30km	15km/h	–
파워워킹	도보	5.4km	3km/h	–
북카페 방문	자가용	15km	50km/h	2시간
강아지와 산책	도보	3km	3km/h	1시간

① 당구장
② 한강공원 라이딩
③ 파워워킹
④ 북카페 방문
⑤ 강아지와 산책

21 다음은 산업재산권 유지를 위한 등록료에 관한 자료이다. 다음 중 권리 유지비용이 가장 많이 드는 것은? (단, 특허권, 실용신안권의 기본료는 청구범위의 항 수와는 무관하게 부과되는 비용으로 청구범위가 1항인 경우 기본료와 1항에 대한 가산료가 부과된다)

(단위 : 원)

권리 \ 구분	설정등록료 (1~3년분)		연차등록료			
			4~6 년차	7~9 년차	10~12 년차	13~15 년차
특허권	기본료	81,000	매년 60,000	매년 120,000	매년 240,000	매년 480,000
	가산료 (청구범위의 1항마다)	54,000	매년 25,000	매년 43,000	매년 55,000	매년 68,000
실용 신안권	기본료	60,000	매년 40,000	매년 80,000	매년 160,000	매년 320,000
	가산료 (청구범위의 1항마다)	15,000	매년 10,000	매년 15,000	매년 20,000	매년 25,000
디자인권	75,000		매년 35,000	매년 70,000	매년 140,000	매년 280,000
상표권	211,000 (10년분)		10년 연장 시 256,000			

① 청구범위가 3항인 특허권에 대한 3년간의 권리 유지
② 청구범위가 1항인 특허권에 대한 4년간의 권리 유지
③ 청구범위가 3항인 실용신안권에 대한 5년간의 권리 유지
④ 한 개의 디자인권에 대한 7년간의 권리 유지
⑤ 한 개의 상표권에 대한 10년간의 권리 유지

22 다음은 S에너지공사의 신재생 에너지 및 절약 분야 사업 현황이다. '신재생 에너지' 분야의 사업별 평균 지원액이 '절약' 분야의 사업별 평균 지원액의 5배 이상이 되기 위한 사업 수의 최대 격차는? (단, '신재생 에너지' 분야의 사업 수는 '절약' 분야의 사업 수보다 큼)

(단위 : 억 원, %, 개)

구분	신재생 에너지	절약	합
지원금(비율)	3,500(85.4)	600(14.6)	4,100(100.0)
사업 수	( )	( )	600

① 44개
② 46개
③ 48개
④ 54개
⑤ 56개

23 다음은 2019년 A공사 추진 과제의 전공별 연구책임자 현황에 대한 자료이다. 전체 연구책임자 중 공학 전공의 연구책임자가 차지하는 비율과 전체 연구책임자 중 의학 전공의 여자 연구책임자가 차지하는 비율의 차이는? (단, 소수 둘째 자리에서 반올림한다)

(단위 : 명, %)

연구책임자 전공	남자		여자	
	연구책임자 수	비율	연구책임자 수	비율
이학	2,833	14.8	701	30.0
공학	11,680	61.0	463	19.8
농학	1,300	6.8	153	6.5
의학	1,148	6.0	400	17.1
인문사회	1,869	9.8	544	23.3
기타	304	1.6	78	3.3
계	19,134	100.0	2,339	100.0

① 51.1%p
② 52.3%p
③ 53.5%p
④ 54.7%p
⑤ 55.9%p

24 다음은 H 그룹사 중 철강과 지원 분야에 관한 자료이다. 다음을 이용하여 A, B, C, D 중 두 번째로 큰 값은? (단, 지점은 역할에 따라 실, 연구소, 공장, 섹션, 사무소 등으로 구분되며, 하나의 지점은 1천명의 직원으로 조직된다)

구분	그룹사	편제	직원 수(명)
철강	H강판	1지점	1,000
	SNNC	2지점	2,000
지원	H메이트	실 10지점, 공장 A지점	( )
	H터미날	실 5지점, 공장 B지점	( )
	H기술투자	실 7지점, 공장 C지점	( )
	H휴먼스	공장 D지점, 연구소 1지점	( )
	H인재창조원	섹션 1지점, 사무소 1지점	2,000
	H경영연구원	1지점	1,000
계		45지점	45,000

- H터미날과 H휴먼스의 직원 수는 같다.
- H메이트의 공장 수와 H터미날의 공장 수를 합하면 H기술투자의 공장 수와 같다.
- H메이트의 공장 수는 H휴먼스의 공장 수의 절반이다.

① 3 ② 4
③ 5 ④ 6
⑤ 7

25 다음은 X공기업의 팀별 성과급 지급 기준이다. Y팀의 성과평가 결과가 〈보기〉와 같다면 3/4 분기에 지급되는 성과급은?

- 성과급 지급은 성과평가 결과와 연계함
- 성과평가는 유용성, 안전성, 서비스 만족도의 총합으로 평가함. 단, 유용성, 안전성, 서비스 만족도의 가중치를 각각 0.4, 0.4, 0.2로 부여함
- 성과평가 결과를 활용한 성과급 지급 기준

성과평가 점수	성과평가 등급	분기별 성과급 지급액	비고
9.0 이상	A	100만 원	성과평가 등급이 A이면 직전 분기 차감액의 50%를 가산하여 지급
8.0 이상 9.0 미만	B	90만 원(10만 원 차감)	
7.0 이상 8.0 미만	C	80만 원(20만 원 차감)	
7.0 미만	D	40만 원(60만 원 차감)	

	〈보기〉			
구분	1/4 분기	2/4 분기	3/4 분기	4/4 분기
유용성	8	8	10	8
안전성	8	6	8	8
서비스 만족도	6	8	10	8

① 130만 원 ② 120만 원
③ 110만 원 ④ 100만 원
⑤ 90만 원

26 다음은 ○○그룹의 1997년도와 2008년도 7개 계열사의 영업이익률이다. 자료 분석 결과로 옳은 것은?

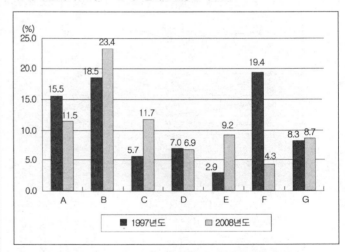

① B계열사의 2008년 영업이익률은 나머지 계열사의 영업이익률의 합보다 많다.
② 1997년도에 가장 높은 영업이익률을 낸 계열사는 2008년에도 가장 높은 영업이익률을 냈다.
③ 2008년 G계열사의 영업이익률은 1997년 E계열사의 영업이익률의 2배가 넘는다.
④ 7개 계열사 모두 1997년 대비 2008년의 영업이익률이 증가하였다.
⑤ 1997년과 2008년 모두 영업이익률이 10%을 넘은 계열사는 3곳이다.

❚27~28❚ 다음은 우리나라의 연도별 지역별 수출입액을 나타낸 자료이다. 물음에 답하시오.

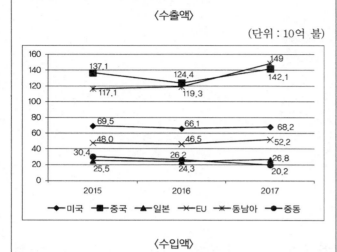

〈수출액〉
(단위 : 10억 불)

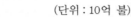

〈수입액〉
(단위 : 10억 불)

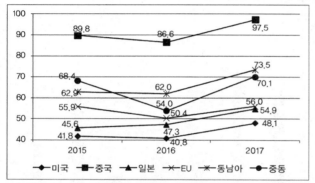

※ 무역수지는 수출액에서 수입액을 뺀 것을 의미한다. 무역수지가 양수이면 흑자, 음수이면 적자를 나타내며, 무역수지의 수치가 작아질수록 무역수지가 '악화'된 것이다.

27 위 내용을 참고할 때, 연도별 무역수지 증감내역을 올바르게 설명한 것은 어느 것인가?

① 무역수지 악화가 지속적으로 심해진 무역 상대국(지역)은 일본뿐이다.

② 매년 무역수지 흑자를 나타낸 무역 상대국(지역)은 2개국 (지역)이다.

③ 무역수지 흑자가 매년 감소한 무역 상대국(지역)은 미국과 중국이다.

④ 무역수지가 흑자에서 적자 또는 적자에서 흑자로 돌아선 무역 상대국(지역)은 1개국(지역)이다.

⑤ 매년 무역수지 적자규모가 가장 큰 무역 상대국(지역)은 일본이다.

28 2018년 동남아 수출액은 전년대비 20% 증가하고 EU 수입액은 20% 감소하였다면, 2018년 동남아 수출액과 EU 수입액의 차이는 얼마인가?

① 1,310억 불 ② 1,320억 불

③ 1,330억 불 ④ 1,340억 불

⑤ 1,350억 불

❚29~30❚ 다음은 우리나라 5개 지역의 연도별 취업자 및 고용률 변화를 나타낸 그래프이다.

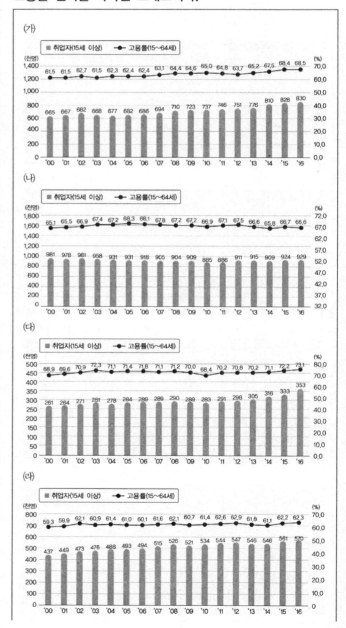

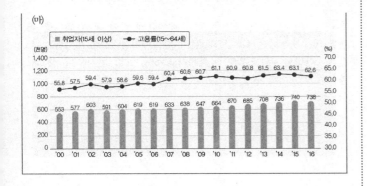

29 다음 중 전년대비 15세 이상 취업자 수가 가장 많이 증가한 지역은?

① 2008년 (가) 지역

② 2015년 (나) 지역

③ 2002년 (다) 지역

④ 2012년 (라) 지역

⑤ 2014년 (마) 지역

30 〈보기〉에서 설명하는 2개 지역에 해당하는 그래프를 올바르게 짝지은 것은 어느 것인가?

┌─────────────────────────────────────┐
│　　　　　　　　　〈보기〉
│ •충북은 취업자와 고용률 모두 2012년 이후 대체로 증가 추세
│ 를 보이고 있으며, 2016년에는 증가폭이 둔화한 모습이다.
│ •전남은 2016년에 취업자는 증가한 반면 고용률은 감소하였으
│ 며, 2002년 이후 2010년까지 취업자가 감소하는 추세를 이
│ 어가다가 2011년 이후 상승세로 반전되었다.
└─────────────────────────────────────┘

충북 / 전남

① (나)　　(다)

② (가)　　(다)

③ (가)　　(라)

④ (나)　　(마)

⑤ (라)　　(마)

31 김대리는 모스크바 현지 영업소로 출장을 갈 계획이다. 4일 오후 2시 모스크바에서 회의가 예정되어 있어 모스크바 공항에 적어도 오전 11시 이전에는 도착하고자 한다. 인천에서 모스크바까지 8시간이 걸리며, 시차는 인천이 모스크바보다 6시간이 더 빠르다. 김대리는 인천에서 늦어도 몇 시에 출발하는 비행기를 예약하여야 하는가?

① 3일 09 : 00　　　　② 3일 19 : 00

③ 4일 09 : 00　　　　④ 4일 11 : 00

⑤ 5일 02 : 00

32 다음 글을 읽고 이 글의 내용과 부합되는 것을 고르시오.

┌─────────────────────────────────────┐
│　　말갈은 고구려의 북쪽에 있으며 읍락마다 추장이 있으나 서
│ 로 하나로 통일되지는 못했다. 무릇 7종이 있으니 첫째는 속말
│ 부라 부르며 고구려에 접해 있고, 둘째는 백돌부로 속말의 북
│ 쪽에 있다. 셋째. 안차골부는 백돌의 동북쪽에 있고, 넷째, 불
│ 열부는 백돌의 동쪽에 있다. 다섯째는 호실부로 불열의 동쪽에
│ 있고, 여섯째는 흑수부로 안차골의 서북쪽에 있으며, 일곱째는
│ 백산부로 속말의 동쪽에 있다. 정병은 3천이 넘지 않고 흑수부
│ 가 가장 강하다.
└─────────────────────────────────────┘

① 백돌부는 호실부의 서쪽에 있다.

② 흑수부는 백산부의 동쪽에 있다.

③ 백산부는 불열부의 북쪽에 있다.

④ 안차골부는 속말부의 서북쪽에 있다.

⑤ 안차골부는 고구려에 인접해 있다.

33 다음 다섯 사람 중 오직 한 사람만이 거짓말을 하고 있다. 거짓말을 하고 있는 사람은 누구인가?

┌─────────────────────────────────────┐
│ • A : B는 거짓말을 하고 있지 않다.
│ • B : C의 말이 참이면 D의 말도 참이다.
│ • C : E는 거짓말을 하고 있다.
│ • D : B의 말이 거짓이면 C의 말은 참이다.
│ • E : A의 말이 참이면 D의 말은 거짓이다.
└─────────────────────────────────────┘

① A　　　　　　　　② B

③ C　　　　　　　　④ D

⑤ E

34 수인이와 혜인이는 주말에 차이나타운(인천역)에 가서 자장면도 먹고 쇼핑도 할 계획이다. 지하철노선도를 보고 계획을 짜고 있는 상황에서 아래의 노선도 및 각 조건에 맞게 상황을 대입했을 시에 두 사람의 개인 당 편도 운임 및 역의 수가 바르게 짝지어진 것은? (단, 출발역과 도착역의 수를 포함한다)

(조건 1) 두 사람의 출발역은 청량리역이며, 환승하지 않고 직통으로 간다. (1호선)
(조건 2) 추가요금은 기본운임에 연속적으로 더한 금액으로 한다. 청량리~서울역 구간은 1,250원(기본운임)이며, 서울역~구로역까지 200원 추가, 구로역~인천역까지 300원씩 추가된다.

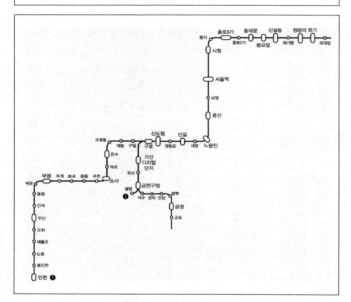

편도 금액	역의 수
① ㉠ 1,600원	㉡ 33개 역
② ㉠ 1,650원	㉡ 38개 역
③ ㉠ 1,700원	㉡ 31개 역
④ ㉠ 1,750원	㉡ 38개 역
⑤ ㉠ 1,800원	㉡ 35개 역

35 A, B, C, D, E 5명은 원탁 테이블에 앉아 오전 회의를 진행한 후, 오후에는 〈조건〉과 같이 좌석배치를 달리 하였다. 〈조건〉을 만족할 때 오후의 좌석배치를 오전 A의 위치부터 시계방향으로 올바르게 나열한 것은 어느 것인가?

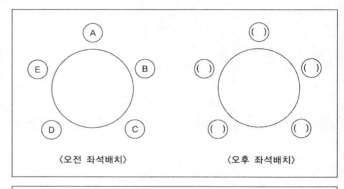

〈오전 좌석배치〉　　　〈오후 좌석배치〉

〈조건〉
• A는 오전 D와 C의 위치로 이동하지 않았다.
• C는 오전 B와 D의 위치로 이동하지 않았다.
• D는 오전 B와 E의 위치로 이동하지 않았다.
• B는 오전 A의 위치로 이동하였다.

① C – E – A – D – B
② A – C – D – B – E
③ B – D – E – A – C
④ C – D – A – E – B
⑤ B – A – D – E – C

┃36~37┃ 다음은 M사의 채용 시험에 응시한 최종 6명의 평가 결과를 나타낸 자료이다. 이를 보고 이어지는 물음에 답하시오.

〈평가 결과표〉

분야\응시자	어학	컴퓨터	실무	NCS	면접	평균
A	( )	14	13	15	( )	( )
B	12	14	( )	10	14	12.0
C	10	12	9	( )	18	11.8
D	14	14	( )	17	( )	( )
E	( )	20	19	17	19	18.6
F	10	( )	16	( )	16	( )
계	80	( )	( )	84	( )	( )
평균	( )	14.5	14.5	( )	( )	( )

※ 평균 점수가 높은 2명을 최종 채용자로 결정함

36 다음 중 위의 자료를 통해 분야별 점수와 평균 점수 모두를 알 수 있는 응시자가 아닌 사람은 누구인가?

① A, D
② A, F
③ D, F
④ D, E
⑤ E, F

37 다음 중 응시자 A와 D의 면접 점수가 동일하며, 6명의 면접 평균 점수가 17.5점일 경우, 최종 채용자 2명 중 어느 한 명이라도 변경될 수 있는 조건으로 올바른 설명은 어느 것인가?

① E의 '컴퓨터' 점수가 5점 낮아질 경우
② A의 '실무' 점수가 최고점, D의 '실무' 점수가 13점일 경우
③ F의 '어학' 점수가 최고점일 경우
④ B의 '실무'와 'NCS' 점수가 모두 최고점일 경우
⑤ C의 '실무' 점수가 최고점일 경우

38 다음은 ○○문화회관 전시기획팀의 주간회의록이다. 자료에 대한 내용으로 옳은 것은?

주 간 회 의 록					
회의 일시	2018. 7. 2(월)	부서	전시기획팀	작성자	사원 甲
참석자	戊 팀장, 丁 대리, 丙 사원, 乙 사원				
회의 안건	1. 개인 주간 스케줄 및 업무 점검 2. 2018년 하반기 전시 일정 조정				

	내용	비고
회의 내용	1. 개인 주간 스케줄 및 업무 점검 • 戊 팀장 : 하반기 전시 참여 기관 미팅, 외부 전시장 섭외 • 丁 대리 : 하반기 전시 브로슈어 작업, 브로슈어 인쇄 업체 선정 • 丙 사원 : 홈페이지 전시 일정 업데이트 • 乙 사원 : 2018년 상반기 전시 만족도 조사 2. 2018년 하반기 전시 일정 조정 • 하반기 전시 기간 : 9~11월, 총 3개월 • 전시 참여 기관 : A~I 총 9팀 –관내 전시장 6팀, 외부 전시장 3팀 • 전시 일정 : 관내 2팀, 외부 1팀으로 3회 진행	• 7월 7일 AM 10:00 외부 전시장 사전답사 (戊 팀장, 丁 대리) • 회의 종료 후, 전시 참여 기관에 일정 안내 (7월 4일까지 변경 요청 없을 시 그대로 확정)

장소\기간	관내 전시장	외부 전시장
9월	A, B	C
10월	D, E	F
11월	G, H	I

	내용	작업자	진행일정
결정 사항	브로슈어 표지 이미지 샘플조사	丙 사원	2018. 7. 2~7. 3
	상반기 전시 만족도 설문조사	乙 사원	2018. 7. 2~7. 5

특이 사항	다음 회의 일정 : 7월 9일 • 2018년 상반기 전시 만족도 확인 • 브로슈어 표지 결정, 내지 1차 시안 논의

① 이번 주 금요일 외부 전시장 사전 답사에는 戊 팀장과 丁 대리만 참석한다.
② 丙 사원은 이번 주에 홈페이지 전시 일정 업데이트만 하면 된다.
③ 7월 4일까지 전시 참여 기관에서 별도의 연락이 없었다면, H팀의 전시는 2018년 11월 관내 전시장에 볼 수 있다.
④ 2018년 하반기 전시는 ○○문화회관 관내 전시장에서만 열릴 예정이다.
⑤ 乙 사원은 이번 주 금요일까지 상반기 전시 만족도 설문조사를 진행할 예정이다.

39 다음 운송비 표를 참고할 때, 박스의 규격이 28 × 10 × 10(inch)인 실제 무게 18파운드짜리 솜 인형을 배송할 경우, A배송사에서 적용하는 운송비는 얼마인가? (1inch = 2.54cm이며, 물품의 무게는 반올림하여 정수로 표시한다. 물품의 무게 이외의 다른 사항은 고려하지 않는다.)

항공 배송의 경우, 비행기 안에 많은 공간을 차지하게 되는 물품은 그렇지 않은 물품을 적재할 때보다 비용 면에서 항공사 측에 손해가 발생하게 된다. 비행기 안에 스티로폼 200박스를 적재하는 것과 스마트폰 2,000개를 적재하는 것을 생각해 보면 쉽게 이해할 수 있다. 이 경우 항공사 측에서는 당연히 스마트폰 2,000개를 적재하는 것이 더 경제적일 것이다. 이와 같은 문제로 거의 모든 항공 배송사에선 제품의 무게에 비해 부피가 큰 제품들은 '부피무게'를 따로 정해서 운송비를 계산하게 된다. 이때 사용하는 부피무게 측정 방식은 다음과 같다.

부피무게(파운드) = 가로(inch) × 세로(inch) × 높이(inch) ÷ 166

A배송사는 물건의 무게에 다음과 같은 규정을 적용하여 운송비를 결정한다.

1. 실제 무게 < 부피무게 → 부피무게
2. 실제 무게 > 부피무게이지만 박스의 어느 한 변의 길이가 50cm 이상인 경우 → (실제 무게 + 부피무게) × 60%

17파운드 미만	14,000원	19~20파운드 미만	17,000원
17~18파운드 미만	15,000원	20~21파운드 미만	18,000원
18~19파운드 미만	16,000원	21~22파운드 미만	19,000원

① 15,000원 ② 16,000원
③ 17,000원 ④ 18,000원
⑤ 19,000원

40 다음은 L공사의 토지판매 알선장려금 산정 방법에 대한 표와 알선장려금을 신청한 사람들의 정보이다. 이를 바탕으로 지급해야 할 알선장려금이 잘못 책정된 사람을 고르면?

[토지판매 알선장려금 산정 방법]

□ 일반토지(산업시설용지 제외) 알선장려금(부가가치세 포함된 금액)

계약기준금액	수수료율(중개알선장려금)	한도액
4억 원 미만	계약금액 × 0.9%	360만 원
4억 원 이상~8억 원 미만	360만 원 + (4억 초과 금액 × 0.8%)	680만 원
8억 원 이상~15억 원 미만	680만 원 + (8억 초과 금액 × 0.7%)	1,170만 원
15억 원 이상~40억 원 미만	1,170만 원 + (15억 초과 금액 × 0.6%)	2,670만 원
40억 원 이상	2,670만 원 + (40억 초과 금액 × 0.5%)	3,000만 원 (최고한도)

□ 산업 · 의료시설용지 알선장려금(부가가치세 포함된 금액)

계약기준금액	수수료율(중개알선장려금)	한 도 액
해당 없음	계약금액 × 0.9%	5,000만 원 (최고한도)

□ 알선장려금 신청자 목록

– 김유진 : 일반토지 계약금액 3억 5천만 원
– 이영희 : 산업용지 계약금액 12억 원
– 심현우 : 일반토지 계약금액 32억 8천만 원
– 이동훈 : 의료시설용지 계약금액 18억 1천만 원
– 김원근 : 일반용지 43억 원

① 김유진 : 315만 원
② 이영희 : 1,080만 원
③ 심현우 : 2,238만 원
④ 이동훈 : 1,629만 원
⑤ 김원근 : 3,000만 원

41 다음은 '에너지 절약과 조직 문화'와 관련하여 어느 건설회사 직원들이 나눈 대화이다. 대화의 흐름상 S씨가 했을 말로 가장 적절한 것은?

> 다양한 기술을 활용해 외부로부터 에너지 공급을 받지 않는 건물을 '순 제로 에너지 빌딩(NZEB)'이라 한다. 이 건물은 단순한 재생에너지 사용에서 나아가 냉난방, 조명, 교통에 필요한 에너지 등의 소비를 획기적으로 줄여 빌딩의 유지비용을 줄일 뿐만 아니라, 내부 환경의 변화를 통해 새로운 기업 문화를 만드는 데도 영향을 미치고 있다.
>
> K씨 : 사무실 건물 내의 칸막이를 모두 제거하는 것도 효과적일 것 같아. 천장으로부터 들어오는 빛이 실내에 잘 전달되고 공기 흐름도 좋아져서 에너지를 효율적으로 사용할 수 있을 거야.
> J씨 : 그거 괜찮네. 그렇게 하면 조직 문화의 관점에서도 많은 이득이 있을 거라고 생각해.
> S씨 : 맞아, (   )
> P씨 : 그러네. 그러고 보면 칸막이 같은 사무실의 사소한 요소도 다방면으로 회사에 많은 영향을 미칠 수 있을 것 같아.

① 사무실이 밝아져 업무 효율성이 증가할 수 있어.

② 에너지의 효율적인 사용으로 비용절감이 가능해질 거야.

③ 칸막이가 없으니 소음 차단이 제대로 되지 못해 업무에 집중하기가 어렵겠지.

④ 각 조직 간의 물리적 장벽을 없애 소통과 협업이 잘 이루어지게 할 수 있을 것 같아.

⑤ 각 사무실에 설치된 칸막이를 없애면 비용 절감 효과도 얻을 수 있거든.

│42~43│ 다음 자료를 보고 이어지는 물음에 답하시오.

〈각 교통편 운행 노선〉

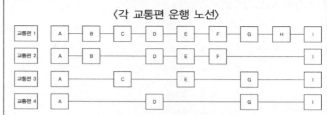

※ 전체 노선의 길이는 모든 교통편이 500km이며, 각 지점 간의 거리는 모두 동일하다.

※ A~I는 정차하는 지점을 의미하며 B~H 지점마다 공히 15분씩의 정차 시간이 소요된다.

〈교통편별 운행 정보 내역〉

구분	평균속도(km/h)	연료	연료비/리터	연비(km/L)
교통편 1	60	무연탄	1,000	4.2
교통편 2	80	중유	1,200	4.8
교통편 3	120	디젤	1,500	6.2
교통편 4	160	가솔린	1,600	5.6

42 다음 중 A 지점에서 I 지점까지 이동할 경우, 총 연료비가 가장 적게 드는 교통편과 가장 많이 드는 교통편이 순서대로 올바르게 짝지어진 것은 어느 것인가?

① 교통편 2, 교통편 3

② 교통편 1, 교통편 2

③ 교통편 3, 교통편 2

④ 교통편 1, 교통편 4

⑤ 교통편 2, 교통편 4

43 교통편 1~4를 이용하는 교통수단이 같은 시각에 A 지점을 출발하여 I 지점까지 이동할 경우, 가장 빨리 도착하는 교통편과 가장 늦게 도착하는 교통편과의 시간 차이는 얼마인가? (단, 시간의 계산은 반올림하여 소수 첫째 자리까지 표시하며, 0.1시간은 6분으로 계산한다.)

① 5시간 50분   ② 6시간 5분

③ 6시간 15분   ④ 6시간 30분

⑤ 6시간 45분

┃44~45┃ 다음 SWOT 분석에 대한 설명과 사례를 보고 이어지는 물음에 답하시오.

〈SWOT 분석방법〉

구분		내부환경요인	
		강점 (Strengths)	약점 (Weaknesses)
외부환경요인	기회 (Opportunities)	SO 내부강점과 외부기회 요인을 극대화	WO 외부기회를 이용하여 내부약점을 강점으로 전환
	위협 (Threats)	ST 강점을 이용한 외부환경 위협의 대응 및 전략	WT 내부약점과 외부위협을 최소화

〈사례〉

S	편의점 운영 노하우 및 경험 보유, 핵심 제품 유통채널 차별화로 인해 가격 경쟁력 있는 제품 판매 가능
W	아르바이트 직원 확보 어려움, 야간 및 휴일 등 시간에 타 지역 대비 지역주민 이동이 적어 매출 증가 어려움
O	주변에 편의점 개수가 적어 기본 고객 확보 가능, 매장 앞 휴게 공간 확보로 소비 유발 효과 기대
T	지역주민의 생활패턴에 따른 편의점 이용률 저조, 근거리에 대형 마트 입점 예정으로 매출 급감 우려 존재

44 다음 중 위의 SWOT 분석방법을 올바르게 설명하지 못한 것은 어느 것인가?

① 외부환경요인 분석 시에는 자신을 제외한 모든 것에 대한 요인을 기술하여야 한다.
② 구체적인 요인부터 시작하여 점차 객관적이고 상식적인 내용으로 기술한다.
③ 같은 데이터도 자신에게 미치는 영향에 따라 기회요인과 위협요인으로 나뉠 수 있다.
④ 외부환경요인 분석에는 SCEPTIC 체크리스트가, 내부환경요인 분석에는 MMMITI 체크리스트가 활용될 수 있다.
⑤ 내부환경 요인은 경쟁자와 비교한 나의 강점과 약점을 분석하는 것이다.

45 다음 중 위의 SWOT 분석 사례에 따른 전략으로 적절하지 않은 것은 어느 것인가?

① 가족들이 남는 시간을 투자하여 인력 수급 및 인건비 절감을 도모하는 것은 WT 전략으로 볼 수 있다.
② 저렴한 제품을 공급하여 대형 마트 등과의 경쟁을 극복하고자 하는 것은 SW 전략으로 볼 수 있다.
③ 다년간의 경험을 활용하여 지역 내 편의점 이용 환경을 더욱 극대화시킬 수 있는 방안을 연구하는 것은 SO 전략으로 볼 수 있다.
④ 매장 앞 공간을 쉼터로 활용해 지역 주민 이동 시 소비를 유발하도록 하는 것은 WO 전략으로 볼 수 있다.
⑤ 고객 유치 노하우를 바탕으로 사은품 등 적극적인 홍보활동을 통해 편의점 이용에 대한 필요성을 부각시키는 것은 ST 전략으로 볼 수 있다.

46 다음과 같은 팀장의 지시를 받은 오 대리가 업무를 처리하기 위해 들러야 하는 조직의 명칭이 순서대로 올바르게 나열된 것은 어느 것인가?

"오 대리, 갑자기 본부장님의 급한 지시 사항을 처리해야 하는데, 나 좀 도와줄 수 있겠나? 어제 사장님께 보고 드릴 자료를 완성했는데, 자네가 혹시 오류나 수정 사항이 있는지를 좀 확인해 주고 남 비서에게 전달을 좀 해 주게. 그리고 모레 있을 바이어 미팅은 대형 계약 성사를 위해 매우 중요한 일이 될 테니 계약서 초안 검토 작업이 어느 정도 되고 있는지도 한 번 알아봐 주게. 오는 길에 바이어 픽업 관련 배차 현황도 다시 한 번 확인해 주고, 다음 주 선적해야 할 물량 통관 작업에는 문제없는지 확인해서 박 과장에게 알려줘야 하네. 실수 없도록 잘 좀 부탁하네."

① 총무팀, 회계팀, 인사팀, 법무팀
② 자금팀, 기획팀, 인사팀, 회계팀
③ 기획팀, 총무팀, 홍보팀, 물류팀
④ 기획팀, 비서실, 회계팀, 물류팀
⑤ 비서실, 법무팀, 총무팀, 물류팀

47 조직문화에 관한 다음 글의 말미에서 언급한 밑줄 친 '몇 가지 기능'에 해당한다고 보기 어려운 것은 어느 것인가?

개인의 능력과 가능성을 판단하는데 개인의 성격이나 특성이 중요하듯이 조직의 능력과 가능성을 판단할 때 조직문화는 중요한 요소가 된다. 조직문화는 주어진 외부환경 속에서 오랜 시간 경험을 통해 형성된 기업의 고유한 특성을 말하며, 이러한 기업의 나름대로의 특성을 조직문화란 형태로 표현하고 있다. 조직문화에 대한 연구가 활발하게 전개된 이유 가운데 하나는 '조직문화가 기업경쟁력의 한 원천이며, 조직문화는 조직성과에 영향을 미치는 중요한 요인'이라는 기본 인식에 바탕을 두고 있다.

조직문화는 한 개인의 독특한 성격이나 한 사회의 문화처럼 조직의 여러 현상들 중에서 분리되어질 수 있는 성질의 것이 아니라, 조직의 역사와 더불어 계속 형성되고 표출되며 어떤 성과를 만들어 나가는 종합적이고 총체적인 현상이다. 또한 조직문화의 수준은 조직문화가 조직 구성원들에게 어떻게 전달되어 지각하는가를 상하부구조로서 설명하는 것이다. 조직문화의 수준은 그것의 체계성으로 인하여 조직문화를 쉽게 이해하는데 도움을 준다.

한편, 세계적으로 우수성이 입증된 조직들은 그들만의 고유의 조직문화를 조성하고 지속적으로 다듬어 오고 있다. 그들에게 조직문화는 언제나 중요한 경영자원의 하나였으며 일류조직으로 성장할 수 있게 하는 원동력이었던 것이다. 사업의 종류나 사회 및 경영환경, 그리고 경영전략이 다른데도 불구하고 일류조직은 나름의 방식으로 조직문화적인 특성을 공유하고 있는 것으로 확인되었다.

기업이 조직문화를 형성, 개발, 변화시키려고 노력하는 것은 조직문화가 기업경영에 효율적인 작용과 기능을 하기 때문이다. 즉, 조직문화는 기업을 경영함에 있어 매우 중요한 <u>몇 가지 기능</u>을 수행하고 있다.

① 조직의 영역을 정의하여 구성원에 대한 정체성을 제공한다.
② 이직률을 낮추고 외부 조직원을 흡인할 수 있는 동기를 부여한다.
③ 조직의 성과를 높이고 효율을 제고할 수 있는 역할을 한다.
④ 개인적 이익보다는 조직을 위한 몰입을 촉진시킨다.
⑤ 조직 내의 사회적 시스템의 안정을 도모한다.

48 다음 S사의 업무분장표이다. 업무분장표를 참고할 때, 창의력과 분석력을 겸비한 경영학도인 신입사원이 배치되기에 가장 적합한 팀은 다음 중 어느 것인가?

팀	주요 업무	필요 자질
영업관리	영업전략 수립, 단위조직 손익 관리, 영업인력 관리 및 지원	마케팅/유통/회계지식, 대외 섭외력, 분석력
생산관리	원가/재고/외주 관리, 생산계획 수립	제조공정/회계/통계/제품 지식, 분석력, 계산력
생산기술	공정/시설 관리, 품질 안정화, 생산 검증, 생산력 향상	기계/전기 지식, 창의력, 논리력, 분석력
연구개발	신제품 개발, 제품 개선, 원재료 분석 및 기초 연구	연구 분야 전문지식, 외국어 능력, 기획력, 시장분석력, 창의/집중력
기획	중장기 경영전략 수립, 경영정보 수집 및 분석, 투자사 관리, 손익 분석	재무/회계/경제/경영 지식, 창의력, 분석력, 전략적 사고
영업 (국내/해외)	신시장 및 신규고객 발굴, 네트워크 구축, 거래선 관리	제품지식, 협상력, 프리젠테이션 능력, 정보력, 도전정신
마케팅	시장조사, 마케팅 전략수립, 성과 관리, 브랜드 관리	마케팅/제품/통계지식, 분석력, 통찰력, 의사결정력
총무	자산관리, 문서관리, 의전 및 비서, 행사 업무, 환경 등 위생관리	책임감, 협조성, 대외 섭외력, 부동산 및 보험 등 일반지식
인사/교육	채용, 승진, 평가, 보상, 교육, 인재개발	조직구성 및 노사 이해력, 교육학 지식, 객관성, 사회성
홍보/광고	홍보, 광고, 언론/사내 PR, 커뮤니케이션	창의력, 문장력, 기획력, 매체의 이해

① 연구개발팀　　　② 홍보/광고팀
③ 마케팅팀　　　　④ 기획팀
⑤ 영업팀

┃49~50┃ 다음 한국 주식회사의 〈조직도〉 및 〈전결규정〉을 보고 이어지는 물음에 답하시오.

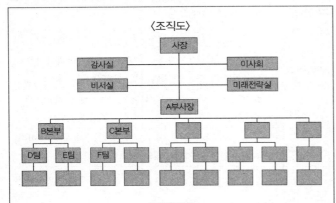

〈조직도〉

〈전결규정〉

업무내용	결재권자			
	사장	부사장	본부장	팀장
주간업무보고				○
팀장급 인수인계		○		
백만 불 이상 예산집행	○			
백만 불 이하 예산집행		○		
이사회 위원 위촉	○			
임직원 해외 출장	○(임원)			○(직원)
임직원 휴가	○(임원)			○(직원)
노조관련 협의사항		○		

※ 결재권자가 출장, 휴가 등 사유로 부재중일 경우에는 결재권자의 차상급 직위자의 전결사항으로 하되, 반드시 결재권자의 업무 복귀 후 후결로 보완한다.

49 한국 주식회사의 업무 조직도로 보아 사장에게 직접 보고를 할 수 있는 조직원은 모두 몇 명인가?

① 1명
② 2명
③ 3명
④ 4명
⑤ 5명

50 한국 주식회사 임직원들의 다음과 같은 업무 처리 내용 중 사내 규정에 비추어 적절한 행위로 볼 수 있는 것은 어느 것인가?

① C본부장은 해외 출장을 위해 사장 부재 시 비서실장에게 최종 결재를 득하였다.
② B본부장과 E팀 직원의 동반 출장 시 각각의 출장신청서에 대해 사장에게 결재를 득하였다.
③ D팀에서는 50만 불 예산이 소요되는 프로젝트의 최종 결재를 위해 부사장 부재 시 본부장의 결재를 득하였고, 중요한 결재 서류인 만큼 결재 후 곧바로 문서보관함에 보관하였다.
④ E팀에서는 그간 심혈을 기울여 온 300만 불의 예산이 투입되는 해외 프로젝트의 최종 계약 체결을 위해 사장에게 동반 출장을 요청하기로 하였다.
⑤ F팀 직원 甲은 해외 출장을 위해 사장 부재 시 부사장에게 최종 결재를 득한 후 후결로 보완하였다.

51 아래 워크시트에서 매출액[B3:B9]을 이용하여 매출 구간별 빈도수를 [F3:F6] 영역에 계산하고자 한다. 다음 중 이를 위한 배열수식으로 옳은 것은?

	A	B	C	D	E	F
1						
2		매출액		매출구간		빈도수
3		75		0	50	1
4		93		51	100	2
5		130		101	200	3
6		32		201	300	1
7		123				
8		257				
9		169				

① { = PERCENTILE(B3:B9, E3:E6)}
② { = PERCENTILE(E3:E6, B3:B9)}
③ { = FREQUENCY(B3:B9, E3:E6)}
④ { = FREQUENCY(E3:E6, B3:B9)}
⑤ { = PERCENTILE(E3:E9, B3:B9)}

52 다음 [조건]에 따라 작성한 [함수식]에 대한 설명으로 옳은 것을 〈보기〉에서 고른 것은?

[조건]
• 품목과 수량에 대한 위치는 행과 열로 표현한다.

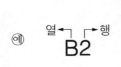

열\행	A	B
1	품목	수량
2	설탕	5
3	식초	6
4	소금	7

[함수 정의]
• IF(조건식, ㉠, ㉡) : 조건식이 참이면 ㉠ 내용을 출력하고, 거짓이면 ㉡ 내용을 출력한다.
• MIN(B2, B3, B4) : B2, B3, B4 중 가장 작은 값을 반환한다.

[함수식]
= IF(MIN(B2, B3, B4) > 3, "이상 없음", "부족")

〈보기〉
㉠ 반복문이 사용되고 있다.
㉡ 조건문이 사용되고 있다.
㉢ 출력되는 결과는 '부족'이다.
㉣ 식초의 수량(B3) 6을 1로 수정할 때 출력되는 결과는 달라진다.

① ㉠, ㉡   ② ㉠, ㉢
③ ㉡, ㉢   ④ ㉡, ㉣
⑤ ㉢, ㉣

53 다음의 사례가 말하고자 하는 것으로써 옳은 내용을 고르면?

2000년 이후 신사복 시장은 의류의 전반적인 캐주얼화 경향과 브랜드 난립 때문에 저성장 추세로 접어들었다. 업체 간 경쟁도 '120수'니 '150수'니 하는 원단 고급화 쪽으로 모아져 수익성마저 악화되고 있는 실정이었다. 이런 상황에서 L사는 2004년부터 30년 이상 경력의 패턴 사들로 구성된 태스크포스 팀을 구성, 세계 최고라고 평가받는 해외 선진 신사복 브랜드인 제냐 카날리 등의 패턴을 분석하는 한편 기존 고객들의 체형도 데이터베이스화했다. 이 자료를 바탕으로 '뉴 패턴'을 연이어 개발하고 상품화를 위해 공장의 제작 공정까지 완전히 새롭게 편성했다. 이런 노력이 결실을 맺어 원단 중심이던 신사복 업계의 패러다임을 착용감과 실루엣으로 바꿨다. L사의 '뉴 패턴' 라인이 출시된 이후 다른 업체들도 서둘러 실루엣을 강조한 제품 라인을 내놨지만 착실히 준비해온 L사의 제품을 쉽게 넘보지 못하고 있다. L사의 신제품은 2005년 7월 말 기준 6.3% 신장(전년 동기 대비)하는 기염을 토했다. 백화점에 입점한 전체 남성복 매출이 3.4% 정도 역신장한 것에 비하면 눈부신 성과가 아닐 수 없다.

① 단순히 자료를 많이 모으는 것이 가장 중요하다는 것을 느끼게 하고 있다.
② 시장을 완전경쟁이 아닌 독점체제로 이끌어가는 것이 중요하다는 것을 역설하고 있다.
③ 현재의 고객에 대해서만 조사를 충실히 하면 성공할 수 있다는 것을 보여주고 있다.
④ 데이터베이스 구축의 중요성에 대한 사례이다.
⑤ 기존의 것들만 고집하면 시장에서 눈부신 발전을 할 수 있다는 것을 깨우치고 있는 사례이다.

┃54~55┃ S정보통신에 입사한 당신은 시스템 모니터링 업무를 담당하게 되었다. 다음의 시스템 매뉴얼을 확인한 후 제시된 상황에서 적절한 입력코드를 고르시오.

〈S정보통신 시스템 매뉴얼〉

❏ 항목 및 세부사항

항목	세부사항
Index@@ of Folder@@	• 오류 문자 : Index 뒤에 나타나는 문자 • 오류 발생 위치 : Folder 뒤에 나타나는 문자
Error Value	• 오류 문자와 오류 발생 위치를 의미하는 문자에 사용된 알파벳을 비교하여 오류 문자 중 오류 발생 위치의 문자와 일치하지 않는 알파벳의 개수 확인
Final Code	• Error Value를 통하여 시스템 상태 판단

❏ 판단 기준 및 처리코드(Final Code)

판단 기준	처리코드
일치하지 않는 알파벳의 개수 = 0	Qfgkdn
0 < 일치하지 않는 알파벳의 개수 ≤ 3	Wxmt
3 < 일치하지 않는 알파벳의 개수 ≤ 5	Atnih
5 < 일치하지 않는 알파벳의 개수 ≤ 7	Olyuz
7 < 일치하지 않는 알파벳의 개수 ≤ 10	Cenghk

54

> System is processing requests...
> System Code is X.
> Run...
>
> Error Found!
> Index GHWDYC of Folder APPCOMPAT
>
> Final Code? _____

① Qfgkdn   ② Wxmt
③ Atnih   ④ Olyuz
⑤ Cenghk

55

> System is processing requests...
> System Code is X.
> Run...
>
> Error Found!
> Index UGCTGHWT of Folder GLOBALIZATION
>
> Final Code? _____

① Qfgkdn   ② Wxmt
③ Atnih   ④ Olyuz
⑤ Cenghk

56 다음은 책꽂이 1개를 제작하기 위한 자재 소요량 계획이다. [주문]을 완료하기 위해 추가적으로 필요한 칸막이와 옆판의 개수로 옳은 것은?

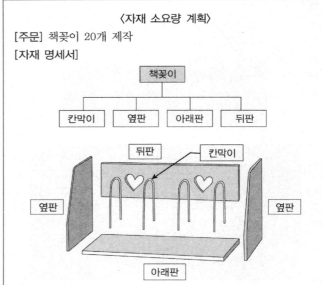

〈자재 소요량 계획〉

[주문] 책꽂이 20개 제작
[자재 명세서]

[재고 현황]

책꽂이	칸막이	옆판	아래판	뒤판
0개	40개	30개	20개	20개

[조건]
1. 책꽂이 1개를 만들기 위해서는 칸막이 4개, 옆판 2개, 아래판 1개, 뒤판 1개가 필요하다.
2. 책꽂이를 제작할 때 자재 명세서에 제시된 부품 이외의 기타 부품은 고려하지 않는다.

	칸막이	옆판
①	20	10
②	20	20
③	40	10
④	40	20
⑤	40	40

57 다음은 소정기업의 재고 관리 사례이다. 금요일까지 부품 재고 수량이 남지 않게 완성품을 만들 수 있도록 월요일에 주문할 A~C 부품 개수로 옳은 것은? (단, 주어진 조건 이외에는 고려하지 않는다)

○○ 기업 재고 관리 사례
[부품 재고 수량과 완성품 1개당 소요량]

부품명	부품 재고 수량	완성품 1개당 소요량
A	500	10
B	120	3
C	250	5

[완성품 납품 수량]

항목＼요일	월	화	수	목	금
완성품 납품 개수	없음	30	20	30	20

[조건]
1. 부품 주문은 월요일에 한 번 신청하며 화요일 작업 시작 전 입고된다.
2. 완성품은 부품 A, B, C를 모두 조립해야 한다.

	A	B	C
①	100	100	100
②	100	180	200
③	500	100	100
④	500	150	200
⑤	500	180	250

58 다음 글을 읽고 글쓴이의 의도인 '인적관리의 방안'과 거리가 먼 기업은?

역할 중심 모델로는 세계화 불가능… 직무 세분화, 직무기술서 작성 등 필수 얼마 전 ○○그룹의 아시아 지역 내 임원 보상을 담당하는 임원이 방문해 다음과 같은 질문을 한 적이 있다. "한국 기업의 최근 인사관리(HR) 화두는 무엇입니까." 필자는 다음과 같이 대답했다. "최근 한국 기업의 세계화가 가속화함에 따라 직무 중심 인사로 변화하는 것에 관심이 높아지고 있습니다." 그러자 그는 의아해 하며 다음과 같이 물었다. "직무 중심 인사로 변화한다니, 그러면 그전에는 인사의 중심이 무엇이었나요?" 다소 당황한 필자는 이에 대해 다음과 같은 설명을 늘어놓았다. 역할을 기반으로 한 한국의 인사 운영 시스템과 그에 따른 연공서열 문화, 한국의 급성장 동력인 회사에 대한 애정과 열정 등등…. 마지막으로 그가 물었다. "직무기술서가 없다면 무엇을 기준으로 인재를 채용합니까. 그리고 직무기술서대로 업무가 이뤄지지 않는다면 도대체 무엇을 토대로 업무를 부여합니까. 또한 어떤 사람이 해당 포지션에 최적의 인재인지 어떻게 확신하고 조직 내에서 해당 분야별 직무 전문성을 가진 인력을 어떻게 육성할 수 있습니까." 독자들도 잠시 이 질문에 대한 답을 생각해 보길 바란다. 꼭 인사 제도에 국한되지 않더라도 일하는 방식 자체에 대해 고민해 보는 것도 좋다. 한국의 많은 기업들이 세계화되고 있으며 상당수는 산업에서 이미 글로벌 1위가 된 지 오래다. 과연 우리의 인사관리 시스템 또는 더 나아가 우리가 일하는 방식도 글로벌 1위일까.

① 승진대상자를 현재 수행하는 직무기술서를 토대로 검토한 기관
② 직무기술서를 작성하고 직무평가를 올바르게 시행한 기업
③ 직무기술서에 기재된 업무를 부여하고 그 결과를 평가한 기업
④ 직무가치 및 평가 결과와 연계하여 적절한 보상을 지급한 기업
⑤ 직무기술서에 기재된 지식과 스킬을 배양하기 위한 교육을 실시한 기업

59 신입사원 甲은 각 부서별 소모품 구매업무를 맡게 되었다. 아래 자료를 참고할 때, 가장 저렴한 가격에 소모품을 구입할 수 있는 곳은 어디인가?

〈소모품별 1회 구매수량 및 구매 제한가격〉

구분	A 물품	B 물품	C 물품	D 물품	E 물품
1회 구매수량	2 묶음	3 묶음	2 묶음	2 묶음	2 묶음
구매 제한가격	25,000원	5,000원	5,000원	3,000원	23,000원

※ 물품 신청 시 1회 구매수량은 부서에 상관없이 매달 일정하다. 예를 들어, A 물품은 2 묶음, B 물품은 3 묶음 단위이다.

※ 물품은 제한된 가격 내에서 구매해야 하며, 구매 제한가격을 넘는 경우에는 구매할 수 없다. 단, 총 구매 가격에는 제한이 없다.

〈소모품 구매 신청서〉

구분	A 물품	B 물품	C 물품	D 물품	E 물품
부서 1	○		○		○
부서 2		○	○	○	
부서 3	○		○	○	○
부서 4		○	○		○
부서 5	○		○	○	○

〈업체별 물품 단가〉

구분	A 물품	B 물품	C 물품	D 물품	E 물품
가 업체	12,400	1,600	2,400	1,400	11,000
나 업체	12,200	1,600	2,450	1,400	11,200
다 업체	12,400	1,500	2,550	1,500	11,500
라 업체	12,500	1,500	2,400	1,300	11,300

(물품 단가는 한 묶음당 가격)

① 가 업체
② 나 업체
③ 다 업체
④ 라 업체

60 다음 내용을 근거로 판단할 때 미영이가 지불해야 할 관광비용은 모두 얼마인가?

• 미영이는 경복궁에서 시작하여 서울시립미술관, 서울타워전망대, 국립중앙박물관까지 관광하려 한다. '경복궁→서울시립미술관'은 도보로, '서울시립미술관→서울타워전망대' 및 '서울타워전망대→국립중앙박물관'은 각각 지하철로 이동해야 한다.

• 입장료 및 지하철 요금

경복궁	서울시립 미술관	서울타워 전망대	국립중앙 박물관	지하철
1,000원	5,000원	10,000원	1,000원	1,000원

※ 지하철 요금은 거리에 관계없이 탑승할 때마다 일정하게 지불하며, 도보 이동시에는 별도 비용 없음

• 관광비용은 입장료, 지하철 요금, 상품가격의 합이다.
• 미영이는 관광비용을 최소화하고자 하며, 미영이가 선택할 수 있는 상품은 다음 세 가지 중 하나이다.

상품	가격	혜택				
		경복궁	서울시립 미술관	서울타워 전망대	국립중앙 박물관	지하철
스마트 교통카드	1,000원	–	–	50% 할인	–	당일 무료
시티투어 A	3,000원	30% 할인	30% 할인	30% 할인	30% 할인	당일 무료
시티투어 B	5,000원	무료	–	무료	무료	–

① 11,000원
② 12,000원
③ 13,000원
④ 14,900원
⑤ 19,000원

61 기술능력이라 함은 통상적으로 직업에 종사하기 위해 모든 사람들이 필요로 하는 능력을 의미하는데 다음의 내용은 기술능력의 중요성에 대해 설명하는 어느 기술명장에 관한 것이다. 이를 기초로 하여 기술능력이 뛰어난 사람이 갖추는 요소를 잘못 설명하고 있는 항목을 고르면?

> 대우중공업 김규환 명장은 고졸의 학력에도 불구하고 끊임없는 노력과 열정으로 국내 최다 국가기술자격증 보유, 5개 국어 구사, 업계 최초의 기술명장으로 인정을 받고 있다. 김규환 명장은 고졸이라는 학력 때문에 정식사원으로 입사를 하지 못하고 사환으로 입사를 시작하였으나, 새벽 5시에 출근하여 기계의 워밍업을 하는 등 남다른 성실함으로 정식기능공, 반장 등으로 승진을 하여 현재의 위치에 오르게 되었다.
> 하루는 무서운 선배 한 명이 세제로 기계를 모두 닦아 놓으라는 말에 2,612개나 되는 모든 기계를 다 분리하여 밤새 닦아서 놓았다. 그 후에도 남다른 실력으로 서로 다른 기계를 봐 달라고 하는 사람들이 점점 늘어났다. 또한 정밀기계 가공 시 1℃ 변할 때 쇠가 얼마나 변하는지 알기 위해 국내외 많은 자료를 찾아보았지만 구할 수 없어 공장 바닥에 모포를 깔고 2년 6개월간 연구를 한 끝에 재질, 모형, 종류, 기종별로 X-bar값을 구해 1℃ 변할 때 얼마나 변하는지 온도 치수가공 조견표를 만들었다. 이를 산업인력공단의 〈기술시대〉에 기고하였으며 이 자료는 기계가공 분야의 대혁명을 가져올 수 있는 자료로 인정을 받았다.

① 기술적인 해결에 대한 효용성을 평가한다.

② 인식된 문제를 위한 다양한 해결책을 개발하고 평가한다.

③ 여러 가지 상황 속에서 기술의 체계 및 도구 등을 사용하고 배울 수 있다.

④ 주어진 한계 속에서, 그리고 무한한 자원을 가지고 일한다.

⑤ 실제적인 문제해결을 위해 지식이나 기타 자원 등을 선택, 최적화시키며, 이를 적용한다.

62 아래의 내용을 통해 구체적으로 알 수 있는 사실은?

> P화학 약품 생산 공장에 근무하고 있는 M대리. 퇴근 후 가족과 뉴스를 보다가 자신이 근무하고 있는 화학 약품 생산 공장에서 발생한 대형화재에 대한 뉴스를 보게 되었다. 수십 명의 사상자를 발생시킨 이 화재의 원인은 노후된 전기 설비로 인한 누전 때문으로 추정된다고 하였다. 불과 몇 시간 전까지 같이 근무했던 사람들의 사망소식에 M대리는 어찌할 바를 모른다. 그렇지 않아도 공장장에게 노후한 전기설비를 교체하지 않으면 큰 일이 날지도 모른다고 늘 강조해왔는데 결국에는 돌이킬 수 없는 대형사고를 터트리고 만 것이다.
> "사전에 조금만 주의를 기울였다면 이러한 대형 사고는 충분히 막을 수 있었을 텐데…" "내가 더 적극적으로 공장장을 설득하여 전기설비를 교체했더라면 오늘과 같이 소중한 동료들을 잃는 일은 없었을 텐데…"라며 자책하고 있는 M대리.
> 이와 같은 대형 사고는 사전에 위험 요소에 대한 조그만 관심만 있었더라면 충분히 예방할 수 있는 경우가 매우 많다. 그럼에도 불구하고 끊임없이 반복하여 발생하는 이유는 무엇일까?

① 산업재해는 무조건 예방이 가능하다.

② 산업재해는 어느 정도의 예측이 가능하며 이로 인한 예방이 가능하다.

③ 산업재해는 어떠한 경우라도 예방이 불가능하다.

④ 산업재해는 전문가만이 예방할 수 있다.

⑤ 산업재해는 근무자가 아닌 의사결정자들이 항상 예의주시 해야 한다.

63 다음은 프린터의 에러표시과 이에 대한 조치사항을 설명한 것이다. 에러표시에 따른 조치로 적절하지 못한 것은?

에러 표시	원인 및 증상	조치
Code 02	용지 걸림	프린터를 끈 후, 용지나 이물질을 제거하고 프린터의 전원을 다시 켜십시오.
	용지가 급지되지 않거나 한 번에 두 장 이상의 용지가 급지됨	용지를 다시 급지하고 ◎버튼을 누르십시오.
	조절레버 오류	급지된 용지에 알맞은 위치와 두께로 조절레버를 조정하십시오.
Code 03	잉크 잔량이 하단선에 도달	새 잉크 카트리지로 교체하십시오.
	잉크 잔량 부족	잉크 잔량이 하단선에 도달할 때까지 계속 사용할 것을 권장합니다.
	잉크카트리지가 인식되지 않음	• 잉크 카트리지의 보호 테이프가 제거되었는지 확인하십시오. • 잉크 카트리지를 아래로 단단히 눌러 딸깍 소리가 나는 것을 확인하십시오.
	지원하지 않는 잉크 카트리지가 설치됨	프린터와 카트리지 간의 호환 여부를 확인하십시오.
	잉크패드의 수명이 다 되어감	잉크패드를 고객지원센터에서 교체하십시오. ※ 잉크패드는 사용자가 직접 교체할 수 없습니다.
Code 04	메모리 오류	• 메모리에 저장된 데이터를 삭제하십시오. • 해상도 설정을 낮추십시오. • 스캔한 이미지의 파일 형식을 변경하십시오.

① Code 02 : 프린터를 끈 후 용지가 제대로 급지되었는지 확인하였다.

② Code 03 : 잉크 카트리지 잔량이 부족하지만 그대로 사용하였다.

③ Code 03 : 카트리지의 보호테이프가 제거되었는지 확인 후 다시 단단히 결합하였다.

④ Code 03 : 잉크패드 수명이 다 되었으므로 고객지원센터에서 정품으로 구매하여 교체하였다.

⑤ Code 04 : 스캔한 이미지를 낮은 메모리방식의 파일로 변경하였다.

64 다음은 새로운 맛의 치킨을 개발하는 과정이다. 단계 1~5를 프로그래밍 절차에 비유했을 경우, 이에 대한 설명으로 옳은 것을 모두 고른 것은?

단계 1 : 소비자가 어떤 맛의 치킨을 선호하는지 온라인으로 설문 조사한 결과 ○○ 소스 맛을 가장 좋아한다는 것을 알게 되었다.

단계 2 : ○○ 소스 맛 치킨을 만드는 과정을 이해하기 쉽도록 약속된 기호로 작성하였다.

단계 3 : 단계 2의 결과에 따라 ○○ 소스를 개발하여 새로운 맛의 치킨을 완성하였다.

단계 4 : 새롭게 만든 치킨을 손님들에게 무료로 시식할 수 있도록 제공하였다.

단계 5 : 시식 결과 손님들의 반응이 좋아 새로운 메뉴로 결정하였다.

㉠ 단계 1은 '문제 분석' 단계이다.

㉡ 단계 2는 '코딩·입력' 단계이다.

㉢ 단계 4는 '논리적 오류'를 발견할 수 있는 단계이다.

㉣ 단계 5는 '프로그램 모의 실행' 단계이다.

① ㉠, ㉡

② ㉠, ㉢

③ ㉡, ㉢

④ ㉡, ㉣

⑤ ㉢, ㉣

65 다음은 발전소에서 만들어진 전기가 가정으로 공급되기까지의 과정을 요약하여 설명한 글이다. 다음을 참고하여 도식화한 〈전기 공급 과정〉의 빈 칸 (A)～(D)에 들어갈 말이 순서대로 바르게 나열된 것은?

발전소에서 만들어지는 전기는 크게 화력과 원자력이 있다. 수력, 풍력, 태양열, 조력, 태양광 등 여러 가지 방법이 있지만 현재 우리나라에서 발전되는 대부분의 전기는 화력과 원자력에 의존한다. 발전회사에서 만들어진 전기는 변압기를 통하여 승압을 하게 된다. 승압을 거치는 것은 송전상의 이유 때문이다.

전력은 전압과 전류의 곱과 같게 되므로 동일 전력에서 승압을 하면 전류가 줄어들게 되고, 전류가 작을수록 선로에서 발생하는 손실은 적어지게 된다. 하지만 너무 높게 승압을 할 경우 고주파가 발생하기 때문에 전파 장애 혹은 선로와 지상 간의 대기가 절연파괴를 일으킬 수도 있으므로 적정 수준까지 승압을 하게 된다. 이것이 345KV, 765KV 정도가 된다.

이렇게 승압된 전기는 송전 철탑을 거쳐서 송전을 하게 된다. 송전되는 중간에도 연가(선로의 위치를 서로 바꾸어 주는) 등 여러 작업을 거친 전기는 변전소로 들어가게 된다. 변전소에서는 배전 과정을 거치게 되며, 이 과정에서 전압을 다시 22.9KV로 강하시키게 된다. 강하된 전기는 변압기를 통하여 가정으로 나누어지기 위해 최종 변압인 220V로 다시 바뀌게 된다.

대단위 아파트나 공장 등에서는 22.9KV의 전기가 주상변압기를 거치지 않고 바로 들어가는 경우도 있으며, 이 경우 자체적으로 변압기를 사용해서 변압을 하여 사용하기도 한다.

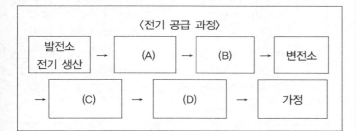

〈전기 공급 과정〉

발전소 전기 생산 → (A) → (B) → 변전소
→ (C) → (D) → 가정

① 승압, 배전, 송전, 변압
② 변압, 배전, 송전, 강압
③ 승압, 송전, 배전, 변압
④ 송전, 배전, 강압, 변압
⑤ 승압, 송전, 변압, 배전

66 다음 사례를 읽고 S부장에 대해 유추할 수 있는 내용으로 옳은 것만을 모두 고른 것은?

한 의류회사의 판매부서에서 근무하고 있는 S부장은 이 회사에서 가장 젊은 나이에 부장으로 승진한 유명인사다. 회사 내에는 한동안 S부장의 부장 승진을 두고 낙하산 인사라느니 말이 많았었지만, 그의 일하는 모습을 알고 있는 사람들은 그가 부장으로 승진할 만한 충분한 이유가 있다고 생각한다.

S부장은 철저하게 계획을 세우고 행동하는 사람으로 무슨 일을 하던지 장단기 계획을 수립하고, 자신의 인생계획에 있어서도 자신이 쌓아야 할 직무지식이나 인간관계에 대한 장단기 플랜을 가지고 있다. 또한 S부장은 인간관계가 좋기로 유명하다. 한 번 그와 관계를 맺은 사람은 그를 신뢰하고 지속적으로 관계를 맺으려고 한다. 부하직원을 대할 때에도 명령하달식의 관계가 아니라 부하직원의 의사를 존중해주려고 노력한다. 그리고 S부장은 계획을 세우는데 그치거나, 인간관계만을 쌓아서 이를 통해 쉽게 일하려는 사람이 아니라 자신의 일도 열심히 하는 사람이다. 그는 판매부서에서 이루어지는 모든 일에 대해서는 이미 잘 알고 있음에도 불구하고 끊임없이 관련 서적을 읽고 자신의 업무수행 성과를 향상하기 위해 노력한다.

〈보기〉
㉠ 인간관계의 고려
㉡ 현 직무의 고려
㉢ 장단기 계획의 수립
㉣ 철저한 명령하달식의 관계
㉤ 낙하산 인사

① ㉠, ㉡, ㉢
② ㉠, ㉡, ㉣
③ ㉡, ㉢, ㉣
④ ㉡, ㉣, ㉤
⑤ ㉢, ㉣, ㉤

67 다음의 사례를 읽고 분석한 내용으로 가장 적절한 것은?

보험회사에 다니는 J과장은 이번 달 초에 원대한 목표를 수립하였다. 자신의 모든 역량을 총 동원하여 이번 분기 보험 판매 왕이 되기로 결심한 것이다. 그런데 한 달이 다 되어 가도록 성과가 없어서 자기 자신에 대한 실망감이 이만저만이 아니다. 보험을 판매하려고 해도 주변에 아는 사람도 별로 없고… 다른 사람 앞에서 얘기한다는 게 너무 수줍기도 하고… 자신의 보험 상품을 잘 알고 있다는 자신감에 출발하였지만 날마다 허탕만 치고 아침부터 밤까지 발품만 팔고 있다. 사실 J과장은 판매라는 직업이 자신에게 맞지 않는다는 생각을 오래전부터 해왔지만 이미 정한 직업이기 때문에 이제 와서 되돌릴 수도 없고… 많은 고민에 빠지게 되었다.

① J과장은 목표를 작게 잡았으면 성공할 수 있었을 것이다.
② J과장은 자신의 모든 역량을 총동원시키지 않았다.
③ J과장은 자신에 대한 실망을 할 필요가 없다.
④ J과장은 스스로를 파악하지 못해 목표를 달성하지 못하고 있다.
⑤ J과장은 막연한 노력만 하면 판매 왕이 될 수 있다.

68 아래 내용에서 B는 업무 상 혼난 후에 자신의 실수에 대해 노트를 해 두었다. 이런 행위로 인해 추후 나타날 수 있는 효과로 보기 가장 어려운 것은?

어떤 직장에 A, B 명의 신입사원이 있었다. 두 사람 다 아직까지 회사에 들어온 지 얼마 되지 않아 일이 서툴러서 실수를 하기 일쑤다. 오늘도 회사의 업무 지침대로 일을 해야 하는데 자신이 생각하는 방식대로 하다 실수를 저질렀다.
A는 '사람이 실수할 수도 있지. 오늘은 과장한테 혼나고 운도 없네. 술이나 마셔야겠다.' 하고는 친구들을 만나 회사일이 어렵다는 푸념을 늘어놓으며 술을 마셨고, B는 '도대체 내가 왜 혼이 난거지? 다른 사람들은 어떻게 일을 했더라… 업무지침을 다시 한 번 찾아봐야겠다.' 라고 생각하고 자신이 실수한 일에 대하여 다시 실수하지 않도록 노트를 해 두었다.

① 신뢰감을 형성시킬 수 있다.
② 다른 일을 하는 데 있어 노하우가 축적된다.
③ 성장의 기회가 된다.
④ 창의적 사고를 가능하게 한다.
⑤ 경제적으로 상당히 풍족해진다.

69 아래의 기사는 기자와 어느 국회의원과의 일문일답 중 한 부분을 발췌한 것이다. 다음 중 인터뷰에 응하는 A 국회의원이 중요하게 여기는 리더십에 대한 설명으로 옳은 것을 고르면?

기자 : 역대 대통령들은 지역 기반이 확고했습니다. A 의원님처럼 수도권이 기반이고, 지역 색이 옅은 정치인은 대권에 도전하기 쉽지 않다는 지적이 있습니다. 이에 대해 어떻게 생각 하시는지요
A 의원 : 여러 가지 면에서 수도권 후보는 새로운 시대정신에 부합한다고 생각합니다.
기자 : 통일은 언제쯤 가능하다고 보십니까. 남북이 대치한 상황에서 남북 간 관계는 어떻게 운용해야 한다고 생각하십니까?
A 의원 : 누가 알겠습니까? 통일이 언제 갑자기 올지…. 다만 언제가 될지 모르는 통일에 대한 준비와 함께, 통일을 앞당기려는 노력이 필요하다고 생각합니다.
기자 : 최근 읽으신 책 가운데 인상적인 책이 있다면 두 권만 꼽아주십시오.
A 의원 : 댄 세노르, 사울 싱어의 「창업국가」와 최재천 교수의 「손잡지 않고 살아남은 생명은 없다」 입니다. 「창업국가」는 이전 정부의 창조경제 프로젝트 덕분에 이미 많은 분들이 접하셨을 것이라 생각하는데요. 이 책에는 정부 관료와 기업인들은 물론 혁신적인 리더십이 필요한 사람들이 참고할만한 내용들이 풍부하게 담겨져 있습니다. 특히 인텔 이스라엘 설립자 도브 프로먼의 '리더의 목적은 저항을 극대화시키는 일이다. 그래야 의견차이나 반대를 자연스럽게 드러낼 수 있기 때문이다' 라는 말에서, 서로의 의견 차이를 존중하면서도 끊임없는 토론을 자극하는 이스라엘 문화의 특징이 인상 깊었습니다. 뒤집어 생각해보면, 다양한 사람들의 반대 의견까지 청취하고 받아들이는 리더의 자세가, 제가 중요하게 여기는 '경청의 리더십, 서번트 리더십'과도 연결되지 않나 싶습니다.

(후략)

① 탁월한 리더가 되기 위해서는 차가운 지성만이 아닌 뜨거운 가슴도 함께 가지고 있어야 한다.
② 리더 자신의 특성에서 나오는 힘과 부하들이 리더와 동일시하려는 심리적 과정을 통해서 영향력을 행사하며, 부하들에게 미래에 대한 비전을 제시하거나 공감할 수 있는 가치체계를 구축하여 리더십을 발휘하게 하는 것이다.
③ 리더가 직원을 보상 및 처벌 등으로 촉진시키는 것이다.
④ 자신에게 실행하는 리더십을 말하는 것으로 자신이 스스로에게 영향을 미치는 지속적인 과정이다.
⑤ 기업 조직에 적용했을 경우 기업에서는 팀원들이 목표달성뿐만이 아닌 업무와 관련하여 개인이 서로 성장할 수 있도록 지원하고 배려하는 것이라고 할 수 있다.

70 L씨는 직장에 입사한 지 3년차이다. 신입사원으로 입사했을 때 나름대로 촉망받던 인재였으나 현재는 신입사원보다 자신의 능력이 뒤떨어진다고 느끼고 있다. 이에 L씨는 자신의 전문성을 신장시키고자 다른 직원과의 차별성을 유지할 수 있는 일을 배워보기로 결심했다. L씨가 자기개발을 위해 하여야 할 행동으로 옳지 않은 것은?

① 나에게 어떤 능력이 부족한지 찾는다.

② 나는 어떤 능력을 개발하여야 하는지 찾는다.

③ 이 능력이 다른 사람에게 없는지 찾는다.

④ 회사는 어떤 능력을 요구하는지 찾는다.

⑤ 나의 경력에 이 능력이 어떻게 활용될지 찾는다.

71 N팀 직원들은 4차 산업혁명 기술을 이용한 서비스 방법에 대해 토의를 진행하며 다음과 같은 의견들을 제시하였다. 다음 중 토의를 위한 기본적인 태도를 제대로 갖추지 못한 사람은 누구인가?

A : "고객 정보 빅데이터 구축에 관련해서 추가 진행 사항 있습니까?"

B : "시스템 관련부서와 논의를 해보았는데요. 고객 정보의 보안문제도 중요하기 때문에 모든 정보를 개방하여 빅데이터를 구축하기엔 한계가 있다는 의견입니다."

C : "입사한지 얼마 안 돼서 그런지 모르겠지만 일의 추진력이 부족하시네요. 일단은 시험 서비스를 진행하고 그런 문제는 추후에 해결하는 게 좋겠습니다."

D : "철도자율주행 시스템을 도입하는 것은 어떻습니까?"

E : "자율주행 시스템이 도입되면 도착, 출발 시간이 더욱 정확해져 알림 서비스의 질도 높아 질 것 같습니다."

F : "저도 관련 자료를 찾아봤는데요. 한 번 같이 보시고 이야기 나눠보죠."

① B

② C

③ D

④ E

⑤ F

72 효과적인 팀의 특성에 대한 설명으로 옳지 않은 것은?

① 새로운 프로세스와 기법을 실행할 수 있는 기회 추구가 용이하다.

② 유연하고 창조적인 문제해결이 가능하다.

③ 팀원의 강점, 약점 확인 및 개개인의 능력을 효율적으로 활용한다.

④ 합의를 통한 의사결정과 결정된 사안에 대한 적극적 지원이 이루어진다.

⑤ 리더의 문제해결 능력, 갈등의 권위적 해결 등을 바탕으로 의견 불일치를 해소한다.

73 대인관계의 가장 중요한 요인 중 하나는 협력이라고 할 수 있다. 다음 중 협력을 장려하는 환경을 조성하기 위한 노력으로 적절하지 않은 것은?

① 아이디어가 상식에서 벗어난다고 해도 공격적인 비판은 삼간다.

② 팀원들이 침묵하지 않도록 자극을 주어야 한다.

③ 팀원들의 말에 흥미를 가져야 한다.

④ 아이디어를 개발하도록 팀원들을 고무시켜야 한다.

⑤ 관점을 바꿔야 한다.

74 갈등은 크게 핵심문제에 대한 것과 감정적 문제에 대한 것으로 구분할 수 있다. 다음 중 그 성격이 다른 하나는?

① 역할 모호성

② 목표에 대한 불일치

③ 자존심에 대한 위협

④ 가치에 대한 불일치

⑤ 방법에 대한 불일치

75 갈등관리 상황에서 자기와 상대이익을 만족시키려는 의도가 다 같이 높을 때 제시될 수 있는 갈등해소 방안으로 가장 적합한 것은?

① 협동

② 경쟁

③ 타협

④ 회피

⑤ 순응

76 윤주는 인바운드 텔레마케팅의 팀장 직책을 맡고 있다. 우연히 신입직원 교육 중 윤주 자신의 신입사원 시절을 떠올리게 되었다. 아래의 내용 중 윤주가 신입사원 시절에 행한 전화매너로써 가장 옳지 않은 사항을 고르면?

① 전화가 잘못 걸려 왔을 시에도 불쾌하게 말하지 않는다.
② 용건을 마치면 인사를 하고 상대가 끊었는지의 여부와는 관계없이 끊는다.
③ 용건 시 대화 자료나 또는 메모도구 등을 항상 준비한다.
④ 자세는 단정하게 앉아서 통화한다.
⑤ 거친 음성이 나타나지 않도록 음성을 가다듬는다.

77 다음의 기사를 읽고 제시된 사항 중 올바른 명함교환예절로 볼 수 없는 항목을 모두 고르면?

직장인의 신분을 증명하는 명함. 명함을 주고받는 간단한 행동 하나가 나의 첫인상을 결정짓기도 한다. 나의 명함을 받은 상대방은 한 달 후에 내 명함을 보관할 수도 버릴 수도 있다. 명함을 어떻게 활용하느냐에 따라 기억이 되는 사람이 될 수도, 잊히는 사람이 될 수도 있다는 것. 그렇다면 나에 대한 첫인상을 좋게 남기기 위한 명함 예절에는 어떤 것들이 있을까?

명함은 나를 표현하는 얼굴이며, 상대방의 명함 역시 그의 얼굴이다. 메라비언 법칙에 따르면 첫인상을 결정짓는 가장 큰 요소는 바디 랭귀지(표정·태도) 55%, 목소리 38%, 언어·내용 7% 순이라고 한다. 단순히 명함을 주고받을 때의 배려있는 행동만으로도 상대방에게 좋은 첫인상을 심어 줄 수 있다. 추후 상대방이 나의 명함을 다시 보게 됐을 때 교양 있는 사람으로 기억되고 싶다면 명함 예절을 꼭 기억해 두는 것이 좋다.

㉠ 명함은 오른손으로 받는 것이 원칙이다.
㉡ 거래를 위한 만남인 경우 판매하는 쪽이 먼저 명함을 건넨다.
㉢ 자신의 소속 및 이름 등을 명확하게 밝힌다.
㉣ 명함을 맞교환 할 시에는 왼손으로 받고 오른손으로 건넨다.
㉤ 손윗사람이 먼저 건넨다.

① ㉠, ㉡, ㉢, ㉣, ㉤
② ㉠, ㉡, ㉣, ㉤
③ ㉡, ㉢, ㉣, ㉤
④ ㉢, ㉣
⑤ ㉤

78 우리는 직장생활을 하다보면 여러 가지 상황에 직면하게 된다. 특히, 직장상사 및 동료들에 대한 조문을 가게 되는 경우가 생기게 마련이다. 다음 중 조문절차의 기술된 내용으로 가장 적절하지 않은 항목을 고르면?

① 절을 할 시에 손의 위치는 남성은 오른손이 위로, 여성은 왼손이 위로 오도록 하며 잠시 묵례하고 명복을 빈 후에 절을 두 번 올린다.
② 상제에게 맞절을 하고 위로의 인사말을 하는데, 절은 상제가 늦게 시작하고 먼저 일어나야 한다.
③ 분향은 홀수인 3개 또는 1개의 향을 들고 불을 붙여서 이를 입으로 끄지 않고 손으로 세 번 만에 끈 후 향로에 꽂고 묵례하고 기도하거나 또는 절을 한다.
④ 호상소에서 조객록(고인이 남자인 경우) 또는 조위록(고인이 여자인 경우)에 이름을 기록하고 부의금을 전달 후 영정 앞에서 분향이나 헌화 또는 절을 한다.
⑤ 헌화 시 꽃송이를 가슴부위까지 들어 올려서 묵례를 하고 꽃송이 쪽이 나를 향하도록 해서 헌화한다. 이후에 다시금 묵례를 하고 기도나 또는 절을 한다.

79 어느 날 예상치 못하게 야간 근무를 위한 교대 준비를 하던 차에 연철이가 근무하는 경비 부서에 그룹 회장인 김정은과 수행비서인 김여정이 근무시찰을 나오게 되었다. 특히 김정은은 열심히 근무하는 연철이의 모습을 보고 크게 기뻐하며 악수를 청하게 되었는데, 다음 중 김정은과 연철이가 악수를 하는 상황에서 가장 잘못 묘사된 사항을 고르면?

① 악수 시에는 기본적으로 남녀 모두 장갑을 벗는 것이 원칙이다.
② 악수 시에는 허리를 세우고 대등하게 악수해야 한다.
③ 손을 쥐고 흔들 시에는 윗사람이 흔드는 대로 따라서 흔들면 된다.
④ 반드시 왼손으로 악수를 해야 한다.
⑤ 악수할 시에는 상대의 눈을 보아야 한다.

80 A사에 입사한 원모는 근무 첫날부터 지각을 하는 상황에 놓이게 되었다. 급한 마음에 계단이 아닌 엘리베이터를 이용하게 되었고 다행히도 지각을 면한 원모는 교육 첫 시간에 엘리베이터 및 계단 이용에 관한 예절교육을 듣게 되었다. 다음 중 원모가 수강하고 있는 엘리베이터 및 계단 이용 시의 예절 교육에 관한 내용으로써 가장 옳지 않은 내용을 고르면?

① 방향을 잘 인지하고 있는 여성 또는 윗사람과 함께 엘리베이터를 이용할 시에는 여성이나 윗사람이 먼저 타고 내려야 한다.

② 엘리베이터의 경우에 버튼 방향의 뒤 쪽이 상석이 된다.

③ 계단의 이용 시에 상급자 또는 연장자가 중앙에 서도록 한다.

④ 안내원은 엘리베이터를 탈 시에 손님들보다는 나중에 타며, 내릴 시에는 손님들보다 먼저 내린다.

⑤ 계단을 올라갈 시에는 남성이 먼저이며, 내려갈 시에는 여성이 앞서서 간다.

서울교통공사

필기시험 모의고사

제 4 회	영 역	의사소통능력, 수리능력, 문제해결능력, 조직이해능력 정보능력, 자원관리능력, 기술능력, 자기개발능력 대인관계능력, 직업윤리
	문항수	80문항
	비 고	객관식 5지선다형

SEOWONGAK
(주)서원각

제4회 필기시험 모의고사

1 다음 밑줄 친 어휘의 쓰임이 가장 적절하지 않은 것은?

해양수산부가 정부세종청사에서 4차 산업혁명 시대 해양수산 분야 혁신성장을 위한 '해양수산 스마트화 전략'을 발표했다. 이번에 발표한 '해양수산 스마트화 전략'은 빅데이터·사물인터넷(IoT)·인공지능(AI) 등 4차 산업혁명 기술을 적용해 해양수산업의 체질을 개선하고, 새로운 미래성장동력을 창출하기 위해 마련했다. 해양수산부는 전략 수립을 위해 지난 6월, 4차 산업혁명 기술 전문가와 해양수산 전문가가 참여하는 '해양수산 4차 산업혁명위원회'를 구성하고 방향과 추진과제에 대해 자문을 받았다. 이번 전략은 '스마트 해양수산 선도국가 도약'이라는 비전 아래, △2030년까지 자율운항선박 세계시장 50% 점거 △스마트양식 50% 보급 △사물인터넷 기반 항만 대기질 측정망 1,000개소 구축 △해양재해 예측 소요시간 단축(12시간→4시간) △해양수산 통합 빅데이터 플랫폼 구축 등을 목표로 하고 있다.

① 체질
② 자문
③ 점거
④ 보급
⑤ 단축

2 외래어 표기가 모두 옳은 것은?

① 뷔페 – 초콜렛 – 컬러
② 컨셉 – 서비스 – 윈도
③ 파이팅 – 악세사리 – 리더십
④ 플래카드 – 로봇 – 캐럴
⑤ 팜플렛 – 타겟 – 티켓

3 다음 글을 읽고 이 글을 뒷받침할 수 있는 주장으로 가장 적합한 것은?

X선 사진을 통해 폐질환 진단법을 배우고 있는 의과대학 학생을 생각해 보자. 그는 암실에서 환자의 가슴을 찍은 X선 사진을 보면서, 이 사진의 특징을 설명하는 방사선 전문의의 강의를 듣고 있다. 그 학생은 가슴을 찍은 X선 사진에서 늑골뿐만 아니라 그 밑에 있는 폐, 늑골의 음영, 그리고 그것들 사이에 있는 아주 작은 반점들을 볼 수 있다. 하지만 처음부터 그럴 수 있었던 것은 아니다. 첫 강의에서는 X선 사진에 대한 전문의의 설명을 전혀 이해하지 못했다. 그가 가리키는 부분이 무엇인지, 희미한 반점이 과연 특정질환의 흔적인지 전혀 알 수가 없었다. 전문의가 상상력을 동원해 어떤 가상적 이야기를 꾸며내는 것처럼 느껴졌을 뿐이다. 그러나 몇 주 동안 이론을 배우고 실습을 하면서 지금은 생각이 달라졌다. 그는 문제의 X선 사진에서 이제는 늑골 뿐 아니라 폐와 관련된 생리적인 변화, 흉터나 만성 질환의 병리학적 변화, 급성질환의 증세와 같은 다양한 현상들까지도 자세하게 경험하고 알 수 있게 될 것이다. 그는 전문가로서 새로운 세계에 들어선 것이고, 그 사진의 명확한 의미를 지금은 대부분 해석할 수 있게 되었다. 이론과 실습을 통해 새로운 세계를 볼 수 있게 된 것이다.

① 관찰은 배경지식에 의존한다.
② 과학에서의 관찰은 오류가 있을 수 있다.
③ 과학 장비의 도움으로 관찰 가능한 영역은 확대된다.
④ 관찰정보는 기본적으로 시각에 맺혀지는 상에 의해 결정된다.
⑤ X선 사진의 판독은 과학데이터 해석의 일반적인 원리를 따른다.

4 다음의 기사를 읽고 문맥 상 괄호 안에 들어갈 말로 가장 적절한 것을 고르면?

> 지하철 9호선 2·3단계를 운영하는 서울 메트로 9호선 운영㈜ 노조가 공영화를 요구하며 오는 27일 파업에 돌입한다.
>
> 서울 메트로 9호선 운영㈜ 노조인 서울 메트로 9호선 지부는 지난 8일 서울 중구 민주노총에서 기자회견을 열고 "오늘 오전 5시부로 2018년 임·단투 승리와 노동권, 시민 안전, 공영화 쟁취를 위한 쟁의행위에 들어갔다."라며 "오는 27일 오전 5시를 기해 파업을 시작할 것"이라고 밝혔다.
>
> 서울 메트로 9호선 운영㈜에 따르면 지난 6월 22일 이후 노사는 총 6차례에 걸친 임금교섭을 통해 협상을 지속했지만 주요 쟁점사항인 연봉제 폐지 호봉제 도입, 2017년 총액 대비 24.8%(연간 1인 당 약 1,000만 원)의 임금인상 요구로 합의점을 찾지 못했다. 노조는 최근 사측과 진행하던 교섭이 결렬된 뒤 조합원 100명이 쟁의행위 찬반 투표를 한 결과 투표율 92%에 94.6%의 찬성률을 기록했다고 설명했다. 하지만 서울 메트로 9호선 지부는 필수 유지업무 인력을 투입할 계획이다. 김시문 서울 메트로 9호선 지부장은 "필수 유지업무 인력은 남기고 (   )에 들어간다."라며 "하지만 준법 투쟁의 수위는 계속해서 올라갈 것"이라고 말했다. 한편 서울 메트로 9호선 운영㈜는 27일 이러한 상황 하에서도 열차는 100% 정상 운행할 것이라고 밝혔다. 지하철은 필수 공익사업장으로 구분돼 이 같은 기간에도 최소한의 인원을 유지해 업무가 중단되지 않기 때문이다.

① 복귀(復歸)

② 개업(開業)

③ 고문(拷問)

④ 이직(移職)

⑤ 파업(罷業)

5 다음 밑줄 친 문구를 어법에 맞게 수정한 내용으로 적절하지 않은 것은?

> A : 지속가능보고서를 2007년 창간 이래 <u>매년 발간에 의해</u> 이해 관계자와의 소통이 좋아졌다.
>
> B : 2012년부터 시행되는 신재생에너지 공급의무제는 회사의 <u>주요 리스크로</u> 이를 기회로 승화시키기 위한 노력을 하고 있다.
>
> C : 전력은 필수적인 에너지원이므로 과도한 사용을 <u>삼가야 한다.</u>
>
> D : <u>녹색 기술 연구 개발 투자 확대 및</u> 녹색 생활 실천 프로그램을 시행하여 온실가스 감축에 전 직원의 역량을 결집하고 있다.
>
> E : 녹색경영위원회를 설치하여 전문가들과 함께하는 토론을 주기적으로 하고 있으며, 내·외부 <u>전문가의 의견 자문을 구하고 있다.</u>

① A : '매년 발간에 의해'가 어색하므로 문맥에 맞게 '매년 발간함으로써'로 고친다.

② B : '주요 리스크로'는 조사의 쓰임이 어울리지 않으므로, '주요 리스크이지만'으로 고친다.

③ C : '삼가야 한다'는 어법상 맞지 않으므로 '삼가해야 한다'로 고친다.

④ D : '및'의 앞은 명사구로 되어 있고 뒤는 절로 되어 있어 구조가 대등하지 않으므로, 앞 부분을 '녹색 기술 연구 개발에 대한 투자를 확대하고'로 고친다.

⑤ E : '전문가의 의견 자문을 구하고 있다'는 어법에 맞지 않으므로, '전문가들에게 의견을 자문하고 있다'로 고친다.

6 다음은 토지판매 알선장려금 제도에 대한 안내문이다. 밑줄 친 부분의 한자 표현이 옳지 않은 것은?

◆ 토지판매 알선장려금 제도 안내 ◆

□ 대상 : 「공인중개사의 업무 및 부동산거래 신고에 관한 법률」에 의거 ㉠<u>중개</u>사무소의 개설등록을 하고 ㉡<u>알선</u> 당시 영업을 하고 있는 전국의 모든 부동산 중개업자
  ※ 단, 알선장려금 제도는 별도의 통보 없이 공사의 방침에 따라 중지될 수 있으며, 중지 이후 계약분에 대해서는 지급되지 않음

□ 해당토지 : 최초 공급착수 후 3년 이상 경과한 토지로 ㉢<u>수의계약</u> 개시일로부터 30일 경과(단, 산업·의료시설용지는 최초 공급착수 후 1년 이상 경과한 토지로 수의계약 개시일로부터 30일 경과)
  – 실수요주택지, ㉣<u>근린</u>·준주거·상업·업무용지, 주차장용지
  – 산업·물류단지 내 지원시설용지·상류시설용지, 물류시설용지
  – 관리토지, 기업토지 등
  – 단, 공동주택용지, 이주자택지, 협의양도인택지, 생활대책용지, 공공시설용지 등 매각 대상자가 특정되어 있는 토지는 제외

□ 기타 유의사항
  – 알선 대상토지는 우리공사의 공급계획에 따라 수시로 변경될 수 있으므로, 알선대상여부를 사전에 지구별 담당자에게 반드시 확인하여야 함
  – 알선장려금은 우리 공사의 내부 심사를 거쳐 지급되며, 구비서류·자격 등에 대해 ㉤<u>결격사유</u>가 있을 경우 지급되지 않음

① 중개 – 仲介
② 알선 – 斡旋
③ 수의계약 – 手意契約
④ 근린 – 近鄰
⑤ 결격사유 – 缺格事由

7 다음 글을 읽고, 오늘날 유행성 감기의 적절한 통제가 필요한 이유 중 가장 옳은 것을 고르면?

유행성 감기는 인간의 여행 속도에 비례하여 퍼진다. 수레가 없던 시대에는 이 병의 퍼지는 속도가 느렸다. 1918년 인간은 8주에 지구를 한 바퀴 돌 수 있었으며, 이는 유행성 감기가 지구 일주를 완료하는데 걸리는 것과 꼭 같은 시간이었다. 오늘날 대형 비행기 등을 통해 인간은 보다 빠른 속도로 여행한다. 이 같은 현대식 속도는 시시각각으로 유행성 감기의 도래를 예측할 수 없게 만든다. 이것은 이 질병에 대한 통제수단도 이에 비례하여 더 빨라져야 한다는 것을 뜻한다.

① 세계 전역 어디에서나 발생할 수 있기 때문에
② 병균이 비행기만큼 빨리 퍼질 수 있기 때문에
③ 인간이 유행성 감기를 피할 수 있을 만큼 빨리 여행할 수 있기 때문에
④ 유행성 감기는 항상 인간의 몸속에 기생하고 있기 때문에
⑤ 유행성 감기에 대한 적절한 백신이나 치료제가 없기 때문에

8 유기농 식품 매장에서 근무하는 K씨에게 계란 알레르기가 있는 고객이 제품에 대해 문의를 해왔다. K씨가 제품에 부착된 다음 설명서를 참조하여 고객에게 반드시 안내해야 할 말로 가장 적절한 것은?

■ 제품명 : 든든한 현미국수
■ 식품의 유형 : 면 – 국수류, 스프 – 복합조미식품
■ 내용량 : 95g(면 85g, 스프 10g)
■ 원재료 및 함량
  • 면 : 무농약 현미 98%(국내산), 정제염
  • 스프 : 멸치 20%(국내산), 다시마 10%(국내산), 고춧가루, 정제소금, 마늘분말, 생강분말, 표고분말, 간장분말, 된장분말, 양파분말, 새우분말, 건미역, 건당근, 건파, 김, 대두유
■ 보관장소 : 직사광선을 피하고 서늘한 곳에 보관
■ 이 제품은 계란, 메밀, 땅콩, 밀가루, 돼지고기를 이용한 제품과 같은 제조시설에서 제조하였습니다.
■ 본 제품은 공정거래위원회 고시 소비분쟁해결 기준에 의거 교환 또는 보상받을 수 있습니다.
■ 부정불량식품신고는 국번 없이 1399

① 조리하실 때 계란만 넣지 않으시면 문제가 없을 것입니다.
② 제품을 조리하실 때 집에서 따로 육수를 우려서 사용하시는 것이 좋겠습니다.
③ 이 제품은 무농약 현미로 만들어져 있기 때문에 알레르기 체질 개선에 효과가 있습니다.
④ 이 제품은 계란이 들어가는 식품을 제조하는 시설에서 생산되었다는 점을 참고하시기 바랍니다.
⑤ 알레르기 반응이 나타나실 경우 구매하신 곳에서 교환 또는 환불 받으실 수 있습니다.

9 다음 중 아래 글을 읽고 글로벌 기업의 성공적 대응 유형에 해당하지 않는 것을 고르면?

전 세계적으로 저성장이 장기화되고 있고, 낮은 가격을 무기로 개발도상국 업체들이 추격해 오고 있다. 이와 같이 가격 경쟁이 치열해 지는 상황에서 글로벌 기업들이 성공적으로 대응하는 유형은 크게 5가지로 구분할 수 있다.

첫 번째로 차별화 전략을 들 수 있다. 디자인, 성능, 브랜드 및 사용 경험 등을 차별화하는 방법이다.

두 번째로 저가로 맞대응하는 유형이다. 전체적인 구조조정을 통한 원가 혁신으로 상대 기업에 비해서 가격 경쟁력을 확보하는 전략이다.

세 번째로 차별화와 원가 혁신의 병행 전략을 선택하는 경우이다. IT 기술의 발달로 제품 및 서비스의 비교가 쉬워지면서 제품 차별화 혹은 원가 혁신과 같은 단일 전략보다는 차별화와 원가 혁신을 동시에 추구하는 전략이 큰 호응을 얻고 있다.

네 번째는 경쟁의 축을 바꿈으로써 시장을 선도하는 경우이다. 이는 시장에 새로운 게임의 룰을 만들어서 경쟁에서 벗어나는 방법이다.

마지막으로 제품만 팔다가 경쟁의 범위를 솔루션 영역으로 확장하면서 경쟁력을 높이는 경우이다.

① A식품은 캡슐 커피라는 신제품을 통해 새로운 커피 시장을 창출할 수 있었다.
② B항공사는 필수 서비스만 남기는 파격적 혁신으로 우수한 영업 실적을 기록했다.
③ C사는 시계를 기능성 제품보다 패션 아이템으로 인식되도록 하는 전략을 구사했다.
④ D사는 최근 IT 기기 판매 대신 기업들의 IT 서비스 및 컨설팅을 주력으로 하고 있다.
⑤ E사는 신제품 홍보에 온라인과 오프라인을 골고루 활용하여 고객의 주목을 받고 있다.

10 다음 자료는 '인공지능'과 '통계'에 대한 관계를 설명하는 글이다. 다음 자료를 보고 대화를 나누는 5명의 의견 중, 맥락상 어긋나는 발언을 한 사람은 누구인가?

요즘 인공지능이 대세다. 딥러닝이 여기저기서 언급되기 시작하면서 슬슬 지펴지던 열기는 지난 3월 이세돌과 알파고의 바둑 대결이 이뤄지고, 알파고가 4 : 1로 이세돌을 이기면서 한층 달아올랐다. 최근 업무 관련해서 사람들과 이야기를 나누다 보면, 전에는 '데이터 분석에는 기계 학습(Machine Learning)을 사용하느냐', '통계와 데이터 마이닝이 뭐가 다르냐, 데이터 분석에는 무엇을 쓰냐' 등의 질문이었다. 그런데 최근에는 거기에 한 종류가 더 추가되었다. '데이터 분석은 인공지능하고 무슨 관계일까', '통계 기법은 인공지능 시대에 뒤떨어진 게 아니냐' 같은 이야기 들이다.

하지만 이 질문들에 대해 내 답은 보통 유사하다. 데이터를 사용해서 문제를 풀어서 해답을 찾는 것에서, 최적의 방식은 문제에 따라 다르고, 그 방식을 사용하면 되는 것이라고 생각한다. 그 방식이 문제에 따라 통계 기법이 될 수도 있고, 알고리즘을 활용한 데이터 마이닝이 될 수도 있다. 머신 러닝은 인공지능의 다양한 가치 중 하나이니 크게 보면 인공지능 문제가 될 수도 있을 것이다. 이런 것들이 서로 연관성이 없는 것도 아니고, 어느 한 쪽이 다른 한 쪽보다 뒤떨어진다고는 생각하지 않는다.

기계 학습, 빅데이터, 인공지능, 고급 분석 등 최근 데이터 분석 관련 용어들이 무분별하게 쏟아지다보니 많은 사람들이 이런 용어들의 개념에 대해서 헷갈려하고, 더욱 어려워한다. 하지만 이를 뜯어보면 일부는 용어 자체가 모호하거나, 혹은 각 용어들의 개념이 일부 중첩되어 있고, 어떤 한 용어가 갑자기 주목을 받는다고 해서 갑자기 사라지거나 하는 것이 아니다.

김 과장 : 이제 '인공지능' 붐이 불면서, 늘 도전을 맞이해야 했던 통계 관련 분야도 새로운 도전을 맞이하고 있는 것 같습니다.
박 과장 : 하지만 통계는 앞으로도 더욱 많은 인공지능 관련 분야에서는 활용되는 것과 동시에, 인공지능 분야 내에서 많은 기여를 할 것입니다.
정 대리 : 그렇다면 인공지능을 위한 기본적인 초석이자 근간으로, AI가 빠진 통계란 이미 상상할 수도 없으며, 아무 것도 아니라는 의미라고 할 수 있겠군요.
유 대리 : 네, 다시 말하면, 데이터에 맞게 최적화하는 과정은 대부분 무수한 통계적 기법을 활용한 변수 튜닝 및 집계 방식 변경 등으로 이루어지게 된다는 의미이지요.
문 과장 : 하지만 통계 입장에서 생각해 보면, 늘 그랬듯이, 기본적으로 '데이터가 중시되는' 변화에서는 앞으로도 통계의 역할은 작아지려야 작아질 수 없다고 봅니다.

① 김 과장　　　　　② 박 과장
③ 정 대리　　　　　④ 유 대리
⑤ 문 과장

11 다음은 산재보험의 소멸과 관련된 글이다. 다음 보기 중 글의 내용은 올바르게 이해한 것이 아닌 것은 무엇인가?

가. 보험관계의 소멸사유

• 사업의 폐지 또는 종료 : 사업이 사실상 폐지 또는 종료된 경우를 말하는 것으로 법인의 해산등기 완료, 폐업신고 또는 보험관계소멸신고 등과는 관계없음

• 직권소멸 : 근로복지공단이 보험관계를 계속해서 유지할 수 없다고 인정하는 경우에는 직권소멸 조치

• 임의가입 보험계약의 해지신청 : 사업주의 의사에 따라 보험계약해지 신청가능하나 신청 시기는 보험가입승인을 얻은 해당 보험 연도 종료 후 가능

• 근로자를 사용하지 아니할 경우 : 사업주가 근로자를 사용하지 아니한 최초의 날부터 1년이 되는 날의 다음날 소멸

• 일괄적용의 해지 : 보험가입자가 승인을 해지하고자 할 경우에는 다음 보험 연도 개시 7일 전까지 일괄적용해지신청서를 제출하여야 함

나. 보험관계의 소멸일 및 제출서류

(1) 사업의 폐지 또는 종료의 경우

• 소멸일 : 사업이 사실상 폐지 또는 종료된 날의 다음 날

• 제출서류 : 보험관계소멸신고서 1부

• 제출기한 : 사업이 폐지 또는 종료된 날의 다음 날부터 14일 이내

(2) 직권소멸 조치한 경우

• 소멸일 : 공단이 소멸을 결정·통지한 날의 다음날

(3) 보험계약의 해지신청

• 소멸일 : 보험계약해지를 신청하여 공단의 승인을 얻은 날의 다음 날

• 제출서류 : 보험관계해지신청서 1부

※ 다만, 고용보험의 경우 근로자(적용제외 근로자 제외) 과반수의 동의를 받은 사실을 증명하는 서류(고용보험 해지신청 동의서)를 첨부하여야 함

① 고용보험과 산재보험의 해지 절차가 같은 것은 아니다.

② 사업장의 사업 폐지에 따른 서류 및 행정상의 절차가 완료되어야 보험관계가 소멸된다.

③ 근로복지공단의 판단으로도 보험관계가 소멸될 수 있다.

④ 보험 일괄해지를 원하는 보험가입자는 다음 보험 연도 개시 일주일 전까지 서면으로 요청을 해야 한다.

⑤ 보험계약해지 신청에 대한 공단의 승인이 12월 1일에 났다면 그 보험계약은 12월 2일에 소멸된다.

│12~13│ 아래의 내용을 읽고 각 물음에 답하시오

윤리학에서는 선(善, god) 즉 좋음과 관련하여 여러 쟁점이 있다. 선이란 무엇인가? 선을 쾌락이라고 간주해도 되는가? 선은 도덕적으로 옳음 또는 정의와 어떤 관계에 있는가? 이러한 쟁점 중의 하나가 바로 "선은 객관적으로 존재하는가?"의 문제이다. 플라톤은 우리가 감각으로 지각하는 현실 세계는 가변적이고 불완전하지만, 우리가 이성으로 인식할 수 있는 이데아의 세계는 불변하고 완전하다고 보았다. 그에 따르면, 현실 세계는 이데아 세계를 모방한 것이기에 현실 세계에서 이루어지는 인간들의 행위도 불완전할 수밖에 없다. 이데아 세계에는 선과 미와 같은 여러 이데아가 존재한다. 그중에서 최고의 이데아는 선의 이데아이며, 인간 이성의 최고 목표는 선의 이데아를 인식하는 것이다. 선은 말로 표현할 수 없고, 신성하며, 독립적이고, 오랜 교육을 받은 후에만 알 수 있는 것이다. 우리는 선을 그것이 선이기 때문에 욕구한다. 이렇게 인간의 관심 여부와는 상관없이 선이 독립적으로 존재한다고 보는 입장을 선에 대한 ㉠'고전적 객관주의'라고 한다.

이러한 플라톤적 전통을 계승한 무어도 선과 같은 가치가 객관적으로 실재한다고 주장한다. 그에 따르면 선이란 노란색처럼 단순하고 분석 불가능한 것이기에, 선이 무엇인지에 대해 정의를 내릴 수 없으며 그것은 오직 직관을 통해서만 인식될 수 있다. 노란색이 무엇이냐는 질문에 노란색이라고 답할 수밖에 없듯이 선이 무엇이냐는 질문에 "선은 선이다."라고 답할 수밖에 없다는 것이다. 무어는 선한 세계와 악한 세계가 있을 때 각각의 세계 안에 욕구를 지닌 존재가 있는지 없는지와 관계없이 전자가 후자보다 더 가치 있다고 믿었다. 선은 인간의 욕구와는 상관없이 그 자체로 존재하며 그것은 본래부터 가치가 있다는 것이다. 그는 선을 최대로 산출하는 행동이 도덕적으로 옳은 행동이라고 보았다.

반면에 ㉡'주관주의'는 선을 의식적 욕구의 산물에 불과한 것으로 간주한다. 페리는 선이란 욕구와 관심에 의해 창조된다고 주장한다. 그에 따르면 가치는 관심에 의존하고 있으며, 어떤 것에 관심이 주어졌을 때 그것은 비로소 가치를 얻게 된다. 대상에 가치를 부여하는 것은 관심이며, 인간이 관심을 가지는 대상은 무엇이든지 가치의 대상이 된다. 누가 어떤 것을 욕구하든지 간에 그것은 선으로서 가치를 지니게 된다. 페리는 어떤 대상에 대한 관심이 깊으면 깊을수록 그것은 그만큼 더 가치가 있게 되며, 그 대상에 관심을 표명하는 사람의 수가 많을수록 그것의 가치는 더 커진다고 말한다. 이러한 주장에 대해 고전적 객관주의자는 우리가 욕구하는 것과 선을 구분해야 한다고 비판한다. 만약 쾌락을 느끼는 신경 세포를 자극하여 매우 강력한 쾌락을 제공하는 쾌락 기계가 있다고 해 보자. 그런데 누군가가 쾌락 기계 속으로 들어가서 평생 살기를 욕구한다면, 우리는 그것이 선이 아니라고 말할 수 있다. 쾌락 기계에 들어가는 사람이 어떤 불만도 경험하지 못한다고 하더라도, 그것은 누가 보든지 간에 나쁘다는 것이다.

ⓒ'온건한 객관주의'는 선을 창발적인 속성으로서, 인간의 욕구와 사물의 객관적 속성이 결합하여 생기는 것이라고 본다. 이 입장에 따르면 물의 축축함이 H2O 분자들 안에 있는 것이 아니라 그 분자들과 우리의 신경 체계 간의 상호 작용을 통해 형성되듯이, 선도 인간의 욕구와 객관적인 속성 간의 관계 속에서 상호 통합적으로 형성된다. 따라서 이 입장은 욕구를 가진 존재가 없다면 선은 존재하지 않을 것이라고 본다. 그러나 일단 그러한 존재가 있다면, 쾌락, 우정, 건강 등이 가진 속성은 그의 욕구와 결합하여 선이 될 수 있을 것이다. 하지만 이러한 입장에서는 우리의 모든 욕구가 객관적 속성과 결합하여 선이 되는 것은 아니기에 적절한 욕구가 중시된다. 결국 여기서는 적절한 욕구가 어떤 것인지를 구분할 기준을 제시해야 하는 문제가 발생한다. 이와 같은 객관주의와 주관주의의 논쟁을 해결하기 위한 한 가지 방법은 불편부당하며 모든 행위의 결과들을 알 수 있는 '이상적 욕구자'를 상정하는 것이다. 그는 편견이나 무지로 인한 잘못된 욕구를 갖고 있지 않기에 그가 선택하는 것은 선이 될 것이고, 그가 선택하지 않는 것은 악이 될 것이기 때문이다.

12 위의 글 내용과 일치하지 않는 것을 고르면?

① 무어는 선이 단순한 것이어서 그것을 정의할 수 없다고 본다.

② 플라톤은 인간이 행한 선이 완전히 선한 것은 아니라고 본다.

③ 무어는 도덕적으로 옳은 행동을 판별할 기준을 제시할 수 없다고 본다.

④ 페리는 더욱 많은 사람들이 더욱 깊은 관심을 가질수록 가치가 증가한다고 본다.

⑤ 플라톤은 선의 이데아를 이성을 통해서 인식할 수 있다고 본다.

13 위의 내용을 읽고 ⓐ에 대한 ⓑ과 ⓒ의 공통된 문제 제기로써 옳은 사항을 고르면?

① 선을 향유하는 존재가 없다면 그것이 무슨 가치가 있겠는가?

② 선은 욕구하는 주관에 전적으로 의존하여 형성되지 않는가?

③ 사람들이 선을 인식할 수 없다고 보는 것은 과연 타당한가?

④ 사람들이 선호한다고 그것이 항상 선이라고 할 수 있는가?

⑤ 선과 악을 구분할 수 없다면 어떤 행위라도 옳다는 것인가?

▌14~15▐ 다음 글을 읽고 물음에 답하시오.

저금리가 유지되고 있는 사회에서는 저축에 대한 사람들의 인식이 상당히 회의적이다. 저축은 미래의 소비를 위해 현재의 소비를 억제하는 것을 의미하는데, 이때 그 대가로 주어지는 것이 이자이다. 하지만 저금리 상황에서는 현재의 소비를 포기하는 대가로 보상받는 비용인 이자가 적기 때문에 사람들은 저축을 신뢰하지 못하게 되는 것이다.

화폐의 효용성과 합리적인 손익을 따져 본다면 저금리 시대의 저축률은 줄어드는 것이 당연하다. 물가 상승에 비해 금리가 낮을 때에는 시간이 경과할수록 화폐의 가치가 떨어지게 되어 저축으로부터 얻을 수 있는 실질적인 수익이 낮아지거나 오히려 손해를 입을 수 있기 때문이다.

그런데 한국은행이 발표한 최근 자료를 보면, 금리가 낮은 수준에 머물고 있을 때에도 저축률이 상승하였음을 알 수 있다. 2012년에 3.4%였던 가계 저축률이 2014년에는 6.1%로 상승한 것이다. 왜 그럴까? 사람들이 저축을 하는 데에는 단기적인 금전상의 이익 이외에 또 다른 요인이 작용하기 때문이다. 살아가다 보면 예기치 않은 소득 감소나 질병 등으로 인해 갑자기 돈이 필요한 상황이 생길 수 있다. 이자율이 낮다고 해서 돈이 필요한 상황에 대비할 필요가 없어지는 것은 아니다. 이런 점에서 볼 때 금리가 낮음에도 불구하고 사람들이 저축을 하는 것은 장래에 닥칠 위험을 대비하기 위한 적극적인 의지의 반영인 것이다.

저금리 상황 속에서 저축을 하지 않는 것이 당장은 경제적인 이득을 얻는 것처럼 보일 수 있다. 하지만 이는 미래에 쓸 수 있는 경제 자원을 줄어들게 만들고 개인의 경제적 상황을 오히려 악화시킬 수도 있다. 또한 고령화가 급격하게 진행되는 추세 속에서 노후 생활을 위한 소득 보장의 안전성을 저해하는 등 사회 전반의 불안감을 높일 수도 있다. 따라서 눈앞에 보이는 이익에만 치우쳐서 저축이 가지는 효용 가치를 단기적인 측면으로 한정해서 바라보아서는 안 된다.

우리의 의사 결정은 대개 미래가 불확실한 상황에서 이루어지며 우리가 직면하는 불확실성은 확률적으로도 파악하기 힘든 것이 대부분이다. 따라서 저축의 효용성은 단기적 이익보다 미래의 불확실성에 대비하기 위한 거시적 관점에서 그 중요성을 생각해야 한다.

14 윗글에 대한 평가로 가장 적절한 것은?

① 핵심 개념을 소개한 후 관련 이론을 제시하고 있다.

② 주장을 여러 항목으로 나누어 순차적으로 제시하고 있다.

③ 전문 기관의 자료를 활용하여 논의의 근거로 삼고 있다.

④ 다양한 계층의 시각으로 균형 있는 정보를 제공하고 있다.

⑤ 유사한 사례를 비교하여 공통점과 차이점을 부각하고 있다.

15 윗글의 글쓴이가 다음에 대해 보일 수 있는 반응으로 적절하지 않은 것은?

> 요즘 저축 이자율은 떨어지고 물가 상승률은 증가하고 있다. 그래서 A는 저축을 하지 않고 있다. 하지만 B는 A에게 저축을 하는 것이 좋겠다고 조언한다.

① A가 저축을 하지 않는 이유는 화폐 가치의 하락을 우려하고 있기 때문이군.

② A가 저축을 하지 않는 이유는 당장의 경제적인 이익을 중요하게 생각하기 때문이군.

③ B가 저축을 해야 한다고 조언하는 이유는 단기적인 금전상의 이익이 아닌 또 다른 요인을 고려하기 때문이군.

④ B가 저축을 해야 한다고 조언하는 이유는 저축을 미래의 불확실성에 대비하기 위한 방안이라고 보기 때문이군.

⑤ B가 저축을 해야 한다고 조언하는 이유는 현재 소비를 포기한 대가로 받는 이자를 더 중요하게 생각하기 때문이군.

16 G사의 공장 앞에는 가로 20m × 세로 15m 크기의 잔디밭이 조성되어 있다. 시청에서는 이 잔디밭의 가로, 세로 길이를 동일한 비율로 확장하여 새롭게 잔디를 심었는데 새로운 잔디밭의 총 면적은 432㎡였다. 새로운 잔디밭의 가로, 세로의 길이는 순서대로 얼마인가?

① 24m, 18m

② 23m, 17m

③ 22m, 16.5m

④ 21.5m, 16m

⑤ 21m, 15.5m

17 현재 어머니의 나이는 아버지 나이의 $\frac{4}{5}$이다. 2년 후면 아들의 나이는 아버지의 나이의 $\frac{1}{3}$이 되며, 아들과 어머니의 나이를 합하면 65세가 된다. 현재 3명의 나이를 모두 합하면 얼마인가?

① 112세

② 116세

③ 120세

④ 124세

⑤ 128세

18 소금물 300g에서 물 110g을 증발시킨 후 소금 10g을 더 녹였더니 농도가 처음 농도의 2배가 되었다. 처음 소금물의 농도는 얼마인가?

① 8%

② 9%

③ 10%

④ 11%

⑤ 12%

19 다음은 일자별 교통사고에 관한 자료이다. 이를 참고로 보고서를 작성할 때, 알 수 없는 정보는?

〈일자별 하루 평균 전체교통사고 현황〉

(단위 : 건, 명)

구분	1일	2일	3일	4일
사고	822.0	505.3	448.0	450.0
부상자	1,178.0	865.0	1,013.3	822.0
사망자	17.3	15.3	10.0	8.3

〈보고서〉
㉠ 1~3일의 교통사고 건당 입원자 수
㉡ 평소 주말 평균 부상자 수
㉢ 1~2일 평균 교통사고 증가량
㉣ 4일간 교통사고 부상자 증감의 흐름

① ㉠㉡

② ㉢㉣

③ ㉠㉡㉢

④ ㉡㉢㉣

⑤ ㉠㉡㉢㉣

20 다음 자료에 대한 올바른 해석이 아닌 것은 어느 것인가?

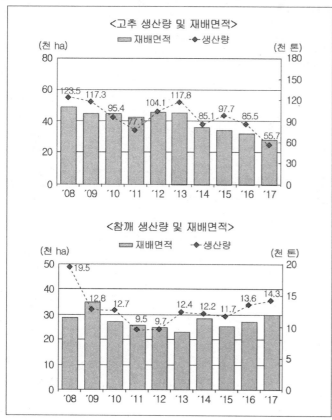

① 전년대비 2017년의 재배면적은 고추와 참깨가 모두 증가하였다.

② 2015~2017년의 재배면적과 생산량의 증감 추이는 고추와 참깨가 상반된다.

③ 2008년 대비 2017년에는 고추와 참깨의 생산이 모두 감소하였다.

④ 재배면적의 감소세는 고추가 참깨보다 더 뚜렷하다.

⑤ 재배면적이 감소하였다고 반드시 생산량도 함께 감소한 것은 아니다.

21 다음 중 연도별 댐 저수율 변화의 연도별 증감 추이가 동일한 패턴을 보이는 수계로 짝지어진 것은 어느 것인가?

〈4대강 수계 댐 저수율 변화 추이〉

(단위 : %)

수계	2011	2012	2013	2014	2015
평균	59.4	60.6	57.3	48.7	43.6
한강수계	66.5	65.1	58.9	51.6	37.5
낙동강수계	48.1	51.2	43.4	41.5	40.4
금강수계	61.1	61.2	64.6	48.8	44.6
영 · 섬강수계	61.8	65.0	62.3	52.7	51.7

① 낙동강수계, 영 · 섬강수계

② 한강수계, 금강수계

③ 낙동강수계, 금강수계

④ 영 · 섬강수계

⑤ 한강수계, 낙동강수계

22 다음은 사무용 물품의 조달단가와 구매 효용성을 나타낸 것이다. 20억 원 이내에서 구매예산을 집행한다고 할 때, 정량적 기대효과 총합의 최댓값은? (단, 각 물품은 구매하지 않거나, 1개만 구매 가능하며 구매 효용성 = $\dfrac{정량적\ 기대효과}{조달단가}$ 이다)

구분＼물품	A	B	C	D	E	F	G	H
조달단가(억 원)	3	4	5	6	7	8	10	16
구매 효용성	1	0.5	1.8	2.5	1	1.75	1.9	2

① 35　　　　　　　② 36

③ 37　　　　　　　④ 38

⑤ 39

23 다음은 연도별 임신과 출산 관련 진료비에 관한 자료이다. 2010년 대비 2015년에 가장 높은 증가율을 보인 항목은? (단, 소수 둘째 자리에서 반올림한다)

(단위 : 억 원)

연도 진료항목	2010	2011	2012	2013	2014	2015
분만	3,295	3,008	2,716	2,862	2,723	2,909
검사	97	395	526	594	650	909
임신장애	607	639	590	597	606	619
불임	43	74	80	105	132	148
기타	45	71	53	52	54	49
전체	4,087	4,187	3,965	4,210	4,165	4,634

① 분만　　　　　② 검사
③ 임신장애　　　④ 불임
⑤ 기타

24 다음 중 제시된 자료를 올바르게 분석한 것이 아닌 것은?

〈65세 이상 노인인구 대비 기초 (노령)연금 수급자 현황〉

(단위 : 명, %)

연도	65세 이상 노인인구	기초(노령) 연금수급자	국민연금 동시 수급자
2009	5,267,708	3,630,147	719,030
2010	5,506,352	3,727,940	823,218
2011	5,700,972	3,818,186	915,543
2012	5,980,060	3,933,095	1,023,457
2013	6,250,986	4,065,672	1,138,726
2014	6,520,607	4,353,482	1,323,226
2015	6,771,214	4,495,183	1,444,286
2016	6,987,489	4,581,406	1,541,216
2017	7,015,278	4,592,382	1,553,179

〈가구유형별 기초연금 수급자 현황(2016년)〉

(단위 : 명, %)

65세 이상 노인 수	수급자 수					수 급 률
	계	단독가구	부부가구			
			소계	1인수급	2인수급	
6,987,489	4,581,406	2,351,026	2,230,380	380,302	1,850,078	65.6

① 기초연금 수급자 대비 국민연금 동시 수급자의 비율은 2009년 대비 2016년에 증가하였다.

② 기초연금 수급률은 65세 이상 노인 수 대비 수급자의 비율이다.

③ 2016년 단독가구 수급자는 전체 수급자의 50%가 넘는다.

④ 2016년 1인 수급자는 전체 기초연금 수급자의 약 17%에 해당한다.

⑤ 2009년부터 65세 이상 노인인구는 꾸준히 증가하였다.

┃25～26┃ 다음은 운행 층수별 승강기 설치 현황에 대한 자료이다. 물음에 답하시오.

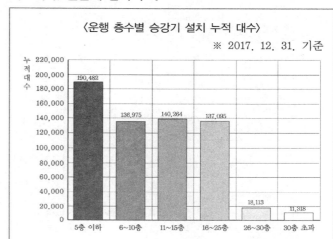

〈운행 층수별 승강기 설치 누적 대수〉

※ 2017. 12. 31. 기준

누적대수 : 190,482 / 136,975 / 140,264 / 137,095 / 18,113 / 11,318

〈2015～2017년 운행 층수별 승강기 설치 대수〉

년도	5층 이하	6~10 층	11~15 층	16~25 층	26~30 층	30층 초과
2015년	16,156	7,063	3,761	5,723	1,206	929
2016년	19,735	8,598	3,819	6,058	1,637	758
2017년	20,749	8,101	3,996	7,877	2,583	1,534

25 주어진 자료에 대한 설명으로 옳지 않은 것은?

① 30층 초과 층수에 설치된 승강기 누적 대수는 전체 승강기 설치 누적 대수의 2% 이하이다.

② 2015년부터 2017년까지 6~10층에 설치된 승강기와 26~30층에 설치된 승강기의 증감추이는 같다.

③ 2017년에 5층 이하 층수에 설치된 승강기 대수는 5층 이하 층수에 설치된 승강기 누적 대수의 10%를 초과한다.

④ 2016년 12월 31일을 기준으로 할 때, 16~25층에 설치된 승강기 누적 대수는 6~10층에 설치된 승강기 누적 대수보다 많다.

⑤ 2017년에 11~15층에 설치된 승강기의 전년대비 증가율은 약 4.6%이다.

26 다음은 4차 산업혁명 주요 11개 테마별 부가가치액에 관한 자료이다. 다음 자료를 참고할 때 보기의 내용 중 옳은 설명을 모두 고른 것은? (단, 계산 값은 소수점 둘째 자리에서 반올림한다.)

(단위 : 십억 원)

연도 테마	2011	2012	2013	2014	2015
자율주행차	63,217	65,236	66,912	70,537	77,029
로봇	40,403	42,885	44,586	47,309	53,165
인공지능	7,111	6,917	7,549	8,020	8,088
빅데이터	13,085	13,729	13,810	14,855	17,294
사물 인터넷	14,627	16,219	15,289	15,112	16,636
모바일	71,973	71,266	71,613	72,662	72,218
가상현실	39,273	41,204	42,574	45,726	51,608
블록체인	8,648	8,835	9,367	9,703	10,154
핀테크	8,147	8,222	7,448	7,329	6,854
드론	42,919	45,370	47,283	49,552	54,950
3D프린팅	3,325	3,055	3,651	4,247	4,031

〈보기〉
㉠ 2014년 대비 2015년에 각 테마 중 증가율이 가장 높은 테마는 빅데이터이다.
㉡ 매년 부가가치액이 꾸준히 증가하고 있는 테마는 모두 5개이다.
㉢ 2011년 주요 11개 테마 부가가치액의 총합에서 자율주행차와 사물 인터넷의 부가가치액이 차지하는 비중은 25%에 미치지 못 한다.
㉣ 인공지능과 3D프린팅의 매년 부가가치액의 증감 추이는 동일하다.

① ㉠㉡
② ㉠㉢
③ ㉡㉢
④ ㉡㉣
⑤ ㉢㉣

▮27~28▮ 다음은 연도별 우울증 진료 환자 추이에 대한 자료이다. 물음에 답하시오.

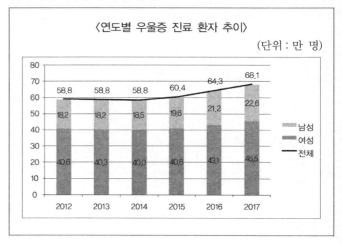

〈연도별 우울증 진료 환자 추이〉
(단위 : 만 명)

27 자료를 통하여 알 수 있는 사실로 옳은 것을 〈보기〉에서 모두 고르면?

〈보기〉
㈎ 2014년 이후 남녀 우울증 진료 환자의 수는 매년 증가하고 있다.
㈏ 전체 우울증 진료 환자에서 여성이 차지하는 비중은 매년 감소하고 있다.
㈐ 전체 우울증 진료 환자에서 남성이 차지하는 비중은 2016년이 가장 높다.
㈑ 전년 대비 전체 우울증 진료 환자의 증가율은 2016년이 2017년보다 더 높다.

① ㈎, ㈏, ㈑
② ㈎, ㈐, ㈑
③ ㈎, ㈏, ㈐
④ ㈏, ㈐, ㈑
⑤ ㈎, ㈏, ㈐, ㈑

28 2018년 남성 우울증 환자 수는 전년대비 10% 증가하고 여성 우울증 환자 수는 10% 감소하였다면, 2018년 전체 우울증 환자 수는 몇 명인가? (소수 둘째 자리에서 반올림함)

① 67.9만 명
② 66.3만 명
③ 65.8만 명
④ 64.2만 명
⑤ 63.1만 명

┃29~30┃ 다음은 통계청에서 파악한 농촌의 유소년, 생산연령, 고령인구 연도별 추이 조사 자료이다. 이를 보고 이어지는 물음에 답하시오.

(단위 : 천 명, %)

구분		2000	2005	2010	2015
농촌	합계	9,343	8,705	8,627	9,015
	유소년	1,742	1,496	1,286	1,130
	생산연령	6,231	5,590	5,534	5,954
	고령	1,370	1,619	1,807	1,931
– 읍	소계	3,742	3,923	4,149	4,468
	유소년	836	832	765	703
	생산연령	2,549	2,628	2,824	3,105
	고령	357	463	560	660
– 면	소계	5,601	4,782	4,478	4,547
	유소년	906	664	521	427
	생산연령	3,682	2,962	2,710	2,849
	고령	1,013	1,156	1,247	1,271

29 다음 중 농촌 전체 유소년, 생산연령, 고령 인구의 2000년 대비 2015년의 증감률을 각각 순서대로 올바르게 나열한 것은?

① 약 35.1%, 약 4.4%, 약 40.9%

② 약 33.1%, 약 4.9%, 약 38.5%

③ 약 −37.2%, 약 −3.8%, 약 42.5%

④ 약 −35.1%, 약 −4.4%, 약 40.9%

⑤ 약 −37.2%, 약 −4.9%, 약 42.5%

30 다음 중 위의 자료를 올바르게 해석하지 못한 것은?

① 유소년 인구는 읍과 면 지역에서 모두 지속적으로 감소하였다.

② 생산연령 인구는 읍과 면 지역에서 모두 증가세를 보였다.

③ 고령인구의 지속적 증가로 노령화 지수는 지속 상승하였다.

④ 농촌의 전체 인구는 면 지역의 생산연령 인구와 증감 추이가 동일하다.

⑤ 농촌의 전체 인구는 구간별 10% 미만의 증감폭을 보였다.

31 다음 A, B 두 국가 간의 시간차와 비행시간으로 옳은 것은?

〈A↔B 국가 간의 운항 시간표〉

구간	출발시각	도착시각
A→B	09 : 00	13 : 00
B→A	18 : 00	06 : 00(다음날)

- 출발 및 도착시간은 모두 현지시각이다.
- 비행시간은 A→B 구간, B→A 구간 동일하다.
- A가 B보다 1시간 빠르다는 것은 A가 오전 5시일 때, B가 오전 4시임을 의미한다.

	시차	비행시간
①	A가 B보다 4시간 느리다.	12시간
②	A가 B보다 4시간 빠르다.	8시간
③	A가 B보다 2시간 느리다.	10시간
④	A가 B보다 2시간 빠르다.	8시간
⑤	A가 B보다 4시간 느리다.	10시간

32 다음은 서원이가 매일하는 운동에 관한 기록지이다. 1회당 정문에서 후문을 왕복하여 달리는 운동을 할 때, 정문에서 후문까지의 거리 ㉠과 후문에서 정문으로 돌아오는데 걸린 시간 ㉡은? (단, 매회 달리는 속도는 일정하다고 가정한다.)

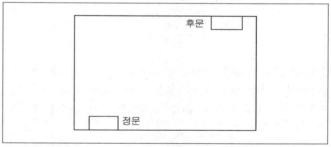

회차	속도		시간
1회	정문 → 후문	20m/초	5분
	후문 → 정문		
⋮	⋮		
5회			70분

※ 총 5회 반복

※ 마지막 바퀴는 10분을 쉬고 출발

	㉠	㉡		㉠	㉡
①	6,000m	7분	②	5,000m	8분
③	4,000m	9분	④	3,000m	10분
⑤	2,000m	11분			

33 다음 글의 내용이 참일 때 최종 선정되는 단체는 어디인가?

문화체육관광부는 우수 문화예술 단체 A, B, C, D, E 중 한 곳을 선정하여 지원하려 한다. 문화체육관광부의 금번 선정 방침은 다음 두 가지이다. 첫째, 어떤 형태로든 지원을 받고 있는 단체는 최종 후보가 될 수 없다. 둘째, 최종 선정 시 올림픽 관련 단체를 엔터테인먼트 사업(드라마, 영화, 게임) 단체보다 우선한다.

A 단체는 자유무역협정을 체결한 필리핀에 드라마 콘텐츠를 수출하고 있지만 올림픽과 관련한 사업은 하지 않는다. B 단체는 올림픽의 개막식 행사를, C 단체는 올림픽의 폐막식 행사를 각각 주관하는 단체이다. E 단체는 오랫동안 한국 음식 문화를 세계에 보급해 온 단체이다. A와 C 단체 중 적어도 한 단체가 최종 후보가 되지 못한다면, 대신 B와 E 중 적어도 한 단체는 최종 후보가 된다. 반면 게임 개발로 각광을 받는 단체인 D가 최종 후보가 된다면, 한국과 자유무역협정을 체결한 국가와 교역을 하는 단체는 모두 최종 후보가 될 수 없다.

후보 단체들 중 가장 적은 부가가치를 창출한 단체는 최종 후보가 될 수 없고, 최종 선정은 최종 후보가 된 단체 중에서만 이루어진다.

문화체육관광부의 조사 결과, 올림픽의 개막식 행사를 주관하는 모든 단체는 이미 보건복지부로부터 지원을 받고 있다. 그리고 위 문화예술 단체 가운데 한국 음식문화 보급과 관련된 단체의 부가가치 창출이 가장 저조하였다.

① A   ② B
③ C   ④ D
⑤ E

34 현경이네 가족은 주말을 맞아 집안 청소를 하기로 하였다. 현경이네 가족은 현경, 현수, 현우, 현아, 현성, 현진이다. 다음 조건에 따라 청소 당번을 정하기로 할 때, 청소 당번이 아닌 사람으로 짝지어진 것은?

〈조건〉
㉠ 현경이 당번이 되지 않는다면, 현아가 당번이 되어야 한다.
㉡ 현경이 당번이 된다면, 현우도 당번이 되어야 한다.
㉢ 현우와 현성이 당번이 되면, 현아는 당번이 되어서는 안 된다.
㉣ 현아나 현성이 당번이 된다면, 현진도 당번이 되어야 한다.
㉤ 현수가 당번이 되지 않는다면, 현우와 현성이 당번이 되어야 한다.
㉥ 현수는 당번이 되지 않는다.

① 현수, 현아
② 현경, 현수
③ 현우, 현아, 현진
④ 현수, 현우, 현진, 현성
⑤ 현경, 현우, 현아, 현성, 현진

35 사고조사반원인 K는 2018년 12월 25일 발생한 총 6건의 사고에 대하여 보고서를 작성하고 있다. 사고 발생 순서에 대한 타임라인이 다음과 같을 때, 세 번째로 발생한 사고는? (단, 동시에 발생한 사고는 없다)

㉠ 사고 C는 네 번째로 발생하였다.
㉡ 사고 A는 사고 E보다 먼저 발생하였다.
㉢ 사고 B는 사고 A보다 먼저 발생하였다.
㉣ 사고 E는 가장 나중에 발생하지 않았다.
㉤ 사고 F는 사고 B보다 나중에 발생하지 않았다.
㉥ 사고 C는 사고 E보다 나중에 발생하지 않았다.
㉦ 사고 C는 사고 D보다 먼저 발생하였으나, 사고 B보다는 나중에 발생하였다.

① A   ② B
③ D   ④ E
⑤ F

36 아래는 이야기 내용과 그에 관한 설명이다. 이야기에 관한 설명 중 이야기 내용과 일치하는 것은 모두 몇 개인가?

[이야기 내용] 미용사가 한 여성의 머리를 커트하고 있었고, 한 남성은 옆의 소파에 앉아 기다리고 있었다. 이 여성에 대한 커트가 끝나자, 기다리던 남성도 머리를 커트하였다. 커트 비용으로 여자 미용사는 남성으로부터 모두 10,000원을 받았다. 이들 3사람 외에 다른 사람은 없었다.

[이야기에 관한 설명]
1. 이 미용실의 손님은 여성과 남성 각각 1명씩이었다.
2. 이 미용실의 미용사는 여성이다.
3. 여자 미용사는 남성의 머리를 커트하였다.
4. 돈을 낸 사람은 머리를 커트한 남자 손님이었다.
5. 이 미용실의 커트 비용은 일인당 5,000원이었다.
6. 머리를 커트한 사람은 모두 2명이다.

① 0개   ② 1개
③ 2개   ④ 3개
⑤ 4개

37 ○○정유회사에 근무하는 N씨는 상사로부터 다음과 같은 지시를 받았다. 다음 중 N씨가 표를 구성할 방식으로 가장 적절한 것은?

상사 : 이 자료를 간단하게 표로 작성해 줘. 다른 부분은 필요 없고, 어제 원유의 종류에 따라 전일 대비 각각 얼마씩 오르고 내렸는지 그 내용만 있으면 돼. 우리나라는 전국 단위만 표시하도록 하고. 한눈에 자료의 내용이 들어올 수 있도록, 알겠지?

자료
주요 국제유가는 중국의 경제성장률이 시장 전망치와 큰 차이를 보이지 않으면서 사흘째 올랐다. 우리나라 유가는 하락세를 지속했으나, 다음 주에는 상승세로 전환될 전망이다. 한국석유공사는 오늘(14일) 석유정보망(http://www.petronet. co.kr/)을 통해 13일 미국 뉴욕상업거래소에서 8월 인도분 서부 텍사스산 원유(WTI)는 배럴당 87.10달러로 전날보다 1.02달러 오르면서 장을 마쳤다며 이같이 밝혔다. 또한 영국 런던 ICE선물시장에서 북해산 브렌트유도 배럴당 102.80달러로 전날보다 1.73달러 상승세로 장을 마감했다. 이는 중국의 지난 2·4분기 국내총생산(GDP)이 작년 동기 대비 7.6% 성장, 전분기(8.1%)보다 낮아졌으며 시장 전망을 벗어나지 않으면서 유가 상승세를 이끌었다고 공사 측은 분석했다. 이로 인해 중국 정부가 추가 경기 부양에 나설 것이라는 전망도 유가 상승에 힘을 보탰다. 13일 전국 주유소의 리터(ℓ)당 평균 휘발유가격은 1천892.14원, 경유가격은 1천718.72원으로 전날보다 각각 0.20원, 0.28원 떨어졌다. 이를 지역별로 보면 휘발유가격은 현재 전날보다 소폭 오른 경기·광주·대구를 제외하고 서울(1천970.78원, 0.02원↓) 등 나머지 지역에서는 인하됐다. 한편, 공사는 내주(15일~21일) 전국 평균 휘발유가격을 1천897원, 경유가격을 1천724원으로 예고, 이번 주 평균가격보다 각각 3원, 5원 오를 전망이다.

①
원유 종류	13일 가격	전일 대비
WTI	87.10 (달러/배럴)	▲ 1.02
북해산 브렌트유	102.80 (달러/배럴)	▲ 1.73
전국 휘발유	1892.14 (원/리터)	▼ 0.20
전국 경유	1718.72 (원/리터)	▼ 0.28

②
원유 종류	13일 가격	자료출처
WTI	87.10 (달러/배럴)	석유정보망 (http://www.petro net.co.kr/)
북해산 브렌트유	102.80 (달러/배럴)	
전국 휘발유	1892.14 (원/리터)	
전국 경유	1718.72 (원/리터)	

③
원유 종류	13일 가격	등락 폭
전국 휘발유	1892.14 (원/리터)	0.20 하락
서울 휘발유	1970.78 (원/리터)	0.02 하락
경기·광주·대구 휘발유	1718.12 (원/리터)	0.28 상승

④
원유 종류	내주 예상 가격	금주 대비	자료출처
전국 휘발유	1897 (원/리터)	▲ 3.0	한국석유공사
전국 경유	1724 (원/리터)	▲ 5.0	

⑤
원유 종류	내주 예상 가격	금주 대비
전국 휘발유	1897 (원/리터)	▲ 3.0
전국 경유	1724 (원/리터)	▲ 5.0
서울 휘발유	1970.78 (원/리터)	▼ 0.02
경기·광주·대구 휘발유	1718.12 (원/리터)	▲ 0.28

38 최근 수입차의 가격 할인 프로모션 등으로 인하여 국내 자동차 시장이 5년 만에 마이너스 성장한 것으로 나타남에 따라 乙자동차회사에 근무하는 A대리는 신차 개발에 앞서 자동차 시장에 대한 환경 분석과 관련된 보고서를 제출하라는 업무를 받았다. 다음은 A대리가 작성한 자동차 시장에 대한 SWOT분석이다. 기회 요인에 작성한 내용 중 잘못된 것은?

강점	약점
• 자동차그룹으로서의 시너지 효과 • 그룹 내 위상·역할 강화 • G 시리즈의 성공적인 개발 경험 • 하이브리드 자동차 기술 개발 성공	• 노조의 잦은 파업 • 과도한 신차 개발 • 신차의 짧은 수명 • 경쟁사의 공격적인 마케팅 대응 부족 • 핵심 부품의 절대적 수입 비중
기회	위협
① 노후 경유차 조기폐차 보조금 지원 ② 하이브리드 자동차에 대한 관심 증대 ③ 국제유가 하락세의 장기화 ④ 난공불락의 甲자동차회사 ⑤ 자동차 개별소비사 인하 기간 연장	• 대대적인 수입차 가격 할인 프로모션 • 취업난으로 인한 젊은 층의 소득 감소 • CEO의 부정적인 이미지 이슈화 • 미국의 한국산 자동차 관세 부과 시사

39 다음은 L공사의 국민임대주택 예비입주자 통합 정례모집 관련 신청자격에 대한 사전 안내이다. 甲~戊 중 국민임대주택 예비입주자로 신청할 수 있는 사람은? (단, 함께 살고 있는 사람은 모두 세대별 주민등록상에 함께 등재되어 있고, 제시되지 않은 사항은 모두 조건을 충족한다고 가정한다)

□ 2019년 5월 정례모집 개요

구분	모집공고일	대 상 지 역
2019년 5월	2019. 5. 7(화)	수도권
	2019. 5. 15(수)	수도권 제외한 나머지 지역

□ 신청자격

입주자모집공고일 현재 무주택세대구성원으로서 아래의 소득 및 자산보유 기준을 충족하는 자

※ 무주택세대구성원이란?

다음의 세대구성원에 해당하는 사람 전원이 주택(분양권 등 포함)을 소유하고 있지 않은 세대의 구성원을 말합니다.

세대구성원(자격검증대상)	비고
• 신청자	
• 신청자의 배우자	신청자와 세대 분리되어 있는 배우자도 세대구성원에 포함
• 신청자의 직계존속 • 신청자의 배우자의 직계존속 • 신청자의 직계비속 • 신청자의 직계비속의 배우자	신청자 또는 신청자의 배우자와 세대별 주민등록표상에 함께 등재되어 있는 사람에 한함
• 신청자의 배우자의 직계비속	신청자와 세대별 주민등록표상에 함께 등재되어 있는 사람에 한함

※ 소득 및 자산보유 기준

구분	소득 및 자산보유 기준		
	가구원수	월평균 소득기준	참고사항
소득	3인 이하 가구	3,781,270원 이하	• 가구원수는 세대구성원 전원을 말함 (외국인 배우자와 임신 중인 경우 태아 포함) • 월평균소득액은 세전금액으로서 세대구성원 전원의 월평균소득액을 모두 합산한 금액임
	4인 가구	4,315,641원 이하	
	5인 가구	4,689,906원 이하	
	6인 가구	5,144,224원 이하	
	7인 가구	5,598,542원 이하	
	8인 가구	6,052,860원 이하	
자산	• 총자산가액 : 세대구성원 전원이 보유하고 있는 총 자산가액 합산기준 28,000만 원 이하 • 자동차 : 세대구성원 전원이 보유하고 있는 전체 자동차가액 2,499만 원 이하		

① 甲의 아내는 주택을 소유하고 있지만, 甲과 세대 분리가 되어 있다.

② 아내의 부모님을 모시고 살고 있는 乙 가족의 월평균소득은 500만 원이 넘는다.

③ 丙은 재혼으로 만난 아내의 아들과 함께 살고 있는데, 아들은 전 남편으로부터 물려받은 아파트 분양권을 소유하고 있다.

④ 丁은 독신으로 주택을 소유하고 있지는 않지만 2억 원의 현금과 3천만 원짜리 자동차가 있다.

⑤ 어머니를 모시고 사는 戊은 아내가 셋째 아이를 출산하면서 戊 가족의 월평균소득으로는 1인당 80만 원도 돌아가지 않게 되었다.

40 다음은 서울교통공사가 안전하고 행복한 지하철 이용을 위해 제공한 '안전장비 취급요령'에 대한 내용이다. 보기 내용 중 가장 적절하지 않은 것은?

소화기 사용 방법	1. 안전핀 제거	소화기의 안전핀을 뽑는다. 이때 상단레버만 손으로 잡는다.
	2. 화재 방향 조준	바람을 등지고 3~5m 전방에서 호스를 불 쪽으로 향해 잡는다.
	3. 상단 레버	상단레버(손잡이)를 힘껏 움켜잡는다.
	4. 약제 방사	불길 양 옆으로 골고루 약제를 방사한다.
	유의사항	• 소화기를 방사할 때 너무 가까이 접근하여 화상을 입지 않도록 주의한다. • 바람을 등지고 상하로 방사한다. • 지하공간이나 창이 없는 곳에서 사용하면 질식의 우려가 있다. • 방사할 때 기화에 따른 동상을 주의한다. • 방사된 가스는 마시지 말고 사용 후 즉시 환기하여야 한다.
소화전 사용 방법	1. 호스 반출	소화전함을 열고 호스를 꺼내 불이 난 곳까지 꼬이지 않게 펼친다.
	2. 개폐밸브 개방	소화전 밸브를 왼쪽 방향으로 돌리면서 서서히 연다.
	3. 방수	호스 끝 부분을 두 손으로 꼭 잡고 불이 난 곳을 향하여 불을 끈다.
	유의사항	• 노즐 조작자와 개폐밸브 및 호스 조작자 등 최소 2명이 필요하다. • 소화전 사용 시 호스가 꺾이지 않도록 주의하고 호스의 반동력이 크므로 노즐을 도중에 내려놓거나 놓치지 않도록 주의한다.
비상 코크 사용 방법	1. 위치 확인	출입문 비상코크 위치를 확인하고 뚜껑을 연다.
	2. 비상코크 조작	비상코크를 잡고 몸 쪽으로 당긴다.
	3. 출입문 개방	출입문을 양손으로 잡고 당겨 연다.
	유의사항	• 출입문 비상코크는 객차 내 의자 양 옆 아래쪽에 위치해 있다. • 선로에 내릴 땐 다른 열차가 오는지 주의해야 한다.
비상 통화 장치 사용 방법	1. 커버 열기	커버를 열고 마이크를 꺼낸다.
	2. 통화	운전실에 비상경보음이 울리며, 마이크를 통해 승무원과 통화가 가능하다.
	기타사항	비상통화장치 설치위치 -객실당 2개 설치 -내장재 교체 차량에 설치

① 소화기를 잘못 사용하게 되면 화상 및 동상을 입을 수도 있다.

② 비상시에 출입문을 손으로 열기 위해서는 객차 양 끝의 장치를 조작해야만 한다.

③ 최소 2명이 있어야 사용할 수 있는 장치는 소화전뿐이다.

④ 소화기는 가급적 공기가 통하는 곳에서 사용하는 것이 안전하다.

⑤ 소화전 사용 시 노즐을 도중에 내려놓지 않도록 주의해야 한다.

41 K지점으로부터 은행, 목욕탕, 편의점, 미용실, 교회 건물이 각각 다음과 같은 조건에 맞게 위치해 있다. 모두 K지점으로부터 일직선상에 위치해 있다고 할 때, 다음 설명 중 올바른 것은? (언급되지 않은 다른 건물은 없다고 가정한다)

> • K지점으로부터 50m 이상 떨어져 있는 건물은 목욕탕, 미용실, 은행이다.
> • 목욕탕과 교회 건물 사이에는 편의점을 포함한 2개의 건물이 있다.
> • 5개의 건물은 각각 K지점에서 15m, 40m, 60m, 70m, 100m 떨어진 거리에 있다.

① 목욕탕과 편의점과의 거리는 40m이다.

② 연이은 두 건물 간의 거리가 가장 먼 것은 은행과 편의점이다.

③ 미용실과 편의점의 사이에는 1개의 건물이 있다.

④ K지점에서 미용실이 가장 멀리 있다면 은행과 교회는 45m 거리에 있다.

⑤ K지점에서 미용실이 가장 멀리 있다면 교회와 목욕탕과의 거리는 편의점과 미용실과의 거리보다 멀다.

▌42~43 ▌ 다음은 S공사에서 제공하는 휴양콘도 이용 안내문이다. 다음 안내문을 읽고 이어지는 물음에 답하시오.

▲ 휴양콘도 이용대상
• 주말, 성수기 : 월평균소득이 243만 원 이하 근로자
– 평일 : 모든 근로자(월평균소득이 243만 원 초과자 포함), 특수형태근로종사자
– 이용희망일 2개월 전부터 신청 가능
– 이용희망일이 주말, 성수기인 경우 최초 선정일 전날 23시 59분까지 접수 요망. 이후에 접수할 경우 잔여객실 선정일정에 따라 처리

▲ 휴양콘도 이용우선순위
① 주말, 성수기
 • 주말·성수기 선정 박수가 적은 근로자
 • 이용가능 점수가 높은 근로자
 • 월평균소득이 낮은 근로자
  ※ 위 기준 순서대로 적용되며, 근로자 신혼여행의 경우 최우선 선정
② 평일 : 선착순

▲ 이용·변경·신청취소
• 선정결과 통보 : 이용대상자 콘도 이용권 이메일 발송
• 이용대상자로 선정된 후에는 변경 불가 → 변경을 원할 경우 신청 취소 후 재신청
• 신청취소는 「근로복지서비스 〉 신청결과확인」 메뉴에서 이용일 10일 전까지 취소
  ※ 9일전~1일전 취소는 이용점수가 차감되며, 이용당일 취소 또는 취소 신청 없이 이용하지 않는 경우 (No-Show) 1년 동안 이용 불가
• 선정 후 취소 시 선정 박수에는 포함되므로 이용우선순위에 유의(평일 제외)
  ※ 기준년도 내 선정 박수가 적은 근로자 우선으로 자동선발하고, 차순위로 점수가 높은 근로자 순으로 선발하므로 선정 후 취소 시 차후 이용우선순위에 영향을 미치니 유의하시기 바람
  – 이용대상자로 선정된 후 타인에게 양도 등 부정사용 시 신청일 부터 5년간 이용 제한

▲ 기본점수 부여 및 차감방법 안내
• 매년(년1회) 연령에 따른 기본점수 부여

[월평균소득 243만 원 이하 근로자]

연령대	50세 이상	40~49세	30~39세	20~29세	19세 이하
점수	100점	90점	80점	70점	60점

※ 월평균소득 243만 원 초과 근로자, 특수형태근로종사자, 고용·산재보험 가입사업장 : 0점
• 기 부여된 점수에서 연중 이용점수 및 벌점에 따라 점수 차감

구분	이용점수(1박당)			벌점	
	성수기	주말	평일	이용취소 (9~1일 전 취소)	No-show (당일취소, 미이용)
차감점수	20점	10점	0점	50점	1년 사용제한

▲ 벌점(이용취소, No-show)부과 예외
• 이용자의 배우자·직계존비속 또는 배우자의 직계존비속이 사망한 경우
• 이용자 본인·배우자·직계존비속 또는 배우자의 직계존비속이 신체이상으로 3일 이상 의료기관에 입원하여 콘도 이용이 곤란한 경우
• 운송기관의 파업·휴업·결항 등으로 운송수단을 이용할 수 없어 콘도 이용이 곤란한 경우
※ 벌점부과 예외 사유에 의한 취소 시에도 선정박수에는 포함되므로 이용우선순위에 유의하시기 바람

---

42 다음 중 위의 안내문을 보고 올바른 콘도 이용계획을 세운 사람은 누구인가?

① "난 이용가능 점수도 높아 거의 1순위인 것 같은데, 올해엔 시간이 없으니 내년 여름휴가 때 이용할 콘도나 미리 예약해 둬야겠군."

② "경태 씨, 우리 신혼여행 때 휴양 콘도 이용 일정을 넣고 싶은데 이용가능점수도 낮고 소득도 좀 높은 편이라 어려울 것 같네요."

③ "여보, 지난 번 신청한 휴양콘도 이용자 선정 결과가 아직 안 나왔나요? 신청할 때 제 전화번호를 기재했다고 해서 계속 기다리고 있는데 전화가 안 오네요."

④ "영업팀 최 부장님은 50세 이상이라서 기본점수가 높지만 지난 번 성수기에 2박 이용을 하셨으니 아직 미사용 중인 20대 엄 대리가 점수 상으로는 좀 더 선정 가능성이 높겠군."

⑤ "총무팀 박 대리는 엊그제 아버님 상을 당해서 오늘 콘도 이용은 당연히 취소겠군. 취소야 되겠지만 벌점 때문에 내년에 재이용은 어렵겠어."

43 다음 〈보기〉의 신청인 중 올해 말 이전 휴양콘도 이용 순위가 높은 사람부터 순서대로 올바르게 나열한 것은 어느 것인가?

〈보기〉

A씨 : 30대, 월 소득 200만 원, 주말 2박 선정 후 3일 전 취소(무벌점)
B씨 : 20대, 월 소득 180만 원, 신혼여행 시 이용 예정
C씨 : 40대, 월 소득 220만 원, 성수기 2박 기 사용
D씨 : 50대, 월 소득 235만 원, 올 초 선정 후 5일 전 취소, 평일 1박 기 사용

① D씨 − B씨 − A씨 − C씨
② B씨 − D씨 − C씨 − A씨
③ C씨 − D씨 − A씨 − B씨
④ B씨 − D씨 − A씨 − C씨
⑤ B씨 − A씨 − D씨 − C씨

|44~45| 다음 A렌터카 업체의 이용 안내문을 읽고 이어지는 물음에 답하시오.

〈대여 및 반납 절차〉

● 대여절차

01. 예약하신 대여지점에서 A렌터카 직원 안내에 따라 예약번호, 예약자명 확인하기
02. 예약자 확인을 위해 면허증 제시 후, 차량 임대차 계약서 작성하기
03. 예약하셨던 차종 및 대여기간에 따라 차량 대여료 결제
04. 준비되어 있는 차량 외관, 작동상태 확인하고 차량 인수인계서 서명하기
05. 차량 계약서, 인수인계서 사본과 대여하신 차량 KEY 수령

● 반납절차

01. 예약 시 지정한 반납지점에서 차량 주차 후, 차량 KEY와 소지품 챙기기
02. A렌터카 직원에게 차량 KEY 반납하기
03. A렌터카 직원과 함께 차량의 내/외관 및 Full Tank (일부지점 예외) 확인하기
04. 반납시간 초과, 차량의 손실, 유류 잔량 및 범칙금 확인하여 추가 비용 정산하기

〈대여 자격기준〉

01. 승용차, 9인승 승합차 : 2종 보통면허 이상
02. 11인승 이상 승합차 : 1종 보통면허 이상
03. 외국인의 경우에는 국제 운전 면허증과 로컬 면허증 동시 소지자에 한함
　　※ 로컬 면허증 − 해당 국가에서 발급된 면허증
04. 운전자 등록 : 실 운전자 포함 제2운전자까지 등록 가능

〈요금 안내〉

차종	일 요금(원)			초과시간당 요금(원)		
	1일 요금	3~6일	7일+	+6시간	+9시간	+12시간
M(4인승)	190,000	171,000	152,000	114,000	140,600	166,800
N(6인승)	219,000	197,000	175,000	131,400	162,100	192,300
V9(9인승) V11(11인승)	270,000	243,000	216,000	162,000	199,800	237,100
T9(9인승) T11(11인승)	317,000	285,000	254,000	190,200	234,600	278,300
리무진	384,000	346,000	307,000	230,400	284,200	337,200

※ 사전 예약 없이 12시간 이상 초과할 경우 추가 1일 요금이 더해짐

44 다음 중 A렌터카를 대여하려는 일행이 알아야 할 사항으로 적절하지 않은 것은?

① 차량 대여를 위해서 서명해야 할 서류는 두 가지이다.
② 2종 보통 면허로 A렌터카 업체의 모든 차량을 이용할 수 있다.
③ 대여지점과 반납지점은 미리 예약한 곳으로 지정이 가능하다.
④ 유류비는 대여 시와 동일한 정도의 연료가 남았으면 별도로 지불하지 않는다.
⑤ 외국인이 대여를 할 경우, 2개의 면허증이 필요하다.

45 A렌터카 업체의 요금 현황을 살펴본 일행의 반응으로 적절하지 않은 것은?

① "우린 4인 가족이니 M차종을 3일 대여하면 2일 대여하는 것보다 일 요금이 19,000원 싸구나."
② "우리 일행이 11명이니 하루만 쓸 거면 V11이 가장 적당하겠다."
③ "2시간이 초과되는 것과 6시간이 초과되는 것은 어차피 똑같은 요금이구나."
④ "T9을 대여해서 12시간을 초과하면 초과시간요금이 V11 하루 요금보다 비싸네."
⑤ "여보, 길이 막혀 초과시간이 12시간보다 한두 시간 넘으면 6시간 초과 요금을 더 내야하니 염두에 두세요."

46 원래 책 다음의 ㈜서원각이 새롭게 개편한 조직에 대한 설명으로 가장 적절한 것은?

> ㈜서원각은 점차 복잡해지고 불확실성이 높아 가는 비즈니스 환경에 대비하기 위해 조직을 개편하였다. 기존의 개발부, 영업부, 자재부, 생산부 등으로 구성된 기능별 조직을 가전제품, 반도체 제품, 휴대 전화 등 제품별 조직으로 개편하였다.

① 사업 단위별로 조직의 권한을 분산시키는 조직이다.
② 특정 과제가 해결되면 해체되는 일시적인 조직이다.
③ 최고 경영자의 명령이 수직적으로 전달되는 조직이다.
④ 라인 조직에 조언하는 스텝 조직이 상호 연결된 조직이다.
⑤ 각 부분에서 선정된 사람으로 위원회를 구성하는 조직이다.

|47~48| 다음 위임전결규정을 보고 이어지는 질문에 답하시오.

〈결재규정〉

- 결재를 받으려는 업무에 대해서는 최고결재권자(대표이사)를 포함한 이하 직책자의 결재를 받아야 한다.
- '전결'이라 함은 회사의 경영활동이나 관리활동을 수행함에 있어 의사 결정이나 판단을 요하는 일에 대하여 최고결재권자의 결재를 생략하고, 자신의 책임 하에 최종적으로 의사 결정이나 판단을 하는 행위를 말한다.
- 전결사항에 대해서도 위임 받은 자를 포함한 이하 직책자의 결재를 받아야 한다.
- 표시내용 : 결재를 올리는 자는 최고결재권자로부터 전결사항을 위임받은 자가 있는 경우 결재란에 전결이라고 표시하고 최종결재권자란에 위임 받은 자를 표시한다. 다만, 결재가 불필요한 직책자의 결재란은 상향대각선으로 표시한다.
- 최고결재권자의 결재사항 및 최고결재권자로부터 위임된 전결사항은 아래의 표에 따른다.

구분	내용	금액기준	결재서류	팀장	본부장	대표이사
접대비	거래처 식대, 경조사비 등	20만 원 이하	접대비지출품의서 지출결의서	● ■		
		30만 원 이하			● ■	
		30만 원 초과				● ■
교통비	국내 출장비	30만 원 이하	출장계획서 출장비 신청서	● ■		
		50만 원 이하		●	■	
		50만 원 초과		●		■
	해외 출장비			●		■
소모품비	사무용품		지출결의서	■		
	문서, 전산 소모품					■
	기타 소모품	20만 원 이하		■		
		30만 원 이하			■	
		30만 원 초과				■
교육훈련비	사내외 교육		기안서 지출결의서	●		■
법인카드	법인카드 사용	50만 원 이하	법인카드 신청서	■		
		100만 원 이하			■	
		100만 원 초과				■

※ ● : 기안서, 출장계획서, 접대비지출품의서
　 ■ : 지출결의서, 세금계산서, 발행요청서, 각종신청서

47 홍 대리는 바이어 일행 내방에 따른 저녁 식사비로 약 120만 원의 지출 비용을 책정하였다. 법인카드를 사용하여 이를 결제할 예정인 홍 대리가 작성해야 할 문서의 결재 양식으로 옳은 것은 어느 것인가?

①
법인카드신청서			
결재	담당	팀장	본부장	대표이사
	홍 대리			

②
접대비지출품의서			
결재	담당	팀장	본부장	대표이사
	홍 대리			

③
법인카드신청서			
결재	담당	팀장	본부장	최종결재
	홍 대리			

④
접대비지출품의서			
결재	담당	팀장	본부장	대표이사
	홍 대리		전결	

⑤
법인카드신청서			
결재	담당	팀장	본부장	대표이사
	홍 대리			

48 권 대리는 광주로 출장을 가기 위하여 출장비 45만 원에 대한 신청서를 작성하려 한다. 권 대리가 작성해야 할 문서의 결재 양식으로 옳은 것은 어느 것인가?

①
출장비신청서			
결재	담당	팀장	본부장	최종결재
	권 대리			본부장

②
출장비계획서			
결재	담당	팀장	본부장	최종결재
	권 대리			

③
출장비계획서			
결재	담당	팀장	본부장	최종결재
	권 대리		전결	

④
출장비신청서			
결재	담당	팀장	본부장	최종결재
	권 대리			

⑤
출장비신청서			
결재	담당	팀장	본부장	최종결재
	권 대리		전결	본부장

| 49~50 | 다음은 서울교통공사의 '주요 안전투자 세부 내역'과 '조직도'의 일부이다. 각 물음에 답하시오.

〈주요 안전투자 세부 내역〉

(단위 : 억 원)

구분	내용	2018년	2019년	증감
합계		4,537	5,223	686
전동차	2·3호선 노후전동차 교체	1430	852	△578
	5·7호선 노후전동차 교체	1	704	703
	전동차 전방 CCTV설치 등	57	116	59
승강장 안전문	승강장안전문 전면 재시공	70	119	49
	PSD비상문 교체	132	105	△27
	PSD 검지센서 모니터링 등	2	13	11
내진 및 고가 구조물	내진성능 보강	592	551	△41
	방음벽 및 고가 구조물 보강	19	47	28
	고가 구조물 유지보수 및 진단	17	16	△1
공기질	시청(2)역 석면 제거	11	110	99
	공기질 개선 측정기구	0	72	72
	잠실새내역 환경개선 등	15	147	132
디지털 기반 안전 시스템 (SCM)	스마트 차량검수 시스템 구축	20	34	14
	기계설비자동제어(SAMBA)	36	95	59
	CCTV 지능형통합모니터링	20	174	154
	차세대 정보통신망 구축	110	253	143
	운행정보 실시간모니터링 등	9	9	0
노후시설 개선	노후 전선로 개량	97	193	96
	노후 전력설비 개량	326	268	△58
	노후 제연설비 개량 등	653	491	△162
기타	승강편의 유지관리 용역	156	129	△27
	통합관제 시스템 구축	37	147	110
	안전5중 방호벽 시제품	727	578	△149

〈조직도〉

사장직속	경영지원실	구매물류실	안전관리본부	고객서비스본부	차량본부
9호선운영부문	인재개발원	구매물류센터	종합관제단	서비스안전센터	차량사업소
도시철도연구원	급여복지센터		제1관제센터	고객안전지원센터	
			제2관제센터		

승무본부	기술본부	전략사업본부
승무사업소	승강장안전문 관리단	사업운영단
	승강기관리단	소사원시사업단
	장비관리단	
	기술사업소	
	기술센터	

49 다음 중 옳은 것을 모두 고르면?

> ㉠ 2018년과 2019년 모두 안전투자 비용에서 가장 큰 비중을 차지하고 있는 것은 '전동차'이다.
> ㉡ 공기질 개선 측정기구를 통해 공기질을 관리하는 것은 2019년에 새로 도입한 방법일 것이다.
> ㉢ 노후 전선로 및 노후 전력설비 개량비용은 2018년과 2019년 모두 노후시설 개선 분야에서 절반 이상의 비중을 차지한다.
> ㉣ 2018년에 비해 2019년에 각 세부 내용의 투자비용이 모두 증가한 분야는 '공기질'과 '디지털 기반 안전시스템(SCM)'이다.

① ㉠, ㉢   ② ㉡, ㉣
③ ㉠, ㉡, ㉣   ④ ㉡, ㉢, ㉣
⑤ ㉠, ㉡, ㉢, ㉣

50 조직도를 참고할 때, 유추할 수 있는 내용으로 가장 잘못된 것은?

① 승강장안전문에 대한 업무는 기술본부의 '승강장안전문관리단'에서 총괄할 것이다.
② 관제사가 되고자 하는 자는 종합관제단에서 실시하는 신체검사에 합격하여야 한다.
③ 통합 관제시스템 구축 예산안은 안전관리본부 소속 종합관제단에서 수립할 것이다.
④ 각종 유지보수에 필요한 소모품 등의 구매 및 계약은 구매물류실 소속 구매물류센터에서 총괄할 것이다.
⑤ 9호선운영부문은 업무와 관련하여 사장에게 직접 보고할 것이다.

51 다음은 서울교통공사의 데이터 관리 규칙 중 일부를 나타낸 것이다. 다음 중 옳지 않은 것은?

① 데이터는 공사의 핵심 자산으로 인식하여 체계적으로 관리되어야 한다.
② 데이터는 공사 데이터 표준이 준수되어야 하며, 데이터의 정의를 일관되고 명확하게 함으로써 사용자에게 유용할 수 있도록 하여야 한다.
③ 데이터 수요자에게 유효한 데이터를 적시, 적소에 공급될 수 있도록 데이터의 흐름을 관리하여야 한다.
④ 데이터 품질지표를 설정하여 주기적인 평가활동을 수행하고 데이터에 대한 책임 및 관리 주체를 명확히 하여야 한다.
⑤ 데이터는 개인적인 저장소에 수집·저장하여 정보 수요자에게 제공되어야 한다.

52 다음 중 아래 워크시트의 [A1] 셀에 사용자 지정 표시 형식 '#,###,'을 적용했을 때 표시되는 값은?

	A	B
1	2451648.81	
2		

① 2,451   ② 2,452
③ 2   ④ 2.4
⑤ 2.5

53 다음 아래의 2가지 메신저에 대한 내용을 보고 잘못 말하고 있는 사람을 고르면?

① 유희 : 위와 같은 메신저를 사용하게 되면 상대가 인터넷에 접속해 있는지를 확인할 수 있으므로 응답이 즉각적으로 이루어져서 전자우편보다 훨씬 속도가 빠르지.
② 병훈 : 인터넷에 연결되어 있기 때문에 각종 뉴스나 증권, 음악 정보 등의 서비스도 제공받을 수 있어.
③ 윤철 : 대부분의 메신저는 FTP를 거쳐야만 파일을 교환할 수 있어.

④ 정태 : 메신저는 프로그램을 갖춘 사이트에 접속하여 회원으로 등록한 후에 해당 프로그램을 다운로드 받아 컴퓨터에 설치하여 사용하면 되고, 회원가입과 사용료는 대부분 무료야.

⑤ 지선 : 여러 사람과의 채팅과 음성채팅도 지원되고 또한, 메신저는 인터넷을 기반으로 하고 있으므로 여러 사람과의 채팅과 음성채팅도 지원하며, 대용량의 동영상 파일은 물론 이동전화에 문자 메시지 전송도 가능해.

┃54~55┃ 다음은 서울교통공사에서 제공한 '시간대별 지하철 이용 인원수'를 나타낸 자료 중 일부이다. 각 물음에 답하시오.

	A	B	C	D	E	F	G	H	I	J
1	역명	구분	04~05	05~06	06~07	07~08	08~09	09~10	10~11	11~12
2	서울역	승차	43	386	478	1528	2853	2139	2240	3385
3	서울역	하차	2	342	2213	4387	9548	5577	3428	3082
4	시청	승차	3	80	132	285	363	509	609	864
5	시청	하차	0	164	756	3011	8725	3472	1763	1693
6	종각	승차	1	120	162	246	451	565	787	1246
7	종각	하차	1	213	1272	4317	12140	6222	3186	3029
8	종로3가	승차	7	152	163	229	421	507	993	1452
9	종로3가	하차	3	111	490	1005	2320	2507	2550	2668
10	종로5가	승차	1	78	112	211	332	465	842	1127
11	종로5가	하차	0	120	563	1330	4098	1928	1901	2105

54 지하철역별로 시간대별 '승차' 인원수만 따로 보려고 할 때 가장 적절한 방법은?

① 구분에 '하차'라고 적혀 있는 3, 5, 7, 9, 11열을 삭제한다.

② lookup 함수를 이용한다.

③ 필터 기능을 이용하여 '구분' 셀(B1)에서 '승차'값만 선택한다.

④ '보기'의 '틀 고정'에서 '첫 행 고정'을 선택한다.

⑤ '조건부 서식 – 셀 강조 규칙'에서 '승차'를 포함한 텍스트 서식을 지정한다.

55 위 자료를 다음과 같이 나타내려고 한다. 다음 중 사용한 기능이 아닌 것은?

	A	B	C	D	E	F	G	H	I	J
1	역명	04~05	05~06	06~07	07~08	08~09	09~10	10~11	11~12	시간대별 인원수 추이
2	서울역	45	728	2691	5915	12401	7716	5668	6467	
3	시청	3	244	888	3296	9088	3981	2372	2557	
4	종각	2	333	1434	4563	12591	6787	3973	4275	
5	종로3가	10	263	653	1234	2741	3014	3543	4120	
6	종로5가	1	198	675	1541	4430	2393	2743	3232	
7	시간대별 평균 이용자수	12.2	353.2	1268.2	3309.8	8250.2	4778.2	3659.8	4130.2	

① 열 삭제

② sum 함수

③ 필터

④ 스파크라인

⑤ average 함수

56 ㈜서원각에서 근무하는 김 대리는 제도 개선 연구를 위해 영국 런던에서 관계자와 미팅을 하려고 한다. 8월 10일 오전 10시 미팅에 참석할 수 있도록 해외출장 계획을 수립하려고 한다. 김 대리는 현지 공항에서 입국 수속을 하는데 1시간, 예약된 호텔까지 이동하여 체크인을 하는데 2시간, 호텔에서 출발하여 행사장까지 이동하는데 1시간 이내의 시간이 소요된다는 사실을 파악하였다. 또한 서울 시각이 오후 8시 45분일 때 런던 현지 시각을 알아보니 오후 12시 45분이었다. 비행운임 및 스케줄이 다음과 같을 때, 김 대리가 선택할 수 있는 가장 저렴한 항공편은 무엇인가?

항공편	출발시각	경유시간	총 비행시간	운임
0001	8월 9일 19 : 30	7시간	12시간	60만 원
0002	8월 9일 20 : 30	5시간	13시간	70만 원
0003	8월 9일 23 : 30	3시간	12시간	80만 원
0004	8월 10일 02 : 30	직항	11시간	100만 원
0005	8월 10일 05 : 30	직항	9시간	120만 원

① 0001

② 0002

③ 0003

④ 0004

⑤ 0005

57 다음은 ○○기업의 인적 자원 관리 사례이다. 이에 대한 설명으로 옳은 것만을 모두 고른 것은?

> • 직무 분석 결과에 따른 업무 조정 및 인사 배치
> • 기업 부설 연수원에서 사원 역량 강화 교육 실시
> • 건강 강좌 제공 및 전문 의료진과의 상담 서비스 지원

> ㉠ 법정 외 복리 후생 제도를 실시하고 있다.
> ㉡ 인적 자원 관리의 원칙 중 '단결의 원칙'을 적용하고 있다.
> ㉢ OJT(On the Job Training) 형태로 사원 교육을 진행하고 있다.

① ㉠
② ㉡
③ ㉠, ㉢
④ ㉡, ㉢
⑤ ㉠, ㉡, ㉢

58 업무상 지출하는 비용은 회계상 크게 직접비와 간접비로 구분할 수 있으며, 이러한 지출 비용을 개인의 가계에 대입하여 구분할 수도 있다. M씨의 개인 지출 내역이 다음과 같을 경우, M씨의 전체 지출 중 간접비가 차지하는 비중은 얼마인가?

(단위 : 만 원)

보험료	공과금	외식비	전세 보증금	자동차 보험료	의류 구매	병원 치료비
20	55	60	10,000	11	40	15

① 약 13.5%
② 약 8.8%
③ 약 0.99%
④ 약 4.3%
⑤ 약 2.6%

∥59~60∥ 다음은 시간관리 매트릭스에 관한 설명이다. 물음에 답하시오.

<시간관리 매트릭스>		
	긴급함	긴급하지 않음
중요함	제1사분면	제2사분면
중요하지 않음	제3사분면	제4사분면

• 제1사분면 : 중요하고 긴급한 일로 위기사항이나 급박한 문제, 기간이 정해진 프로젝트 등 이 해당
• 제2사분면 : 긴급하지는 않지만 중요한 일로 인간관계 구축이나 새로운 기회의 발굴, 중장기 계획 등이 포함
• 제3사분면 : 긴급하지만 중요하지 않은 일로 잠깐의 급한 질문, 일부 보고서, 눈 앞의 급박한 사항이 해당
• 제4사분면 : 중요하지 않고 긴급하지 않은 일로 하찮은 일이나 시간낭비거리, 즐거운 활동 등이 포함

59 다음 중 긴급하지 않고 중요하지 않은 일에 해당하는 것은?

① 우편물 확인
② 인간관계 구축
③ 중장기 계획
④ 눈앞의 급박한 상황
⑤ 기간이 정해진 프로젝트

60 다음은 중완이가 해야 할 일 목록이다. 다음 중 가장 먼저 해야 할 일은?

> • 갑자기 떠오른 질문
> • 친구와 통화
> • 피아노 레슨
> • 마감이 가까운 업무
> • 휴가 계획
> • 모임에 참석
> • 공연 관람
> • 가족과 식사

① 모임에 참석하기
② 가족과 식사
③ 피아노 레슨
④ 마감이 가까운 업무
⑤ 공연 관람

61 다음과 같은 프로그램 명령어를 참고할 때, 아래의 모양 변화가 일어나기 위해서 두 번의 스위치를 눌렀다면 어떤 스위치를 눌렀는가? (위부터 아래로 차례로 1~4번 도형임)

스위치	기능
◉	1번, 4번 도형을 시계 방향으로 90도 회전함
◈	2번, 3번 도형을 시계 방향으로 90도 회전함
▣	1번, 2번 도형을 시계 반대 방향으로 90도 회전함
◐	3번, 4번 도형을 시계 반대 방향으로 90도 회전함

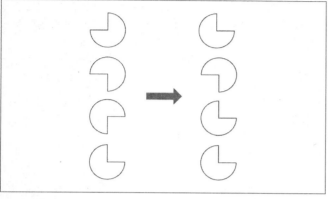

① ▣, ◉

② ◈, ▣

③ ◉, ▣

④ ◐, ◉

⑤ ◐, ◈

62 다음의 사례는 4차 산업발전을 기반으로 한 C2C의 내용이다. 아래의 내용으로 미루어 보아 4차 산업발전의 기술을 기반으로 한 C 쇼핑이 제공하는 서비스와 가장 관련성이 높은 것은 무엇인가?

4차 산업혁명의 기술로 인해 우리의 실생활을 변화 시켜가고 있다. 자동차의 공유, 자전거유 공유, 우버택시 서비스, 카카오 택시 등 플랫폼을 활용한 공유경제가 우리 사회를 주도해 가고 있다. 특히 공유경제는 저비용, 고효율에 기반을 둔 개개인의 수익창출에 근간을 둔다. 공유경제의 기반은 플랫폼이다.

4차 산업혁명으로 인해 C2C의 경우 소비자는 상품을 구매하는 주체이면서 동시에 공급의 주체가 되기도 한다. 인터넷이 소비자들을 직접 연결시켜주는 시장의 역할을 하게 됨으로써 발생한 거래형태로 현재는 경매나 벼룩시장처럼 중고품을 중심으로 거래가 이루어지고 있는데, 그 한 가지 사례가 있어 소개한다.

스마트폰으로 팔고 싶은 물품의 사진이나 동영상을 인터넷에 올려 당사자끼리 직접 거래할 수 있는 모바일 오픈 마켓 서비스가 등장했다. C 쇼핑은 수수료를 받지 않고 개인 간 물품거래를 제공하는 스마트폰 애플리케이션 '오늘 마켓'을 서비스한다고 밝혔다. 기존 오픈 마켓은 개인이 물건을 팔려면 사진을 찍어 PC로 옮기고, 인터넷 카페나 쇼핑몰에 판매자 등록을 한 뒤 사진을 올리는 복잡한 과정을 거쳐야 했다. 오늘마켓은 판매자가 휴대전화로 사진이나 동영상을 찍어 앱으로 바로 등록할 수 있고 전화나 문자메시지, e메일, 트위터 등 연락 방법을 다양하게 설정할 수 있다.

구매자는 상품 등록시간이나 인기 순으로 상품을 검색할 수 있고 위치 기반 서비스(LBS)를 바탕으로 자신의 위치와 가까운 곳에 있는 판매자의 상품만 선택해 볼 수도 있다. 애플 스마트폰인 아이 폰용으로 우선 제공되며 안드로이드 스마트폰용은 상반기 안으로 서비스 예정이다. 이렇듯 4차 산업발전으로 인해 C2C 또한 빠르고 편리한 서비스를 제공하게 되는 것이다.

① 정부에서 필요로 하는 조달 물품을 구입할 시에 흔히 사용하는 입찰방식이다.

② 소비자와 소비자 간 물건 등을 매매할 수 있는 형태이다.

③ 정보의 제공, 정부문서의 발급, 홍보 등에 주로 활용되는 형태이다.

④ 홈뱅킹, 방송, 여행 및 각종 예약 등에 활용되는 형태이다.

⑤ 4차 산업혁명과 C2C는 기술적으로 아무런 관련성이 없는 방식이다.

63 추후 우리나라의 물류 및 유통 분야도 4차 산업혁명의 영향을 많이 받게 될 것이다. 아래의 그림은 이러한 기술의 발전으로 인해 불필요한 물류흐름을 줄이고 나타낸 형태이다. 이때 기술발전으로 인한 물류의 각 단계별 흐름에 대한 설명으로 옳게 연결된 것을 고르면?

아마도 완전히 자동화되어 사람은 단 한 명도 찾아볼 수 없는 광경일 것이다. 좀 더 상상력이 뛰어난 사람이라면 드론이 날아다니며 물품을 옮기고, 인간형 로봇들이 물품을 분류하는 장면까지 그려낼 수 있을 것이다.

그러한 상상의 그림이 현실로 이루어질 때가 멀지 않았다. 인공지능, 빅데이터, 사물인터넷 등 다양한 ICT 기술과 타 산업의 융합을 근간으로 하는 4차 산업혁명이 현실로 다가오기 시작했다. 이는 비단 제조업계에 국한된 이야기가 아니다. 미래의 물류창고는 이미 그 모습을 드러내기 시작했다. 새로운 기술의 활용과 더불어 물류 창고 내의 패러다임에도 많은 변화가 이뤄지고 있다. 지브라 테크놀로지스의 연구 보고서에 따르면 물류창고 업계의 62%가 향후 5년 이내에 음성-화면 피킹 방식을 도입함으로써 작업자들의 눈과 손을 자유롭게 하고 작업 생산성을 높일 계획이다. 또한 응답자의 61%는 2020년까지 크로스도킹(Cross-Docking, 물품을 적재하지 않고 들어오는 차량에서 나가는 차량으로 곧바로 옮겨 싣는 방식) 사용을 확대해 작업 효율성을 극대화 할 예정이다.

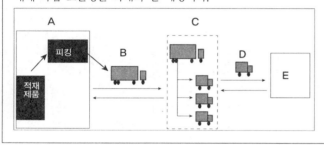

① A : 창고 → B : 수송 → C : 크로스도크 운송 → D : 루트 배송 → E : 고객

② A : 창고 → B : 수송 → C : 루트 배송 → D : 크로스도크 운송 → E : 고객

③ A : 창고 → B : 크로스도크 운송 → C : 수송 → D : 루트 배송 → E : 고객

④ A : 수송 → B : 창고 → C : 크로스도크 운송 → D : 루트 배송 → E : 고객

⑤ A : 수송 → B : 루트 배송 → C : 크로스도크 운송 → D : 창고 → E : 고객

64 다음 16진법에 대한 설명을 참고할 때, 10진법의 45를 나타내는 수를 16진법으로 올바르게 표기한 것은 어느 것인가?

10진법이 0~9까지 10개의 숫자를 사용하여 모든 수를 나타내듯이 16진법은 0~15까지의 16개 숫자를 사용하며, 이후부터는 다시 10진법과 마찬가지로 '10'이라는 숫자로 16번째 수를 나타내게 된다. 그런데, 9 이후의 숫자가 존재하지 않기 때문에 알파벳을 사용하여 다음과 같이 부족한 수를 나타내게 된다.

10진법	10	11	12	13	14	15
16진법	A	B	C	D	E	F

따라서 알파벳 C는 10진법의 12를 나타내며, 16진법으로 쓰인 '13'이라는 표기는 10진법의 19를 나타낸다.

① 1D   ② 1E

③ 2C   ④ 2D

⑤ 2F

65 기술 융합에 관한 다음 글의 내용을 토대로 할 때, 융합이 의미하는 두 가지의 과학 기술을 알맞게 짝지은 것은?

가까운 미래에는 주민등록증 혹은 여권 대신 무엇을 들고 다닐까? 흔히 SF영화에서는 개인의 DNA를 담은 칩을 인체 속에 삽입하고 다니면서 신분증으로 사용하는 장면이나 눈물 한 방울로 환자의 질병을 진단하는 모습이 연출되어 왔다. 이러한 영화 속 장면이 NBIT 기술이 바탕이 되어 현실로 실현화되고 있다. NBIT 대표 융합기술 중 하나인 이러한 기술은 기존 한 가지 특정 성분분석 검출기의 한계(긴 검출시간 및 많은 양의 환자 혈액 필요 등)를 극복하기 위해 개발되어 온 상업화된 상품으로써, 다중의 분석물을 자발적으로 측정할 수 있는 감지소자를 일컫는다. 크게 면역진단과 분자진단으로 나뉘며, 구체적으로 분석 대상에 따라서 DNA 칩, 단백질 칩, 세포 칩, 뉴런 칩, 그리고 생체삽입용 칩 등이 있다. 현재 다양한 표면 화학적 활성화 기술을 바탕으로 고효율의 바이오 탐침(bio-probe) 고정화기술 및 바이오어레이 기술을 자동화하는데 성공함으로써 다양한 고효율성 칩 시제품들이 출시되고 있다.

① BT, IT   ② BT, CS

③ NT, BT   ④ CS, NT

⑤ IT, NT

66 다음 사례에서 목표 달성에 실패하지 않으려면 Y씨에게 필요한 것은 무엇인가?

> Y씨는 최근 외국과의 거래가 많아지면서 영어를 공부하기로 결심하고 퇴근 후에 회사 앞에 있는 학원에서 1시간 동안 영어회화 강의를 수강하기로 하였다. 처음 일주일은 학원을 잘 다녔으나 어느 날은 쉬고 싶은 마음에 학원을 안 가기도 하고, 직장 동료들이 함께 밥을 먹자는 제안에 동료들과 친해지고 싶어서 학원을 안 가기도 하였다. 그러다 보니 Y씨의 목표는 흐지부지되고 말았다.

① 시간 분배
② 인간의 욕구와 감정 통제
③ 문화적인 장애 극복
④ 리더십 개발
⑤ 예산 통제

67 다음 상황에서 A의 상사가 개선해야 하는 사항으로 옳은 것은?

> 민원 관련으로 공공기관 방문이 많은 부서에서 일하고 있는 A씨는 상사의 지시가 있으면 구청을 방문하곤 했다. 오늘도 어김없이 구청을 방문하고 복귀하는데 회사에 거의 다 온 시점에서 상사의 전화가 왔다. 상사가 말하길 "아까 지시 못한 일이 있는데 검찰청에 들러서 일을 처리하고 오라."라고 하는 것이었다. 구청 근처에 검찰청이 있기 때문에 A씨는 다시 돌아가야 해서 짜증이 났다. 오늘뿐만 아니라 여태까지 상사가 일을 지시하는 방법이 이러했기 때문이다.

① 직원이 창의적인 사고를 가질 수 있도록 다른 사람과 다른 방식으로 지시해야 한다.
② 직원에게 지시하지 말고 상사가 직접 구청과 검찰청에 방문해야 한다.
③ 비슷한 곳에 업무가 있을 때에는 한 번에 처리하도록 지시하여 같은 곳을 반복해서 가지 않도록 해야 한다.
④ 회사와 팀의 업무 지침을 무시하지 말고 따르도록 해야 한다.
⑤ 업무의 성격을 따져서 구분하여 처리할 수 있도록 지시해야 한다.

68 일본을 상대로 하는 무역회사에 다니고 있는 김 대리는 지금 하고 있는 일이 너무 익숙해져버려서 변화를 주어야겠다는 느낌을 받고 자기개발을 하려고 한다. 김 대리는 업무에 필요한 기초적인 일본어는 가능하지만 고급 일본어 구사에 부족함을 느껴 일본어를 공부하기로 마음을 먹었다. 다음은 김 대리가 목표와 계획을 작성한 것이다. 이를 본 상사의 반응으로 옳지 않은 것은?

> 〈김 대리의 자기개발 계획〉
> • 목표 : 고급 일본어 공부하기
> • 계획 : 일주일에 3일 고급 일본어 강의 수강
> • 방법 : 퇴근하고 화, 목, 토요일 저녁 8~9시까지 집 근처 학원에서 고급 일본어를 수강
>
> 〈학원 강의 시간표〉
>
> | 시간 | 월 | 화 | 수 | 목 | 금 | 토 |
> |------|-----|-----|-----|-----|-----|-----|
> | 07:00 ~ 08:00 | 고급 일본어 | 초급 중국어 | 고급 일본어 | 초급 중국어 | 고급 일본어 | 초급 중국어 |
> | 20:00 ~ 21:00 | 초급 중국어 | 고급 일본어 | 초급 중국어 | 고급 일본어 | 초급 중국어 | 고급 일본어 |

① 목표를 장·단기로 나눠서 구체적으로 정하는 것이 더 좋을 것 같은데.
② 우리 회사의 특성상 야근이 많을 수 있으므로 퇴근 후보다는 출근 전에 학원을 가는 것이 좋지 않겠나?
③ 김 대리는 일본어는 기본적인 대화가 가능하니까, 이참에 중국어를 배워보는 건 어떻겠나?
④ 자기개발은 현재 직무를 고려해야 하는데 현재의 직무를 고려하지 않은 것이 흠이군.
⑤ 온라인 강의는 어떤가? 퇴근 후 학원까지 가야하는 번거로움이 줄어들 것 같은데.

❙69~70❙ 다음은 자기관리의 단계를 나타낸 것이다. 이를 보고 물음에 답하시오.

1단계	2단계	3단계	4단계	5단계
비전 및 목적 정립	과제 발견	일정 수립	수행	반성 및 피드백

69 회사에 갓 입사한 신입사원 甲은 대학 졸업 후 첫 직장이라 자기관리에 서툴다. 이에 반해 상사인 乙 대리는 철저한 자기관리로 차분하게 일을 처리하는 성격이다. 이를 부러워한 甲은 乙 대리의 자기관리능력을 본받고자 乙 대리를 관찰한 결과 자기관리에도 단계별 절차가 있다는 것을 깨달았다. 이에 甲은 1단계부터 실행해 보려고 한다. 1단계 비전 및 목적을 정립하기 위하여 필요한 질문으로 옳지 않은 것은?

① 나의 가치관은 무엇인가?

② 나에게 가장 중요한 것은 무엇인가?

③ 일을 수행하는 동안 어떤 문제에 직면했는가?

④ 내 삶의 의미는 무엇인가?

⑤ 내가 추구하고자 하는 목적은 무엇인가?

70 다음의 사례는 자기관리의 어느 단계에 해당하는가?

> 사원 丙은 현재 자신의 역할 및 능력을 다음의 질문을 통해 검토하고, 할 일을 조정하여 자신이 수행해야 될 역할들을 도출하였다.
> • 자신이 현재 수행하고 있는 역할과 능력은 무엇인가?
> • 역할들 간에 상충되는 것은 없는가?
> • 현재 변화되어야 할 것은 없는가?

① 비전 및 목적 적립

② 과제 발견

③ 일정 수립

④ 수행

⑤ 반성 및 피드백

71 고객서비스 팀의 과장인 A는 아침부터 제품에 대한 문의를 해오는 여러 유형의 고객들에게 전화로 설명하고 있다. 하지만 모든 고객이 동일하지는 않다는 것을 전화업무를 통해 항상 느끼는 A는 그 동안의 전화업무를 통해 고객의 유형 및 이에 대한 특징을 구체화시키게 되었다. 다음 중 A가 파악한 고객의 유형 및 그 특징의 연결로 가장 바르지 않은 것을 고르면?

① 전문가형 고객 – 자신을 과시하는 스타일의 고객으로 자신이 모든 것을 다 알고 있는 전문가처럼 행동하는 경향이 짙다.

② 호의적인 고객 – 사교적, 협조적이고 합리적이면서 진지한 반면에 자신이 하고 싶지 않거나 할 수 없는 일에도 약속을 해서 상대방을 실망시키는 경우도 있다.

③ 저돌적인 고객 – 상황을 처리하는데 있어 단지 자신이 생각한 한 가지 방법 밖에 없다고 믿도록 타인으로부터의 피드백을 받아들이려 하지 않는 경향이 강하다.

④ 우유부단한 고객 – 타인이 자신을 위해 의사결정을 내려주기를 기다리는 경향이 있다.

⑤ 빈정거리는 고객 – 자아가 강하면서 끈질긴 성격을 가진 사람이다.

72 다음의 각 사례는 대인관계 향상을 위한 내용들이다. 이에 대한 각 사례를 잘못 파악하고 있는 것을 고르면?

> ㉠ 야구를 매우 좋아하는 아들을 둔 친구가 있었다. 그러나 이 친구는 야구에 전혀 관심이 없었다. 어느 해 여름, 그는 아들을 데리고 프로야구를 보기 위해 여러 도시를 다녔다. 야구 구경은 6주일 이상이 걸렸고 비용 역시 엄청나게 많이 들었다. 그러나 이 여행이 부자간의 인간관계를 강력하게 결속시키는 계기가 되었다. 내 친구에게 "자네는 그 정도로 야구를 좋아하나?"라고 물었더니 그는 "아니, 그렇지만 내 아들을 그만큼 좋아하지."라고 대답했다.
>
> ㉡ 나는 몇 년 전에 두 아들과 함께 저녁시간을 보낸 적이 있다. 체조와 레슬링을 구경하고 영화를 관람하고 돌아오는 길에, 날씨가 몹시 추웠기 때문에 나는 코트를 벗어서 작은 아이를 덮어 주었다. 큰 아이는 보통 재미있는 일이 있으면 수다스러운 편인데, 그날따라 유난히 계속 입을 다물고 있었고 돌아와서는 곧장 잠잘 채비를 하였다. 그 행동이 이상해서 큰 아이의 방에 들어가서 아이의 얼굴을 보니 눈물을 글썽이고 있었다. "얘야 무슨 일이니? 왜 그래?". 큰 아이는 고개를 돌렸고 나는 그 애의 떨리는 눈과 입 그리고 턱을 보며 그 애가 약간 창피함을 느끼고 있음을 눈치챘다. "아빠, 내가 추울 때 나에게도 코트를 덮어줄 거예요?". 그 날 밤의 여러 프로그램 중 가장 중요한 것은 바로 그 사소한 친절행위였다. 작은 아이에게만 보여준 순간적이고 무의식적인 애정이 문제였던 것이다.
>
> ㉢ 나는 지키지 못할 약속은 절대로 하지 않는다는 철학을 가지고 이를 지키기 위해 노력해왔다. 그러나 이 같은 노력에도 불구하고 약속을 지키지 못하게 되는 예기치 않은 일이 발생하면 그 약속을 지키든가, 그렇지 않으면 상대방에게 나의 상황을 충분히 설명해 연기한다.
>
> ㉣ 업무설명서를 작성하는 것이 당신과 상사 중 누구의 역할인지에 대해 의견차이가 발생하는 경우를 생각해보자. 거의 모든 대인관계에서 나타나는 어려움은 역할과 목표 사이의 갈등이다. 누가 어떤 일을 해야 하는지의 문제를 다룰 때, 예를 들어 딸에게 방 청소는 시키거나 대화를 어떻게 해야 하는지, 누가 물고기에게 먹이를 주고 쓰레기를 내놓아야 하는지 등의 문제를 다룰 때, 우리는 불분명한 기대가 오해와 실망을 불러온다는 것을 알 수 있다.
>
> ㉤ 직장동료 K는 상사에게 매우 예의가 바른 사람이다. 그런데 어느 날 나와 단 둘이 있을 때, 상사를 비난하기 시작하였다. 나는 순간 의심이 들었다. 내가 없을 때 그가 나에 대한 악담을 하지 않을까?

① ㉠은 '상대방에 대한 이해심'과 관련한 내용으로 야구를 좋아하는 아들을 둔 아버지에 대한 사례이다.

② ㉡은 '사소한 일에 대한 관심'과 관련한 내용으로 사소한 일이라도 대인관계에 있어 매우 중요함을 보여주고 있다.

③ ㉢은 '약속의 이행'과 관련한 내용으로 대인관계 향상을 위해서는 철저하게 약속을 지키는 것이 매우 중요함을 보여주고 있다.

④ ㉣은 '기대의 명확화'와 관련한 내용으로 분명한 기대치를 제시해 주는 것이 대인관계에 있어서 오해를 줄이는 방법임을 보여주고 있다.

⑤ ㉤은 '진지한 사과'와 관련한 내용으로 자신이 잘못을 하였을 경우 진지하게 사과하는 것이 매우 중요하기는 하지만 같은 잘못을 되풀이하면서 사과를 하는 것은 오히려 대인관계 향상을 저해할 수 있음을 보여주고 있다.

73 아래의 글은 조정경기에서의 팀워크에 관한 사례를 제시한 것이다. 이에 대한 내용으로 가장 옳지 않은 것을 고르면?

> 무릇 모든 경기종목이 그렇지만 조정경기도 동일한 룰에 의해 승패를 가리를 게임이다. 조정만큼 팀원들과 협동심이 강조되는 종목은 없을 듯하다. 특히 팀원들을 조타수를 전적으로 믿고 조타수의 지시 아래 일사분란하게 움직여야 만이 소기의 목적을 이룰 수 있다. 경기하는 중에는 모든 팀원들이 힘들고 지치게 마련이다. 이런 어려운 상황에 처해 있을 때 팀원 중 한 명이라도 노를 움직이지 않으면 다른 팀원들이 더 열심히 노를 저어야 한다. 그렇지 않으면 배는 이리저리 방황하게 된다.
>
> 조직에서도 조직구성원 간의 팀워크가 무엇보다도 강조된다. 리더는 조타수와 같이 팀워크와 체력을 안배해서 목표를 결정해야 하고, 팀원들은 목표지점인 결승점에 도달하기 위해 리더의 지시에 충실히 따라야 능력을 배가할 수 있다.
>
> 우리는 혼자서 하기 어려운 일을 합심해서 성취한 성공사례를 주위에서 종종 본다. 성공사례의 면면을 들여다보면 팀원들 간의 협동심과 희생정신이 바탕을 이루어 시너지 효과를 나타낸 경우가 대부분이다. 팀워크는 목표달성을 위한 지름길이다.

① 팀워크의 의미와 중요성에 대해 설명하고 있다.

② 팀워크는 목표달성의 지름길이라고 단언할 수 없다.

③ 조정경기에서 팀워크가 특히 중요함을 강조하고 있다.

④ 조직에서도 조정경기와 마찬가지로 팀워크의 구축이 필수적임을 나타내고 있다.

⑤ 팀원들 간의 협동심과 희생정신이 바탕을 이루어 시너지 효과를 나타낼 수 있음을 강조하고 있다.

74 귀하는 원만한 관계 유지를 위한 갈등관리 역량에 관해 인증교육을 수료하게 되었다. 인증교육은 다양한 갈등사례를 통해 갈등과정을 시뮬레이션 함으로써 바람직한 갈등해결방법을 모색하는 데 중점을 두고 있다. 귀하가 교육을 통해 습득한 갈등과정을 바르게 나열한 것은?

① 대결 국면 – 의견불일치 – 진정 국면 – 격화 국면 – 갈등의 해소

② 의견 불일치 – 격화 국면 – 대결 국면 – 갈등의 해소 – 진정 국면

③ 의견 불일치 – 진정 국면 – 격화 국면 – 대결 국면 – 갈등의 해소

④ 대결 국면 – 의견불일치 – 격화 국면 – 진정 국면 – 갈등의 해소

⑤ 의견 불일치 – 대결 국면 – 격화 국면 – 진정 국면 – 갈등의 해소

75 G사 홍보팀 직원들은 팀워크를 향상시킬 수 있는 방법에 대한 토의를 진행하며 다음과 같은 의견들을 제시하였다. 다음 중 팀워크의 기본요소를 제대로 파악하고 있지 못한 사람은 누구인가?

> A : "팀워크를 향상시키기 위해서는 무엇보다 팀원 간의 상호 신뢰와 존중이 중요하다고 봅니다."
> B : "또 하나 빼놓을 수 없는 것은 스스로에 대한 넘치는 자아의식이 수반되어야 팀워크에 기여할 수 있어요."
> C : "팀워크는 상호 협력과 각자의 역할에서 책임을 다하는 자세가 기본이 되어야 함을 우리 모두 명심해야 합니다."
> D : "저는 팀원들끼리 솔직한 대화를 통해 서로를 이해하는 일이 무엇보다 중요하다고 생각해요."
> E : "갈등을 어떻게 해결해 나가는지도 팀워크에 영향을 준다고 생각합니다."

① A   ② B
③ C   ④ D
⑤ E

76 개인윤리와 직업윤리의 조화에 대한 설명으로 옳지 않은 것은?

① 업무상 개인의 판단과 행동이 사회적 영향력이 큰 기업시스템을 통하여 다수의 이해관계자와 관련된다.

② 수많은 사람이 관련되어 고도화된 공동의 협력을 요구하므로 맡은 역할에 대한 책임완수가 필요하다.

③ 직장이라는 집단적 인간관계에서도 가족관계, 개인적 선호에 의한 친분 관계와 유사한 측면의 배려가 필요하다.

④ 각각의 직무에서 오는 특수한 상황에서는 개인적 덕목 차원의 일반적인 상식과 기준으로 규제할 수 없는 경우가 많다.

⑤ 규모가 큰 공동 재산·정보 등을 개인이 관리하므로 높은 윤리의식이 요구된다.

77 정직과 신용을 구축하기 위한 지침으로 옳지 않은 것은?

① 정직과 신뢰는 한 번에 높게 쌓아야 한다.
② 잘못된 것도 정직하게 밝혀야 한다.
③ 정직하지 못한 것을 눈감아 주지 않아야 한다.
④ 자신의 일에 최선을 다한다.
⑤ 부정직한 관행은 인정하지 말아야 한다.

78 다음 제시된 직장 내 예절교육의 항목 중 적절한 내용으로 보기 어려운 설명을 모두 고른 것은?

> 가. 악수를 하는 동안에는 상대의 눈을 맞추기보다는 맞잡은 손에 집중한다.
> 나. 내가 속해 있는 회사의 관계자를 타 회사의 관계자에게 소개한다.
> 다. 처음 만나는 사람과 악수할 경우에는 가볍게 손끝만 잡는다.
> 라. 상대방에게서 명함을 받으면 받은 즉시 명함지갑에 넣지 않는다.
> 마. e-mail 메시지는 길고 자세한 것보다 명료하고 간략하게 만든다.
> 바. 정부 고관의 직급명은 퇴직한 사람을 소개할 경우엔 사용을 금지한다.
> 사. 명함에 부가 정보는 상대방과의 만남이 끝난 후에 적는다.

① 나, 라, 마, 사   ② 가, 다, 라
③ 나, 마, 바, 사   ④ 가, 다, 바
⑤ 가, 나, 라, 바

79 영업팀에서 근무하는 조 대리는 아래와 같은 상황을 갑작스레 맞게 되었다. 다음 중 조 대리가 취해야 할 행동으로 가장 적절한 것은?

> 조 대리는 오늘 휴일을 맞아 평소 자주 방문하던 근처 고아원을 찾아가기로 하였다. 매번 자신의 아들인 것처럼 자상하게 대해주던 영수에게 줄 선물도 준비하였고 선물을 받고 즐거워할 영수의 모습에 설레는 마음을 감출 수 없었다.
> 그러던 중 갑자기 일본 지사로부터, 내일 방문하기로 예정되어 있던 바이어 일행 중 한 명이 현지 사정으로 인해 오늘 입국하게 되었다는 소식을 전해 들었다. 바이어의 한국 체류 시 모든 일정을 동행하며 계약 체결에 차질이 없도록 접대해야 하는 조 대리는 갑자기 공항으로 서둘러 출발해야 하는 상황에 놓이게 되었다.

① 업무상 긴급한 상황이지만, 휴일인 만큼 계획대로 영수와의 시간을 갖는다.

② 지사에 전화하여 오늘 입국은 불가하며 내일 비행기 편을 다시 알아봐 줄 것을 요청한다.

③ 영수에게 아쉬움을 전하며 다음 기회를 약속하고 손님을 맞기 위해 공항으로 나간다.

④ 지난 번 도움을 주었던 차 대리에게 연락하여 대신 공항 픽업부터 호텔 투숙, 저녁 식사까지만 대신 안내를 부탁한다.

⑤ 영수에게 먼저 들렀다가 조금 늦게 바이어 일행을 마중 나간다.

80 다음 상황에서 가장 옳다고 생각하는 행동을 고르면?

> 당신은 100억대 규모 프로젝트의 팀원으로 업무를 수행하고 있던 중 우연한 기회에 본 프로젝트의 책임자인 상사가 하청업체로부터 억대의 뇌물을 받는 등 회사 윤리규정에 반하는 일을 하고 있다는 정보를 입수하게 되었다. 상사는 평소 직원들로부터 신뢰와 존경을 받아왔으며 당신은 그 상사와 입사 때부터 각별한 친분을 쌓아왔고 멘토로 생각해왔던 터라 도저히 믿어지지 않았고 충격도 크다.

① 인간은 누구나 실수를 할 수 있고 또 처음 있는 일이니 그 동안 쌓인 정을 봐서 이번 한 번은 모른 체 넘어간다.

② 상사가 잘못을 인정하면서 한 번만 봐 달라고 사정하면, '다시는 그러지 말라'고 하고 덮어둔다.

③ 상사에게 당신이 상사의 부정 사실을 알고 있다고 말하고 돈을 하청업체에 돌려주라고 말한다.

④ 회사 홈페이지 게시판에 해당 사실을 알린다.

⑤ 언론이나 경찰에 고발한다.

서울교통공사

필기시험 모의고사

영 역	의사소통능력, 수리능력, 문제해결능력, 조직이해능력 정보능력, 자원관리능력, 기술능력, 자기개발능력 대인관계능력, 직업윤리
문항수	80문항
비 고	객관식 5지선다형

제 5 회

SEOWONGAK
(주)서원각

제5회 필기시험 모의고사

1 다음 밑줄 친 어휘의 쓰임이 가장 적절하지 않은 것은?

네이버는 악성 댓글 필터링 인공지능(AI) 기술 '클린봇'을 네이버 뉴스에 <u>확대</u> 적용했다고 밝혔다. 클린봇은 불쾌한 욕설이 포함된 댓글을 AI로 감지해 자동으로 숨기는 기능이다. 올해 4월부터 웹툰·쥬니버·스포츠에 <u>순차</u> 적용됐으며, 지난달 연예 댓글에 적용됐다. 이전에도 뉴스 댓글 중 욕설은 자동필터링 기능을 이용해 문장 전체가 아닌 욕설만 '○○○' 등으로 보이게 자동 숨김 됐다. 그러나 욕설만 가리는 거론 충분하지 않다는 <u>지적</u>이 있었다. <u>비록</u> "○○ 같은 게 어디서 ○○이야"라고 표시되면 문장 맥락만으로도 불쾌한 뜻이 <u>전달</u>된다는 것이다. 클린봇은 이런 지적에 따라 욕설이 들어간 댓글은 아예 가려버린다. 단, 명백한 욕설이 아닌 일상어와 혼용되는 단어는 걸러지지 않는다.

① 확대　　　　　② 순차
③ 지적　　　　　④ 비록
⑤ 전달

2 밑줄 친 부분이 어법에 맞게 표기된 것은?

① 박 사장은 자기 돈이 어떻게 <u>쓰여지는 지</u>도 몰랐다.
② 그녀는 조금만 <u>추어올리면</u> 기고만장해진다.
③ <u>나룻터</u>는 이미 사람들로 가득 차 있었다.
④ 우리들은 <u>서슴치</u> 않고 차에 올랐다.
⑤ 멸치와 고추를 간장에 <u>졸였다</u>.

3 다음 중 밑줄 친 부분과 같은 의미로 쓰인 것은?

"자숙 <u>말고</u> 자수하라" 이는 공연·연극·문화·예술계 전반에 퍼진 미투(#MeToo) 운동을 지지하는 위드유(with you) 집회에서 울려 퍼진 구호이다. 성범죄 피해자에 대한 제대로 된 사과와 진실규명을 바라는 목소리라고 할 수 있다. 그동안 전 ○○거리패 연출가를 시작으로 유명한 중견 남성 배우들의 성추행 폭로가 줄을 이었는데, 폭로에 의해 밝혀지는 것보다 스스로 밝히는 것이 나을 것이라 판단한 것인지 자진신고자도 나타났다. 연극계에 오랫동안 몸담고서 영화와 드라마에서도 인상 깊은 연기를 펼쳤던 한 남성 배우는 과거 성추행 사실을 털어놓으며 공식 사과했다.

① 그는 공부 <u>말고</u>도 운동, 바둑, 컴퓨터 등 모든 면에서 너보다 낫다.
② 뜨거운 숭늉에 밥을 <u>말고</u> 한 술 뜨기 시작했다.
③ 그는 땅바닥에 털썩 주저앉아 종이에 담배를 <u>말고</u> 피우기 시작했다.
④ 유치한 소리 <u>말고</u> 가만있으라는 말에 입을 다물었다.
⑤ 거짓말 <u>말고</u> 사실대로 대답하라.

4 다음은 ○○공사의 고객서비스헌장의 내용이다. 밑줄 친 단어를 한자로 바꾸어 쓴 것으로 옳지 않은 것은?

〈고객서비스헌장〉
1. 우리는 모든 업무를 고객의 입장에서 생각하고, 신속·정확하게 처리하겠습니다.
2. 우리는 친절한 <u>자세</u>와 상냥한 언어로 고객을 맞이하겠습니다.
3. 우리는 고객에게 잘못된 서비스로 불편을 <u>초래</u>한 경우, 신속히 시정하고 적정한 보상을 하겠습니다.
4. 우리는 다양한 고객서비스를 <u>발굴</u>하고 개선하여 고객만족도 향상에 최선을 다하겠습니다.
5. 우리는 모든 시민이 고객임을 명심하여 최고의 서비스를 제공하는 데 정성을 다하겠습니다.

이와 같이 선언한 목표를 <u>달성</u>하기 위하여 구체적인 서비스 이행기준을 설정하여 임·직원 모두가 성실히 실천할 것을 약속드립니다.

① 헌장 - 憲章　　　　　② 자세 - 姿勢
③ 초래 - 招來　　　　　④ 발굴 - 拔掘
⑤ 달성 - 達成

5 다음은 L공사의 홈페이지 사용자만족도 설문조사 이벤트 안내이다. 빈칸에 들어갈 가장 적절한 단어를 고르면?

L공사 설문조사 이벤트

– L공사 홈페이지 사용만족도 설문조사 –

L공사에서는 2019년 대표 홈페이지 개편에 앞서 현재 운영 중인 홈페이지에서 (   )되고 있는 콘텐츠 및 서비스에 대한 여러분의 소중한 의견을 듣고자 합니다.
설문에 응하여 주신 분께는 추첨을 통하여 경품을 드립니다.

설문조사 참여하기
※ 참여방법 : L공사 홈페이지 또는 모바일홈페이지를 둘러보고 설문조사에 참여해 주세요.
※ 참여기간 : 2019.1.9.(수) ~ 2019.1.16.(수)
※ 발표 : 2019.1.21.(월) 설문 응답자 중 무작위 자동 추첨
※ 경품
 – 1등(1명) : 11형 ipad Pro(256GB) 1대(실버)
 – 참여자(200명) : 스타벅스 아메리카노 Tall 1잔

---

① 공급　　　　　　② 공고
③ 공표　　　　　　④ 제공
⑤ 생산

|6~7| 다음은 서울교통공사의 2018년 주요 사업계획이다. 이어지는 물음에 답하시오.

(단위 : 개/백만 원)

핵심가치	전략과제	개수	예산
총계		327	1,009,870
안전우선 시민안전을 최고의 가치로 (108개/513,976백만 원)	스마트 안전관리 체계구축	27	10,155
	비상대응 역량강화	21	39,133
	시설 안전성 강화	60	464,688
고객감동 고객만족을 최우선으로 (63개/236,529백만 원)	고객 소통채널 다각화	10	8,329
	고객서비스 제도개선	16	2,583
	지하철 이용환경 개선	37	225,617
변화혁신 경영혁신을 전사적으로 (113개/210,418백만 원)	혁신적 재무구조 개선	34	22,618
	디지털 기술혁신	23	22,952
	융합형 조직혁신	56	164,848
상생협치 지역사회를 한가족으로 (43개/48,947백만 원)	내부소통 활성화	25	43,979
	사회적 책임이행	18	4,968

6 위 자료를 읽고 빈칸에 들어갈 말로 적절한 것을 고르면?

'안전우선'은 가장 많은 예산이 투자되는 핵심가치이다. 전략과제는 3가지가 있고, 그 중 '(㉠)'은/는 가장 많은 개수를 기록하고 있으며, 예산은 464,688백만 원이다. '고객감동'의 전략과제는 3가지이며, 고객만족을 최우선으로 하고 있다. 핵심가치 '(㉡)'은/는 113개를 기록하고 있고, 3가지 전략과제 중 융합형 조직혁신이 가장 큰 비중을 차지하고 있다. 핵심가치 '(㉢)'은/는 가장 적은 비중을 차지하고 있고, 2가지 전략과제를 가지고 있다.

	㉠	㉡	㉢
①	스마트 안전관리 체계구축	고객감동	변화혁신
②	비상대응 역량강화	고객감동	변화혁신
③	비상대응 역량강화	변화혁신	고객감동
④	시설 안전성 강화	변화혁신	상생협치
⑤	시설 안전성 강화	안전우선	상생협치

7 다음 중 옳지 않은 것은?
① '고객감동'의 예산은 가장 높은 비중을 보이고 있다.
② '안전우선'의 예산은 나머지 핵심가치를 합한 것 이상을 기록했다.
③ 예산상 가장 적은 비중을 보이는 전략과제는 '고객서비스 제도개선'이다.
④ '안전우선'과 '변화혁신'의 개수는 각각 100개를 넘어섰다.
⑤ 2018년 주요 사업계획의 총 예산은 1조 원를 넘어섰다.

8 다음은 「보안업무규칙」의 일부이다. A연구원이 이 내용을 보고 알 수 있는 사항이 아닌 것은?

제3장 인원보안

제7조 인원보안에 관한 업무는 인사업무 담당부서에서 관장한다.

제8조

① 비밀취급인가 대상자는 별표 2에 해당하는 자로서 업무상 비밀을 항상 취급하는 자로 한다.

② 원장, 부원장, 보안담당관, 일반보안담당관, 정보통신보안담당관, 시설보안담당관, 보안심사위원회 위원, 분임보안담당관과 문서취급부서에서 비밀문서 취급담당자로 임용되는 자는 II급 비밀의 취급권이 인가된 것으로 보며, 비밀취급이 불필요한 직위로 임용되는 때에는 해제된 것으로 본다.

제9조 각 부서장은 소속 직원 중 비밀취급인가가 필요하다고 인정되는 때에는 별지 제1호 서식에 의하여 보안담당관에게 제청하여야 한다.

제10조 보안담당관은 비밀취급인가대장을 작성·비치하고 인가 및 해제사유를 기록·유지한다.

제11조 다음 각 호의 어느 하나에 해당하는 자에 대하여는 비밀취급을 인가해서는 안 된다.

　　1. 국가안전보장, 연구원 활동 등에 유해로운 정보가 있음이 확인된 자

　　2. 3개월 이내 퇴직예정자

　　3. 기타 보안 사고를 일으킬 우려가 있는 자

제12조

① 비밀취급을 인가받은 자에게 규정한 사유가 발생한 경우에는 그 비밀취급인가를 해제하고 해제된 자의 비밀취급인가증은 그 소속 보안담당관이 회수하여 비밀취급인가권자에게 반납하여야 한다.

---

① 비밀취급인가 대상자에 관한 내용

② 취급인가 사항에 해당되는 비밀의 분류와 내용

③ 비밀취급인가의 절차

④ 비밀취급인가의 제한 조건 해당 사항

⑤ 비밀취급인가의 해제 및 취소

---

9 다음은 「개인정보 보호법」과 관련한 사법 행위의 내용을 설명하는 글이다. 다음 글을 참고할 때, '공표' 조치에 대한 올바른 설명이 아닌 것은?

「개인정보 보호법」 위반과 관련한 행정처분의 종류에는 처분 강도에 따라 과태료, 과징금, 시정조치, 개선권고, 징계권고, 공표 등이 있다. 이 중, 공표는 행정질서 위반이 심하여 공공에 경종을 울릴 필요가 있는 경우 명단을 공표하여 사회적 낙인을 찍히게 함으로써 경각심을 주는 제재 수단이다.

「개인정보 보호법」 위반행위가 은폐·조작, 과태료 1천만 원 이상, 유출 등 다음 7가지 공표기준에 해당하는 경우, 위반행위자, 위반행위 내용, 행정처분 내용 및 결과를 포함하여 개인정보 보호위원회의 심의·의결을 거쳐 공표한다.

※ 공표기준

1. 1회 과태료 부과 총 금액이 1천만 원 이상이거나 과징금 부과를 받은 경우

2. 유출·침해사고의 피해자 수가 10만 명 이상인 경우

3. 다른 위반행위를 은폐·조작하기 위하여 위반한 경우

4. 유출·침해로 재산상 손실 등 2차 피해가 발생하였거나 불법적인 매매 또는 건강 정보 등 민감 정보의 침해로 사회적 비난이 높은 경우

5. 위반행위 시점을 기준으로 위반 상태가 6개월 이상 지속된 경우

6. 행정처분 시점을 기준으로 최근 3년 내 과징금, 과태료 부과 또는 시정조치 명령을 2회 이상 받은 경우

7. 위반행위 관련 검사 및 자료제출 요구 등을 거부·방해하거나 시정조치 명령을 이행하지 않음으로써 이에 대하여 과태료 부과를 받은 경우

공표절차는 과태료 및 과징금을 최종 처분할 때 ① 대상자에게 공표 사실을 사전 통보, ② 소명자료 또는 의견 수렴 후 개인정보보호위원회 송부, ③ 개인정보보호위원회 심의·결, ④ 홈페이지 공표 순으로 진행된다.

공표는 행정안전부장관의 처분 권한이지만 개인정보보호위원회의 심의·의결을 거치게 함으로써 「개인정보 보호법」 위반자에 대한 행정청의 제재가 자의적이지 않고 공정하게 행사되도록 조절해 주는 장치를 마련하였다.

① 공표는 「개인정보 보호법」 위반에 대한 가장 무거운 행정 조치이다.

② 행정안전부장관이 공표를 결정한다고 해서 반드시 최종 공표 조치가 취해져야 하는 것은 아니다.

③ 공표 조치가 내려진 대상자는 공표와 더불어 반드시 1천만 원 이상의 과태료를 납부하여야 한다.

④ 공표 조치를 받는 대상자는 사전에 이를 통보받게 된다.

⑤ 반복적이거나 지속적인 위반 행위에 대한 제재는 공표 조치의 취지에 포함된다.

▎10~11▎ 다음은 4차 산업혁명 시대의 흐름에 맞게 서울교통공사에서 추진하고 있는 업무 협약에 대한 기사 내용이다. 각 물음에 답하시오.

이제 빅데이터 분석을 통해 출퇴근길의 지하철 혼잡 상황을 알 수 있게 되고 내가 가는 목적지까지 ㉠最適 경로 추천도 받을 수 있어 지하철 이용이 더 편리해질 전망이다. 13일 SK텔레콤은 서울교통공사와 빅데이터·5G 등 첨단 ICT 기술 기반의 '대중교통 안전 및 혼잡도 해결을 위한 연구 협력'을 체결했다고 밝혔다. 서울지하철 1~9호선(서울교통공사 운영)은 총 290개 역에서 하루 평균 약 700만 명이 이용하며 시민들의 발 역할을 하고 있다. 그럼에도 출·퇴근 시간 등의 지하철 혼잡 문제는 서울 시민들의 삶의 질을 높이기 위해 풀어야 할 과제로 남아있다. 혼잡한 열차는 운행 지연을 초래할 뿐만 아니라 ㉡緊急 상황에서 더 큰 피해를 낳을 수 있기 때문이다. 서울교통공사는 고객들의 교통 카드 데이터, 객차에 부착된 무게 감지 IoT 센서, 열차 운행·편성 ㉢情報 등을 활용해 지하철 혼잡 문제 해결을 위해 노력해 왔다. 하지만 객차 내 정확한 인원 산출 및 객차 외에 플랫폼, 지하 환승 ㉣通路 등의 혼잡도 분석에는 어려움을 겪고 있었다.

양사는 이를 보완하기 위해 SK텔레콤이 보유한 다양한 통신 데이터와 서울교통공사의 교통카드 이용 데이터, 전동차의 하중센서 데이터 등을 활용해 특정 시간대 및 장소별, 객차별 혼잡도 산출 연구에 나설 계획이다. 또 지하철에서 사고가 발생할 경우 사고 지역 인근에 있는 고객에게 즉시 알림 문자를 보내는 서비스나, 5G 등 무선 통신을 활용해 지하철 이용시 플랫폼 출입 절차를 간소화하는 방안도 ㉤摸索 한다. 이를 통해 열차운행 관리의 효율성을 높이고 승객들의 안전도 확보할 계획이다.

10 위 내용을 토대로 볼 때, 다음 문장 중 가장 옳지 않은 설명은?

① 위 협약을 통해 서울교통공사는 열차를 효율적으로 관리하고 승객들의 안전을 확보할 수 있을 것으로 기대한다.

② 양사가 가지고 있는 통신 데이터, 교통카드 이용 데이터, 전동차의 하중센터 데이터를 통해 특정 시간대 특정 객차 안의 정확한 인원수를 알 수 있다.

③ 밑줄 친 'IoT 센서'에서 IoT는 Internet of Things의 약자이며, 객차에 부착된 무게 감지 IoT 센서는 네트워크를 통해 객차 무게 정보를 공유하도록 할 것이다.

④ 지하철을 이용하는 700만 명 이상의 고객이 지하철 사고 알림 문자 서비스를 받을 것으로 예상된다.

⑤ 출·퇴근 시간 등의 지하철 혼잡 문제를 해결한다면 서울 시민들의 삶의 질을 높일 수 있을 것으로 기대된다.

11 ㉠~㉣에 쓰인 한자의 독음으로 옳지 않은 것은?

① ㉠最適 – 최단
② ㉡緊急 – 긴급
③ ㉢情報 – 정보
④ ㉣通路 – 통로
⑤ ㉤摸索 – 모색

▎12~13▎ 다음을 읽고 물음에 답하시오.

아이폰과 위키피디아의 성공 비결은 무엇일까? 연세대 경영대 이 교수는 〈성당에서 시장으로〉를 통해 이런 의문에 대한 해답을 혁신의 방식에서 찾는다. 그가 찾아낸, 혁신의 성공과 실패를 가르는 핵심 요소는 폐쇄와 개방이다. 그는 이를 대표적인 오픈소스 소프트웨어 운동가인 에릭 레이몬드의 '성당'과 '시장' 개념을 빌려 설명한다. 소수의 전문가 그룹만으로 소프웨어를 개발하는 방식이 '성당', 누구나 참여할 수 있는 개발 방식이 '시장'이다. 레이몬드는 1997년 무료소프트웨어 리눅스 개발자 회의에서 이 개념을 처음으로 공개 주장한 뒤, 1999년 〈성당과 시장〉이라는 제목의 책을 통해 본격적인 오픈소스 보급운동에 나섰다. 이 교수는 레이몬드가 주창하는 열린 구조, 즉 '시장'이야말로 디지털 혁신 환경에 적응해 살아남는 디지털 다위니즘의 요체로 본다.

그가 꼽은 디지털 다위니즘의 대표적인 성공 사례는 외부의 개발자들에게 앱 개발을 개방한 애플의 앱스토어다. 권위 있는 전문가 그룹이 편집하는 폐쇄적인 방식의 브리태니커 백과사전이 몰락하고, 누구나 지식 콘텐츠 편집에 참여할 수 있는 개방적 방식의 위키피디아 백과사전이 성공한 것도 성당과 시장 방식의 차이다. 기술 변화의 흐름을 겨울스포츠인 쇼트트랙 경기에 비유하면, 지금과 같은 급변의 시기는 곡선 구간에 해당한다. 대부분의 쇼트트랙 경기 선수들은 직선 구간이 아닌 곡선 구간에서 추월을 시도한다. 곡선 구간에서는 기존 직선 구간의 주법과는 다른 방식으로 달리는 것이 훨씬 효율적이기 때문이다. 새 주법을 잘 적용하면 순위를 뒤바꿀 수 있다. 새로운 기술이 기존 시장 질서에 영향을 주는 변곡점이 바로 쇼트트랙의 곡선 구간에 해당한다.

디지털 다위니즘이 적용될 수 있는 분야에도 변화가 있을까? 이 교수는 "지금까지 디지털 제품 혁신이 적용된 분야는 주로 콘텐츠 산업이었다."라며 "하지만 이제는 사물인터넷과 인공지능, 빅데이터 같은 신기술들이 기존 제품을 스마트제품으로 탈바꿈시키는 제품 혁신이 모든 산업에서 일어날 개연성이 크다."라고 말한다.

그러나 플랫폼을 외부 파트너에게 개방한다고 해서 모두가 성공하는 건 아니다. 성공을 위해선 적절한 동기 부여 역할을 하는 인센티브 시스템이 수반돼야 한다. 인센티브의 주축은 물론 경제적 이득과 같은 유형의 혜택이다. 하지만 위키피디아처럼 자신의 콘텐츠가 누군가에게 도움이 될 수 있다는 내재적 동기를 부여하는 것도 무시해선 안 된다.

많은 사람들이 4차 산업혁명을 주도할 기술의 특징으로 융복합을 꼽는다. 이 교수는 기술 융복합의 중심에 설 혁신 기술의 영역으로 5가지를 꼽았다. 그 다섯 분야는 인공지능과 로봇, 사물인터넷과 빅데이터, 자율주행차와 드론, 3D 프린팅과 바이오닉스, 블록체인과 가상현실이다.

모든 것이 그렇듯 기술에도 양면성이 있다. 이를 외면하는 혁신은 기술이 초래할 사회적 갈등에 적절히 대처하기 어렵다. 그는 "4차 산업혁명이 디지털 혁신을 통해 인류의 삶을 한 단계 업그레이드해줄 수 있지만, 그 기술이 야기할 수 있는 부작용도 무시해선 안 된다"고 말한다. 예컨대 인공지능과 로봇은 기술적 실업을 증가시킬 수 있고, 사물인터넷과 빅데이터 기술은 개인의 프라이버시와 인권을 위협한다.

과거 세 차례에 걸친 산업혁명은 인류의 생산성을 높여 삶을 윤택하게 해줬다. 하지만 산업혁명은 빈부격차 확대라는 그늘도 키워갔다. 4차 산업혁명 역시 이런 전철을 밟을 가능성이 크다. 그렇다면 4차 산업혁명이 심화시킬 수 있는 기술의 부작용을 다루는 방식도 '성당'이 아닌 '시장'에서 찾아야 하는 것은 아닐까?

12 다음 설명 중 위 글의 내용과 부합하지 않는 것은?

① 성당과 시장의 개념은 오픈소스 보급운동을 위해 만든 개념이다.

② 브리태니커 백과사전과 위키피디아 백과사전도 성당방식과 시장방식의 예시라고 할 수 있다.

③ 이 교수는 기술 융복합의 핵심 기술영역으로 인공지능과 로봇, 사물인터넷과 빅데이터, 자율주행차와 드론 등을 뽑았다.

④ 4차 산업혁명의 핵심은 오픈소스 소프트웨어이므로 개방만이 성공의 핵심 키워드이다.

⑤ 4차 산업혁명으로 기술이 가져올 부작용을 염두에 두어야 한다.

13 밑줄 친 어휘의 의미를 바르게 설명하지 못한 것은?

① 혁신 : 묵은 풍속, 관습, 조직, 방법 따위를 완전히 바꾸어서 새롭게 함

② 주창 : 주의나 사상을 앞장서서 주장함

③ 요체 : 특별한 점

④ 개방 : 금하거나 경계하던 것을 풀고 자유롭게 드나들거나 교류하게 함

⑤ 몰락 : 재물이나 세력 따위가 쇠하여 보잘것없이 됨

▌14~15 ▌ 다음 글을 읽고 물음에 답하시오.

신혼부부 가구의 주거안정을 위해서는 우선적으로 육아·보육지원 정책의 확대·강화가 필요한 것으로 나타났다. 신혼부부 가구는 주택마련 지원정책보다 육아수당, 육아보조금, 탁아시설 확충과 같은 육아·보육지원 정책의 확대·강화가 더 필요하다고 생각하고 있으며 특히, 믿고 안심할 수 있는 육아·탁아시설 확대가 필요한 것으로 나타났다. 이는 최근 부각된 보육기관 아동학대 문제 등 사회적 분위기에 영향을 받은 것으로 사료되며, 또한 맞벌이 가구의 경우는 자녀의 안정적인 보육환경이 전제되어야만 안심하고 경제활동을 할 수 있기 때문으로 사료된다.

신혼부부가구 중 아내의 경제활동 비율은 평균 38.3%이며, 맞벌이 비율은 평균 37.2%로 나타났다. 일반적으로 자녀 출산 시기로 볼 수 있는 혼인 3년차 부부에서 아내의 경제활동 비율이 30% 수준까지 낮아지는 경향을 보이고 있는데, 이는 자녀의 육아환경 때문으로 판단된다. 또한, 외벌이 가구의 81.5%가 자녀의 육아·보육을 위해 맞벌이를 하지 않는 것으로 나타났는데, 이 역시 결혼 여성의 경제활동 지원을 위해서는 무엇보다 육아를 위한 보육시설 확대가 필요하다는 것을 시사한다. 맞벌이의 주된 목적이 주택비용 마련임을 고려할 때, 보육시설의 확대는 결혼 여성에게 경제활동 기회를 제공하여 신혼부부 가구의 경제력을 높이게 되고, 내 집 마련 시기를 앞당기는 기회를 제공할 수 있다는 점에서 중요성을 갖는다.

특히, 신혼부부 가구가 계획하고 있는 총 자녀의 수가 1.83명이나 자녀양육의 환경문제 등으로 추가적인 자녀계획을 포기하는 경우가 있을 수 있으므로 실제 이보다 낮은 자녀수를 나타낼 것으로 예상된다. (   ) 인구증가를 위한 출산장려를 위해서도 결혼 여성의 경제활동을 지원하기 위한 현재의 육아·보육지원 정책보다 강화된 국가적 차원의 배려와 관심이 필요하다고 할 수 있다.

14 위 글을 통해서 내릴 수 있는 결론으로 가장 타당하지 않은 것은?

① 육아·보육지원은 신혼부부의 주거안정을 위한 정책이다.

② 신혼부부들은 육아수당, 육아보조금 등이 주택마련 지원보다 더 필요하다고 생각한다.

③ 자녀의 보육환경이 개선되면 맞벌이 비율이 상승한다.

④ 여성에게 경제적 지원을 늘리게 되면 인구감소를 막을 수 있다.

⑤ 보육환경의 개선은 신혼부부가 내 집 마련을 보다 이른 시기에 할 수 있게 해 준다.

15 빈칸에 들어갈 연결어로 가장 적절한 것은?

① 그리고　　　　　　② 그러나

③ 하지만　　　　　　④ 반면

⑤ 따라서

16 수산물 통조림 생산업체인 '강한 수산'은 A, B 2개의 생산라인에서 통조림을 생산한다. 2개의 생산라인을 하루 종일 가동할 경우 3일 동안 525개의 통조림을 생산할 수 있으며, A라인만을 가동하여 생산할 경우 90개/일의 통조림을 생산할 수 있다. A라인만을 가동하여 5일간 제품을 생산하고 이후 2일은 B라인만을, 다시 추가로 2일간은 A, B라인을 함께 가동하여 생산을 진행한다면, 강한 수산이 생산한 총 통조림의 개수는 모두 몇 개인가?

① 940개　　　　　　② 970개

③ 1,050개　　　　　④ 1,120개

⑤ 1,290개

17 ○○전기 A지역본부의 작년 한 해 동안의 송전과 배전 설비 수리 건수는 총 238건이다. 설비를 개선하여 올해의 송전과 배전 설비 수리 건수가 작년보다 각각 40%, 10%씩 감소하였다. 올해 수리 건수의 비가 5 : 3일 경우, 올해의 송전 설비 수리 건수는 몇 건인가?

① 102건　　　　　　② 100건

③ 98건　　　　　　④ 95건

⑤ 93건

18 어느 자격증 시험에 응시한 남녀의 비는 4 : 3, 합격자의 남녀의 비는 5 : 3, 불합격자 남녀의 비는 1 : 1이다. 합격자가 160명일 때, 전체 응시 인원은 몇 명인가?

① 60명　　　　　　② 180명

③ 220명　　　　　　④ 280명

⑤ 320건

19 채용시험의 상식테스트에서 정답을 맞히면 10점을 얻고, 틀리면 8점을 잃는다. 총 15개의 문제 중에서 총점 100점 이상 얻으려면 최대 몇 개의 오답을 허용할 수 있는가?

① 1개　　　　　　　② 2개

③ 3개　　　　　　　④ 4개

⑤ 5개

20 사무실의 적정 습도를 맞추는데, A가습기는 16분, B가습기는 20분 걸린다. A가습기를 10분 동안만 틀고, B가습기로 적정 습도를 맞춘다면 B가습기 작동시간은?

① 6분 30초　　　　　② 7분

③ 7분 15초　　　　　④ 7분 30초

⑤ 8분

21 다음은 2006년 인구 상위 10개국과 2056년 예상 인구 상위 10개국에 대한 자료이다. 이에 대한 설명 중 옳지 않은 것을 고르면?

(단위 : 백만 명)

순위 구분	2006년		2056년(예상)	
	국가	인구	국가	인구
1	중국	1,311	인도	1,628
2	인도	1,122	중국	1,437
3	미국	299	미국	420
4	인도네시아	225	나이지리아	299
5	브라질	187	파키스탄	295
6	파키스탄	166	인도네시아	285
7	방글라데시	147	브라질	260
8	러시아	146	방글라데시	231
9	나이지리아	135	콩고	196
10	일본	128	에티오피아	145

① 2006년 대비 2056년 콩고의 인구는 50% 이상 증가할 것으로 예상된다.

② 2006년 대비 2056년 러시아의 인구는 감소할 것으로 예상된다.

③ 2006년 대비 2056년 인도의 인구는 중국의 인구보다 증가율이 낮을 것으로 예상된다.

④ 2006년 대비 2056년 미국의 인구는 중국의 인구보다 증가율이 높을 것으로 예상된다.

⑤ 2006년 대비 2056년 나이지리아의 인구는 두 배 이상이 될 것으로 예상된다.

22 다음은 최근 5년간 혼인형태별 평균연령에 관한 자료이다. A~E에 들어갈 값으로 옳지 않은 것은? (단, 남성의 나이는 여성의 나이보다 항상 많다)

(단위 : 세)

연도	평균 초혼연령			평균 이혼연령			평균 재혼연령		
	여성	남성	남녀차	여성	남성	남녀차	여성	남성	남녀차
2013	24.8	27.8	3.0	C	36.8	4.1	34.0	38.9	4.9
2014	25.4	28.4	A	34.6	38.4	3.8	35.6	40.4	4.8
2015	26.5	29.3	2.8	36.6	40.1	3.5	37.5	42.1	4.6
2016	27.0	B	2.8	37.1	40.6	3.5	37.9	E	4.3
2017	27.3	30.1	2.8	37.9	41.3	D	38.3	42.8	4.5

① A - 3.0
② B - 29.8
③ C - 32.7
④ D - 3.4
⑤ E - 42.3

23 다음은 2015~2017년도의 지방자치단체 재정력지수에 대한 자료이다. 매년 지방자치단체의 기준재정수입액이 기준재정수요액에 미치지 않는 경우, 중앙정부는 그 부족분만큼의 지방교부세를 당해년도에 지급한다고 할 때, 3년간 지방교부세를 지원받은 적이 없는 지방자치단체는 모두 몇 곳인가? (단, 재정력지수 = $\frac{기준재정수입액}{기준재정수요액}$)

연도 지방 자치단체	2005	2006	2007	평균
서울	1.106	1.088	1.010	1.068
부산	0.942	0.922	0.878	0.914
대구	0.896	0.860	0.810	0.855
인천	1.105	0.984	1.011	1.033
광주	0.772	0.737	0.681	0.730
대전	0.874	0.873	0.867	0.871
울산	0.843	0.837	0.832	0.837
경기	1.004	1.065	1.032	1.034
강원	0.417	0.407	0.458	0.427
충북	0.462	0.446	0.492	0.467
충남	0.581	0.693	0.675	0.650
전북	0.379	0.391	0.408	0.393
전남	0.319	0.330	0.320	0.323
경북	0.424	0.440	0.433	0.432
경남	0.653	0.642	0.664	0.653

① 0곳
② 1곳
③ 2곳
④ 3곳
⑤ 5곳

24 다음은 K공사 직원들의 인사이동에 따른 4개의 지점별 직원 이동 현황을 나타낸 자료이다. 다음 자료를 참고할 때, 빈칸 ㉠, ㉡에 들어갈 수치로 알맞은 것은 어느 것인가?

〈인사이동에 따른 지점별 직원 이동 현황〉

(단위 : 명)

이동 후 이동 전	A	B	C	D
A	-	32	44	28
B	16	-	34	23
C	22	18	-	32
D	31	22	17	-

〈지점별 직원 현황〉

(단위 : 명)

시기 지점	인사이동 전	인사이동 후
A	425	(㉠)
B	390	389
C	328	351
D	375	(㉡)

① 380, 398
② 390, 388
③ 400, 398
④ 410, 408
⑤ 420, 418

25 다음은 철도안전법령상 철도차량정비기술자 인정기준에 관한 자료이다. '역량지수 = 자격별 경력점수 + 학력점수'일 때 역량지수가 가장 높은 사람은?

가. 자격별 경력점수

국가기술자격 구분	점수
기술사 및 기능장	10점/년
기사	8점/년
산업기사	7점/년
기능사	6점/년
국가기술자격증이 없는 경우	5점/년

나. 학력점수

학력 구분	점수	
	철도차량정비 관련 학과	철도차량정비 관련 학과 외의 학과
석사 이상	35점	30점
학사	25점	20점
전문학사(3년제)	20점	15점
전문학사(2년제)	15점	10점
고등학교 졸업	5점	

※ "철도차량정비 관련 학과"란 철도차량 유지보수와 관련된 학과 및 기계·전기·전자·통신 관련 학과를 말한다.

용식 : 고등학교 졸업, 철도차량정비기능장 경력 5년
재원 : 철도통신과 학사, 차량기술사 경력 2년
효봉 : 철도전기과 전문학사(3년제), 철도차량산업기사 경력 4년
범수 : 경영학과 석사, 전기철도산업기사 경력 4년
지수 : 철도전자과 석사, 철도차량정비기능사 경력 2년

① 용식
② 재원
③ 효봉
④ 범수
⑤ 지수

26 다음은 Y년의 산업부문별 전기다소비사업장의 전기 사용현황을 나타낸 자료이다. 다음 자료를 참고할 때, Y-1년의 화공산업 부문 전기다소비사업장의 전기사용량은 얼마인가? (전기사용량은 절삭하여 원 단위로 표시함)

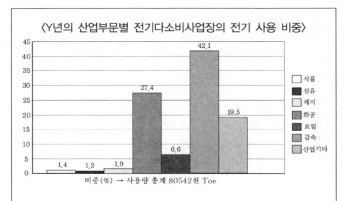

〈Y년의 산업부문별 전기다소비사업장의 전기 사용 비중〉

비중(%) → 사용·량 총계 80542천 Toe

〈Y년의 산업부문별 전기다소비사업장의 전기 사용 증가율〉

구분	식품	섬유	제지	화공	요업	금속	산업기타
전년대비 증가율(%)	1.8	-3.9	-12.6	4.5	1.6	-1.2	3.9

① 20,054천Toe
② 20,644천Toe
③ 20,938천Toe
④ 21,117천Toe
⑤ 22,045천Toe

27 다음의 도표를 보고 분석한 내용으로 가장 옳지 않은 것을 고르면?

• 차종별 주행거리

구분	2016년		2017년		증감률 (%)
	주행거리 (천대·km)	구성비 (%)	주행거리 (천대·km)	구성비 (%)	
승용차	328,812	72.2	338,753	71.3	3.0
버스	12,407	2.7	12,264	2.6	-1.2
화물차	114,596	25.1	123,657	26.1	7.9
계	455,815	100.0	474,674	100.0	4.1

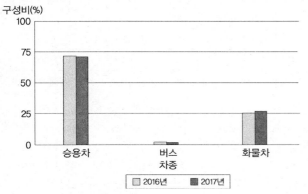

• 차종별 평균 일교통량

구분	2016년		2017년		증감률 (%)
	교통량 (대/일)	구성비 (%)	교통량 (대/일)	구성비 (%)	
승용차	10,476	72.2	10,648	71.3	1.6
버스	395	2.7	386	2.6	-2.3
화물차	3,652	25.1	3,887	26.1	6.4
계	14,525	100.0	14,921	100.0	2.7

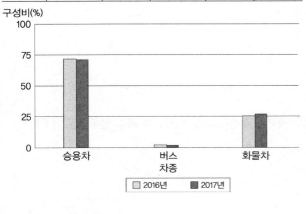

① 차종별 평균 일교통량에서 버스는 2016년에 비해 2017년에 와서는 -2.3 정도 감소하였음을 알 수 있다.

② 차종별 주행거리에서 화물차는 2016년에 비해 2017년에 7.9% 정도 감소하였음을 알 수 있다.

③ 차종별 평균 일교통량에서 화물차는 2016년에 비해 2017년에는 6.4% 정도 증가하였음을 알 수 있다.

④ 차종별 주행거리에서 버스의 주행거리는 2016년에 비해 2017년에는 -1.2% 정도 감소하였다.

⑤ 차종별 평균 일교통량에서 2016년의 총교통량(승용차, 버스, 화물차)은 2017년에 들어와 총교통량(승용차, 버스, 화물차)이 2.7% 정도 증가하였다.

28 다음 그림은 교통량 흐름에 관한 내용의 일부를 발췌한 것이다. 이에 대한 분석결과로써 가장 옳지 않은 항목을 고르면? (단, 교통수단은 승용차, 버스, 화물차로 한정한다.)

• 고속국도

구분	주행거리 (천대·km)	구성비 (%)
승용차	153,946	68.5
버스	6,675	3.0
화물차	63,934	28.5
계	224,555	100.0

고속국도
승용차, 68.5%
화물차, 28.5%
버스, 3.0%

• 일반국도

구분	주행거리 (천대·km)	구성비 (%)
승용차	123,341	75.7
버스	3,202	2.0
화물차	36,239	22.3
계	162,782	100.0

일반국도
승용차, 75.7%
화물차, 22.3%
버스, 2.0%

• 지방도 계

구분	주행거리 (천대·km)	구성비 (%)
승용차	61,466	70.4
버스	2,387	2.7
화물차	23,484	26.9
계	87,337	100.0

지방도 계
승용차, 70.4%
화물차, 26.9%
버스, 2.7%

- 국가지원지방도

구분	주행거리 (천대·km)	구성비 (%)
승용차	18,164	70.1
버스	684	2.6
화물차	7,064	27.3
계	25,912	100.0

- 지방도

구분	주행거리 (천대·km)	구성비 (%)
승용차	43,302	70.5
버스	1,703	2.8
화물차	16,420	26.7
계	61,425	100.0

① 고속국도에서 승용차는 주행거리 및 구성비 등이 다 교통 수단에 비해 압도적으로 높음을 알 수 있다.

② 일반국도의 경우 주행거리는 버스가 3,202km로 가장 낮다.

③ 지방도로의 주행거리에서 보면 가장 높은 수단과 가장 낮은 수단과의 주행거리 차이는 47,752km이다.

④ 국가지원지방도로에서 구성비가 가장 높은 수단과 가장 낮은 수단과의 차이는 67.5%p이다.

⑤ 지방도로에서 버스의 경우 타 교통수단에 비해 주행거리 가 가장 낮다.

‖29~30‖ 다음 〈표〉와 〈선정절차〉는 정부가 추진하는 신규 사업에 지원한 A~E 기업의 현황과 사업 선정절차에 대한 자료이다. 물음에 답하시오.

〈표〉A~E 기업 현황

기업	직원 수 (명)	임원수 (명) 이사	감사	임원 평균 근속 기간 (년)	시설현황 사무실 수 (개)	총면적 (㎡)	휴게실 면적 (㎡)	기업 총면적 (㎡)	통근 차량 대수 (대)
A	132	10	3	2.1	5	450	2,400	3,800	3
B	160	5	1	4.5	7	420	200	1,300	2
C	120	4	3	3.1	5	420	440	1,000	1
D	170	2	12	4.0	7	550	300	1,500	2
E	135	4	6	2.9	6	550	1,000	2,500	2

※ 여유면적 = 기업 총면적 − 사무실 총면적 − 휴게실 면적

〈선정절차〉

• 1단계 : 아래 4개 조건을 모두 충족하는 기업을 예비 선정 한다.

– 사무실조건 : 사무실 1개당 직원수가 25명 이하여야 한다.

– 임원조건 : 임원 1인당 직원수가 15명 이하여야 한다.

– 차량조건 : 통근 차량 1대당 직원수가 100명 이하여야 한다.

– 여유면적조건 : 여유면적이 650㎡ 이상이어야 한다.

• 2단계 : 예비 선정된 기업 중 임원평균근속기간이 가장 긴 기업을 최종 선정한다.

29 1단계 조건을 충족하여 예비 선정되는 기업을 모두 고르면?

① A, B   ② B, C

③ C, D   ④ D, E

⑤ E, A

30 정부가 추진하는 신규 사업에 최종 선정되는 기업은?

① A   ② B

③ C   ④ D

⑤ E

31 다음 조건을 바탕으로 할 때, 김 교수의 연구실 위치한 건물과 오늘 갔던 서점이 위치한 건물을 순서대로 올바르게 짝지은 것은?

- 최 교수, 김 교수, 정 교수의 연구실은 경영관, 문학관, 홍보관 중 한 곳에 있으며 서로 같은 건물에 있지 않다.
- 이들은 오늘 각각 자신의 연구실이 있는 건물이 아닌 다른 건물에 있는 서점에 갔었으며, 서로 같은 건물의 서점에 가지 않았다.
- 정 교수는 홍보관에 연구실이 있으며, 최 교수와 김 교수는 오늘 문학관 서점에 가지 않았다.
- 김 교수는 정 교수가 오늘 갔던 서점이 있는 건물에 연구실이 있다.

① 문학관, 경영관

② 경영관, 문학관

③ 경영관, 홍보관

④ 문학관, 홍보관

⑤ 홍보관, 문학관

32 빵, 케이크, 마카롱, 쿠키를 판매하고 있는 달콤 베이커리 프랜차이즈에서 최근 각 지점 제품을 섭취하고 복숭아 알레르기가 발생했다는 민원이 제기되었다. 해당 제품에는 모두 복숭아가 들어가지 않지만, 복숭아를 사용한 제품과 인접 시설에서 제조하고 있다. 아래의 사례를 참고할 때 다음 중 반드시 거짓인 경우는?

- 복숭아 알레르기 유발 원인이 된 제품은 빵, 케이크, 마카롱, 쿠키 중 하나이다.
- 각 지점에서 복숭아 알레르기가 있는 손님이 섭취한 제품과 알레르기 유무는 아래와 같다.

광화문점	빵과 케이크를 먹고 마카롱과 쿠키를 먹지 않은 경우, 알레르기가 발생했다.
종로점	빵과 마카롱을 먹고 케이크와 쿠키를 먹지 않은 경우, 알레르기가 발생하지 않았다.
대학로점	빵과 쿠키를 먹고 케이크와 마카롱을 먹지 않은 경우 알레르기가 발생했다.
홍대점	케이크와 마카롱을 먹고 빵과 쿠키를 먹지 않은 경우 알레르기가 발생했다.
상암점	케이크와 쿠키를 먹고 빵과 마카롱을 먹지 않은 경우 알레르기가 발생하지 않았다.
강남점	마카롱과 쿠키를 먹고 빵과 케이크를 먹지 않은 경우 알레르기가 발생하지 않았다.

① 광화문점, 종로점, 홍대점의 사례만을 고려하면 케이크가 알레르기의 원인이다.

② 광화문점, 대학로점, 상암점의 사례만을 고려하면, 빵이 알레르기의 원인이다.

③ 종로점, 홍대점, 강남점의 사례만을 고려하면, 케이크가 알레르기의 원인이다.

④ 대학로점, 홍대점, 강남점의 사례만을 고려하면, 마카롱이 알레르기의 원인이다.

⑤ 대학로점, 상암점, 강남점의 사례만을 고려하면, 빵이 알레르기의 원인이다.

33 다음은 이야기 내용과 그에 관한 설명이다. 이야기에 관한 설명 중 이야기 내용과 일치하는 것은 모두 몇 개인가?

[이야기 내용] A국의 역사를 보면 갑, 을, 병, 정의 네 나라가 시대 순으로 연이어 존재했다. 네 나라의 수도는 각각 달랐는데 관주, 금주, 평주 한주 중 하나였다. 한주가 수도인 나라는 평주가 수도인 나라의 바로 전 시기에 있었고, 금주가 수도인 나라는 관주가 수도인 나라의 바로 다음 시기에 있었으나, 정보다는 이전 시기에 있었다. 병은 가장 먼저 있었던 나라는 아니지만, 갑보다 이전 시기에 있었다. 병과 정은 시대 순으로 볼 때 연이어 존재하지 않았다.

[이야기에 관한 설명]
1. 금주는 갑의 수도이다.
2. 관주는 병의 수도이다.
3. 평주는 정의 수도이다.
4. 을은 갑의 다음 시기에 존재하였다.
5. 평주는 가장 마지막에 존재한 나라의 수도이다.
6. 을과 병은 연이어 존재했다.

① 0개 ② 1개

③ 2개 ④ 3개

⑤ 4개

34 H공사에 다니는 乙 대리는 우리나라 근로자의 근로 시간에 관한 다음의 보고서를 작성하였는데 이 보고서를 검토한 甲 국장이 〈보기〉와 같은 추가사항을 요청하였다. 乙 대리가 추가로 작성해야 할 자료로 적절한 것은?

우리나라의 법정근로시간은 1953년 제정된 근로기준법에서는 주당 48시간이었지만, 이후 1989년 44시간으로, 그리고 2003년에는 40시간으로 단축되었다. 주당 40시간의 법정근로시간은 산업 및 근로자 규모별로 경과규정을 두어 연차적으로 실시하였지만, 2011년 7월 1일 이후는 모든 산업의 5인 이상 근로자에게로 확대되었다. 실제 근로시간은 법정근로시간에 주당 12시간까지 가능한 초과근로시간을 더한 시간을 의미한다.

2000년 이후 우리나라 근로자의 근로시간은 지속적으로 감소되어 2016년 5인 이상 임금근로자의 주당 근로시간이 40.6시간으로 감소했다. 이 기간 동안 2004년, 2009년, 2015년 비교적 큰 폭으로 증가했으나 전체적으로는 뚜렷한 감소세를 보인다. 사업체규모별·근로시간별로 살펴보면, 정규직인 경우 5~29인, 300인 이상 사업장의 근로시간이 42.0시간으로 가장 짧고, 비정규직의 경우 시간제 근로자의 비중의 영향으로 5인 미만 사업장의 근로시간이 24.8시간으로 가장 짧다. 산업별로는 광업, 제조업, 부동산업 및 임대업의 순으로 근로시간이 길고, 건설업과 교육서비스업의 근로시간이 가장 짧다.

국제비교에 따르면 널리 알려진 바와 같이 한국의 연간 근로시간은 2,113시간으로 멕시코의 2,246시간 다음으로 길다. 이는 OECD 평균의 1.2배, 근로시간이 가장 짧은 독일의 1.54배에 달한다.

〈보기〉

"乙 대리, 보고서가 너무 개괄적이군. 이번 안내 자료 작성을 위해서는 2016년 사업장 규모에 따른 정규직과 비정규직 근로자의 주당 근로시간을 비교할 수 있는 자료가 필요한데, 쉽게 알아볼 수 있는 별도 자료를 도표로 좀 작성해 주겠나?"

① (단위 : 시간)

구분	근로형태(2016년)			
	정규직	비정규직	재택	파견
주당 근로시간	42.5	29.8	26.5	42.7

② (단위 : 시간)

구분	2012	2013	2014	2015	2016
주당 근로시간	42.0	40.6	40.5	42.4	40.6

③ (단위 : 시간)

구분	산업별 근로시간(2016년)			
	광업	제조업	부동산업	운수업
주당 근로시간	43.8	43.6	43.4	41.8

④ (단위 : 시간)

구분		사업장 규모(2016년)			
		5인 미만	5~29인	30~299인	300인 이상
주당 근로시간	정규직	42.8	42.0	43.2	42.0
	비정규직	24.8	30.2	34.7	35.8

⑤ (단위 : 시간)

구분	산업별 근로시간 순위(2016년)				
주당 근로시간	광업	제조업	부동산업 및 임대업	건설업	교육 서비스업
	1	2	3	4	5

35 M사의 총무팀에서는 A 부장, B 차장, C 과장, D 대리, E 대리, F 사원이 각각 매 주말마다 한 명씩 사회봉사활동에 참여하기로 하였다. 이들이 다음 〈보기〉에 따라 사회봉사활동에 참여할 경우, 두 번째 주말에 참여할 수 있는 사람으로 짝지어진 것은 어느 것인가?

〈보기〉
1. B 차장은 A 부장보다 먼저 봉사활동에 참여한다.
2. C 과장은 D 대리보다 먼저 봉사활동에 참여한다.
3. B 차장은 첫 번째 주 또는 세 번째 주에 봉사활동에 참여한다.
4. E 대리는 C 과장보다 먼저 봉사활동에 참여하며, E 대리와 C 과장이 참여하는 주말 사이에는 두 번의 주말이 있다.

① A 부장, B 차장
② D 대리, E 대리
③ E 대리, F 사원
④ B 차장, C 과장, D 대리
⑤ A 부장, C 과장, F 사원

36 다음 [이야기 내용]과 [이야기에 관한 설명]을 보고 일치하는 것은 모두 몇 개인지 고르면?

[이야기 내용] 장애 아동을 위한 특수학교가 있다. 그 학교에는 키 성장이 멈추거나 더디어서 110cm 미만인 아동이 10명, 심한 약시로 꾸준한 치료와 관리가 필요한 아동이 10명 있다. 키가 110cm 미만인 아동은 모두 특수 스트레칭 교육을 받는다. 그리고 특수 스트레칭 교육을 받는 아동 중에는 약시인 아동은 없다. 이 학교에는 특수 영상장치가 설치된 학급은 한 개 뿐이고, 약시인 어떤 아동은 특수 영상장치가 설치된 학급에서 교육을 받는다. 숙이, 철이, 석이는 모두 이 학교에 다니는 아동이다.

[이야기에 관한 설명]
1. 이 학교의 총 학생 수는 20명이다.
2. 특수 스트레칭 교육을 받는 아동은 최소 10명이다.
3. 특수 스트레칭 교육을 받는 아동은 특수 영상장치가 설치된 학급에서 교육을 받는다.
4. 이 학교의 학급 수는 2개이다.
5. 석이의 키가 100cm라면, 석이는 약시가 아니다.
6. 숙이, 철이, 석이 모두 약시라면 세 사람은 같은 교실에서 교육을 받는다.

① 0개   ② 1개
③ 2개   ④ 3개
⑤ 4개

37 다음은 T전자회사가 기획하고 있는 '전자제품 브랜드 인지도에 관한 설문조사'를 위하여 작성한 설문지의 표지 글이다. 다음 표지 글을 참고할 때, 설문조사의 항목에 포함되기에 가장 적절하지 않은 것은?

[전자제품 브랜드 인지도에 관한 설문조사]

안녕하세요? T전자회사 홍보팀입니다.
저희 T전자에서는 고객들에게 보다 나은 제품을 제공하기 위하여 전자제품 브랜드 인지도에 대한 고객 분들의 의견을 청취하고자 합니다. 전자제품 브랜드에 대한 여러분의 의견을 수렴하여 더 좋은 제품과 서비스를 공급하고자 하는 것이 이 설문조사의 목적입니다. 바쁘시더라도 잠시 시간을 내어 본 설문조사에 응해주시면 감사하겠습니다. 응답해 주신 사항에 대한 철저한 비밀 보장을 약속드립니다. 감사합니다.

T전자회사 홍보팀 담당자 홍길동
전화번호 : 1588-0000

① 귀하는 T전자회사의 브랜드인 'Think-U'를 알고 계십니까?
㉠ 예   ㉡ 아니오

② 귀하가 주로 이용하는 전자제품은 어느 회사 제품입니까?
㉠ T전자회사   ㉡ R전자회사   ㉢ M전자회사   ㉣ 기타 (　)

③ 귀하에게 전자제품 브랜드 선택에 가장 큰 영향을 미치는 요인은 무엇입니까?
㉠ 광고   ㉡ 지인 추천   ㉢ 기존 사용 제품   ㉣ 기타 (　)

④ 귀하가 일상생활에 가장 필수적이라고 생각하시는 전자제품은 무엇입니까?
㉠ TV   ㉡ 통신기기   ㉢ 청소용품   ㉣ 주방용품

⑤ 귀하는 전자제품의 품목별 브랜드를 달리 선택하는 편입니까?
㉠ 예   ㉡ 아니오   ㉢ 청소용품   ㉣ 주방용품

38 다음은 철도안전법상 안전관리체계의 승인의 취소에 관한 법률이다. 이에 대한 해석으로 옳은 것은?

① 국토교통부장관은 안전관리체계의 승인을 받은 철도운영자 등이 다음 각 호의 어느 하나에 해당하는 경우에는 그 승인을 취소하거나 6개월 이내의 기간을 정하여 업무의 제한이나 정지를 명할 수 있다. 다만, 제1호에 해당하는 경우에는 그 승인을 취소하여야 한다.
  1. 거짓이나 그 밖의 부정한 방법으로 승인을 받은 경우
  2. 안전관리체계의 승인 조항을 위반하여 변경승인을 받지 아니하거나 변경신고를 하지 아니하고 안전관리체계를 변경한 경우
  3. 안전관리체계의 유지 조항을 위반하여 안전관리체계를 지속적으로 유지하지 아니하여 철도운영이나 철도시설의 관리에 중대한 지장을 초래한 경우
  4. 안전관리체계의 유지 조항에 따른 시정조치명령을 정당한 사유 없이 이행하지 아니한 경우
② 제1항에 따른 승인 취소, 업무의 제한 또는 정지의 기준 및 절차 등에 관하여 필요한 사항은 국토교통부령으로 정한다.

① 거짓으로 승인을 받은 경우 그 사유에 따라 6개월 이내의 기간을 정하여 업무의 제한이나 정지 처분을 받을 수 있다.
② 철도운영자는 안전관리체계의 변경승인을 받지 아니한 경우 6개월 이상의 업무제한을 받을 수 있다.
③ 안전관리체계를 지속적으로 유지하지 아니하여 중대한 지장을 초래한 경우 반드시 승인을 취소해야 한다.
④ 국토교통부장관은 부정한 방법으로 안전관리체계의 승인을 받은 철도운영자에게 승인을 취소해야 한다.
⑤ 안전관리체계의 유지 조항에 따른 시정조치명령을 이행하지 않은 경우에는 반드시 승인을 취소하거나 6개월 이내의 기간을 정하여 업무의 제한이나 정지를 명해야 한다.

39 다음은 철도안전법에 관한 내용 중 일부 법령을 제시한 것이다. 이에 대한 내용을 잘못 이해한 사람을 고르면?

제15조(운전적성검사)

① 운전면허를 받으려는 사람은 철도차량 운전에 적합한 적성을 갖추고 있는지를 판정받기 위하여 국토교통부장관이 실시하는 적성검사(이하 "운전적성검사"라 한다)에 합격하여야 한다.

② 운전적성검사에 불합격한 사람 또는 운전적성검사 과정에서 부정행위를 한 사람은 다음 각 호의 구분에 따른 기간 동안 운전적성검사를 받을 수 없다.
  1. 운전적성검사에 불합격한 사람 : 검사일부터 3개월
  2. 운전적성검사 과정에서 부정행위를 한 사람 : 검사일부터 1년

③ 운전적성검사의 합격기준, 검사의 방법 및 절차 등에 관하여 필요한 사항은 국토교통부령으로 정한다.

④ 국토교통부장관은 운전적성검사에 관한 전문기관(이하 "운전적성검사기관"이라 한다)을 지정하여 운전적성검사를 하게 할 수 있다.

⑤ 운전적성검사기관의 지정기준, 지정절차 등에 관하여 필요한 사항은 대통령령으로 정한다.

⑥ 운전적성검사기관은 정당한 사유 없이 운전적성검사 업무를 거부하여서는 아니 되고, 거짓이나 그 밖의 부정한 방법으로 운전적성검사 판정서를 발급하여서는 아니 된다.

제38조의9(인증정비조직의 준수사항) 인증정비조직은 다음 각 호의 사항을 준수하여야 한다.
  1. 철도차량정비기술기준을 준수할 것
  2. 정비조직인증기준에 적합하도록 유지할 것
  3. 정비조직운영기준을 지속적으로 유지할 것
  4. 중고 부품을 사용하여 철도차량정비를 할 경우 그 적정성 및 이상 여부를 확인할 것
  5. 철도차량정비가 완료되지 않은 철도차량은 운행할 수 없도록 관리할 것

제47조(여객열차에서의 금지행위)

① 여객은 여객열차에서 다음 각 호의 어느 하나에 해당하는 행위를 하여서는 아니 된다.
  1. 정당한 사유 없이 국토교통부령으로 정하는 여객출입 금지장소에 출입하는 행위
  2. 정당한 사유 없이 운행 중에 비상정지버튼을 누르거나 철도차량의 옆면에 있는 승강용 출입문을 여는 등 철도차량의 장치 또는 기구 등을 조작하는 행위
  3. 여객열차 밖에 있는 사람을 위험하게 할 우려가 있는 물건을 여객열차 밖으로 던지는 행위
  4. 흡연하는 행위
  5. 철도종사자와 여객 등에게 성적(性的) 수치심을 일으키는 행위
  6. 술을 마시거나 약물을 복용하고 다른 사람에게 위해를 주는 행위
  7. 그 밖에 공중이나 여객에게 위해를 끼치는 행위로서 국토교통부령으로 정하는 행위

② 운전업무종사자, 여객승무원 또는 여객역무원은 제1항의 금지행위를 한 사람에 대하여 필요한 경우 다음 각 호의 조치를 할 수 있다.
  1. 금지행위의 제지
  2. 금지행위의 녹음 · 녹화 또는 촬영

① 용구 : 어떠한 경우라도 운전적성검사기관은 옳지 못한 방식으로 운전적성검사 판정서를 발급하면 안 돼.

② 원모 : 우리 형이 서울교통공사 다니잖아. 그런데 내용을 보니까 올해 2019년 11월에 운전적성검사를 봤는데 부끄럽게도 부정행위를 하는 바람에 다음 검사는 2020년 11월에나 다시 응시할 수 있어.

③ 우진 : 그렇구나. 이러한 운전적성검사 기준, 방법, 절차 등의 사항은 행정안전부령이 아닌 국토교통부령으로 정한다는 거 알고 있지?

④ 형일 : 그래 얘들아 너희들 혹시라도 열차 타고 갈 때 심심하다고 열차 밖의 사람들에게 흉기 등을 던지면 철도안전법 중에서도 여객열차에서의 금지행위에 속한다는 것쯤은 상식으로 알고 있지?

⑤ 연철 : 그건 그렇고 교통대란으로 인해 빨리 승객을 수송하기 위해서는 철도차량정비가 비록 완료되지 않은 차량이라도 운행하도록 해서 승객들의 불편을 최소화시켜야 해.

┃40~41┃ 다음은 K지역의 지역방송 채널 편성정보이다. 다음을 보고 이어지는 물음에 답하시오.

[지역방송 채널 편성규칙]

• K시의 지역방송 채널은 채널1, 채널2, 채널3, 채널4, 채널5 다섯 개이다.

• 오후 7시부터 12시까지는 다음을 제외한 모든 프로그램이 1시간 단위로만 방송된다.

시사정치	기획물	예능	영화 이야기	지역 홍보물
최소 2시간 이상	1시간 30분	40분	30분	20분

• 모든 채널은 오후 7시부터 12시까지 뉴스 프로그램이 반드시 포함되어 있다.

[오후 7시~12시 프로그램 편성내용]

• 채널1은 3개 프로그램이 방송되었으며, 9시 30분부터 시사정치를 방송하였다.

• 채널2는 시사정치와 지역 홍보물 방송이 없었으며, 기획물, 예능, 영화 이야기가 방송되었다.

• 채널3은 6시부터 시작한 시사정치 방송이 9시에 끝났으며, 바로 이어서 뉴스가 방송되었고 기획물도 방송되었다.

• 채널4에서는 예능 프로그램이 연속 2회 편성되었고, 예능을 포함한 4종류의 프로그램이 방송되었다.

• 채널5에서는 기획물이 연속 2회 편성되었고, 총 5개의 프로그램이 방송되었다.

---

40 다음 중 위의 자료를 참고할 때, 오후 7시~12시까지의 방송 프로그램에 대하여 바르게 설명하지 못한 것은? (단, 프로그램의 중간에 광고방송 시간은 고려하지 않는다.)

① 채널1에서 기획물이 방송되었다면 예능은 방송되지 않았다.

② 채널2는 정확히 12시에 프로그램이 끝나며 새로 시작되는 프로그램이 있을 수 없다.

③ 채널3에서 영화 이야기가 방송되었다면, 정확히 12시에 어떤 프로그램이 끝나게 된다.

④ 채널4에서 예능 프로그램이 연속 2회 방송되기 위해서는 반드시 뉴스보다 먼저 방송되어야 한다.

⑤ 채널5에서 지역 홍보물이 방송되고 정확히 12시에 어떤 프로그램이 끝났다면 예능도 방송되었다.

41 다음 중 각 채널별로 정각 12시에 방송하던 프로그램을 마치기 위한 방법을 설명한 것으로 옳지 않은 것은? (단, 프로그램의 중간에 광고방송 시간은 고려하지 않는다.)

① 채널1에서 기획물을 방송한다면 시사정치를 2시간 반만 방송한다.

② 채널2에서 지역 홍보물 프로그램을 추가한다.

③ 채널3에서 영화 이야기 프로그램을 추가한다.

④ 채널2에서 영화 이야기 프로그램 편성을 취소한다.

⑤ 채널5에서 영화 이야기 프로그램을 2회 연속 편성한다.

┃42~43┃ 다음은 블루투스 이어폰을 구매하기 위하여 전자제품 매장을 찾은 K씨가 제품 설명서를 보고 점원과 나눈 대화와 설명서 내용의 일부이다. 다음을 보고 이어지는 물음에 답하시오.

K씨 : "블루투스 이어폰을 좀 사려고 합니다."

점원 : "네 고객님, 어떤 조건을 원하시나요?"

K씨 : "제 것과 친구에게 선물할 것 두 개를 사려고 하는데요, 두 개 모두 가볍고 배터리 사용시간이 좀 길었으면 합니다. 무게는 42g까지가 적당할 거 같고요, 저는 충전시간이 짧으면서도 통화시간이 긴 제품을 원해요. 선물하려는 제품은요, 일주일에 한 번만 충전해도 통화시간이 16시간은 되어야 하고, 음악은 운동하면서 매일 하루 1시간씩만 들을 수 있으면 돼요. 스피커는 고감도인 게 더 낫겠죠."

점원 : "그럼 고객님께는 (   )모델을, 친구 분께 드릴 선물로는 (   )모델을 추천해 드립니다."

〈제품 사양서〉

구분	무게	충전시간	통화시간	음악재생 시간	스피커 감도
A모델	40.0g	2.2H	15H	17H	92db
B모델	43.5g	2.5H	12H	14H	96db
C모델	38.4g	3.0H	12H	15H	94db
D모델	42.0g	2.2H	13H	18H	85db

※ A, B모델 : 통화시간 1시간 감소 시 음악재생시간 30분 증가

※ C, D모델 : 음악재생시간 1시간 감소 시 통화시간 30분 증가

---

42 다음 중 위 네 가지 모델에 대한 설명으로 옳은 것을 〈보기〉에서 모두 고르면?

〈보기〉

㈎ 충전시간 당 통화시간이 긴 제품일수록 음악재생시간이 길다.

㈏ 충전시간 당 통화시간이 5시간 이상인 것은 A, D모델이다.

㈐ A모델은 통화에, C모델은 음악재생에 더 많은 배터리가 사용된다.

㈑ B모델의 통화시간을 10시간으로 제한하면 음악재생시간을 C모델과 동일하게 유지할 수 있다.

① ㈎, ㈏   ② ㈏, ㈑
③ ㈐, ㈑   ④ ㈎, ㈐
⑤ ㈎, ㈑

43 다음 중 점원이 K씨에게 추천한 빈칸의 제품이 순서대로 올바르게 짝지어진 것은 어느 것인가?

	K씨	선물		K씨	선물
①	C모델	A모델	②	C모델	D모델
③	A모델	C모델	④	A모델	B모델
⑤	B모델	C모델			

┃44~45┃ 다음은 승강기의 검사와 관련된 안내문이다. 이를 보고 물음에 답하시오.

❑ 근거법령

『승강기시설 안전관리법』 제13조 및 제13조의2에 따라 승강기 관리주체는 규정된 기간 내에 승강기의 검사 또는 정밀안전검사를 받아야 합니다.

❑ 검사의 종류

종류	처리기한	내용
완성검사	15일	승강기 설치를 끝낸 경우에 실시하는 검사
정기검사	20일	검사유효기간이 끝난 이후에 계속하여 사용하려는 경우에 추가적으로 실시하는 검사
수시검사	15일	승강기를 교체·변경한 경우나 승강기에 사고가 발생하여 수리한 경우 또는 승강기 관리 주체가 요청하는 경우에 실시하는 검사
정밀안전검사	20일	설치 후 15년이 도래하거나 결함 원인이 불명확한 경우, 중대한 사고가 발생하거나 또는 그 밖에 행정안전부장관이 정한 경우

❑ 검사의 주기

승강기 정기검사의 검사주기는 1년이며, 정밀안전검사는 완성검사를 받은 날부터 15년이 지난 경우 최초 실시하며, 그 이후에는 3년마다 정기적으로 실시합니다.

❑ 적용범위

"승강기"란 건축물이나 고정된 시설물에 설치되어 일정한 경로에 따라 사람이나 화물을 승강장으로 옮기는 데에 사용되는 시설로서 엘리베이터, 에스컬레이터, 휠체어리프트 등 행정안전부령으로 정하는 것을 말합니다.

• 엘리베이터

용도	종류	분류기준
승객용	승객용 엘리베이터	사람의 운송에 적합하게 제작된 엘리베이터
	침대용 엘리베이터	병원의 병상 운반에 적합하게 제작된 엘리베이터
	승객·화물용 엘리베이터	승객·화물겸용에 적합하게 제작된 엘리베이터
	비상용 엘리베이터	화재 시 소화 및 구조활동에 적합하게 제작된 엘리베이터
	피난용 엘리베이터	화재 등 재난 발생 시 피난활동에 적합하게 제작된 엘리베이터
	장애인용 엘리베이터	장애인이 이용하기에 적합하게 제작된 엘리베이터
	전망용 엘리베이터	엘리베이터 안에서 외부를 전망하기에 적합하게 제작된 엘리베이터
	소형 엘리베이터	단독주택의 거주자를 위한 승강행정이 12m 이하인 엘리베이터
화물용	화물용 엘리베이터	화물 운반 전용에 적합하게 제작된 엘리베이터
	덤웨이터	적재용량이 300kg 이하인 소형 화물 운반에 적합한 엘리베이터
	자동차용 엘리베이터	주차장의 자동차 운반에 적합하게 제작된 엘리베이터

• 에스컬레이터

용도	종류	분류기준
승객 및 화물용	에스컬레이터	계단형의디딤판을 동력으로 오르내리게 한 것
	무빙워크	평면의 디딤판을 동력으로 이동시키게 한 것

• 휠체어리프트

용도	종류	분류기준
승객용	장애인용 경사형 리프트	장애인이 이용하기에 적합하게 제작된 것으로서 경사진 승강로를 따라 동력으로 오르내리게 한 것
	장애인용 수직형 리프트	장애인이 이용하기에 적합하게 제작된 것으로서 수직인 승강로를 따라 동력으로 오르내리게 한 것

❑ 벌칙 및 과태료
• 벌칙 : 1년 이하의 징역 또는 1천만 원 이하의 벌금
• 과태료 : 500만 원 이하, 300만 원 이하

44 다음에 제시된 상황에서 받아야 하는 승강기 검사의 종류가 잘못 연결된 것은?

① 1년 전 정기검사를 받은 승객용 엘리베이터를 계속해서 사용하려는 경우→정기검사

② 2층 건물을 4층으로 증축하면서 처음 소형 엘리베이터 설치를 끝낸 경우→완성검사

③ 에스컬레이터에 쓰레기가 끼이는 단순한 사고가 발생하여 수리한 경우→정밀안전검사

④ 7년 전 설치한 장애인용 경사형 리프트를 신형으로 교체한 경우→수시검사

⑤ 비상용 엘리베이터를 설치하고 15년이 지난 경우→정밀안전검사

45 ○○승강기 신입사원 甲는 승강기 검사와 관련하여 고객의 질문을 받아 응대해 주는 과정에서 상사로부터 고객에게 잘못된 정보를 제공하였다는 지적을 받았다. 甲이 응대한 내용 중 가장 옳지 않은 것은?

① 고객 : 승강기 검사유효기간이 끝나가서 정기검사를 받으려고 합니다. 오늘 신청하면 언제쯤 검사를 받을 수 있나요?

　甲 : 정기검사의 처리기한은 20일입니다. 오늘 신청하시면 20일 안에 검사를 받으실 수 있습니다.

② 고객 : 비상용 엘리베이터와 피난용 엘리베이터의 차이는 뭔가요?

　甲 : 비상용 엘리베이터는 화재 시 소화 및 구조활동에 적합하게 제작된 엘리베이터를 말합니다. 이에 비해 피난용 엘리베이터는 화재 등 재난 발생 시 피난활동에 적합하게 제작된 엘리베이터입니다.

③ 고객 : 판매 전 자동차를 대놓는 주차장에 자동차 운반을 위한 엘리베이터를 설치하려고 합니다. 덤웨이터를 설치해도 괜찮을까요?

　甲 : 덤웨이터는 적재용량이 300kg 이하인 소형 화물 운반에 적합한 엘리베이터입니다. 자동차 운반을 위해서는 자동차용 엘리베이터를 설치하시는 것이 좋습니다.

④ 고객 : 지난 2016년 1월에 마지막 정밀안전검사를 받았습니다. 승강기에 별 문제가 없다면, 다음 정밀안전검사는 언제 받아야 하나요?

　甲 : 정밀안전검사는 최초 실시 후 3년마다 정기적으로 실시합니다. 2016년 1월에 정밀안전검사를 받으셨다면, 2019년 1월에 다음 정밀안전검사를 받으셔야 합니다.

⑤ 고객 : 고객들이 쇼핑카트나 유모차, 자전거 등을 가지고 층간 이동을 쉽게 할 수 있도록 에스컬레이터나 무빙워크를 설치하려고 합니다. 뭐가 더 괜찮을까요?

　甲 : 말씀하신 상황에서는 무빙워크보다는 에스컬레이터 설치가 더 적합합니다.

46 해외 법인에서 근무하는 귀하는 중요한 프로젝트의 계약을 앞두고 현지 거래처 귀빈들을 위한 식사 자리를 준비하게 되었다. 본사와 거래처의 최고 경영진들이 대거 참석하는 자리인 만큼 의전에도 각별히 신경을 써야 하는 매우 중요한 자리이다. 이러한 외국 손님들과의 식사 자리를 준비하는 에티켓에 관한 다음 보기와 같은 설명 중 적절하지 않은 것은 무엇인가?

① 테이블의 모양과 좌석의 배치 등도 매우 중요하므로 반드시 팩스나 이메일로 사전에 참석자에게 정확하게 알려 줄 필요가 있다.

② 종교적 이유로 특정음식을 먹지 않는 고객의 유무 등 특별 주문 사항이 있는지를 미리 확인한다.

③ 상석(上席)을 결정할 경우, 나이는 많은데 직위가 낮으면 나이가 직위를 우선한다.

④ 최상석에 앉은 사람과 가까운 자리일수록 순차적으로 상석이 되며, 멀리 떨어진 자리가 말석이 된다.

⑤ 핸드백이나 기타 휴대품은 식탁 위에 올려놓는 것은 금물이다.

47 아래 제시된 두 개의 조직도에 해당하는 조직의 특성을 올바르게 설명하지 못한 것은 어느 것인가?

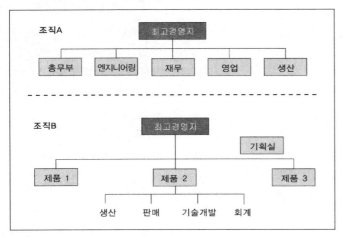

① 조직의 내부 효율성을 중요시하는 작은 규모 조직에서는 조직 A와 같은 조직도가 적합하다.

② 조직 A와 같은 조직도를 가진 조직은 결재 라인이 짧아 보다 신속한 의사결정이 가능하다.

③ 주요 프로젝트나 생산 제품 등에 의하여 구분되는 업무가 많은 조직에서는 조직 B와 같은 조직도가 적합하다.

④ 조직 B와 같은 조직도를 가진 조직은 내부 경쟁보다는 유사 조직 간의 협력과 단결된 업무 능력을 발휘하기에 더 적합하다.

⑤ 조직 A는 기능적 조직구조를 가진 조직이며, 조직 B는 사업별 조직구조를 가진 조직이다.

48 '경영전략은 많은 기업들이 경영활동에 참고하는 지침이 되고 있다. 마이클 포터의 경영전략을 설명하는 다음 글에서 빈칸 (A), (B), (C)에 들어갈 적절한 말을 찾아 순서대로 나열한 것은?

조직의 경영전략은 경영자의 경영이념이나 조직의 특성에 따라 다양하다. 이 중 대표적인 경영전략으로 마이클 포터(Michael E. Porter)의 본원적 경쟁전략이 있다. 본원적 경쟁전략은 해당 사업에서 경쟁우위를 확보하기 위한 전략이며 다음과 같다.

(A) 전략은 조직이 생산품이나 서비스를 차별화하여 고객에게 가치가 있고 독특하게 인식되도록 하는 전략이다. 이러한 전략을 활용하기 위해서는 연구개발이나 광고를 통하여 기술, 품질, 서비스, 브랜드 이미지를 개선할 필요가 있다. (B) 전략은 원가절감을 통해 해당 산업에서 우위를 점하는 전략으로, 이를 위해서는 대량생산을 통해 단위 원가를 낮추거나 새로운 생산기술을 개발할 필요가 있다. 여기에는 70년대 우리나라의 섬유업체나 신발업체, 가발업체 등이 미국시장에 진출할 때 취한 전략이 해당한다.

(C) 전략은 특정 시장이나 고객에게 한정된 전략으로, 다른 전략이 산업 전체를 대상으로 하는 것에 비해 특정 산업을 대상으로 한다는 특징이 있다. 즉, 경쟁조직들이 소홀히 하고 있는 한정된 시장을 차별화된 전략을 써서 집중적으로 공략하는 방법이다.

① 차별화, 집중화, 원가우위

② 집중화, 차별화, 원가우위

③ 집중화, 원가우위, 차별화

④ 차별화, 원가우위, 집중화

⑤ 원가우위, 차별화, 집중화

49 아래의 글은 4차 산업혁명과 기업의 인력확보 전략에 관한 내용 중 일부를 발췌한 것이 다. 특히 4차 산업혁명과 OJT는 서로 불가분의 관계에 있는데 다음 중 밑줄 친 부분에 대한 내용으로 옳지 않은 것은?

■ 로봇, 3D프린터 등 4차 산업 분야 국가기술자격 신설된다.
새로운 노동시장 환경에 필요한 기술인력 양성을 위해 로봇, 3D프린터 등의 제4차 산업 분야 국가기술자격 신설을 본격 추진합니다. 고용노동부는 관계부처 합동으로 마련한 「제4차 산업혁명 대비 국가기술자격 개편방안」을 3월28일(화) 국무회의에서 확정·발표 했습니다.
이번 대책은 그간 산업발전을 견인해 온 국가기술자격을 최신 산업현장 직무에 맞게 개 선하기 위해 마련되었습니다. 올해는 4차 산업 분야 등 총 17개 자격을 중점 신설하고, 내년부터는 매년 산업계 주도로 신설이 필요한 자격을 지속 발굴합니다. 산업현장에서 필요로 하지 않는 자격은 시험을 중단합니다.
폐지 대상 자격은 부처·산업계·전문가로 구성된 '자격개편 분과위원회'에서 현장수요, 산 업 특성 및 전망 등을 검토하고, 토론회, 공청회 등을 통해 다양한 의견 수렴을 거쳐 선정합니다. 시험횟수 축소, 유예기간(2~3년) 등을 거쳐 단계적으로 자격 발급을 중단하며, 기존에 취득 한 자격의 효력은 그대로 유지됩니다.
■ 직업교육·훈련을 통한 국가기술자격 취득 확대
특성화고, 전문대학, 폴리텍 등 직업교육·훈련기관을 통해 자격을 취득하는 과정평가형자 격을 연차적으로 확대합니다. 또한 교육·훈련과정 운영 지원과 외부 모니터링 강화 등을 통해 교육·훈련의 질을 높입니다. 아울러, 현장 실무능력을 보강할 수 있도록 교육·훈련 과정에 기업실습, OJT 도입도 추진합니다.

① 현업에 종사하면서 감독자의 지휘 하에 훈련받는 현장실무 중심의 교육훈련 방식이다.
② 각 종업원의 습득 및 능력에 맞춰 훈련할 수 있다
③ 일을 하면서 훈련을 할 수 있다.
④ 다량의 인원을 한 번에 교육하기에 가장 적절한 방법이다.
⑤ 현실적이면서 많이 쓰이는 방식이다.

50 다음은 회의록을 정리한 甲이 다음 회의에 필요한 자료를 협력부서에 요청하기 위해 작성한 메일이다. ⓐ에 들어갈 부서는?

일시	2019. 11. 10. 17 : 30
수신	ⓐ
발신	서비스품질팀 대리 甲
제목	'안전과 4차 산업혁명기술 융합 서비스'에 관련하여 자료 요청

안녕하세요. 서비스품질팀 대리 甲입니다.
지난 회의 안건인 '안전과 4차 산업혁명기술 융합 서비스'에 관련하여 자료를 요청하고자 합니다. 현재 안전조사처에서 보유하고 있는 철도사고, 운행장애, 차량 사고 통계 자료를 부탁드립니다.
빠른 회신 부탁드립니다.

① 안전지도처
② 안전조사처
③ 산업안전팀
④ 정보보안팀
⑤ 스마트서비스팀

┃51~52┃ T사에 입사한 당신은 시스템 모니터링 및 관리 업무를 담당하게 되었다. 시스템을 숙지한 후 이어지는 상황에 알맞은 입력코드를 고르시오.

〈시스템 상태 및 조치〉

```
System is processing requests...
System Code is S.
Run...

Error found!
Indes AXNGR of File WOANMR.

Final code? |_____
```

항목	세부사항
Index @@ of File@@	• 오류 문자 : Index 뒤에 나타나는 문제 • 오류 발생 위치 : File 뒤에 나타나는 문자
Error Value	• 오류 문자와 오류 발생 위치를 의미하는 문자에 사용된 알파벳을 비교하여 일치하는 알파벳의 개수를 확인
Final Code	• Error Value를 통하여 시스템 상태 판단

〈시스템 상태 판단 기준〉

판단 기준	Final Code
일치하는 알파벳의 개수 = 0	Svem
0 < 일치하는 알파벳의 개수 ≤ 1	Atur
1 < 일치하는 알파벳의 개수 ≤ 3	Lind
3 < 일치하는 알파벳의 개수 ≤ 5	Nugre
5 < 일치하는 알파벳의 개수	Hfklhl

51

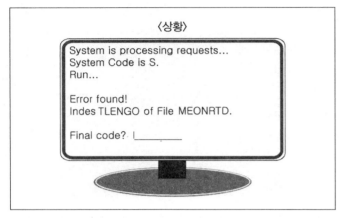

〈상황〉

System is processing requests...
System Code is S.
Run...

Error found!
Indes TLENGO of File MEONRTD.

Final code? |＿＿＿＿＿

① Svem ② Atur
③ Lind ④ Nugre
⑤ Hfklhl

52

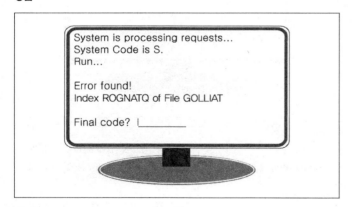

System is processing requests...
System Code is S.
Run...

Error found!
Index ROGNATQ of File GOLLIAT

Final code? |＿＿＿＿＿

① Svem ② Atur
③ Lind ④ Nugre
⑤ Hfklhl

┃53~55┃ 다음 물류 창고 내 재고상품의 코드 목록을 보고 이어지는 질문에 답하시오.

[재고상품 코드번호 예시]
2019년 4월 20일 오전 3시 15분에 입고된 강원도 목장3에서 생산한 산양의 초유 코드 190420A031502E3C

<u>190420</u>	<u>A0315</u>	<u>02E</u>	<u>3C</u>
입고연월일	입고시간	지역코드 + 고유번호	분류코드 + 고유번호

입고연월일	입고시간	생산 목장		제품 종류	
		지역코드	고유번호	분류코드	고유번호
• 190415 －2019년 4월 15일 • 190425 －2019년 4월 25일	• A0102 －오전 1시 2분 • P0607 －오후 6시 7분	01 경기	A 목장1	1 우유	A 소
			B 목장2		B 염소
		02 강원	C 목장1		C 산양
			D 목장2	2 분유	A 소
			E 목장3		B 염소
		03 충북	F 목장1		C 산양
			G 목장2	3 초유	A 소
		04 충남	H 목장1		B 염소
		05 경북	I 목장1		C 산양
			J 목장2	4 버터	A 소
		06 경남	K 목장1		B 염소
			L 목장2		C 산양
		07 전북	M 목장1	5 치즈	A 소
			N 목장2		B 염소
		08 전남	O 목장1		C 산양
		09 제주	P 목장1	6 털	B 염소
			Q 목장2		C 산양

53 재고상품 중 2019년 4월 22일 오후 4시 14분에 입고된 경상북도 목장2에서 생산한 염소 치즈의 코드로 알맞은 것은 무엇인가?

① 190422P041405L5B ② 190422P041405J5B
③ 190422A041405J5B ④ 190422P041405J5C
⑤ 190422P041405J5A

54 물류 창고 관리자인 甲은 경북 지역에서 발생한 구제역으로 인하여 창고 내 재고상품 중 털 제품을 제외하고 경북 지역의 목장에서 생산된 제품을 모두 폐기하기로 하였다. 다음 중 폐기해야 하는 제품이 아닌 것은?

① 190401A080905I2C ② 190425P014505J1A
③ 190311A095905J4B ④ 190428P112505I6C
⑤ 190311A095905J3A

55 다음은 4차 산업혁명 테마별 산업분류 코드목록이다. 각 산업의 코드형성 방식이 '대분류 – 테마 – 산업분류' 순서로 조합될 때 제시된 코드가 잘못 된 것은?

가. 대분류

제조업	개발업	공급업	서비스업
mb	dv	sp	sv

나. 테마

자율주행차	로봇	인공지능	빅데이터	가상현실	블록체인
AD	RB	AI	BD	VR	BC

다. 산업분류

테마	산업분류	산업분류부호
자율주행차	축전지 제조업	28202
	응용소프트웨어 공급업	58222
	전기 · 전자공학 연구 개발업	70121
로봇	물리, 화학 및 생물학 연구 개발업	70111
	전자집적회로 제조업	26110
인공지능	컴퓨터 제조업	26310
	전기 · 전자공학 연구 개발업	70121
빅데이터	컴퓨터시스템 통합 자문 및 구축 서비스업	62021
	컴퓨터 프로그래밍 서비스업	62010
	응용소프트웨어 개발 및 공급업	58222
가상현실	전자집적회로 제조업	26110
	전기 · 전자공학 연구 개발업	70121
	시스템소프트웨어 개발업	58221
블록체인	포털 및 기타 인터넷 정보 매개 서비스업	63120
	전기 · 전자공학 연구 개발업	70121

① 자율주행차 응용소프트웨어 공급업 : spAD58222
② 로봇 전자집적회로 제조업 : mbRB26110
③ 인공지능 전기 · 전자공학 연구 개발업 : dvAI70111
④ 빅데이터 컴퓨터 프로그래밍 서비스업 : svBD62010
⑤ 블록체인 포털 및 기타 인터넷 정보 매개 서비스업 : svBC63120

56 자원관리능력은 예산관리, 시간관리, 물적자원관리, 인적자원관리 등으로 구분되는데, 이 중 예산관리는 업무수행에 있어 필요한 자본자원을 최대한도로 모아 업무에 어떻게 활용할 것인지를 결정하게 된다. 통상적으로 기업에서는 고객이 원하는 품목, 원하는 시점 및 바람직한 물량을 항상 정확하게 파악하는 것인데, 구매를 위한 자유재량 예산의 확보를 자유재량구입예산이라 한다. 이러한 개념을 활용하여 아래의 내용을 보고 자유재량구입예산(Open-To-Buy)을 구하면?

• 계획된 월말재고 : 6백만 원
• 조정된 월말재고 : 4백 6십만 원
• 실제 월별 추가재고 : 5십만 원
• 실제 주문량 : 2백 5십만 원

① 9십만 원
② 1백 4십만 원
③ 1백 8십만 원
④ 2백만 원
⑤ 2백 3십만 원

57 물적 자원관리는 업무에 있어 여러 재료 및 자원을 통합해 적용할 것인지를 계획 및 관리하는 것인데, 재고 또한 기업의 입장에서는 물적 자원에 해당한다. 기업이 보유하고 있는 물적 자원 중 하나인 안전재고는 완충재고라고도 하며, 수요 또는 리드타임의 불확실성으로 인해 주기 재고량을 초과하여 유지하는 재고를 의미한다. 이러한 안전재고량은 확률적 절차로 인해 결정되는데, 수요변동의 범위 및 재고의 이용 가능성 수준에 달려 있다. 이 때, 다음에서 제시하는 내용을 토대로 유통과정에서 발생하는 총 안전재고를 계산하면?

• 해당 제품의 주당 평균 수요는 2,500단위로 가정한다.
• 소매상은 500개 업체, 도매상은 50개 업체, 공장창고는 1개 업체가 존재한다.

구분	평균수요(주)	주문주기(일)	주문기간 중 최대수요
소매상	5	20	25
도매상	50	39	350
공장창고	2,500	41	19,000

① 약 23,555 단위
② 약 19,375 단위
③ 약 16,820 단위
④ 약 14,936 단위
⑤ 약 13,407 단위

58 다음은 ○○도시철도공사의 이듬해 철도안전투자의 예산이다. ○○도시철도공사의 예산 중 철도차량교체 예산의 비중은? (단, 계산 값은 소수점 둘째 자리에서 반올림 한다.)

(단위 : 백만 원)

철도차량 교체	철도시설 개량	안전설비 의 설치	철도안전 교육훈련	철도안전 연구개발	철도안전 홍보
9,994	49,179	91	669	7	60

① 15.9%

② 16.7%

③ 18.2%

④ 19.3%

⑤ 19.8%

59 다음을 읽고 4차 산업을 반영한 온라인 쇼핑 환경에 대한 설명으로 가장 옳지 않은 것을 고르면?

최근 화두가 되고 있는 제4차 산업혁명의 파고가 물류산업의 미래 전망에도 큰 영향을 미치고 있다. 사물인터넷, 빅 데이터, 인공지능 등 차세대 국가경쟁력을 이끌어 갈 4차 산업혁명의 핵심인 ICT 분야와 맞물린 '스마트 물류' 시대가 예고되고 있는 것. 수요 다양화와 기술 변화에 따른 물류혁명은 새로운 방식의 물류 네트워크 구축을 시도하며 시나브로 진화하고 있는 중이다. 수요자 니즈에 부응하는 맞춤형 물류 시스템을 갖추는 동시에 물류 자동화를 통한 비용절감과 물류 인프라 고도화 등 선진화 물류시대로 나아가고 있다. 특히 AI 등 첨단 기술을 이용한 자율주행기능 탑재 등 미래의 화물운송 시장의 대 격변을 예고하고 있다. 특히 국내 물류시장은 약 180조 원 규모의 방대한 시장이다. 그 가운데 화물차운송 시장은 적지 않은 비중을 차지하는 중요한 분야다. 더욱이 매년 급격한 성장세를 보이면서 더욱 확대될 것으로 전망된다. 이러한 배경에는 숙박 및 배달 업계에 이미 시도된 이른바 O2O(Online To Offline) 기반 서비스 도입에 따른 기대감이 크기 때문이다.

① 오프라인과 온라인을 넘나드는 O2O 서비스가 증가하고 있다.

② 고객중심으로 채널을 융합하는 옴니채널로의 전환이 확산되고 있다.

③ 방대한 데이터를 바탕으로 개인이 원하는 서비스를 큐레이션하여 제공한다.

④ 온라인 유통업체들은 신성장 전략으로 NB상품의 개발과 같은 제품 차별화에 적극적이다.

⑤ e-커머스는 식료품을 포함한 일상소비재 시장으로 확산되어 가는 추세이다.

60 M업체의 직원 채용시험 최종 결과가 다음과 같다면, 다음 5명의 응시자 중 가장 많은 점수를 얻어 최종 합격자가 될 사람은 누구인가?

〈최종결과표〉

(단위 : 점)

구분	응시자 A	응시자 B	응시자 C	응시자 D	응시자 E
서류전형	89	86	94	92	93
1차 필기	94	92	89	83	91
2차 필기	88	87	90	97	89
면접	90	94	93	92	93

- 각 단계별 다음과 같은 가중치를 부여하여 해당 점수에 추가 반영한다.
  - 서류전형 점수 10%
  - 1차 필기 점수 15%
  - 2차 필기 점수 20%
  - 면접 점수 5%
- 4개 항목 중 어느 항목이라도 5명 중 최하위 득점이 있을 경우(최하위 점수가 90점 이상일 경우 제외), 최종 합격자가 될 수 없음.
- 동점자는 가중치가 많은 항목 고득점자 우선 채용

① 응시자 A

② 응시자 B

③ 응시자 C

④ 응시자 D

⑤ 응시자 E

61 기술은 새로운 발명 및 혁신 등을 통해서 인간의 삶을 윤택하게 바꾸어 준다. 이를 기반으로 하였을 때 아래에 제시된 사례를 통해 글쓴이가 말하고자 하는 것은?

> 성수대교는 길이 1,161m, 너비 19.4m(4차선)로 1977년 4월에 착공해서 1979년 10월에 준공한, 한강에 11번째로 건설된 다리였다. 성수대교는 15년 동안 별 문제없이 사용되다가 1994년 10월 21일 오전 7시 40분경 다리의 북단 5번째와 6번째 교각 사이 상판 50여 미터가 내려앉는 사고가 발생하였으며, 당시 학교와 직장에 출근하던 시민 32명이 사망하고 17명이 부상을 입었다. 이 사고는 오랫동안 별 문제없이 서 있던 다리가 갑자기 붕괴했고, 이후 삼풍백화점 붕괴사고, 지하철 공사장 붕괴사고 등 일련의 대형 참사의 서곡을 알린 사건으로 국민들에게 충격을 안겨주었다.
>
> 이후 전문가 조사단은 오랜 조사를 통해 성수대교의 붕괴의 원인을 크게 두 가지로 밝혔다. 첫 번째는 부실시공이었고, 두 번째는 서울시의 관리 소홀이었다. 부실시공에 관리 불량이 겹쳐서 발생한 성수대교 붕괴사고는 일단 짓고 보자는 식의 급속한 성장만을 추구하던 우리나라의 단면을 상징적으로 잘 보여준 것이다.

① 정부의 안일한 대처를 말하고 있다.
② 많은 비용을 들여 외국으로부터의 빠른 기술도입을 말하고 있다.
③ 기술적 실패 또는 실패한 기술이 우리 사회에 미치는 영향을 말하고 있다.
④ 기술적 발전은 천천히 이루어져야 함을 역설하고 있다.
⑤ 부실시공으로 인한 많은 예산의 투입이 이루어지고 있음을 말하고 있다.

62 기술혁신은 기존의 기술적 특성과는 조금 다른 양상을 보인다. 다음 글의 내용이 암시하는, 기술혁신에 수반되는 특성은 무엇인가?

> 성수대교는 길이 1,161m, 너비 19.4m(4차선)로 1977년 4월에 착공해서 1979년 10월에 준공한, 한강에 11번째로 건설된 다리였다. 성수대교는 15년 동안 별 문제없이 사용되다가 1994년 10월 21일 오전 7시 40분경 다리의 북단 5번째와 6번째 교각 사이 상판 50여 미터가 내려앉는 사고가 발생하였으며, 당시 학교와 직장에 출근하던 시민 32명이 사망하고 17명이 부상을 입었다. 이 사고는 오랫동안 별 문제없이 서 있던 다리가 갑자기 붕괴했고, 이후 삼풍백화점 붕괴사고, 지하철 공사장 붕괴사고 등 일련의 대형 참사의 서곡을 알린 사건으로 국민들에게 충격을 안겨주었다. 이후 전문가 조사단은 오랜 조사를 통해 성수대교의 붕괴의 원인을 크게 두 가지로 밝혀졌다. 첫 번째는 부실시공이었고, 두 번째는 서울시의 관리 소홀이었다.

① 새로운 기술을 개발하기 위한 아이디어의 원천이나 신제품에 대한 소비자의 수요, 기술 개발의 결과 등은 예측하기가 어렵다. 또한 기술 개발에 대한 기업의 투자가 가시적인 성과로 나타나기까지는 비교적 장시간을 필요로 한다.
② 기술혁신은 지식집약적인 활동이라 연구개발에 참가한 연구원과 엔지니어들이 그 기업을 떠나는 경우 기술과 지식의 손실이 크게 발생하여 기술 개발을 지속할 수 없는 경우가 종종 발생한다.
③ 기술혁신은 조직의 이해관계자간의 갈등이 구조적으로 존재하게 된다. 이 과정에서 조직 내에서 이익을 보는 집단과 손해를 보는 집단이 생길 수 있으며, 이들 간에 기술 개발의 대안을 놓고 상호 대립하고 충돌하여 갈등을 일으킬 수 있다.
④ 기술혁신은 연구개발 부서 단독으로 수행될 수 없다. 또한 기술을 개발하는 과정에서도 생산부서나 품질관리 담당자 혹은 외부 전문가들의 자문을 필요로 하기도 한다.
⑤ 기술은 새로운 발명과 혁신을 통해서 우리의 삶을 윤택하게 바꾼다. 그렇지만 기술의 영향은 항상 긍정적인 방식으로만 나타나지는 않고 있으며, 실패한 기술은 사회적 악영향을 낳을 수 있다.

63 다음 보기 중, '4차 산업혁명'에 대한 설명으로 가장 적절하지 않은 것은 어느 것인가?

① 4차 산업혁명은 2016년 1월 스위스 다보스에서 개최된 제 46차 세계경제포럼, '제 4차 산업혁명의 이해'라는 주제로 논의, 세계적으로 주목을 받기 시작하였다.

② IoT, Big Data, 인공지능, 모바일 등 첨단 정보통신기술이 경제·사회 전반에 융합되어 혁신적인 변화가 나타나는 차세대 산업혁명이다.

③ 4차 산업혁명의 핵심은 다양한 산업이 초연결성, 초지능화 기반 하에 상호 연결됨으로써 고도로 지능화된 사회로 세계를 변화시키는 것에 있다.

④ 4차 산업혁명은 인간의 노동과 삶의 질을 향상시키고 에코 사회 등 다양한 사회문제를 해결하는 등 사회적 혁신 가치를 지속적으로 확산해 나갈 것이다.

⑤ 클라우스 슈바프 다보스포럼 회장은 4차 산업혁명을 통해 노동자와 자본가 사이 부의 격차를 좁힐 수 있을 것이라고 전망하였다.

┃64~65┃ 다음은 에어컨 실외기 설치 시의 주의사항을 설명하는 글이다. 다음을 읽고 이어지는 물음에 답하시오.

〈실외기 설치 시 주의사항〉

실외기는 다음의 장소를 선택하여 설치하십시오.

• 실외기 토출구에서 발생되는 뜨거운 바람 및 실외기 소음이 이웃에 영향을 미치지 않는 장소에 설치하세요. (주거지역에 설치 시, 운전 시간대에 유의하여 주세요.)

• 실외기를 도로상에 설치 시, 2m 이상의 높이에 설치하거나, 토출되는 열기가 보행자에게 직접 닿지 않도록 설치하세요. (건축물의 설비 기준 등에 관한 규칙으로 꼭 지켜야 하는 사항입니다.)

• 보수 및 점검을 위한 서비스 공간이 충분히 확보되는 장소에 설치하세요.

• 공기 순환이 잘 되는 곳에 설치하세요. (공기가 순환되지 않으면, 안전장치가 작동하여 정상적인 운전이 되지 않을 수 있습니다.)

• 직사광선 또는 직접 열원으로부터 복사열을 받지 않는 곳에 설치하여야 운전비가 절약됩니다.

• 실외기의 중량과 운전 시 발생되는 진동을 충분히 견딜 수 있는 장소에 설치하세요. (강도가 약할 경우, 실외기가 넘어져 사고의 위험이 있습니다.)

• 빗물이 새거나 고일 우려가 없는 평평한 장소에 설치하세요.

• 황산화물, 암모니아, 유황가스 등과 같은 부식성 가스가 존재하는 곳에 실내기 및 실외기를 설치하지 마세요.

• 해안지역과 같이 염분이 다량 함유된 지역에 설치 시, 부식의 우려가 있으므로 특별한 유지관리가 필요합니다.

• 히트펌프의 경우, 실외기에서도 드레인이 발생됨으로 배수 처리 및 설치되는 바닥의 방수가 용이한 곳에 설치하세요. (배수가 용이하지 않을 경우, 물이 얼어 낙하사고와 제품 파손이 될 수 있으므로 각별한 주의가 필요합니다.)

• 강풍이 불지 않는 장소에 설치하여 주세요.

• 실내기와 실외기의 냉매 배관 허용 길이 내에 배관 접속이 가능한 장소에 설치하세요.

64 다음은 에어컨 설치 순서를 그림으로 나타낸 것이다. 위의 실외기 설치 시 주의사항을 참고할 때 빈 칸에 들어갈 가장 적절한 말은 어느 것인가?

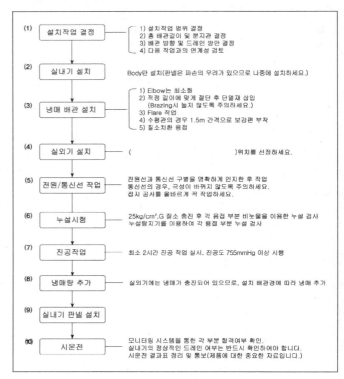

① 전원의 위치 및 전선의 길이를 감안한

② 이웃에 설치된 실외기와의 적정 공간을 감안한

③ 집밖에서 보았을 때 전체적인 미관을 손상시키는지를 감안한

④ 실내기와의 적정 거리를 충분히 유지할 수 있는지를 감안한

⑤ 배관에 냉매가 충진되어 있으므로 배관 길이를 감안한

65 위의 실외기 설치 시 주의사항을 참고하여 설치한 다음 실외기 설치 방법 중 주의사항에서 설명한 내용에 부합되는 방법이라고 볼 수 없는 것은 어느 것인가?

① 실외기를 콘크리트 바닥면에 설치 시 기초지반 사이에 방진패드를 설치하였다.

② 실외기 토출구 열기가 보행자에게 닿지 않도록 토출구를 안쪽으로 돌려 설치하였다.

③ 실외기를 안착시킨 후 앵커볼트를 이용하여 제품을 단단히 고정하였다.

④ 주변에 배수구가 있는 베란다 창문 옆에 설치하였다.

⑤ 여러 대의 실외기가 설치된 곳에 실외기 간의 공간을 충분히 확보하여 설치하였다.

66 다음은 진로 선택 과정에 대한 설명이다. 이 과정에서 내담자가 질문할 수 있는 사항으로 적절한 것을 〈보기〉에서 고른 것은?

> 이 과정은 내담자가 자신이 가진 자원을 탐색하고 객관적인 검증을 거치면서 합리적인 진로 선택을 할 수 있는 충분한 자료를 수집하는 과정이다. 이때 수집된 기초 자료를 통하여 내담자는 진로 계획 수립이라는 목표에 도달할 수 있다.

〈보기〉
㉠ 나의 성향에 맞는 직업은 무엇일까요?
㉡ 나에 대해 자세히 알고 싶은데 어떻게 할까요?
㉢ 내가 대학에 진학하려면 어떤 준비를 해야 하나요?
㉣ 나의 취업 능력을 향상시킬 수 있는 교육이 있을까요?

① ㉠, ㉡   ② ㉠, ㉣
③ ㉡, ㉢   ④ ㉡, ㉣
⑤ ㉢, ㉣

67 당신은 ㈜서원각에서 근무하는 신입사원이다. 지난주 금요일 회의에서 당신은 최근 국제 정세가 전제된 회의 내용을 제대로 알아듣지 못해 적극적으로 참여하지 못했다. 당신은 다음 회의 때에는 반드시 어리숙하게 앉아만 있다 오지 않기로 결심했고, 적극적인 회의 참석을 위해 국제 정세에 관해 충분히 숙지해두기로 마음먹었다. 이를 위해 매주 수요일마다 선배 사원에게 국제 정세와 관련된 대화를 나눠줄 것을 부탁했고, 충분한 대화가 안 되는 것 같으면 지적해줄 것을 요청하였다. 당신의 이러한 대처방안에 대한 설명으로 가장 적절한 것은?

① 연습의 질을 높이면 목표를 설정할 수 있게 된다.

② 선배 사원과의 대화는 목표 정립 과정 중 피드백 과정에 해당한다.

③ 선배 사원으로부터 양질의 평가를 받으면, 결과목표를 달성한 것이 된다.

④ 다음 회의에서 회의 내용을 알아듣기 위한 것이 결과목표를 설정한 것이다.

⑤ 선배 사원과의 대화에서 좋은 평가를 받는 것을 목표로 하고, 연습을 통해 실제로 그렇게 된다면 이는 수행목표를 달성한 것이다.

68 당신은 ㈜소정의 신입사원이다. 당신은 아직 조직 문화에 적응하지 못하고 있어, 선배 사원들의 행동을 모방하며 적응해 가려고 한다. 그런데 회사의 내부 분위기는 상사가 업무 전반을 지휘하고, 그 하급자들은 명령에 무조건 복종하는 '상명하복 문화'가 지배적인 업무환경으로 판단된다. 또한 대부분의 선배 사원들은 상사의 업무 지휘에 대해 큰 불만을 가지지 않고, 맡겨진 업무에 대해서는 빠르게 처리하는 분위기이다. 이러한 조직 문화에 적응하려 할 때, 당신이 팔로워로서 발현하게 될 특징으로 가장 적절한 것은?

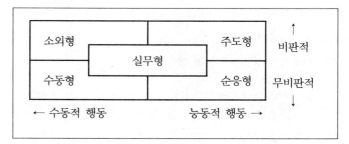

① 조직 변동에 민감하게 반응한다.

② 가치를 창조하는 직무활동을 수행한다.

③ 조직을 위해 자신과 가족의 요구를 양보한다.

④ 조직이 나의 아이디어를 원치 않는다고 생각한다.

⑤ 독립적인 사고와 비판적인 입장으로 생각한다.

69 A철도 운영자인 甲은 이번 안전관리 수준평가에서 우수운영자 지정을 받는 것을 목표로 하고 있다. 甲이 해야 하는 노력으로 옳지 않은 것은?

① 철도교통사고 건수를 줄이기 위해 철도안전점검을 실시한다.

② 최근 안전사고가 가장 많이 일어난 사항들을 확인하고 대책회의를 소집한다.

③ 우수운영자 지정의 권한을 가진 국토교통부장관의 최근 관심사와 학연을 알아본다.

④ 철도안전투자의 예산에 맞춰 예정된 사항들을 집행한다.

⑤ 정기검사를 주기적으로 실시하여 실적을 쌓는다.

70 전문가들은 4차 산업시대 직업기초능력에 가장 필요한 능력으로 '위기대처능력'을 꼽고 있다. 그 외 미래형 직업기초능력에 포함되는 것과 그 정의가 올바르게 연결되지 않은 것은?

① 전체 조망력 – 삶에 영향을 미치는 여러 요인에 대한 이해를 수직적, 수평적으로 연결시켜 전체적으로 어떻게 변화하고 있는지 볼 수 있는 능력

② 회복 탄력성 – 자신의 잘못이나 만족스럽지 못한 행동의 결과를 스스로 개선하거나 고치는 능력

③ 기계 협업 능력 – 지능화된 기계와 상호작용하면서 업무를 이전과 다른 방식으로 해결하는 능력

④ 미래 예측력 – 다양한 환경 분석을 통해 변화의 흐름을 이해하고 미래를 예측하는 능력

⑤ 인지적 부담관리 능력 – 통화 요청이나 이메일, 메시지, SNS, RSS 피드 등 쏟아지는 정보의 홍수 속에서 능숙하게 자신의 인지적 수용력을 관리하는 능력

71 다음에서 설명하고 있는 개념은?

> 조직성원들을 신뢰하고 그들의 잠재력을 믿으며, 그 잠재력의 개발을 통해 고성과 조직이 되도록 하는 일련의 행위

① 코칭
② 임파워먼트
③ 동기부여
④ 변화관리
⑤ 갈등관리

72 다음에서 설명하는 개념을 강화시키기 위한 방법으로 옳지 않은 것은?

> 어떤 생활체를 활동하도록 자극하여 의도하는 목표로 향하게 하는 것. 사람은 무엇을 하고자 하는 욕구(欲求)가 일어날 때 일하려는 동기, 즉 동인(動因)이 생기며, 그 환경에서의 사물은 유인(誘因)의 성질을 가진다. 이에 따라 행동으로 옮겨 목표를 달성하게 되면 욕구는 충족되고 동인은 사라진다. 이와 같은 욕구–동인–유인의 기능적 관계를 통틀어 동기부여 또는 동기유발이라고 한다. 이러한 동기부여의 개념은 심리학에서 주로 사용하는 것이지만, 조직 구성원들로 하여금 자발적으로 일을 하게 하여 생산성을 높이는 데 유용하므로 조직이론에서 중요시되고 있다.

① 새로운 도전의 기회를 부여한다.

② 창의적인 문제해결법을 찾는다.

③ 변화를 거부한다.

④ 지속적으로 교육한다.

⑤ 몇 가지 코칭을 한다.

73 갈등해결방법 모색 시 명심해야 할 사항으로 옳지 않은 것은?

① 다른 사람들의 입장 이해하기

② 어려운 문제에 맞서기

③ 어느 한쪽으로 치우치지 않기

④ 적극적으로 논쟁하기

⑤ 사람들과 눈 자주 마주치기

74 다음 사례에서 민수의 행동 중 잘못된 행동은 무엇인가?

> 민수는 Y기업 판매부서의 부장이다. 그의 부서는 크게 3개의 팀으로 구성되어 있는데 이번에 그의 부서에서 본사의 중요한 프로젝트를 맡게 되었고 그는 세 팀의 팀장들에게 이번 프로젝트를 성공시키면 전원 진급을 시켜주겠다고 약속하였다. 각 팀의 팀장들은 민수의 말을 듣고 한 달 동안 야근을 하면서 마침내 거액의 계약을 따내게 되었다. 이로 인해 각 팀의 팀장들은 회사로부터 약간의 성과급을 받게 되었지만 정작 진급은 애초에 세 팀 중에 한 팀만 가능하다는 사실을 뒤늦게 통보받았다. 각 팀장들은 민수에게 불만을 표시했고 민수는 미안하게 됐다며 성과급 받은 것으로 만족하라는 말만 되풀이하였다.

① 상대방에 대한 이해
② 기대의 명확화
③ 사소한 일에 대한 관심
④ 약속의 불이행
⑤ 잘못된 동기부여

75 다음 사례에서 박부장이 취할 수 있는 행동으로 적절하지 않은 것은?

> ◆◆기업에 다니는 박부장은 최근 경기침체에 따른 회사의 매출부진과 관련하여 근무환경을 크게 변화시키기로 결정하였다. 하지만 그의 부하들은 물론 상사와 동료들조차도 박부장의 결정에 회의적이었고 부정적인 시각을 내보였다. 그들은 변화에 소극적이었으며 갑작스런 변화는 오히려 회사의 존립자체를 무너뜨릴 수 있다고 판단하였다. 하지만 박부장은 갑작스런 변화가 처음에는 회사를 좀 더 어렵게 할 수는 있으나 장기적으로 본다면 틀림없이 회사에 큰 장점으로 작용할 것이라고 확신하고 있었고 여기에는 전 직원의 협력과 노력이 필요하였다.

① 직원들의 감정을 세심하게 살핀다.
② 변화의 긍정적인 면을 강조한다.
③ 주관적인 자세를 유지한다.
④ 변화에 적응할 시간을 준다.
⑤ 개방적인 분위기를 조성한다.

76 다음 중 직업윤리로 준수해야 할 덕목의 하나인 '책임'을 강조한 사례가 아닌 것은 어느 것인가?

① 중요한 계약을 성사시키기 위해 아내의 출산 소식에도 끝까지 업무를 수행한 A과장
② 실적 부진의 원인으로 자신의 추진력과 영업력이 부족했음을 인정한 B팀장
③ 매일 출근시간 한 시간 전에 나와 운동을 하며 건강관리에 소홀함이 없는 C대리
④ 본인이 선택한 일이니 그에 따른 결과 역시 다른 누구의 탓도 아니라는 D팀장
⑤ 상사의 지시가 없었어도 며칠 후 행사를 준비하기 위해 스스로 잔업을 마다하지 않는 E대리

77 다음은 세계적인 스타트업 기업인 '우버'에 관한 사례이다. 다음 글을 보고 고객들이 우버의 윤리의식에 대하여 표출할 수 있는 불만의 내용으로 가장 적절하지 않은 것은 어느 것인가?

> 2009년 미국 샌프란시스코에서 차량 공유업체로 출발한 우버는 세계 83개국 674개 도시에서 여러 사업을 운영하고 있다. 2016년 기준 매출액 65억 달러, 순손실 28억 달러, 기업가치 평가액 680억 달러로 세계 1위 스타트업 기업이다. 우버가 제공하는 가장 일반적인 서비스는 개인 차량을 이용한 '우버 X'가 있다. 또한, '우버 블랙'은 고급 승용차를 이용한 프리미엄 서비스를 제공하고, 인원이 많거나 짐이 많을 경우에 '우버 XL'이 대형 차량 서비스를 제공한다. '우버 풀(POOL)'은 출퇴근길 행선지가 비슷한 사람들끼리 카풀을 할 수 있게 서로 연결해주는 일종의 합승서비스다. 그 밖에 '우버 이츠(EATS)'는 우버의 배달 서비스로서, 음식배달 주문자와 음식을 배달하는 일반인을 연결해주는 플랫폼이다.
>
> 앞으로 자율주행차량이 도입되면 가장 주목받는 기업으로 계속 발전할 것이라는 전망 속에서 2019년 주식 상장 계획이 있던 우버에게 2017년은 악재의 연속이었다. 연초에 전직 소프트웨어 엔지니어 수잔 파울러가 노골적인 성추행과 성차별이 횡행하는 막장 같은 우버의 사내 문화를 폭로하면서 악재가 시작되었다. 또 연말에는 레바논 주재 영국대사관 여직원 다이크스가 수도 베이루트에서 우버 택시 운전기사에 의해 살해당하는 사건이 발생했다. 우버 서비스의 고객 안전에 대한 우려가 현실로 나타난 것이다.

① 불안정 노동 문제에 대해 사회적 책임 의식을 공유해야 한다.
② 운전기사 고용 과정에서 이력 검증을 강화해야 한다.
③ 고객의 안전을 최우선시하는 의무 소홀에 대한 책임을 져야한다.
④ 실력이 있는 뛰어난 직원이라면 근무태도는 문제 삼지 않는 문화를 고쳐야 한다.
⑤ 단기 일자리를 제공하는 임시 고용형태를 없애야 한다.

78 다음 글을 참고할 때, 김 대리가 윤리적인 가치를 지키며 직장생활을 하는 근본적인 이유로 가장 적절한 것은 어느 것인가?

> 어젯밤 뉴스에서는, 회사의 공금 5백만 원을 횡령하여 개인적 용도로 사용한 30대 중반의 직장인 G씨의 이야기가 화제가 되었다. 김 대리는 자신도 회사에서 수억 원의 공금을 운용하고 관리하는 업무를 담당하고 있어 유난히 뉴스가 관심 있게 다가왔다. 그러나 김 대리는 한 번도 G씨와 같은 행위에 대한 유혹을 느껴보지 않았으며, 그러한 마음가짐은 당연한 것이라는 사실을 G씨의 이야기를 통해 다시 한 번 되새기는 계기가 되었다.

① 직장에서의 출세를 위하여
② 사회적 명예를 지키기 위하여
③ 결국 완벽한 범죄일 수는 없기 때문에
④ 삶의 본질적 가치와 도덕적 신념을 존중하기 때문에
⑤ 회사로부터 충분한 경제적 보상을 받고 있기 때문에

79 「4차 산업혁명 시대의 직업윤리 교육의 방향」의 논문에서 저자들은 4차 산업혁명으로 인해 사람을 기계의 일부로 봄으로써 윤리 규범을 붕괴시킬 우려를 언급하기도 했다. 다음의 사례는 테일러의 과학적 관리론에 관한 사례를 제시하였다. 아래의 글을 읽고 4차 산업혁명 시대의 직업윤리로서 인간을 기계의 일부분으로 취급하는 과학적관리론으로 인해 나타나는 내용 중 옳지 않은 것을 고르면?

> 자본주의 경제는 '비효율과의 전쟁'을 통해 발전해왔다. 초기에 비효율은 삼림 파괴, 수(水)자원 낭비, 탄광 개발 남발 등 주로 자원과 관련한 문제였다. 프레드릭 테일러(Frederick Taylor · 1856~1915)는 사람의 노력이 낭비되고 있다는 데 처음으로 주목했다. 효율적인 국가를 건설하려면 산업 현장에서 매일 반복되는 실수, 잘못된 지시, 노사 갈등을 해결하는 데서 출발해야 한다고 믿었다. 노사가 협업해 과학적인 생산 방법으로 생산성을 끌어올리면 분배의 공평성도 달성할 수 있다고 주장했다. 그가 이런 생각을 체계적으로 정리한 책이 《과학적 관리법》(1911년)이다.
>
> 테일러는 고등학교 졸업 후 공장에 들어가 공장장 자리에까지 오른 현장 전문가였다. 그는 30년간 과학적 관리법 보급을 위해 노력했지만 노동자로부터는 '초시계를 이용해 노동자를 착취한다'고, 기업가로부터는 '우리를 눈먼 돼지로 보느냐고 비난받았다. 그러나 그는 과학적 관리법이 노사 모두에 도움이 되기 때문에 결국 널리 퍼질 것으로 확신했다. 훗날 과학적 관리법은 '테일러리즘(Taylorism)'으로 불리며 현대 경영학의 뿌리가 됐다. 1900년대 영국과 미국에선 공장 근로자의 근무태만이 만연했다. 노동조합도 '노동자가 너무 많은 일을 하면 다른 사람의 일자리를 뺏을 수 있다'며 '적은 노동'을 권했다. 전체 생산량에 따라 임금을 주니 특별히 일을 더 많이 할 이유도 없었다.

① 조직목표인 능률성 향상과 개인목표인 인간의 행복 추구 사이에는 궁극적으로 양립·조화 관계로 인식하였다.
② 작업 계층의 효율적인 관리를 위해 하위 계층 관리만을 연구대상으로 하고 인간을 목표 달성을 위한 조종 대상으로 보았다.
③ 생산성, 능률성 향상이 궁극적인 목적이다.
④ 조직 외적 환경과의 상호작용을 경시하고 조직을 개방체제가 아닌 폐쇄체제로 인식하였 다.
⑤ 타인에 의한 내부적인 동기부여가 효율적이라고 생각한다.

80 다음과 같은 상황을 맞은 강 대리가 취할 수 있는 가장 적절한 행동은 어느 것인가?

> 강 대리는 자신이 일하는 ◇◇교통공사에 고향에서 친하게 지냈던 형이 다음 주부터 철도차량운전사로 일하게 되었다는 소식을 듣게 되었다. 이 소식을 듣고 오랜만에 형과 만난 강 대리는 형과 이야기를 하던 중 형이 현재 복용하고 있는 약물이 법적으로 금지된 마약류이며 중독된 상황임을 알게 되었다. 강 대리는 형이 어렵게 취업을 하게 된 사정을 생각하며 고민하게 되었다.

① 인사과에 추가적인 이유는 말하지 않고 신입 운전사를 해고해야 할 것 같다고 말한다.

② 형에게 자신이 비밀을 지키는 대신 자신과 회사에서는 아는 척을 하지 말아달라고 부탁한다.

③ 철도차량 운전상의 위험과 장해를 일으킬 수 있으므로 형에게 직접 회사에 알릴 것을 권해야 한다.

④ 형의 성격상 철도차량운전사로 손색이 없다는 것을 알고 있으므로 괜히 기분 상할 일을 만들지 않고 그냥 넘어간다.

⑤ 면허가 취소될 수도 있기 때문에 형에게 그 동안 다른 사람의 면허를 잠시 대여하는 방법을 알려준다.

서울교통공사

필기시험 모의고사

정답 및 해설

SEOWONGAK

(주)서원각

제1회 정답 및 해설

1 ③

③ 출범(出帆)은 단체가 새로 조직되어 일을 시작함을 비유적으로 이르는 말로, 「기업활력법」이 출범했다는 표현은 적절하지 않다. '일반 대중에게 널리 알림' 또는 '이미 확정된 법률, 조약, 명령 따위를 일반 국민에게 널리 알리는 일'의 뜻을 지닌 공포(公布)가 적절한 표현이다.

① 대폭 : 썩 많이, 넓게, 많이

② 본격적 : 제 궤도에 올라 제격에 맞게 적극적인. 또는 그런 것

④ 논의 : 어떤 문제에 대하여 서로 의견을 내어 토의함. 또는 그런 토의

⑤ 진출 : 어떤 방면으로 활동 범위나 세력을 넓혀 나아감

2 ④

① 드러내려고 하는 주된 생각으로 '콘셉트(concept)'로 표기한다.

② 'trend'는 외래어 표기법에 따라 '트렌드'로 적는다.

③ 운동 경기할 때 선수들이 입는 소매 없는 셔츠로 '러닝 셔츠(running shirt)'로 표기한다.

⑤ 국제음성기호에 따라 표기하면 '앨커홀'이 옳은 표기이나, 그동안 써온 관례를 존중하여 '알코올'을 올바른 표기로 정하였다.

3 ⑤

밑줄 친 '늘리고'는 '시간이나 기간이 길어지다.'의 뜻으로 쓰였다. 따라서 이와 의미가 동일하게 쓰인 것은 ⑤이다.

① 물체의 넓이, 부피 따위를 본디보다 커지게 하다.

② 살림이 넉넉해지다.

③ 힘이나 기운, 세력 따위가 이전보다 큰 상태가 된다.

④ 재주나 능력 따위가 나아지다.

4 ④

빈칸에 들어갈 단어는 '시간이나 거리 따위를 본래보다 길게 늘림'의 뜻을 가진 연장(延長)이 가장 적절하다.

① 지연 : 무슨 일을 더디게 끌어 시간을 늦춤

② 지속 : 어떤 상태가 오래 계속됨

③ 지체 : 때를 늦추거나 질질 끎

⑤ 연속 : 끊이지 아니하고 죽 이어지거나 지속함

5 ③

③ 정보는 관찰이나 측정을 통하여 수집한 자료를 실제 문제에 도움이 될 수 있도록 정리한 지식 또는 자료를 말한다. 情報(뜻 정, 알릴 보)로 쓴다.

6 ②

이 글의 화자는 '마케팅 교육을 담당하는 입장'에서 UCC를 기업 마케팅에 어떻게 활용할 것인지에 대한 강의를 기획하고 있다. 따라서 이 글을 읽는 예상 독자는 ② UCC 활용 교육을 원하는 기업 마케터들이 될 것이다.

7 ④

괄호 바로 앞뒤에 오는 문장을 통해 유추할 수 있다. 화자가 기획하는 강의는 기업 마케팅 담당자들의 웹 2.0과 UCC에 대한 이해를 높이고, 이를 활용할 수 있는 전략에 대한 내용이 주가 될 것이다. 따라서 강의 제목으로는 ④ 웹2.0 시대 UCC를 통한 마케팅 활용 전략이 가장 적절하다.

8 ⑤

작자는 오래된 물건의 가치를 단순히 기능적 편리함 등의 실용적인 면에 두지 않고 그것을 사용해 온 시간, 그 동안의 추억 등에 두고 있으며 그렇기 때문에 오래된 물건이 아름답다고 하였다.

9　③

③ 「철도안전법 시행규칙」 제41조의2 ④에 따르면 철도운영자 등은 철도안전교육을 안전전문기관 등 안전에 관한 업무를 수행하는 전문기관에 위탁하여 실시할 수 있다고 규정하고 있다.

10　②

① 이 논쟁의 핵심 쟁점은 정보통신기술 혁명은 맞지만 가전제품을 비롯한 제조분야 혁명의 영향력 비교는 쟁점 사안이 아니다.

③ B는 옛것을 과소평가해서도 안 되고 새것을 과대평가해서도 안 된다는 주장으로 볼 때 전면 부정하는 것이 아니라 부분 수용으로 볼 수 있다.

④ A의 통신기술의 영향력은 가전제품의 영향력과 비교될 수 없다는 주장을 보면 올바르지 않음을 알 수 있다.

⑤ B의 세계화의 정도를 결정하는 것은 정치이지 기술력이 아니라는 주장에서 알 수 있듯이 인과의 오류가 아니라 A가 결과에 대한 원인을 잘못 찾고 있다는 논점 일탈을 지적하고 있다.

11　②

② 앨런 튜링이 세계 최초의 머신러닝 발명품을 개발한 것은 아니다. 다만, 머신러닝을 하는 체스 기계를 생각하고 있었다고만 언급되어 있다. 그리고 이것을 현실화한 것이 알파고이다.

① 앨런 튜링의 인공지능에 대한 고안 자체는 컴퓨터 등장 이전에 '튜링 머신'을 통해 이루어졌다.

③⑤ 알파고는 기존의 컴퓨터들과 달리 입력된 알고리즘을 기반으로 스스로 학습하는 지능을 지녔다.

④ 알파고 이전에도 바둑이나 체스를 두는 컴퓨터가 존재했었다.

12　①

① 첫 번째 문단에서 '도시 빈민가와 농촌에 잔존하고 있는 빈곤은 최소한의 인간적 삶조차 원천적으로 박탈하고 있으며'라고 언급하고 있다. 즉, 사회적 취약계층의 객관적인 생활수준이 향상되었다고 보는 것은 적절하지 않다.

② 첫 번째 문단

③ 두, 세 번째 문단

④ 네 번째 문단

⑤ 두 번째 문단

13　④

①⑤ 소스 부호화는 데이터를 압축하기 위해 기호를 0과 1로 이루어진 부호로 변환하는 과정이다. 오류를 검출하고 정정하기 위하여 부호에 잉여 정보를 추가하는 과정은 채널 부호화이다.

② 송신기에서 부호를 전송하면 채널의 잡음으로 인해 오류가 발생한다.

③ 잉여 정보는 오류를 검출하고 정정하기 위하여 부호에 추가하는 정보이다.

14　②

② 기호 집합의 평균 정보량을 기호 집합의 엔트로피라고 하는데 모든 기호들이 동일한 발생 확률을 가질 때 그 기호 집합의 엔트로피는 최댓값을 갖는다. 기호들의 발생 확률이 서로 다르므로 평균 정보량이 최댓값을 갖지 않는다.

15　⑤

⑤ 삼중 반복 부호화는 0을 000으로 부호화하는데, 두 개의 비트에 오류가 있으면 110, 101, 011이 되어 1로 판단하므로 오류는 정정되지 않는다.

16　⑤

영수가 걷는 속도를 x, 성수가 걷는 속도는 y라 하면

㉠ 같은 방향으로 돌 경우 : 영수가 걷는 거리 − 성수가 걷는 거리 = 공원 둘레

　　→ $x - y = 6$

㉡ 반대 방향으로 돌 경우 : 영수가 간 거리 + 성수가 간 거리 = 공원 둘레

　　→ $\frac{1}{2}x + \frac{1}{2}y = 6 \rightarrow x + y = 12$

∴ $x = 9$, $y = 3$

17 ③

서원각의 매출액의 합계를 x, 소정의 매출액의 합계를 y로 놓으면

$x + y = 91$

$0.1x : 0.2y = 2 : 3 \rightarrow 0.3x = 0.4y$

$x + y = 91 \rightarrow y = 91 - x$

$0.3x = 0.4 \times (91 - x)$

$0.3x = 36.4 - 0.4x$

$0.7x = 36.4$

$\therefore x = 52$

$0.3 \times 52 = 0.4y \rightarrow y = 39$

x는 10% 증가하였으므로 $52 \times 1.1 = 57.2$

y는 20% 증가하였으므로 $39 \times 1.2 = 46.8$

두 기업의 매출액의 합은 $57.2 + 46.8 = 104$

18 ④

P도시에서 Q도시로 가는 길은 3가지이고, Q도시에서 R도시로 가는 길은 2가지이므로, P도시를 출발하여 Q도시를 거쳐 R도시로 가는 방법은 $3 \times 2 = 6$가지이다.

19 ④

丁 인턴은 甲, 乙, 丙 인턴에게 주고 남은 성과급의 1/2보다 70만 원을 더 받았다고 하였으므로, 전체 성과급에서 甲, 乙, 丙 인턴에게 주고 남은 성과급을 x라고 하면

丁 인턴이 받은 성과급은 $\frac{1}{2}x + 70 = x$ ($\because$ 마지막에 받은 丁 인턴에게 남은 성과급을 모두 주는 것이 되므로), $\therefore x = 140$이다.

丙 인턴은 甲, 乙 인턴에게 주고 남은 성과급의 1/3보다 60만 원을 더 받았다고 하였는데, 여기서 甲, 乙 인턴에게 주고 남은 성과급의 2/3는 丁 인턴이 받은 140만 원 + 丙 인턴이 더 받을 60만 원이 되므로, 丙 인턴이 받은 성과급은 160만 원이다.

乙 인턴은 甲 인턴에게 주고 남은 성과급의 1/2보다 10만 원을 더 받았다고 하였는데, 여기서 甲 인턴에게 주고 남은 성과급의 1/2은 丙, 丁 인턴이 받은 300만 원 + 乙 인턴이 더 받을 10만 원이 되므로, 乙 인턴이 받은 성과급은 320만 원이다.

甲 인턴은 성과급 총액의 1/3보다 20만 원 더 받았다고 하였는데, 여기서 성과급 총액의2/3은 乙, 丙, 丁 인턴이 받은 620만 원 + 甲 인턴이 더 받을 20만 원이 되므로, 甲 인턴이 받은 성과급은 340만 원이다.

따라서 네 인턴에게 지급된 성과급 총액은 340 + 320 + 160 + 140 = 960만 원이다.

20 ⑤

보완적 평가방식은 각 상표에 있어 어떤 속성의 약점을 다른 속성의 강점에 의해 보완하여 전반적인 평가를 내리는 방식을 의미한다. 보완적 평가방식에서 차지하는 중요도는 60, 40, 20이므로 이러한 가중치를 각 속성별 평가점수에 곱해서 모두 더하면 결과 값이 나오게 된다. 각 대안(열차종류)에 대입해 계산하면 아래와 같은 결과 값을 얻을 수 있다.

- KTX 산천의 가치 값
  $= (0.6 \times 3) + (0.4 \times 9) + (0.2 \times 8) = 7$
- ITX 새마을의 가치 값
  $= (0.6 \times 5) + (0.4 \times 7) + (0.2 \times 4) = 6.6$
- 무궁화호의 가치 값
  $= (0.6 \times 4) + (0.4 \times 2) + (0.2 \times 3) = 3.8$
- ITX 청춘의 가치 값
  $= (0.6 \times 6) + (0.4 \times 4) + (0.2 \times 4) = 6$
- 누리로의 가치 값
  $= (0.6 \times 6) + (0.4 \times 5) + (0.2 \times 4) = 6.4$

조건에서 각 대안에 대한 최종결과 값 수치에 대한 반올림은 없는 것으로 하였으므로 종합 평가점수가 가장 높은 KTX 산천이 김정은과 시진핑의 입장에 있어서 최종 구매대안이 되는 것이다.

21 ⑤

① $x + a = p + q$	8 5 12 4 10 5 11		$2^8 \times 3^5 \times 5^{12} \times 7^4$ $\times 11^{10} \times 13^5 \times 17^{11}$
② $\sim p \rightarrow q$	3 10 7 11		$2^3 \times 3^{10} \times 5^7 \times 7^{11}$
③ $x \vee y$	8 2 9		$2^8 \times 3^2 \times 5^9$
④ $\forall x = a$	13 8 4 12		$2^{13} \times 3^8 \times 5^4 \times 7^{12}$
⑤ $x = y \rightarrow a$	8 4 9 7 12		$2^8 \times 3^4 \times 5^9 \times 7^7 \times 11^{12}$

22 ③

- 주택보수비용 지원 내용은 항목별 비용이 3단계로 구분되어 있으며 핵심 구분점은 내장, 배관, 외관이다. 이에 따른 비용 한계는 350만 원을 기본으로 단계별 300만 원씩 증액하는 것으로 나타나 있다.
- 소득인정액에 따른 차등지원 내역을 보면 지원액은 80~100%이다.

〈상황〉을 보면 ○○씨 중위소득 40%에 해당하므로 지원액은 80%이며, 노후도 평가에서 대보수에 해당하므로, 950만 원 × 80% = 760만 원을 지원받을 수 있다.

23 ④

④ 2004년도의 연어방류량을 x라고 하면

$$0.8 = \frac{7}{x} \times 100 \quad \therefore \ x = 875$$

① 1999년도의 연어방류량을 x라고 하면

$$0.3 = \frac{6}{x} \times 100 \quad \therefore \ x = 2,000$$

2000년도의 연어방류량을 x라고 하면

$$0.2 = \frac{4}{x} \times 100 \quad \therefore \ x = 2,000$$

② 연어포획량이 가장 많은 해는 21만 마리를 포획한 1997년이고, 가장 적은 해는 2만 마리를 포획한 2000년과 2005년이다.

③ 연도별 연어회귀율은 증감을 거듭하고 있다.

⑤ 2000년도의 연어포획량은 2만 마리로 가장 적고, 연어회귀율은 0.1%로 가장 낮다.

24 ②

㉠ 4,400 − 2,100 = 2,300명

㉡ 남성 : 4,400 − 4,281 = 119, 여성 : 2,100 − 1,987 = 113→감소

㉢ 2,274 − 1987 = 287→증가

㉣ 2,400 − 2100 = 300

25 ④

2016년의 전체 불법, 무질서 행위는 전년대비 증가율이 10%라고 했으므로 2,611 × 1.1 = 약 2,872건이 된다. 또한 2016년의 샛길출입 비율은 전체의 46%이므로 2,872 × 0.46 = 약 1,321건이 됨을 알 수 있다.

26 ③

2015년의 무단주차 건수 비율은 296 ÷ 2,611 × 100 = 약 11%이나, 2016년에는 제시된 그래프에서 알 수 있듯이 7.6%로 전년보다 더 낮아졌다.

27 ②

② 음료수자판기는 가장 많은 418명의 계약자를 기록하고 있다.

28 ①

단일 계약자를 제외한 2019년에 계약이 만료되는 계약자는 총 353명이다.

29 ②

㈎ 수산물 수출실적이 '전체'가 아닌 1차 산품에서 차지하는 비중이므로 2016년과 2017년에 각각 61.1%와 62.8%인 것을 알 수 있다. →틀림

㈏ 농산물과 수산물은 2013년 이후 매년 '감소 − 감소 − 증가 − 감소'의 동일한 증감추이를 보이고 있다. →옳음

㈐ 2015년~2017년까지만 동일하다. →틀림

㈑ 연도별로 전체 합산 수치는 103,285천 달러, 106,415천 달러, 121,068천 달러, 128,994천 달러, 155,292천 달러로 매년 증가한 것을 알 수 있다. →옳음

30 ③

A에서 B로 변동된 수치의 증감률은 (B − A) ÷ A × 100의 산식으로 계산한다.

- 농산물 : (21,441 − 27,895) ÷ 27,895 × 100 = −23.1%
- 수산물 : (38,555 − 50,868) ÷ 50,868 × 100 = −24.2%
- 축산물 : (1,405 − 1,587) ÷ 1,587 × 100 = −11.5%

따라서 감소율은 수산물 > 농산물 > 축산물의 순으로 큰 것을 알 수 있다.

31 ②

남자사원의 경우 ⓛ, ⓗ, ⓞ에 의해 다음과 같은 두 가지 경우가 가능하다.

	월요일	화요일	수요일	목요일
경우 1	치호	영호	철호	길호
경우 2	치호	철호	길호	영호

[경우 1]

옥숙은 수요일에 보낼 수 없고, 철호와 영숙은 같이 보낼 수 없으므로 옥숙과 영숙은 수요일에 보낼 수 없다. 또한 영숙은 지숙과 미숙 이후에 보내야 하고, 옥숙은 지숙 이후에 보내야 하므로 조건에 따르면 다음과 같다.

	월요일	화요일	수요일	목요일
남	치호	영호	철호	길호
여	지숙	옥숙	미숙	영숙

[경우 2]

		월요일	화요일	수요일	목요일
	남	치호	철호	길호	영호
경우 2-1	여	미숙	지숙	영숙	옥숙
경우 2-2	여	지숙	미숙	영숙	옥숙
경우 2-3	여	지숙	옥숙	미숙	영숙

문제에서 영호와 옥숙을 같이 보낼 수 없다고 했으므로, [경우 1], [경우 2-1], [경우 2-2]는 해당하지 않는다. 따라서 [경우 2-3]에 의해 목요일에 보내야 하는 남녀사원은 영호와 영숙이다.

32 ②

은이만 범인이면 목격자 A 참, 목격자 B 거짓, 목격자 C 참

영철이만 범인이면 목격자 A 참, 목격자 B 참, 목격자 C 참

숙이만 범인이면 목격자 A 거짓, 목격자 B 참, 목격자 C 참

33 ②

주어진 ⓛ부터 ⓢ을 정리하면 다음과 같다.

ⓛ 갑 = 을

ⓒ 을→병 or ~갑

ⓔ ~갑→~정

ⓜ ~정→갑 and ~병

ⓗ ~갑→~무

ⓢ 무→~병

이때, ⓜ이 참인 상황에서 ⓜ의 대우인 '~갑 and 병 →정'이 참이 되어야 하는데 이럴 경우 병에 대한 후건을 분리하면 '~갑→정'으로 ⓔ과 모순이 생긴다. 따라서 '~갑'은 성립할 수 없으므로 갑은 가담하였다. 갑이 가담하였다면 ⓛ에 의해 을도 가담하였고, ⓒ에 의해 병도 가담한 것이 된다. 그리고 ⓢ의 대우에 의해 무는 가담하지 않았음을 알 수 있다. 따라서 가담하지 않은 사람은 무 한 사람뿐이다.

※ **귀류법** … 어떤 명제가 참임을 증명하려 할 때 그 명제의 결론을 부정함으로써 가정 또는 공리 등이 모순됨을 보여 간접적으로 그 결론이 성립한다는 것을 증명하는 방법이다.

34 ①

문제해결의 장애요소

㉠ 너무 일반적이거나 너무 크거나 또는 잘 정의되지 않은 문제를 다루는 경우

㉡ 문제를 정확히 분석하지 않고 곧바로 해결책을 찾는 경우

㉢ 잠재적 해결책을 파악할 때 중요한 의사결정 인물이나 문제에 영향을 받게되는 구성원을 참여시키지 않는 경우

㉣ 개인이나 팀이 통제할 수 있거나 영향력을 행사할 수 있는 범위를 넘어서는 문제를 다루는 경우

㉤ 창의적 해결책보다는 '즐겨 사용하는' 해결책을 적용하는 경우

㉥ 해결책을 선택하는 타당한 이유를 마련하지 못하는 경우

㉦ 선택한 해결책을 실행하고 평가하는 방식에 관해 적절하게 계획을 수립하지 못하는 경우

35 ③

시장의 위협을 회피하기 위해 강점을 사용하는 전략은 ST전략에 해당한다.

③ 부품의 10년 보증 정책은 강점, 통해 대기업의 시장 독점은 위협에 해당한다. (ST전략)

① 세계적인 유통라인은 강점, 개발도상국은 기회에 해당한다. (SO전략)

② 마진이 적은 것은 약점, 인구 밀도에 비해 대형마트가 부족한 도시는 기회에 해당한다. (WO전략)

④ 고가의 연구비는 약점, 부족한 정부 지원은 위협에 해당한다.(WT전략)
⑤ 친환경적 장점은 강점, 정부 지원을 받는 것은 기회에 해당한다.(SO전략)

36 ③

현재 시중에 나와 있는 제품의 90%는 군사용이지만 가능성이 무궁무진하고 글로벌 기업 및 방송·영화업계에서도 주목하고 있다는 대화 내용으로 보아 ③이 결론으로 가장 적절하다.

37 ④

㉠ 시간당 평균 화장실 이용 인구가 남자 30명, 여자 30명일 경우, A기준과 B기준에 따라 설치할 위생기구 수는 4개씩으로 동일하다. → 옳음

기준	남자	여자
A기준	대변기 1개, 소변기 1개	대변기 2개
B기준	대변기 1개, 소변기 1개	대변기 2개

㉡ 시간당 평균 화장실 이용 인구가 남자 50명, 여자 40명일 경우, B기준에 따라 설치할 남자 화장실과 여자 화장실의 대변기 수는 2개씩으로 동일하다. → 옳음

기준	남자	여자
B기준	대변기 2개, 소변기 1개	대변기 2개

㉢ 시간당 평균 화장실 이용 인구가 남자 80명과 여자 80명일 경우, A기준에 따라 설치할 소변기는 총 2개이다. → 틀림

기준	남자	여자
A기준	대변기 2개, 소변기 2개	대변기 4개

㉣ 시간당 평균 화장실 이용 인구가 남자 150명과 여자 100명일 경우, C기준에 따라 설치할 대변기는 총 5개이다. → 옳음

기준	남자	여자
C기준	대변기 2개, 소변기 2개	대변기 3개

38 ④

BBB등급 기준보증료율인 1.4%에서 지방기술사업과 벤처기업 중 감면율이 큰 자방기술사업을 적용하면 ㈜서원의 보증료율은 1.1%이다. 보증료의 계산은 보증금액 × 보증료율 × 보증기간/365이므로 ㈜서원의 보증료는 5억 원 × 1.1% × 365/365 = 5,500천 원이다.

39 ①

갑, 을, 병 3개 회사가 보증금액(신규)과 보증기간이 동일하므로 보증료율이 높은 순서대로 정렬하면 된다.

- 갑 보증료율 : 1.4%(BBB등급) − 0.3%p(감면율이 큰 국가유공자기업 적용) + 0.3%p(고액보증기업 나 + 장기이용기업 가) = 1.4%
- 을 보증료율 : 1.5%(B등급) − 0.2%(벤처·이노비즈기업 중복적용 안 됨) + 0.0%p(장기이용기업 다에 해당하지만 경영개선지원기업으로 가산요율 적용 안 함) = 1.3%
- 병 보증료율 : 1.5%(B등급) − 0.3%p(감면율이 큰 장애인기업 적용) + 0.0%p(가산사유 해당 없음) = 1.2%

따라서 보증료율이 높은 순서인 갑 − 을 − 병 순으로 보증료가 높다.

40 ③

연가는 재직기간에 따라 3~21일로 휴가 일수가 달라지며, 수업휴가 역시 연가일수를 초과하는 출석수업 일수가 되므로 재직기간에 따라 휴가 일수가 달라진다. 장기재직 특별휴가 역시 재직기간에 따라 달리 적용된다.

① 언급된 2가지 휴가는 출산한 여성이 사용하는 휴가이다.
② 자녀 돌봄 휴가는 자녀가 고등학생인 경우까지 해당되므로 15세 이상 자녀가 있는 경우에도 자녀 돌봄 휴가를 사용할 수 있게 된다.
④ '직접 필요한 시간'이라고 규정되어 있으므로 고정된 시간이 없는 것이 된다.
⑤ 10~19년, 20~29년, 30년 이상 재직자가 10~20일의 휴가일수를 사용하게 되므로 최대 20일이 된다.

41 ③

T대리가 사용한 근무 외 시간의 기록은 16시간 + 9시간 + 5시간 = 30시간이 된다. 따라서 8시간이 연가 하루에 해당하므로 이를 8시간으로 나누면 '3일과 6시간'이 된다. 8시간 미만은 산입하지 않는다고 하였으므로 T대리는 연가를 3일 사용한 것이 된다.

④ 외출이 2시간 추가되면 총 32시간이 되어 4일의 연가를 사용한 것이 된다.

42 ④

제시된 내용은 김치에서 이상한 냄새가 나고 있는 상황이다.

④는 '김치 표면에 하얀 것(하얀 효모)이 생겼을 때'의 확인 사항이다.

43 ③

③은 매뉴얼로 확인할 수 없는 내용이다.

44 ②

② 오전 9시부터 2시간 무대 준비를 하고 나면, 본 행사까지 2시간 동안 시설 사용 없이 대기하여야 하므로 본 공연 기본 사용료의 30%가 추가 징수된다. 따라서 900,000원에 270,000원이 추가되어야 한다.

① 공연 종류별 사용료가 다르며, 오전보다 오후, 오후보다 야간의 사용료가 더 비싸다.

③ 토요일은 30% 가산되므로 150,000 × 1.3 = 195,000원이 된다.

④ 클래식 연주회의 평일 오후 1회 소규모 공연장(아트 홀) 사용료는 140,000원이다.

⑤ 오페라 공연의 토요일 야간 대공연장 사용료는 850,000 × 1.3 = 1,105,000원이다.

45 ②

요일별 총 사용료를 계산해 보면 다음과 같다.

• 금요일 : 창립기념식(대공연장, 오후, 일반행사, 1시간 연장) 90 + 10 = 100만 원
연극 공연(아트 홀, 야간) 16만 원

• 토요일 : 사진전(전시실, 토요일 30% 가산) 19.5만 원
클래식 기타 연주회(아트 홀, 야간, 토요일 30% 가산) 20.8만 원

총 합계 : 100 + 16 + 19.5 + 20.8 = 156.3만 원이 된다.

① 전시를 1개 층에서만 한다고 했으므로 적절한 의문 사항이라고 볼 수 있다.

③ 전시실 사용료에는 전기 · 수도료가 포함되어 있다고 명시되어 있다.

④ 사진전은 가산금 포함하여 19.5만 원, 연극 공연은 16만 원의 시설 사용료가 발생한다.

⑤ 1회당 시간 초과 시 시간당 대공연장 100,000원이 징수된다.

46 ⑤

서울교통공사 설립 및 운영에 관한 조례 제19조(사업의 범위)

1. 시 도시철도의 건설 · 운영
2. 도시철도 건설 · 운영에 따른 도시계획사업
3. 「도시철도법」에 따른 도시철도부대사업
4. 1부터 3까지와 관련한 「택지개발촉진법」에 따른 택지개발사업
5. 1부터 3까지와 관련한 「도시개발법」에 따른 도시개발사업
6. 도시철도 관련 국내외 기관의 시스템 구축, 건설 · 운영 및 감리사업
7. 도시철도와 다른 교통수단의 연계수송을 위한 각종 시설의 건설 · 운영 및 기존 버스운송사업자의 노선과 중복되지 않는 버스운송사업(단, 마을버스운송사업 기준에 의함)
8. 「교통약자의 이동편의 증진법」에 따른 이동편의시설의 설치 및 유지관리사업
9. 「교통약자의 이동편의 증진법」에 따른 실태조사
10. 시각장애인 등 교통약자를 위한 시설의 개선과 확충
11. 그 밖에 시장이 인정하는 사업

47 ②

제시된 내용은 서울교통공사의 공사이미지 중 캐릭터에 대한 내용이다.

48 ⑤
① 운전제어와 관련된 장치의 기능, 제동장치 기능, 그 밖에 운전 시 사용하는 각종 계기판의 기능의 이상여부를 확인 후 출발하여야 한다.
② 철도차량의 운행 중에 휴대전화 등 전자기기를 사용하지 아니할 것. 다만, 철도사고 등 또는 철도차량의 기능장애가 발생하는 등 비상상황이 발생한 경우로서 철도운영자가 운행의 안전을 저해하지 아니하는 범위에서 사전에 사용을 허용한 경우에는 그러하지 아니하다.
③ 철도사고의 수습을 위하여 필요한 경우 수호는 전차선의 전기공급 차단 조치를 해야 한다.
④ 희재는 운행구간의 이상이 발생하면 수호에게 보고해야 한다.

49 ③
서울교통공사는 (6)개의 실과 5개의 본부, (44)개의 처로 이루어져있다.

50 ①
ⓒ 경영감사처, 기술감사처는 감사 소속이고, 정보보안처는 정보보안단 소속이다.
ⓒ 노사협력처, 급여복지처는 경영지원실 소속이고, 성과혁신처는 기획조정실 소속이다.
ⓒ 안전계획처와 안전지도처는 안전관리본부 소속이다.
ⓒ 영업계획처는 고객서비스본부 소속이고, 해외사업처는 전략사업실 소속이다.

51 ②
㉠ ROUND 함수는 숫자를 지정한 자릿수로 반올림한다. '=ROUND(2.145, 2)'는 소수점 2자리로 반올림하므로 결과 값은 2.15이다.
㉡ =MAX(100, 200, 300) → 300
㉢ =IF(5 > 4, "보통", "미달") → 보통
㉣ AVERAGE 함수는 평균값을 구하고자 할 때 사용한다.

52 ①
제시된 내용은 프레젠테이션에 관한 것이다.
②③ 워드프로세서 ④⑤ 스프레드시트

53 ①
• (자료)는 객관적 실제의 반영이며, 그것을 전달할 수 있도록 기호화한 것이다.
• (정보)는 (자료)를 특정한 목적과 문제해결에 도움이 되도록 가공한 것이다.
• (지식)은 (정보)를 정보를 집적하고 체계화하여 장래의 일반적인 사항에 대비해 보편성을 갖도록 한 것이다.

54 ③
㉮ 파일은 쉼표(,)가 아닌 마침표(.)를 이용하여 파일명과 확장자를 구분한다.
㉰ 파일/폴더의 이름에는 ₩, /, :, *, ?, ", 〈, 〉 등의 문자는 사용할 수 없으며, 255자 이내로 공백을 포함하여 작성할 수 있다.

55 ④
수식에서 직접 또는 간접적으로 자체 셀을 참조하는 경우를 순환 참조라고 한다. 열려있는 통합 문서 중하나에 순환 참조가 있으면 모든 통합 문서가 자동으로 계산되지 않는다. 이 경우 순환 참조를 제거하거나 이전의 반복 계산(반복 계산 : 특정 수치 조건에 맞을 때까지 워크시트에서 반복되는 계산) 결과를 사용하여 순환 참조와 관련된 각 셀이 계산되도록 할 수 있다.

56 ④
워커홀릭에 해당하는 사람들은 자신의 능력에 대해서 과장되게 생각하고 자신이 없으면 전체 업무가 진행되지 않는다고 생각을 하는 경우가 많다. 자신의 능력에 자신이 없는 사람보다는 자신의 능력을 과신하는 경우의 사람이 워커홀릭의 경향이 크다.

57 ②
자원의 성격
㉠ **자원의 가변성** : 자원의 가치는 과학기술과 문화적 배경 등에 따라 변화할 수 있다.
㉡ **자원의 상대성** : 동일 자원이 시대 또는 장소에 따라 다르게 사용될 수 있다.
㉢ **자원의 유한성** : 자원의 매장량은 한계가 있다.
㉣ **자원의 편재성** : 자원은 일부 지역에 편중되어 있다.

58 ④
산업수명주기의 특징

㉠ 도입기
- 새로운 제품 및 기술이 등장하면서 새로운 시작을 개척
- 연구, 개발, 마케팅 등에 자금 투자로 인해 대부분 적자가 발생
- 기업의 수익성은 낮고 위험이 높음
- 진입장벽이 높아 경쟁업체 수가 적기 때문에 시장 선점 가능
- 고객을 교육시키고, 유통망을 구축하고, 제품설계의 완성도를 높이는 경쟁

㉡ 성장기
- 수요의 증가로 기업의 수입 확대
- 높은 매출성장률과 급격한 시장점유율 확대로 이익 증가
- 새로운 경쟁업체 출현
- 품질개선 및 신제품 개발, 광고를 통해 자사 제품의 우위성 홍보

㉢ 성숙기
- 시장 수요가 포화상태로 가격과 이익의 하락
- 경쟁업체와의 가격경쟁으로 수익성은 감소
- 경쟁력이 약한 기업은 탈락하고 경쟁우위가 확고한 기업만이 생존

㉣ 쇠퇴기
- 수요량이 감소하고 새로운 기술 개발하여 대체품 등장
- 구매자 기호의 변화로 새로운 산업의 등장
- 생존을 위한 합병

59 ③
주어진 표는 재무제표의 하나인 '손익계산서'이다. '특정한 시점'에서 그 기업의 자본 상황을 알 수 있는 자료는 대차대조표이며, 손익계산서는 '일정 기간 동안'의 기업의 경영 성과를 한눈에 나타내는 재무 자료이다.
① 해당 기간의 최종 순이익은 '당기순이익'이다. 순이익이란 매출액에서 매출원가, 판매비, 관리비 등을 빼고 여기에 영업외 수익과 비용, 특별 이익과 손실을 가감한 후 법인세를 뺀 것이다. 그래서 '순이익'은 기업이 벌어들이는 모든 이익에서 기업이 쓰는 모든 비용과 모든 손실을 뺀 차액을 의미한다.

②⑤ 여비교통비는 직접비이며, 지급보험료는 간접비이다.
④ 상품 판매업체와 제조업체의 매출 원가는 다음과 같이 산출한다.
- 매출원가(판매업) = 기초상품 재고액 + 당기상품 매입액 − 기말상품 재고액
- 매출원가(제조업) = 기초제품 재고액 + 당기제품 제조원가 − 기말제품 재고액

60 ②
통역경비는 통역료와 출장비의 합으로 산정한다고 하였으므로 이를 각각 계산하여 더하면 총 통역경비를 구할 수 있다.

- 통역료

영어	(500,000원 + 100,000원) × 2명 = 1,200,000원
인도네시아어	600,000원 × 2명 = 1,200,000원

- 출장비(교통비, 이동보상비)
−교통비 : 100,000원 × 4명 = 400,000원
−이동보상비
  : 왕복 4시간 × 10,000원 × 4명 = 160,000원
따라서 통역경비 총액은 296만 원이다.

61 ③
설명서 작성
㉠ 내용이 정확해야 한다.
㉡ 사용자가 알기 쉽게 쉬운 문장으로 쓰여야 한다.
㉢ 사용자의 심리적 배려가 있어야 한다.
㉣ 사용자가 찾고자 하는 정보를 쉽게 찾을 수 있어야 한다.
㉤ 사용하기 쉬워야 한다.

62 ③
제시된 내용은 공사기한을 맞추기 위해 건설 업체가 노동자를 무리하게 현장에 투입해 생긴 열사병 사고이다.

63 ③

③ 제29조 ②에 따른 야드운전을 해야 할 경우에 해당한다.

64 ①

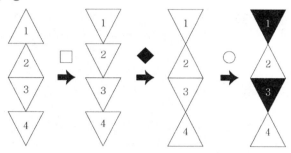

65 ④

66 ④

④는 인사 파트에 관련된 직무지식에 해당한다.

67 ②

제시된 내용은 효율적인 업무를 위해 시간적 여유를 제공하는 회사의 형태이다. 따라서 '워라밸'과 일맥상통하는 성격을 가진다.

※ **워라밸** … 일과 삶의 균형을 뜻하는 영어 work and life balance의 발음을 우리말로 줄여 만든 신조어이다.

68 ④

직장환경, 사회환경, 가족환경으로 인한 회식은 문화적 장애에 해당하며, 건강의 문제나 친구와의 약속은 개인적인 욕구가 작용한 장애요인이라 할 수 있다. 따라서 위의 내용에 알맞은 저해요인은 개인적 욕구라고 할 수 있다.

69 ③

조하리의 창

㉠ **공개된 자아(open self)** : 자신과 타인에게 알려진 자아로 노출되어도 불안하지 않은 자아이다. 외모, 학식, 출신 배경 등을 말한다.

㉡ **숨겨진 자아(hidden self)** : 자신에게는 알려졌지만 타인에게는 알려지지 않은 자아로 혼자만의 감정이나 부끄러운 비밀 등이 해당된다. 자신만의 은밀한 욕구나 야망을 의미한다.

㉢ **눈먼 자아(blind self)** : 자신에게는 알려지지 않았지만 타인에게는 알려진 자아로 언어적 행동이나 태도로 나타난다.

㉣ **미지의 자아(unknown self)** : 자신이나 타인에게 알려지지 않은 자아로서 깊은 욕망이나 무의식적인 두려움 등이 해당된다. 자신은 물론, 다른 누구도 보지 못하는 영역이다.

70 ⑤

경력개발계획

㉠ **직무정보 탐색** : 직무정보 탐색은 내가 관심을 가지고 하려는 직무에 대하여 구체적으로 어떠한 일을 하는지, 필요한 자질은 무엇인지, 보수나 업무 조건(환경)은 어떠한지, 고용이나 승진의 전망은 어떤지, 그 직무에 종사하는 사람들의 직무 만족도는 어느 정도인지 등 해당 직무와 관련된 모든 정보를 알아내는 단계이다.

㉡ **자신과 환경 이해** : 경력목표를 설정하는 데 도움이 될 수 있도록 자신의 능력, 흥미, 적성, 가치관 등을 파악하고, 직무와 관련된 주변 환경의 기회와 장애요인에 대하여 정확하게 분석한다. 특히, 경력개발은 자신과 환경과의 상호작용을 통해서 이루어지는 것이며, 이는 직무만족, 근속연한, 경력성공에 지대한 영향을 미치므로 환경에 대한 적극적인 탐색은 매우 중요하다.

㉢ **경력목표 설정** : 직무, 자신 및 환경에 대한 정보를 기초로 자신이 하고 싶은 일은 어떤 것인지, 이를 달성하기 위해서는 어떻게 능력이나 자질을 개발해야 하는지에 대하여 단계별 목표를 설정한다. 장기목표는 자신이 어떤 직무, 활동, 보상, 책임 등을 원하는지를 파악하고 자신이 선호하는 작업환경에서 향후 5~7년 정도를 예측하여 목표를 수립한다. 단기목표는 장기목표를 달성하기 위하여 어떤 경험을 축적해야 하는지, 어떤 능력을 개발해야

하는지, 장애요소는 무엇인지를 중심으로 2~3년 사이의 목표로 수립한다.

ⓔ **경력개발 전략 수립** : 경력목표를 수립하면 이를 달성하기 위한 활동계획을 수립한다. 경력개발 전략에는 첫째, 현 직무를 기반으로 성장할 수 있도록 성공적으로 직무를 수행할 필요가 있다. 성공적인 직무의 수행은 승진의 기회를 확대하는 것은 물론 미래의 고용가능성을 높일 수 있다. 둘째, 자신의 역량을 개발하기 위하여 교육프로그램 참가, 워크숍 참가, 대학이나 대학원 등 상급학교 진학, 학습 동아리 활동 등을 할 수 있다. 이는 자신의 현재 직무수행능력을 향상시키는 것은 물론 미래의 직무를 위해서도 활용될 수 있다. 셋째, 자신을 알리고 다른 사람과 상호작용할 수 있는 기회를 늘린다. 상사에게 자신의 능력이나 성취에 대해서 보여줄 필요가 있으며, 자신이 바라는 일을 알릴 필요가 있다. 또한 직장 선후배를 비롯하여 자신의 경력목표와 관련이 되는 인적 네트워크를 구축하여 정보나 지원을 받을 수 있도록 한다. 넷째, 직장에서 업무시간에 경력개발을 한다. 사람들은 경력개발이라고 하면 직장 외 장소에서 새벽시간이나 저녁시간에 하는 것을 떠올리는 경우가 있다. 그러나 기업에는 개인이 외부에서 얻는 것보다 더 풍부한 자원(인적자원, 물적 자원, 시장전략, 기술력 등)이 많이 있다.

ⓜ **실행 및 평가** : 경력개발 전략에 따라 목표달성을 위해 실행한다. 실행 시에는 자신이 수립한 전략이 경력목표를 달성하기에 충분한지를 검토하고, 경력목표 자체가 달성될 가능성이 있는 것인지를 검토한다. 또한 예측하지 못했던 환경이나 가치관의 변화에 의하여 좀 더 구체적인 조작적 목표를 수립하거나 목표자체가 변화될 수 있다. 따라서 이러한 실행 과정을 통해 도출된 결과를 검토하고 수정한다.

71 ⑤

자신이 동료들과 협의와 선언을 통해 정리한 것이 CLOU이므로, '내가 해야 할 일은 내가 해야 하는 것'이 최선의 방안이다. 내가 해야만 하는 일이 동료들에게 공개되어 있기 때문에 이것을 누가 대신 해주거나 나누어서 하는 것은 틀린 말이다.

72 ③

바람직한 리더에게는 위험을 회피하기보다 계산된 위험을 취하는 진취적인 자세가 필요하다. 위험을 회피하는 것은 리더가 아닌 관리자의 모습으로, 조직을 이끌어 갈 수 있는 바람직한 방법이 되지 못한다. 리더에게 필요한 자질은 다음과 같다.
① 새로운 상황을 창조하며 오늘보다는 내일에 초점을 맞춘다.
⑤ 어떻게 할까보다는 무엇을 할까를 생각한다.
② 사람을 관리하기보다 사람의 마음에 불을 지핀다.
④ 유지보다는 혁신을 지향한다.

73 ④

책임감에 관한 내용이다. 직무수행 중 일어난 과실에 대해서는 법적인 책임만 부담한다는 식의 가치관보다는 무한책임감을 갖고 잘못을 저질렀을 때에도, 끝까지 책임지려고 하는 책임감이 중요하다는 가치관을 가져야 한다.
직무를 수행하면서 책임은 법적인 책임만 있는 것이 아니라, 사규에 의한 책임, 도의적 책임, 개인양심에 대한 책임 등 여러 가지가 있다. 법적 책임 한 가지만 한정되어 책임감을 정의한다는 것은 직업인으로서의 윤리에 어긋난다.

74 ②

주어진 글은 봉사(서비스) 중에서도 '고객접점서비스'에 관한 설명이다. 고객접점서비스란 고객과 서비스 요원 사이의 15초 동안의 짧은 순간에서 이루어지는 서비스로서 이 순간은 진실의 순간(MOT : moment of truth) 또는 결정적 순간이다. 이 15초 동안에 고객접점에 있는 최일선 서비스 요원이 책임과 권한을 가지고 우리 회사를 선택한 것이 가장 좋은 선택이었다는 사실을 고객에게 입증시켜야 한다는 것이다. 따라서 고객이 서비스 상품을 구매하기 위해서는 입구에 들어올 때부터 나갈 때까지 여러 서비스요원과 몇 번의 짧은 순간을 경험하게 되는데 그때마다 서비스요원은 모든 역량을 동원하여 고객을 만족시켜주어야 하는 것이다.

75 ②

회사에서 정한 규정은 반드시 지켜야 한다.

76 ①

②③④⑤는 공적인 입장에서 지적하고 있지만 ①은 개인윤리의 관점에 치우치고 있으므로 적절하지 않다.

77 ③

해당 내용은 우월적 지위를 이용한 A씨의 태도를 말하고 있다.

※ 직장 내 인간관계 및 분위기를 저해하는 요인

  ㉠ 이중적인 태도

  ㉡ 군사문화의 잔재

  ㉢ 반말문화

  ㉣ 비합리적인 차별

78 ①

성희롱 여부를 판단할 때는 피해자의 주관적인 사정을 고려하되 피해자와 비슷한 조건과 상황에 있는 사람이 피해자의 입장이라면 문제가 되는 성적 언동에 대해 어떻게 반응했을까를 함께 고려하여야 하며, 결과적으로 위협적이고 적대적인 환경을 형성해 업무 능률을 저하시키게 되는지를 검토한다. '성적 언동 및 요구'는 신체의 접촉이나 성적인 의사표현뿐만 아니라 성적 함의가 담긴 모든 언행과 요구를 말하며, 상대방이 이를 어떻게 받아들였는지가 매우 중요하다. 따라서 행위자의 의도와는 무관하며, 설사 행위자가 성적 의도를 가지고 한 행동이 아니었다고 하더라도 성희롱으로 인정될 수 있다.

79 ①

⑺ 개인의 소질, 능력, 성취도를 최우선으로 하여 직업을 선택하는 업적주의적 직업관이다.

⑻ 개인의 욕구 충족을 중요시하는 개인중심적 직업관이다.

80 ④

직업별 윤리에는 노사 관계에서의 근로자 및 기업가의 윤리, 공직자의 윤리, 직종별 특성에 맞는 법률, 법령, 규칙, 윤리 요강, 선언문 등의 행위 규범이 있다.

제 2 회 정답 및 해설

1 ⑤

'근간'은 사물의 바탕이나 중심이 되는 중요한 것을 말한다. 해당 부분에는 '근간'보다 '근거'가 쓰이는 것이 더 적절하다.

2 ①

① 심포지움 → 심포지엄

3 ④

① 고랭지   ② 벗어진
③ 닝큼   ⑤ 오뚝이

4 ③

밑줄 친 '열고'는 '모임이나 회의 따위를 시작하다.'의 뜻으로 쓰였다. 따라서 이와 의미가 동일하게 쓰인 것은 ③이다.
① 닫히거나 잠긴 것을 트거나 벗기다.
② 사업이나 경영 따위의 운영을 시작하다.
④ 새로운 기틀을 마련하다.
⑤ 자기의 마음을 다른 사람에게 터놓거나 다른 사람의 마음을 받아들이다.

5 ⑤

⑤ 개시는 행동이나 일 따위를 시작한다는 뜻으로 빈칸에 들어가기에 가장 적절하지 않다. 빈칸에 들어갈 단어를 채우면 다음과 같다.

1974	8.15.	1호선(서울역~청량리 7.8km) 개통
1981	9.1.	서울특별시지하철공사 설립
2010	2.18.	3호선 연장 (수서~오금 구간 3km)
2017	5.31.	서울교통공사 출범

6 ②

(가)는 과학의 핵심인 관찰에 대해 설명하면서 '티리언 퍼플'의 예를 들었고, (나)는 로마의 도로가 건재하다는 이야기를 하면서 '아피아 가도'의 예를 들고 있다.

7 ②

② (가)~(다)에서 언급하고 있는 앎은 서로 다른 의미에서 모두 중요하다. 따라서 (가)와 같은 앎이 (다)와 같은 앎보다 중요하다고 판단하기는 어렵다.

8 ③

'성과에 대한 포상제도 마련'은 그린 IT 운동의 실천 방향과 관련이 없는 항목이므로 삭제하는 것이 바람직하다.

9 ④

한국의 관광 관련 고용자 수는 50만 명으로 전체 2% 수준이다. 이를 세계 평균 수준인 8% 이상으로 끌어 올리려면 150만 여명 이상을 추가로 고용해야 한다. 백만 달러당 50명의 일자리가 추가로 창출되므로 150만 명 이상을 추가로 고용하려면 대략 300억 달러 이상이 필요하다.
① 약 1조 8,830억 달러 정도이다.
② 2017년 기준으로 지난해인 2016년도의 내용이므로 2015년의 종사자 규모는 알 수 없다. 2016년 기준으로는 전 세계 통신 산업의 종사자는 자동차 산업의 종사자의 약 3배 정도이다.
③ 간접 고용까지 따지면 2억 5,500만 명이 관광과 관련된 일을 하고 있어, 전 세계적으로 근로자 12명 가운데 1명이 관광과 연계된 직업을 갖고 있는 셈이다. 추측해보면 2017년 전 세계 근로자 수는 20억 명을 넘는다.
⑤ 2010년부터 2030년 사이 이 지역으로 여행하는 관광객이 연평균 9.7% 성장하여 2030년 5억 6,500명이 동북아시아를 찾을 것으로 전망했으므로 2020년에 동북아시아를 찾는 관광객의 수는 연간 약 2억 8,000명을 넘을 수 없다.

10 ⑤

⑤ 국내 통화량이 증가하여 유지될 경우 장기에는 자국의 물가도 높아져 장기의 환율은 상승한다.

11 ③

① 현재 신분당선이나 우이신설선, 인천지하철 2호선 등 무인운전 차량들도 KRTCS-1을 탑재하고 있다.

② KRTCS-1과 KRTCS-2는 모두 SIL Level 4 인증을 취득했다.

④ KRTCS-1이 지상 센서만으로 차량의 이동을 감지하고 컨트롤했다면, KRTCS-2는 LTE-R 무선통신을 도입해 열차가 어느 구간(폐색)에 위치하는지를 실시간으로 감지하고 좀 더 효율적으로 스케줄링할 수 있다는 장점이 있다.

⑤ 한국의 고속철도에 KRTCS-2 시스템이 적용되어 도시철도뿐만 아니라 일반/고속철도에서도 무인운전이 현실화될 것으로 기대된다.

12 ④

'환원'은 '본디의 상태로 다시 돌아감. 또는 그렇게 되게 함'의 의미로 還元(돌아올 환, 으뜸 원)으로 쓴다.

13 ④

포퍼는 가설로부터 논리적으로 도출된 예측을 관찰이나 실험 등의 경험을 통해 맞는지 틀리는지 판단함으로써 그 가설을 시험하는 과학적 방법을 제시한다. 콰인은 개별적인 가설뿐만 아니라 기존의 지식들과 여러 조건 등을 모두 포함하는 전체 지식이 경험을 통한 시험의 대상이 된다는 총체주의를 주장한다. 따라서 포퍼와 콰인 모두 '경험을 통하지 않고 가설을 시험할 수 있는가?'라는 질문에 '아니요'라고 답변을 할 것이다.

①②③⑤의 질문에 대해서는 포퍼는 긍정의, 콰인은 부정의 답변을 할 것이다.

14 ①

타고난 재능은 인정하지 않고 재능을 발휘한 노동의 부분에 대해서만 그 소득을 인정하게 된다면 특별나게 열심히 재능을 발휘할 유인을 찾기 어려워 결국 그 재능은 상당 부분 사장되고 말 것이다. 따라서 이러한 사회에서 ㉠과 같이 선천적 재능 경쟁이 치열해진다고 보는 의견은 글의 내용에 따른 논리적인 의견 제기로 볼 수 없다.

15 ②

필자가 언급하는 '능력'은 선천적인 것과 후천적인 것이 있다고 말하고 있으며, 후천적인 능력에 따른 결과에는 승복해야 하지만 선천적인 능력에 따른 결과에 대해서는 일정 부분 사회에 환원하는 것이 마땅하다는 것이 필자의 주장이다.

② 능력에 의한 경쟁 결과가 반드시 불평의 여지가 없이 공정하다고만은 볼 수 없다는 것이 필자의 견해라고 할 수 있다.

16 ③

속력은 달라도 갑과 을이 만난다는 것은 이동한 거리가 같다는 것을 의미함을 인지하여야 한다.

거리 = 시간 × 속력이므로 이를 이동시간과 속력의 식에 대입하면 된다.

을을 기준으로 을이 이동거리만큼 가는데 걸리는 시간을 x로 놓으면

갑은 을보다 30분 먼저 출발했으므로 $x+0.5$를 속력에 곱하면 된다.

$100x = 80(x+0.5)$

여기서 x를 구하면 $x = 2$시간이므로 을은 2시간 후에 갑을 따라잡을 수 있다.

17 ④

어른을 x, 학생을 y로 놓으면

$8,000x + 6,000y = 8,320,000$

$x + y = 1,200$

이 두 식을 연립하여 계산하면

$y = 640$, $x = 560$

학생 수는 총 640명이다.

18 ②

조건 (가)에서 R석의 티켓의 수를 a, S석의 티켓의 수를 b, A석의 티켓의 수를 c라 놓으면

$a + b + c = 1,500$ ······ ㉠

조건 (나)에서 R석, S석, A석 티켓의 가격은 각각 10만 원, 5만 원, 2만 원이므로

$10a + 5b + 2c = 6,000$ ······ ㉡

A석의 티켓의 수는 R석과 S석 티켓의 수의 합과 같으므로

$a + b = c$ ······ ㉢

세 방정식 ㉠, ㉡, ㉢을 연립하여 풀면

㉠, ㉢에서 $2c = 1,500$ 이므로 $c = 750$

㉠, ㉡에서 연립방정식

$$\begin{cases} a + b = 750 \\ 2a + b = 900 \end{cases}$$

을 풀면 $a = 150$, $b = 600$ 이다.

따라서 구하는 S석의 티켓의 수는 600장이다.

19 ①

S→1→F 경로로 갈 경우에는 7명, S→3→2→F 경로로 갈 경우에는 11명이며, S→3→2→4→F 경로로 갈 경우에는 6명이므로, 최대 승객 수는 모두 더한 값인 24명이 된다.

20 ①

직사각형의 넓이는 $1 \times 2 = 2$이다. 정사각형은 네 변의 길이가 모두 동일하므로 한 변의 길이를 x라고 할 때, $x^2 = 2$이므로 $x = \sqrt{2}$이다.

21 ⑤

2019년 7월 甲의 월급은 기본급 300만 원에 다음의 수당을 합한 급여이 된다.

• 정근수당 : 10년 이상 근무한 직원의 정근수당은 기본급의 50%이므로 $3,000,000 \times 50\% = 1,500,000$원이다.

• 명절휴가비 : 해당 없다.

• 가계지원비 : $3,000,000 \times 40\% = 1,200,000$원

• 정액급식비 : 130,000원

• 교통보조비 : 200,000원

따라서 $3,000,000 + 1,500,000 + 1,200,000 + 130,000 + 200,000 = 6,030,000$원이다.

22 ②

② 모든 초등학교의 총 교원수는 $150 \times 30 \times 1.3 = 5,850$명이고, 모든 중학교와 고등학교의 총 교원수는 $(70 \times 36 \times 1.8) + (60 \times 33 \times 2.1) = 4,536 + 4,158 = 8,694$명으로 모든 초등학교의 총 교원수는 모든 중학교와 고등학교의 총 교원수의 합보다 작다.

23 ③

태양광, 바이오, 풍력, 석탄의 경우는 '늘려야 한다.'와 '줄여야 한다.'는 의견이 각각 절반 이상의 비중을 차지하는 에너지원이다.

① 줄여야 한다는 의견이 압도적으로 많은 것은 석탄의 경우뿐이다.

② 석탄의 경우는 제외된다.

④ 바이오는 풍력보다 늘려야 한다는 의견이 더 많지만 줄여야 한다는 의견은 더 적다.

⑤ LNG는 유지 > 늘림 > 줄임 > 모름 순서인 것에 비해 원자력은 유지 > 줄임 > 늘림 > 모름 순서로 나타났다.

24 ③

③ S공사 본사에서 유럽사무소로의 출장 횟수가 많은 해부터 나열하면 09년, 11년, 12년, 14년, 13년, 15년, 17년, 10년, 16년 순이다.

25 ③

2호선 유아수유실은 11개이고, 전체 유아수유실은 88개이다.

따라서 2호선의 유아수유실이 차지하는 비율은 $\frac{11}{88} \times 100 = 12.5\%$

26 ①

① 7호선의 유아수유실은 23개로 가장 많고, 1호선의 유아수유실은 2개로 가장 적다.

27 ②

사망자와 부상자의 단위가 다른 것에 주의하여 계산해 보면, 2012년부터 사망자와 부상자 수의 합은 각각 350,392명, 334,092명, 341,762명, 354,621명, 336,292명으로 지속 감소하지 않았음을 알 수 있다.

③ 2011~2016년까지의 평균 사고 건수는 (222 + 224 + 215 + 224 + 232 + 221) ÷ 6 = 223천 건이므로 2012, 2014, 2015년의 사고 건수가 평균보다 더 높다.

28 ④

2007년의 총 자동차 대수가 1천만 대라면 총 자동차 교통사고 건수는 1,000 × 3.1 = 3,100건이 된다. 2016년의 총 자동차 대수를 x라 하면, 2016년의 총 자동차 교통사고 건수가 3,100건이 되기 위해서는 10,000 : 1.7 = x : 3,100이 성립해야 한다.

따라서 x = 10,000 × 3,100 ÷ 1.7 = 18,235,294 → 18,235천 대가 된다.

29 ②

주어진 2개의 자료를 통하여 다음과 같은 상세 자료를 도출할 수 있다.

(단위 : 건, %)

연도 \ 노선		1호선	2호선	3호선	4호선	합
2017	아동	37	159	11	2	209
	범죄율	17.7	76.1	5.3	1.0	
	비아동	187	112	71	37	407
	범죄율	45.9	27.5	17.4	9.1	
	전체	224	271	82	39	616
	전체 범죄율	36.4	44.0	13.3	6.3	
2018	아동	63	166	4	5	238
	범죄율	26.5	69.7	1.7	2.1	
	비아동	189	152	34	56	431
	범죄율	43.9	35.3	7.9	13.0	
	전체	252	318	38	61	669
	전체 범죄율	37.7	47.5	5.7	9.1	

따라서 이를 근거로 〈보기〉의 내용을 살펴보면 다음과 같다.

㉮ 2018년 비아동 상대 범죄 발생건수는 3호선이 71건에서 34건으로 전년보다 감소하였다. (×)

㉯ 2018년의 전년 대비 아동 상대 범죄 발생건수의 증가폭은 238 − 209 = 29건이며, 비아동 상대 범죄 발생건수의 증가폭은 431 − 407 = 24건이 된다. (○)

㉰ 2018년의 노선별 전체 범죄율이 10% 이하인 노선은 5.7%인 3호선과 9.1%인 4호선으로 2개이다. (×)

㉱ 2호선은 2017년과 2018년에 각각 44.0%와 47.5%의 범죄율로, 두 해 모두 전체 범죄율이 가장 높은 노선이다. (○)

30 ⑤

앞 문제에서 정리한 바와 같이 2018년의 비아동 상대 범죄의 범죄율은 1~4호선별로 각각 43.9%, 35.3%, 7.9%, 13.0%이므로, 1호선 − 2호선 − 4호선 − 3호선 순으로 범죄율이 높은 것을 알 수 있다.

31 ①

㉠과 ㉢에 의해 A − D − C 순서이다.
㉂에 의해 나머지는 모두 C 뒤에 들어왔다는 것을 알 수 있다.
㉡과 ㉁에 의해 B − E − F 순서이다.
따라서 A − D − C − B − E − F 순서가 된다.

32 ④

조건에 따라 순번을 매겨 높은 순으로 정리하면 B > D > A > E > C가 된다.

33 ③

• A가 선정되면 B도 선정된다.
  → A→B ·· ⓐ
• B와 C가 모두 선정되는 것은 아니다.
  → ~(B∧C) = ~B∨~C ························· ⓑ
• B와 D 중 적어도 한 도시는 선정된다.
  → B∨D ·· ⓒ
• C가 선정되지 않으면 B도 선정되지 않는다.
  → ~C→~B ··· ⓓ

ⓑ와 ⓓ를 통해 ~B는 확정
ⓐ와 ~B를 통해 ~A도 확정
ⓒ와 ~B를 통해 D도 확정

㉠ A와 B 가운데 적어도 한 도시는 선정되지 않는다.
　→참
㉡ B도 선정되지 않고, C도 선정되지 않는다.
　　→B는 선정되지 않지만 C는 알 수 없음
㉢ D는 선정된다. →참

34 ③
7개의 지사 위치를 대략적으로 나타내면 다음과 같다.
따라서 A에서 가장 멀리 떨어진 지사는 E이다.

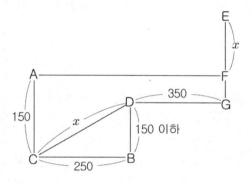

35 ②
제11조 제2항에 따르면 사용자가 제1항 단서의 사유가
없거나 소멸되었음에도 불구하고 2년을 초과하여 기
간제 근로자로 사용하는 경우에는 그 기간제 근로자
는 기간의 정함이 없는 근로계약을 체결한 근로자로
본다. 따라서 ②의 경우 기간제 근로자로 볼 수 없다.
① 2년을 초과하지 않는 범위이므로 기간제 근로자로
　볼 수 있다.
③ 제11조 제1항 제3호에 따른 기간제 근로자로 볼 수
　있다.
④ 제11조 제1항 제1호에 따른 기간제 근로자로 볼 수
　있다.
⑤ 제11조 제1항 제2호에 따른 기간제 근로자로 볼 수
　있다.

36 ③
① 오렌지, 귤 : 네 번째 조건에 따라 귤을 사려면 사
　과와 오렌지도 반드시 사야 한다.
② 배, 딸기 : 두 번째 조건에 따라 배와 딸기 중에서
　는 한 가지밖에 살 수 없으며, 세 번째 조건에 따
　라 딸기와 오렌지를 사려면 둘 다 사야 한다.

④ 사과, 딸기, 귤 : 세 번째 조건에 따라 딸기와 오렌
　지를 사려면 둘 다 사야하며, 네 번째 조건에 따라
　귤을 사려면 사과와 오렌지도 반드시 사야 한다.
⑤ 사과, 배, 귤 : 네 번째 조건에 따라 귤을 사려면 사
　과와 오렌지도 반드시 사야 한다.

37 ③
대회 종류 후 나눈 대화가 성립하려면 다음의 두 가
지 조건이 만족되어야 한다.
• B와 E를 제외한 A, C, D는 적어도 한 게임은 이기
　고, 한 게임은 져야 한다.
• B는 한 게임 이상 이겨야 하고, E는 한 게임 이상
　져야 한다.
각 선수가 얻은 점수의 총합이 큰 순으로 매긴 순위
가 A > B이므로 A는 6점(3승 1패), B는 5점(1승 3무)
를 받는다. B가 C, D, E와 모두 비긴 조건에서 D가
적어도 한 게임은 이겨야 하므로 D는 최소 3점 이상
을 획득하는데 점수의 총합이 C > D이므로 C는 4점(1
승 2무 1패), D는 3점(1승 1무 2패)을 받는다. 이를
정리하면 다음과 같다.

	A	B	C	D	E
A	–	B승(2점)	C패(0점)	D패(0점)	E패(0점)
B	A패(0점)	–	무(1점)	무(1점)	무(1점)
C	A승(2점)	무(1점)	–	D패(0점)	무(1점)
D	A승(2점)	무(1점)	C승(2점)	–	E패(0점)
E	A승(2점)	무(1점)	무(1점)	D승(2점)	–
총점	6점	5점	4점	3점	2점

색이 칠해진 칸과 칠해지지 않은 칸은 중복이므로 총
10번의 게임 중 4번의 게임이 비긴 볼링 게임이다.

38 ④
④ 수소를 제조하는 시술에는 화석연료를 열분해·가
스화 하는 방법과 원자력에너지를 이용하여 물을 열
화학분해하는 방법, 재생에너지를 이용하여 물을 전기
분해하는 방법, 그리고 유기성 폐기물에서 얻는 방법
등 네 가지 방법이 있다.

39 ①

각각의 수단들에 대한 보완적 평가방식을 적용했을 시의 평가점수는 아래와 같다.

비행기 : $(40 \times 9) + (30 \times 2) + (20 \times 4) = 500$
고속철도 : $(40 \times 8) + (30 \times 5) + (20 \times 5) = 570$
고속버스 : $(40 \times 2) + (30 \times 8) + (20 \times 6) = 440$
오토바이 : $(40 \times 1) + (30 \times 9) + (20 \times 2) = 350$
도보 : $(40 \times 1) + (30 \times 1) + (20 \times 1) = 90$

평가 기준	중요도	이동수단들의 가치 값				
		비행기	고속 철도	고속 버스	오토 바이	도보
속도감	40	9	8	2	1	1
경제성	30	2	5	8	9	1
승차감	20	4	5	6	2	1
평가점수		500	570	440	350	90

∴ 각 수단들 중 가장 높은 값인 고속철도가 5명의 목적지까지의 이동수단이 된다.

40 ⑤

위반행위가 둘 이상인 경우로서 그에 해당하는 각각의 처분기준이 다른 경우에는 그중 무거운 처분기준에 따르므로 부상자가 발생한 경우(효력 정지 6개월)가 1천만 원 이상 물적 피해가 발생한 경우(효력 정지 3개월)보다 무거운 처분이므로 효력 정지 6개월의 처분을 받게 된다.

41 ②

㉠ 甲이 총 3번의 대결을 하면서 각 대결에서 승리할 확률이 가장 높은 전략부터 순서대로 선택한다면, C전략→B전략→A전략으로 각각 1회씩 사용해야 한다. → 옳음
㉡ 甲이 총 5번의 대결을 하면서 각 대결에서 승리할 확률이 가장 높은 전략부터 순서대로 선택한다면, C전략→B전략→A전략→A전략→C전략으로 5번째 대결에서는 C전략을 사용해야 한다. → 틀림
㉢ 甲이 1개의 전략만을 사용하여 총 3번의 대결을 하면서 3번 모두 승리할 확률을 가장 높이려면, 3번의 승률을 모두 곱했을 때 가장 높은 A전략을 선택해야 한다. → 옳음
㉣ 甲이 1개의 전략만을 사용하여 총 2번의 대결을 하면서 2번 모두 패배할 확률을 가장 낮추려면, 2번 모두 패할 확률을 곱했을 때 가장 낮은 C전략을 선택해야 한다. → 틀림

42 ②

8점의 차이는 해당 항목의 환산 전 항목의 평가 점수 차이이며, 이 차이는 환산 점수화되면 5분의 1로 줄어들게 된다.
① 1차와 2차 평가 항목에서는 책임건축사와 건축회사 모두의 수행 경력을 평가기준으로 삼고 있다.
③ 협력회사의 평가 기준상 착수~고시완료까지의 실적을 인정하는 것으로 명시되어 있다.
④ 면적은 15점의 배점이 되어 있는 평가 항목이다.
⑤ 계약회사에 대한 평가 배점은 30점, 협력회사에 대한 평가 배점은 20점이므로 올바른 설명이다.

43 ⑤

주어진 정보를 통해 점수를 계산해 보면 다음과 같다.

구분		A	B
책임건축사	경력기간	18년→16점	16년→12점
	실적	3건→25점	4건→30점
계약회사	건수	3건→12점	2건→9점
	면적	4.5만㎡→9점	6만㎡→12점
협력회사	정비계획	4건→10점	3건→8점
	지하 공간	2건→6점	3건→8점
계		78점	79점

따라서 환산점수는 A가 $78 \div 100 \times 20 = 15.6$점이며, B가 $79 \div 100 \times 20 = 15.8$점이 된다.

44 ①

각 지점별 송금과 입금의 합계액 및 날짜별 송금액 합계액을 구하여 표에 추가하면 다음과 같다.

(단위 : 백만 원)

구분 날짜	K지점		H지점		S지점		송금 계
	송금	입금	송금	입금	송금	입금	
8/1일	120	80	95	120	100	115	315
8/2일	85	85	60	40	55	75	200
8/3일	50	110	70	60	80	30	200
8/4일	100	125	125	65	75	110	300
합계	355	400	350	285	310	330	

따라서 입금액이 송금액보다 더 적은 지점은 H지점(350/285)이며, 송금 규모는 8/1일이 315백만 원으로 가장 큰 것을 알 수 있다.

45 ④

K지점의 송금액 중 60백만 원씩이 각각 H지점과 S지점으로 송금된 것이므로 다음과 같이 나머지 정보를 얻을 수 있다. (괄호 안의 숫자는 '송금액/입금액'을 의미함)

구분 / 날짜	K지점		H지점		S지점	
	송금	입금	송금	입금	송금	입금
8/1일	120 (H60/S60)	80 (H40/S40)	95 (K40/S55)	120 (K60/S60)	100 (K40/H60)	115 (K60/H55)

따라서 'S지점→H지점'의 송금액은 60백만 원으로 'S지점→K지점'의 송금액인 40백만 원보다 더 많다.

① 'H지점→K지점'의 송금액은 40백만 원으로 'H지점→S지점'의 송금액인 55백만 원보다 더 적다.

② S지점은 H지점으로부터 55백만 원이 입금되었다.

③ K지점으로 입금된 80백만 원은 H지점과 S지점으로부터 각각 40백만 원씩 동일한 금액이 입금되었다.

⑤ H지점으로 입금된 120백만 원은 K지점과 S지점으로부터 각각 60백만 원씩 동일한 금액이 입금되었다.

46 ②

하급자를 상급자에게 먼저 소개해 주는 것이 일반적이며, 비임원을 임원에게 먼저 소개하여야 한다. 또한 정부 고관의 직급명은 퇴직한 경우라고 사용하는 것이 관례이다.

47 ①

② 기업이 임직원에게 일정 기간이 지난 후에도 일정 수량의 주식을 일정한 가격으로 살 수 있는 권한을 인정해 영업이익 확대나 상장 등으로 주식값이 오르면 그 차익을 볼 수 있게 하는 보상제도

③ 단체교섭과는 다른 방법으로 사업 또는 사업장 차원에서 근로자대표와 사용자가 경영상의 모든 문제에 관한 협의와 공동결정, 단체협약상의 이견조정, 기타 복지증진에 관한 사항 등을 협의하는 제도

④ 노동자, 근로자 혹은 노동조합의 대표가 기업의 최고 결정기관에 직접 참가해서 기업경영의 여러 문제를 노사 공동으로 결정하는 제도

⑤ 구성원들의 경영참가를 높이기 위한 방법으로서 생산액의 변동에 임금을 연결시켜 산출하는 것

48 ③

조직도를 보면 6실 44처로 구성되어 있다.

49 ②

'결재권자는 업무의 내용에 따라 이를 위임하여 전결하게 할 수 있다'고 규정되어 있으나, 동시에 '이에 대한 세부사항은 따로 규정으로 정한다.'고 명시되어 있다. 따라서 여건에 따라 상황에 맞는 전결권자를 지정한다는 것은 규정에 부합하는 행위로 볼 수 없다.

③ 전결과 대결은 모두 실제 최종 결재를 하는 자의 원 결재란에 전결 또는 대결 표시를 하고 맨 오른쪽 결재란에 서명을 한다는 점에서 문서 양식상의 결재 방식이 동일하다.

50 ③

결재 문서가 아니라도 처리과의 장이 중요하다고 인정하는 문서는 문서등록대장에 등록되어야 한다고 규정하고 있으므로 신 과장의 지침은 적절하다고 할 수 있다.

① 같은 날짜에 결재된 문서인 경우 조직 내부 원칙에 의해 문서별 우선순위 번호를 부여해야 한다.

② 중요성 여부와 관계없이 내부 결재 문서에는 모두 '내부결재' 표시를 하도록 규정하고 있다.

④ 보고서에는 별도의 보존기간 기재란이 없으므로 문서의 표지 왼쪽 위의 여백에 기재란을 마련하라고 규정되어 있으나, 기안 문서에는 문서 양식 자체에 보존기간을 기재하는 것이 일반적이므로 조사원의 판단은 옳지 않다.

⑤ 최종 결재권을 위임받은 자가 본부장이므로 본부장이 결재를 한 것이 '전결'이 되며, 본부장 부재 시에 팀장이 대신 결재를 한 것은 '대결'이 된다.

51 ②

DCOUNT는 조건을 만족하는 개수를 구하는 함수로, [A2:F7]영역에서 '2015'(2015년도 종사자 수)가 25보다 작고 '2019'(2019년도 종사자 수)가 19보다 큰 레코드의 수는 1이 된다. 조건 영역은 [A9:B10]이 되며, 조건이 같은 행에 입력되어 있으므로 AND 조건이 된다.

52 ④

제시된 내용은 불법 개인정보 수집에 관한 사례이므로 ④는 적절하지 않다.

53 ③

제시된 내용은 윈도우(Windows)에 대한 설명이다. ③은 리눅스(Linux)에 대한 설명이다.

54 ④

시간대별 날씨에서 현재시간 15시에 31도를 나타내고 있다. 하지만, 자정이 되는 12시에는 26도로써 온도가 5도 정도 낮아져서 현재보다는 선선한 날씨가 된다는 것을 알 수 있다.

55 ③

INDEX(범위, 행, 열)이고 MOD 함수는 나누어 나머지를 구해서 행 값을 구한다.

INDEX 함수 = INDEX($E$2:$E$4, MOD(A2 − 1, 3) + 1)

범위 : $E$2:$E$4

행 : MOD(A2 − 1, 3) + 1

MOD 함수는 나머지를 구해주는 함수 = MOD(숫자, 나누는 수), MOD(A2 − 1, 3) + 1의 형태로 된다.

A2의 값이 1이므로 1 − 1 = 0, 0을 3으로 나누면 나머지 값이 0이 되는데 0 + 1을 해줌으로써 INDEX($E$2:$E$4,1)이 된다.

번호 6의 김윤중의 경우

INDEX($E$2:$E$4, MOD(A7 − 1, 3) + 1)

6(A7의 값) − 1 = 5, 5를 3으로 나누면 나머지가 2

2 + 1 = 3이므로 3번째 행의 총무팀 값이 들어감을 알 수 있다.

56 ③

제시된 내용은 연고주의에 관한 것이다. 따라서 그 예로 ③이 적절하다.

①④ 적재적소주의

②⑤ 능력주의

57 ⑤

시간자원, 예산자원, 인적자원, 물적자원은 많은 경우에 상호 보완적으로 또는 상호 반대급부의 의미로 영향을 미치기도 한다. 주어진 글과 같은 경우 뿐 아니라 시간과 돈, 인력과 시간, 인력과 돈, 물적자원과 인력 등 많은 경우에 있어서 하나의 자원을 얻기 위해 다른 유형의 자원이 동원되기도 한다.

보기 ④에서 언급한 자원의 유한성이라는 의미는 이미 외국과의 교류를 포함한 가치이며, 지구 환경과 생태계에 대한 국제적 논의가 활발해짐에 따라 지구촌에서의 자원의 유한성 문제가 갈수록 부각되고 있다.

58 ③

RFID 관리시스템의 적용 가능범위는 무궁무진하다. 보기에서 제시된 분야 이외에도 이력관리, 보안검색, 주차관리, 화물관리, 제조공정관리 등 쓰임새가 지속적으로 확대되고 있다. 기업이나 제품의 홍보, 마케팅에는 스마트폰과 연동되어 사용할 수 있는 QR 코드가 널리 이용된다.

59 ④

길동이는 적어도 새로운 T 퓨전 음식점을 개업할 때 얻게 되는 이윤만큼 연봉을 받아야만 '맛나 음식점'에서 계속 일할 것이다. 새로운 음식점을 개업할 때 기대되는 이윤은 기대 매출액(3.5억 원) − 연간영업비용(8,000만 원 + 7,000만 원 + 6,000만 원) − 임대료(3,000만 원) − 보증금의 이자부담액(3억 원의 7.5%) = 8,750만 원이 된다. 따라서 최소한 8,750만 원의 연봉을 받아야 할 것으로 판단하는 것이 합리적이다.

60 ⑤

예산이 월 3천만 원이므로 예산을 초과하는 KTX는 선택지에서 제외하고, 나머지 광고수단별 광고효과를 계산하여 효과가 가장 큰 광고수단을 선택하면 된다.

- TV : $\dfrac{3 \times 1,000,000}{30,000} = 100$

- 버스 : $\dfrac{1 \times 31 \times 100,000}{20,000} = 155$

- 지하철 : $\dfrac{60 \times 31 \times 2,000}{25,000} = 148.8$

- 포털사이트 : $\dfrac{50 \times 31 \times 5,000}{30,000} = 258.333 \cdots$

61 ②

벤치마킹은 개인, 기업, 정부 등 다양한 경제주체가 자신의 성과를 제고하기 위해 참고할 만한 가치가 있는 대상이나 사례를 정하고, 그와의 비교 분석을 통해 필요한 전략 또는 교훈을 찾아보려는 행위를 가리킨다.

62 ③

ⓒ 최초 제품 생산 후 4분이 경과하면 두 번째 제품이 생산된다.

A 공정에서 E 공정까지 첫 번째 완제품을 생산하는 데 소요되는 시간은 12분이다. C 공정의 소요 시간이 2분 지연되어도 동시에 진행되는 B 공정과 D 공정의 시간이 7분이므로, 총소요시간에는 변화가 없다.

63 ④

(가)의 바이오 기술은 생명 공학 기술에 해당하고, (나)의 증강 현실 게임은 문화 기술에 해당한다.

64 ③

㉠ 출력되는 값은 5이다.

㉣ A에 B보다 작은 수를 입력해도 무한 반복되지 않는다.

최대공약수를 구하기 위한 알고리즘을 단계별로 해석하고 이해할 수 있어야 한다.

2단계에서 A에는 10을 5로 나눈 나머지인 0이 저장된다.

3단계에서 두 수를 교환하면 A에는 5, B에는 0이 저장된다.

4단계에서 B가 0이기 때문에 바로 6단계로 넘어가서 A에 저장된 5가 출력된다.

65 ③

③ 선로전환기가 쇄정되어 있지 아니한 곳을 운행할 때는 15킬로미터 이하로 운행하여야 한다.

66 ④

자기개발 계획 수립이 어려운 이유

㉠ **자기정보의 부족** : 자신의 흥미, 장점, 가치, 라이프 스타일을 충분히 이해하지 못함

ⓒ **내부 작업정보 부족** : 회사 내의 경력기회 및 직무 가능성에 대해 충분히 알지 못함

ⓒ **외부 작업정보 부족** : 다른 직업이나 회사 밖의 기회에 대해 충분히 알지 못함

㉣ **의사결정 시 자신감의 부족** : 자기개발과 관련된 결정을 내릴 때 자신감 부족

㉤ **일상생활의 요구사항** : 개인의 자기개발 목표와 일상생활(가정) 간 갈등

㉥ **주변상황의 제약** : 재정적 문제, 연령, 시간 등

67 ④

경력개발 과정

㉠ **1단계(직무정보 탐색)** : 관심 직무에서 요구하는 능력, 승진전망, 직무만족도 등

ⓒ **2단계(자신과 환경 이해)** : 자신의 능력, 흥미, 적성, 가치관 등

ⓒ **3단계(경력목표 설정)** : 단기목표(2~3년), 장기목표(5~7년) 수립

㉣ **4단계(경력개발 전략수립)** : 현재 직무의 성공적 수행, 역량 강화, 인적 네트워크 강화

㉤ **5단계(실행 및 평가)** : 실행, 경력목표·전략의 수정

68 ①

① 자기 계발 능력

② 조직 이해 능력

③ 대인 관계 능력

④ 정보 능력

⑤ 자원 관리 능력

69 ⑤

시간관리 매트릭스

㉠ **1사분면** : 중요하고 긴급한 일(마감해야 하는 업무, 클레임의 처리, 다급하거나 막다른 문제, 질병 혹은 사고, 위기 혹은 재해 등)

ⓒ **2사분면** : 긴급하지는 않지만 중요한 일(인간관계 형성, 건강유지, 준비와 계획, 리더십, 레크리에이션, 공부와 자기계발 등)

ⓒ **3사분면** : 긴급하지만 중요하지는 않은 일(갑작스런 손님의 방문, 어쩔 수 없는 상사의 개인적인 부탁, 많은 전화, 많은 회의와 보고서, 무의미한 관혼상제, 무의미한 접대 혹은 모임, 잡일 등)

ⓔ 4사분면 : 급하지도 않고 중요하지도 않은 일(시간 낭비, 단순한 시간 때우기, 쓸데없이 지루한 전화, 기다리는 시간, TV시청, 기타 의미 없는 활동 등)

70 ①

위의 사례에서 P씨는 재테크 전문가에 대한 정보를 탐색하고, 자신의 특성을 파악하며, 재테크 전문가가 되기 위하여 필요한 능력을 탐색하고, 이에 따라 자격증을 취득하기로 결심하고, 자격증 취득시험에 대비하여 학원을 수강하고 인적네트워크를 쌓는 등의 활동을 하고 있다. 이를 통하여 경력개발 단계가 직무정보 탐색, 자신과 환경이해, 경력목표 설정, 경력개발 전략수립, 실행 및 평가로 이루어지는 것을 알 수 있다.

71 ②

제시된 내용은 상대방의 의견을 인정하는 대화법을 말하고 있다.

72 ②

팀워크의 개념 설명을 근거로 좋은 팀워크에 해당하는 사례를 찾는 문제로 좋은 팀워크를 판단하려면 개념과 응집력의 차이를 정확히 숙지하여야 한다.

ⓐ 협동 또는 교류보다는 경쟁을 모토로 삼는다는 것은 팀보다는 개인을 우선하는 것이므로 팀워크를 저해하는 측면이 있다.

ⓑ 좋은 팀워크를 가진 팀이라도 의견충돌이나 갈등은 존재할 수 있지만 이런 상황이 지속되지 않고 해결된다. B팀의 경우 출시일자를 놓고 의견충돌이 있었지만 다음 회의 때 해결되는 모습을 보여주므로 좋은 팀워크 사례로 볼 수 있다.

ⓒ C팀은 팀원 간에 친밀도는 높지만 업무처리가 비효율적이라 팀워크를 저해하는 요소를 지니고 있다.

73 ②

제시된 내용은 맡은 업무에 책임감을 가지고 임하면 팀워크의 시너지 효과를 볼 수 있다고 말하고 있다.

74 ③

직원들이 일을 거절할 정도에 이르렀다면 해당 고객사와의 관계를 유지하는 것은 회사에 전혀 도움이 되지 않는다. 그러나 일단 성립된 계약에 대해서는 이행하지 않으면 법적인 문제가 발생할 수 있고 해당 고객사뿐만 아니라 시장 전체에서 신뢰를 잃을 수 있으므로 기성립된 계약에 대해서는 충실히 이행하여야 하나, 이후 추가적인 거래는 정중히 거절하는 것이 최선의 방법이 될 것이다.

75 ⑤

갈등에 대응하는 유형

ⓐ 경쟁형 : 자신의 목표만을 배타적으로 추구한다. 자기주장이 강하고 경쟁적 자세를 가진다. 자신의 입장을 고수하고 힘에 의존한다. 자신의 목표를 달성하는 대신 상대와의 관계를 희생시킨다.

ⓑ 타협형 : 자신이 추구하는 것을 상대의 목표와 절충하고 타협적으로 해결하려 한다. 자신의 실익과 상대와의 관계를 적절히 조화시키려 한다.

ⓒ 회피형 : 문제가 있어도 이를 해결하려 하지 않고 회피하거나 보류한다. 갈등상태에 있는 자신의 목표실익 달성을 추구하지 않는다. 더 큰 갈등을 우려해 당장의 문제 해결을 연기하도고 한다.

ⓓ 순응형 : 자신의 이해관계보다는 상대의 요구에 맞춰 갈등해소를 추구한다. 자신의 실익보다는 상대와의 관계를 더 중요시하며, 상대와의 경쟁이나 대립을 회피한다. 자기주장을 잘 못하거나 하지 않는다.

ⓔ 협력형 : 윈-윈 방식으로 문제를 해결하려고 한다. 상대방과 함께 해결책을 만드는 협동적인 문제 해결 과정을 거치며 서로 자신이 추구하는 실익을 상대에게 이해시킨다. 각자의 목표를 충족시키며 효과적인 상호관계를 형성한다.

76 ①

ⓐ 전문가의식 : 자신의 일이 누구나 할 수 있는 것이 아니라 해당 분야의 지식과 교육을 밑바탕으로 성실히 수행해야만 가능한 것이라 믿고 수행하는 태도

ⓑ 천직의식 : 자신의 일이 자신의 능력과 적성에 꼭 맞는다 여기고 그 일에 열성을 가지고 성실히 임하는 태도

ⓒ 소명의식 : 자신이 맡은 일은 하늘에 의해 맡겨진 일이라고 생각하는 태도

ⓔ 직분의식 : 자신이 하고 있는 일이 사회나 기업을
    위해 중요한 역할을 하고 있다고 믿고 자신의 활
    동을 수행하는 태도

77 ②

전문 의식이란 전문적인 기술과 지식을 갖기 위해 노
력하는 자세이고, 연대 의식이란 직업에 종사하는 구
성원이 상호 간에 믿음으로 서로 의존하는 의식이다.

78 ②

ⓐ 적성을 고려하여 직업을 선택하고 최선을 다해 일
    하는 것에서 '천직 의식'을 갖고 있다고 볼 수 있다.
ⓑ 홀랜드의 직업 흥미 유형은 실재적 유형이다.
ⓒ 직업의 경제적 의의보다 개인적 의의를 중요시하
    고 있다.
ⓓ 항공기 정비원은 한국 표준 직업 분류 중 기능원
    및 관련 기능 종사자에 해당한다.

79 ⑤

① 근면에 대한 내용이다.
② 책임감에 대한 내용이다.
③ 경청에 대한 내용이다.
④ 솔선수범에 대한 내용이다.

80 ①

• (봉사)는 자신보다 고객의 가치를 최우선으로 하
  는 서비스 개념이다.
• (책임)은 모든 결과는 나의 선택으로 인한 결과임
  을 인식하는 태도이다.
• (예절)은 오랜 생활습관을 통해 정립된 관습적으
  로 행해지는 사회계약적 생활규범이다.

제3회 정답 및 해설

1 ③

① 물건을 간직하여 두는 곳
② 기차나 버스 따위에서 사람이 타는 칸
③ 합성어로 볼 수 있는 두 음절로 된 한자어 "곳간(庫間), 셋방(貰房), 숫자(數字), 찻간(車間), 툇간(退間), 횟수(回數)"에만 사이시옷을 받치어 적는다.('한글 맞춤법' 제4장, 제4절, 제30항.) '갯수'는 이에 속하지 않으므로, 사이시옷을 받치어 적지 않고, '개수'로 써야 한다.
④ 수를 나타내는 글자
⑤ 돌아오는 차례의 수효

2 ④

④ '초월(超越)'은 어떠한 한계나 표준을 뛰어넘는다는 의미로 해당 맥락에서는 어떤 결과를 가져오게 함을 뜻하는 '초래(招來)'를 사용하는 것이 적절하다.

3 ④

여행을 일상의 권태로부터의 탈출과 해방의 이미지, 생존의 치욕을 견디게 할 수 있는 매혹과 자발적 잠정적 탈출이라고 하고 있다.

4 ④

④ 혼인이나 제사 따위의 관혼상제 같은 어떤 의식을 치르다.
① 사람이 어떤 장소에서 생활을 하면서 시간이 지나가는 상태가 되게 하다.
② 서로 사귀어 오다.
③ 과거에 어떤 직책을 맡아 일하다.
⑤ 계절, 절기, 방학, 휴가 따위의 일정한 시간을 보내다.

5 ②

'일절'과 '일체'는 구별해서 써야 할 말이다. '일절'은 부

인하거나 금지할 때 쓰는 말이고, '일체'는 전부를 나타내는 말이다.

6 ④

④ 어떤 목적을 달성하기 위해 온갖 고난을 참고 견디어 심신을 단련함을 비유하는 말
① 미리 준비가 되어 있으면 걱정할 것이 없음을 이르는 말
② 필요할 때는 쓰고 필요 없을 때는 야박하게 버리는 경우를 이르는 말
③ 고국의 멸망을 한탄함을 이르는 말
⑤ 뛰어나게 아름다운 미인을 이르는 말

7 ①

배경지식이 전혀 없던 상태에서는 X선 사진을 관찰하여도 아무 것도 찾을 수 없었으나 이론과 실습 등을 통하여 배경지식을 갖추고 난 후에는 X선 사진을 관찰하여 생리적 변화, 만성 질환의 병리적 변화, 급성 질환의 증세 등의 현상을 알게 되었다는 것을 보면 관찰은 배경지식에 의존한다고 할 수 있다.

8 ③

주위 환경이 중요함을 이야기하는 글이다. 청소년이 모범청소년보다 비행청소년과 자주 접촉할 경우, 그는 다른 청소년들보다 위법행위에 호의적인 가치와 관대한 태도를 학습하여 비행을 더 저지르게 된다.

9 ④

甲은 정치적 안정 여부에 대하여 '정당체제가 어떤 권력 구조와 결합하는가에 따라 결정된다. 의원내각제는 양당제와 다당제 모두와 조화되어 정치적 안정을 도모할 수 있는 반면 혼합형과 대통령제의 경우 정당체제가 양당제일 경우에만 정치적으로 안정되는 현상을 보인다.'고 주장하였으므로, 甲의 견해에 근거할 때 정

치적으로 가장 불안정할 것으로 예상되는 정치체제는 대통령제이면서 정당체제가 양당제가 아닌 경우이다. 따라서 권력구조는 대통령제를 선택하고 의원들은 비례대표제 방식을 통해 선출하는(→대정당과 더불어 군소정당이 존립하는 다당제 형태) D형이 정치적으로 가장 불안정하다.

10 ④

단락 ㈐의 말미에서는 당뇨병성 신경병증의 가장 큰 문제로 피부 감각이 둔해져 상처를 입어도 잘 모르는 점을 지적하고 있으며, 그에 따라 당뇨병 환자는 진단 받은 시점부터 정기적으로 감각신경·운동신경 검사를 받아야 한다고 밝히고 있다. 따라서 '대다수가 앓고 있는 제2형 당뇨병의 경우는 발병 시점이 명확하지 않기 때문에 당뇨병을 얼마나 앓았는지 모르는 경우가 많아 정기 진찰을 받아야 한다.'는 주장이 자연스럽게 연결되기에 적절한 위치는 단락 ㈐의 마지막 부분이라고 볼 수 있다.

11 ③

해당 병증을 앓고 있는 환자들의 수면 장애와 관련한 통계를 분석하여 그 원인에 대한 일반화된 정보를 추출하였고, 그에 의해 초기 진단 시점부터 감각신경, 운동신경 검사를 받아야 한다는 결론까지 도출하게 되었다.
① 특정 환자들의 사례는 제시되지 않았다.
② 각 증상을 대등하게 나열하였으며, 증상 간의 비교·대조하여 질환의 정도를 설명하였다고 볼 수는 없다.
④ 의학계의 전문가 소견을 참고한 것이 아니라 논리 전개를 위해 의학지식을 동원하였다.
⑤ 각 단락이 모두 유기적인 인과관계로 연결되었다고 볼 수 없다. ㈐와 ㈑의 경우는 각 단락의 요지가 인과관계 없이 대등한 병렬방식으로 전개되었으며, ㈑ 단락이 생략된다 해도 글 전체의 논점에는 영향이 없음을 알 수 있다.

12 ④

④ 다섯 번째 카드에서 교통약자석에 대한 인식 부족으로 교통약자석이 제 기능을 못하고 있다는 지적은 있지만, 그에 따른 문제점들을 원인에 따라 분류하고 있지는 않다.
① 첫 번째 카드
② 세 번째 카드
③ 네 번째 카드
⑤ 여섯 번째 카드

13 ②

② 카드 뉴스는 신문 기사와 달리 글과 함께 그림을 비중 있게 제시하여 의미 전달을 효과적으로 하고 있다.

① 통계 정보는 (나)에서만 활용되었다.

③ 표제와 부제의 방식으로 제시한 것은 (나)이다.

④ 비유적이고 함축적인 표현들은 (가), (나) 모두에서 사용되지 않았다.

⑤ 신문 기사는 표정이나 몸짓 같은 비언어적 요소를 활용할 수 없다.

14 ⑤

⑤ 형태가 일정한 물체의 회전 운동 에너지는 회전 속도의 제곱에 정비례하므로 물체의 회전 속도가 2배가 되면 회전 운동 에너지는 4배가 된다.

15 ④

① 돌림힘의 크기는 회전축에서 힘을 가하는 점까지의 거리와 가해 준 힘의 크기의 곱으로 표현된다. 따라서 갑의 돌림힘의 크기는 $1\text{m} \times 300\text{N} = 300\text{N} \cdot \text{m}$이고, 을의 돌림힘의 크기는 $2\text{m} \times 200\text{N} = 400\text{N} \cdot \text{m}$이다. 따라서 갑의 돌림힘의 크기가 을의 돌림힘의 크기보다 작다.

② 두 돌림힘의 방향이 서로 반대이므로 알짜 돌림힘의 방향은 더 큰 돌림힘의 방향과 같다. 따라서 알짜 돌림힘의 방향의 을의 돌림힘의 방향과 같다.

③ 두 돌림힘의 방향이 반대이지만, 돌림힘의 크기가 다르므로 알짜 돌림힘은 0이 아니고, 돌림힘의 평형도 유지되지 않는다.

⑤ 두 돌림힘의 방향이 서로 반대이면 알짜 돌림힘의 크기는 두 돌림힘의 크기의 차가 된다. 따라서 알짜 돌림힘의 크기는 $400 - 300 = 100\text{N} \cdot \text{m}$이다.

16 ③

200g에 들어 있는 소금의 양은 섞기 전 5%의 소금의 양과 15% 소금의 양을 합친 양과 같아야 한다.

5% 소금물의 필요한 양을 x라 하면 녹아 있는 소금의 양은 $0.05x$

15% 소금물의 소금의 양은 $0.15(200-x)$

$0.05x + 0.15(200-x) = 0.12 \times 200$

$5x + 3000 - 15x = 2400$

$10x = 600$

$x = 60(\text{g})$

∴ 5%의 소금물 60g, 15%의 소금물 140g

17 ④

평균 $= \dfrac{\text{자료 값의 합}}{\text{자료의 수}}$ 이므로

$A = \dfrac{x}{20} = 70 \rightarrow x = 1,400$

$B = \dfrac{y}{30} = 80 \rightarrow y = 2,400$

$C = \dfrac{z}{50} = 60 \rightarrow z = 3,000$

세 반의 평균은 $\dfrac{1,400 + 2,400 + 3,000}{20 + 30 + 50} = 68$ 점

18 ①

한 달 동안의 통화 시간 t $(t = 0, 1, 2, \cdots)$에 따른

요금제 A의 요금

$y = 10,000 + 150t$ $(t = 0, 1, 2, \cdots)$

요금제 B의 요금

$\begin{cases} y = 20,200 & (t = 0, 1, 2, \cdots, 60) \\ y = 20,200 + 120(t-60) & (t = 61, 62, 63, \cdots) \end{cases}$

요금제 C의 요금

$\begin{cases} y = 28,900 & (t = 0, 1, 2, \cdots, 120) \\ y = 28,900 + 90(t-120) & (t = 121, 122, 123, \cdots) \end{cases}$

㉠ B의 요금이 A의 요금보다 저렴한 시간 t의 구간은

$20,200 + 120(t-60) < 10,000 + 150t$ 이므로 $t > 100$

㉡ B의 요금이 C의 요금보다 저렴한 시간 t의 구간은

$20,200 + 120(t-60) < 28,900 + 90(t-120)$ 이므로 $t < 170$

따라서 $100 < t < 170$ 이다.

∴ $b - a$의 최댓값은 70

19 ②

조건 ㈎에서 R석의 티켓의 수를 a, S석의 티켓의 수를 b, A석의 티켓의 수를 c라 놓으면

$a + b + c = 1,500$ …… ㉠

조건 ㈏에서 R석, S석, A석 티켓의 가격은 각각 10만 원, 5만 원, 2만 원이므로

$10a + 5b + 2c = 6,000$ …… ㉡

A석의 티켓의 수는 R석과 S석 티켓의 수의 합과 같으므로

$a + b = c$ …… ㉢

세 방정식 ㉠, ㉡, ㉢을 연립하여 풀면

㉠, ㉢에서 $2c = 1,500$ 이므로 $c = 750$

㉠, ㉡에서 연립방정식

$$\begin{cases} a + b = 750 \\ 2a + b = 900 \end{cases}$$

을 풀면 $a = 150$, $b = 600$ 이다.

따라서 구하는 S석의 티켓의 수는 600장이다.

20 ④

'거리 = 속력 × 시간'을 이용하여 체류시간을 감안한 총 소요 시간을 다음과 같이 정리해 볼 수 있다. 시간은 왕복이므로 2번 계산한다.

활동	이동수단	거리	속력 (시속)	목적지 체류시간	총 소요시간
당구장	전철	12km	120km	3시간	3시간 + 0.1시간 × 2 = 3시간 12분
한강공원 라이딩	자전거	30km	15km	–	2시간 × 2 = 4시간
파워워킹	도보	5.4km	3km	–	1.8시간 × 2 = 3시간 36분
북카페 방문	자가용	15km	50km	2시간	2시간 + 0.3시간 × 2 = 2시간 36분
강아지와 산책	도보	3km	3km	1시간	1시간 + 1시간 × 2 = 3시간

따라서 북카페를 방문하고 돌아오는 것이 2시간 36분으로 가장 짧은 소요시간이 걸린다.

21 ④

① $81,000 + (54,000 \times 3) = 243,000$원
② $81,000 + 54,000 + 25,000 = 160,000$원
③ $60,000 + (15,000 \times 3) + (10,000 \times 2) = 125,000$원
④ $75,000 + (35,000 \times 3) + 70,000 = 250,000$원
⑤ $211,000$원

22 ②

'신재생 에너지' 분야의 사업 수를 x, '절약' 분야의 사업 수를 y라고 하면

$x + y = 600$ …… ㉠

$\dfrac{3,500}{x} \geq \dfrac{3,000}{y} \rightarrow$ (양 변에 xy 곱함) $\rightarrow 3,500y \geq 3,000x$ …… ㉡

㉠, ㉡을 연립하여 풀면 $y \geq 276.92\cdots$

따라서 '신재생 에너지' 분야의 사업별 평균 지원액이 '절약 분야의 사업별 평균 지원액의 5배 이상이 되기 위한 사업 수의 최대 격차는 '신재생 에너지' 분야의 사업 수가 323개, '절약 분야의 사업 수가 277개일 때로 46개이다.

23 ④

• 전체 연구책임자 중 공학 전공의 연구책임자가 차지하는 비율

$$\frac{11,680 + 463}{19,134 + 2,339} \times 100 = \frac{12,143}{21,473} \times 100 \fallingdotseq 56.6\%$$

• 전체 연구책임자 중 의학 전공의 여자 연구책임자가 차지하는 비율

$$\frac{400}{19,134 + 2,339} \times 100 = \frac{400}{21,473} \times 100 \fallingdotseq 1.9\%$$

따라서 전체 연구책임자 중 공학 전공의 연구책임자가 차지하는 비율과 전체 연구책임자 중 의학 전공의 여자 연구책임자가 차지하는 비율의 차이는 $56.6 - 1.9 = 54.7$%p이다.

24 ③

• 총 45지점이므로 A + B + C + D = 16이다.
• H터미날과 H휴먼스의 직원 수가 같으므로 5 + B = D + 1이다.
• H메이트의 공장 수와 H코터미날의 공장 수를 합하면 H기술투자의 공장 수와 같으므로 A + B = C이다.

• H메이트의 공장 수는 H휴먼스의 공장 수의 절반이므로 A = 0.5D이다.

위 식을 연립해서 풀면 A = 3, B = 2, C = 5, D = 6 이므로 두 번째로 큰 값은 5이다.

25 ③

3/4 분기 성과평가 점수는 (10 × 0.4) + (8 × 0.4) + (10 × 0.2) = 9.2로, 성과평가 등급은 A이다. 성과평가 등급이 A이면 직전 분기 차감액의 50%를 가산하여 지급하므로, 2/4 분기 차감액인 20만 원(∵ 2/4 분기 성과평가 등급 C)의 50%를 가산한 110만 원이 성과급으로 지급된다.

26 ③

③ 2008년 G계열사의 영업이익률은 8.7%로 1997년 E계열사의 영업이익률 2.9%의 2배가 넘는다.
① B계열사의 2008년 영업이익률은 나머지 계열사의 영업이익률의 합보다 적다.
② 1997년도에 가장 높은 영업이익률을 낸 계열사는 F, 2008년에 가장 높은 영업이익률을 낸 계열사는 B이다.
④ 1997년 대비 2008년의 영업이익률이 증가한 계열사는 B, C, E, G 4곳이다.
⑤ 1997년과 2008년 모두 영업이익률이 10%을 넘은 계열사는 A, B 2곳이다.

27 ①

주어진 그래프를 통해 다음과 같은 연도별 지역별 무역수지 규모를 정리할 수 있다.

(단위 : 10억 불)

구분	2015	2016	2017
미국	27.7	25.3	20.1
중국	47.3	37.8	44.6
일본	−20.1	−23.0	−28.1
EU	−7.9	−3.9	−3.8
동남아	54.2	57.3	75.5
중동	−38.0	−27.8	−49.9

따라서 무역수지 악화가 지속적으로 심해진 무역 상대국(지역)은 일본뿐인 것을 알 수 있다.

② 매년 무역수지 흑자를 나타낸 무역 상대국(지역)은 미국, 중국, 동남아 3개국(지역)이다.
③ 무역수지 흑자가 매년 감소한 무역 상대국(지역)은 미국뿐이다.
④ 무역수지가 흑자에서 적자 또는 적자에서 흑자로 돌아선 무역 상대국(지역)은 없음을 알 수 있다.
⑤ 매년 무역수지 적자규모가 가장 큰 무역 상대국(지역)은 중동이다.

28 ④

2017년 동남아 수출액은 1,490억 불이므로 전년대비 20% 증가하였다면 2018년 동남아 수출액은 1,788억 불이고, 2017년 EU 수입액은 560억 불이므로 전년대비 20% 감소하였다면 448억 불이다. 따라서 2018년 동남아 수출액과 EU 수입액의 차이는 1,788 − 448 = 1,340억 불이다.

29 ⑤

각 지역의 전년대비 15세 이상 취업자 수는 다음과 같다.
① 2008년 (가) 지역 : 710 − 694 = 16천명
② 2015년 (나) 지역 : 333 − 316 = 17천명
③ 2002년 (다) 지역 : 473 − 449 = 24천명
④ 2012년 (라) 지역 : 911 − 886 = 25천명
⑤ 2014년 (마) 지역 : 736 − 708 = 28천명
따라서 전년대비 15세 이상 취업자 수가 가장 많이 증가한 지역은 2012년 (마) 지역이다.

30 ③

취업자와 고용률이 모두 2012년 이후 대체로 증가 추세를 보이는 것은 (가), (나) 그래프이나, (나)는 2016년에 증가폭이 둔화한 그래프로 보기 어렵다. 따라서 충북은 (가) 그래프에 해당한다. 또한, 2016년에 취업자가 증가한 반면 고용률이 감소한 그래프는 (라)밖에 없으므로 (라) 그래프가 전남에 해당한다.

31 ③

인천에서 모스크바까지 8시간이 걸리고, 6시간이 인천이 더 빠르므로

09 : 00시 출발 비행기를 타면 $9 + (8-6) = 11$시 도착

19 : 00시 출발 비행기를 타면 $19 + (8-6) = 21$시 도착

02 : 00시 출발 비행기를 타면 $2 + (8-6) = 4$시 도착

32 ①

② 흑수부는 백산부의 북서쪽에 있다.

③ 백산부는 불열부의 남쪽에 있다.

④ 안차골부는 속말부의 동북쪽에 있다.

⑤ 안차골부는 고구려에 인접해 있지 않다.

33 ⑤

• A가 거짓말을 하는 경우 : C의 말에 의해 E도 거짓말을 하기 때문에 조건에 맞지 않는다.

• B가 거짓말을 하는 경우 : A도 거짓말을 하기 때문에 조건에 맞지 않는다.

• C가 거짓말을 하는 경우 : A, E가 참이기 때문에 E의 진술에 의해 D도 거짓말이기 때문에 조건에 맞지 않는다.

• D가 거짓말을 하는 경우 : C의 말에 의해 E도 거짓말을 하기 때문에 조건에 맞지 않는다.

34 ④

조건 1에서 출발역은 청량리이고, 문제에서 도착역은 인천역으로 명시되어 있고 환승 없이 1호선만을 활용한다고 되어 있으므로 청량리~서울역(1,250원), 서울역~구로역(200원 추가), 구로역~인천역(300원 추가)를 모두 더한 값이 수인이와 혜인이의 목적지까지의 편도 운임이 된다. 그러므로 두 사람 당 각각 운임을 계산하면, $1,250 + 200 + 300 = 1,750$원(1인당)이 된다. 역의 수는 청량리역~인천역까지 모두 더하면 38개 역이 된다.

35 ⑤

〈조건〉에 의해 각자가 앉을 수 있는 위치는 다음과 같다.

A : 오전의 B 또는 E의 위치

C : 오전의 A 또는 E의 위치

D : 오전의 A 또는 C의 위치

B : 오전의 A의 위치

B가 오전의 A의 위치에 앉는 것이 확정되었으므로, D는 오전의 C의 위치에, C는 오전의 E의 위치에 앉을 수밖에 없으며, 이 경우 A 또한 오전의 B 또는 E의 위치 중 한 자리에 앉게 되므로 결국 오전의 B의 위치에 앉게 된다. 나머지 한 자리인 오전의 D의 위치에는 E가 앉게 된다. 따라서 오전 A의 위치부터 시계방향으로 B − A − D − E − C의 순으로 앉게 된다.

36 ①

합계와 평균을 이용하여 빈칸을 최대한 채워보면 다음과 같다.

분야 응시자	어학	컴퓨터	실무	NCS	면접	평균
A	16	14	13	15	( )	( )
B	12	14	10	10	14	12.0
C	10	12	9	10	18	11.8
D	14	14	20	17	( )	( )
E	18	20	19	17	19	18.6
F	10	13	16	15	16	14
계	80	87	87	84	( )	( )
평균	13.3	14.5	14.5	14	( )	( )

따라서 응시자 A와 D의 평균 점수를 알 수 없게 된다.

37 ②

6명의 면접 평균 점수가 17.5점이며 A와 D의 면접 점수(x로 치환)가 동일하다는 것은 $14 + 18 + 19 + 16 + 2x = 17.5 \times 6 = 105$가 된다. 따라서 A와 D의 면접 점수는 19점이 된다. 이를 통해 앞 문제에서 정리한 표를 다시 정리해 보면 다음과 같다.

분야 응시자	어학	컴퓨터	실무	NCS	면접	평균
A	16	14	13	15	19	15.4
B	12	14	10	10	14	12.0
C	10	12	9	10	18	11.8
D	14	14	20	17	19	16.8
E	18	20	19	17	19	18.6
F	10	13	16	15	16	14
계	80	87	87	84	105	( )
평균	13.3	14.5	14.5	14	17.5	( )

따라서 2명의 최종 채용자는 D와 E가 된다. 그러므로 A의 '실무' 점수가 최고점, D의 '실무' 점수가 13점일 경우에는 A와 D의 평균 점수가 각각 16.8점과 15.4점이 되어 최종 채용자가 A와 E로 바뀌게 된다.
① E의 평균 점수가 17.6점이 되어 여전히 1위의 성적이므로 채용자는 변경되지 않는다.
③ F의 평균 점수가 16점이 되므로 채용자는 변경되지 않는다.
④ B의 평균 점수가 16점이 되므로 채용자는 변경되지 않는다.
⑤ C의 평균 점수가 14점이 되므로 채용자는 변경되지 않는다.

38 ③
① 외부 전시장 사전 답사일인 7월 7일은 토요일이다.
② 丙 사원은 개인 주간 스케줄인 '홈페이지 전시 일정 업데이트' 외에 7월 2일부터 7월 3일까지 '브로슈어 표지 이미지 샘플조사'를 하기로 결정되었다.
④ 2018년 하반기 전시는 관내 전시장과 외부 전시장에서 열릴 예정이다.
⑤ 乙 사원은 7. 2(월)~7. 5(목)까지 상반기 전시 만족도 설문조사를 진행할 예정이다.

39 ⑤
솜 인형의 실제 무게는 18파운드이며, 주어진 산식으로 부피무게를 계산해 보아야 한다. 부피무게는 28 × 10 × 10 ÷ 166 = 17파운드가 되어 실제 무게보다 가볍다. 그러나 28inch는 28 × 2.54 = 약 71cm가 되어 한 변의 길이가 50cm 이상이므로, A배송사에서는 (18 + 17) × 0.6 = 21파운드의 무게를 적용하게 된다. 따라서 솜 인형의 운송비는 19,000원이다.

40 ⑤
① 김유진 : 3억 5천만 원 × 0.9% = 315만 원
② 이영희 : 12억 원 × 0.9% = 1,080만 원
③ 심현우 : 1,170만 원 + (32억 8천만 원 − 15억 원) × 0.6% = 2,238만 원
④ 이동훈 : 18억 1천만 원 × 0.9% = 1,629만 원
⑤ 김원근 : 2,670만 원 + (3억 원 × 0.5%) = 2,820만 원

41 ④
칸막이 제거에 대하여 조직 문화의 관점에서 많은 이득이 있다는 취지의 J씨의 말에 S씨가 공감하는 대화의 흐름이므로, 칸막이를 제거함으로써 조직 간 물리적 장벽이 없어져 소통과 협업이 잘 이루어질 것이라고 긍정적으로 말하는 보기 ④가 가장 적절하다.

42 ④
총 노선의 길이를 연비로 나누어 리터 당 연료비를 곱하면 원하는 답을 다음과 같이 구할 수 있다.
교통편 1 : 500 ÷ 4.2 × 1,000 = 약 119,048원
교통편 2 : 500 ÷ 4.8 × 1,200 = 125,000원
교통편 3 : 500 ÷ 6.2 × 1,500 = 약 120,968원
교통편 4 : 500 ÷ 5.6 × 1,600 = 약 142,857원
따라서 교통비가 가장 적게 드는 교통편은 '교통편 1'이며, 가장 많이 드는 교통편은 '교통편 4'가 된다.

43 ④
각 교통편별로 속도와 정차 역, 정차 시간을 감안하여 최종 목적지인 I 지점까지의 총 소요 시간을 구하여 정리해 보면 다음 표와 같다.

구분	평균속도 (km/h)	운행 시간 (h)	정차 시간(분)	총 소요 시간
교통편 1	60	500 ÷ 60 = 약 8.3	7 × 15 = 105	8.3 + 1.8 = 10.1시간
교통편 2	80	500 ÷ 80 = 약 6.3	4 × 15 = 60	6.3 + 1 = 7.3시간
교통편 3	120	500 ÷ 120 = 약 4.2	3 × 15 = 45	4.2 + 0.8 = 5시간
교통편 4	160	500 ÷ 160 = 약 3.1	2 × 15 = 30	3.1 + 0.5 = 3.6시간

따라서 교통편 1과 교통편 4의 시간 차이는 6.5시간이므로 6시간 30분의 차이가 나는 것을 알 수 있다.

44 ②

② 외부환경요인 분석은 언론매체, 개인 정보망 등을 통하여 입수한 상식적인 세상의 변화 내용을 시작으로 당사자에게 미치는 영향을 순서대로, 점차 구체화하는 것이다.

⑤ 내부환경과 외부환경을 구분하는 기준은 '나', '나의 사업', '나의 회사' 등 환경 분석 주체에 직접적인 관련성이 있는지 여부가 된다. 대내외적인 환경을 분석하기 위하여 이를 적절하게 구분하는 것이 매우 중요한 요소가 된다.

45 ②

② 저렴한 제품을 공급하는 것은 자사의 강점(S)이며, 이를 통해 외부의 위협요인인 대형 마트와의 경쟁(T)에 대응하는 것은 ST 전략이 된다.

① 직원 확보 문제 해결과 매출 감소에 대응하는 인건비 절감 등의 효과를 거둘 수 있어 약점과 위협 요인을 최소화하는 WT 전략이 된다.

③ 자사의 강점과 외부환경의 기회 요인을 이용한 SO 전략이 된다.

④ 자사의 기회요인인 매장 앞 공간을 이용해 지역 주민 이동 시 쉼터를 이용할 수 있도록 활용하는 것은 매출 증대에 기여할 수 있으므로 WO 전략이 된다.

⑤ 고객 유치 노하우는 자사의 강점을 이용한 것이며, 이를 통해 편의점 이용률을 제고하는 것은 위협요인을 제거하는 것이 되므로 ST 전략이 된다.

46 ⑤

오 대리가 들러야 하는 조직과 업무 내용은 다음과 같이 정리할 수 있다.

• 보고 서류 전달 – 비서실
• 계약서 검토 확인 – 법무팀
• 배차 현황 확인 – 총무팀
• 통관 작업 확인 – 물류팀

47 ②

제시된 글에서는 조직문화의 기능 중 특히 조직 성과와의 연관성을 언급하고 있기도 하다. 강력하고 독특한 조직문화는 기업이 성과를 창출하는 데에 중요한 요소이며, 종업원들의 행동을 방향 짓는 강력한 지렛대의 역할을 한다고도 볼 수 있다. 그러나 이러한 조직문화가 조직원들의 단합을 이끌어 이직률을 일정 정도 낮출 수는 있으나, 외부 조직원을 흡인할 수 있는 동기로 작용한다고 보기는 어렵다. 오히려 강력한 조직문화가 형성되어 있을 경우, 외부와의 융합이 어려울 수 있으며, 타 조직과의 단절을 통하여 '그들만의 세계'로 인식될 수 있다. 따라서 조직문화를 통한 외부 조직원의 흡인은 조직문화를 통해 기대할 수 있는 기능으로 볼 수는 없다.

48 ④

경영전략을 수립하고 각종 경영정보를 수집/분석하는 업무를 하는 기획팀에서 요구되는 자질은 재무/회계/경제/경영 지식, 창의력, 분석력, 전략적 사고 등이다.

49 ⑤

감사실장, 이사회의장, 비서실장, 미래 전략실장, A부사장은 모두 사장과 직접적인 업무 라인으로 연결되어 있으므로 직속 결재권자가 사장이 된다.

50 ④

백만 불 이상 예산이 집행되는 사안이므로 최종 결재권자인 사장을 대동하여 출장을 계획하는 것은 적절한 행위로 볼 수 있다.

① 사장 부재 시 차상급 직위자는 부사장이다.

② 출장 시 본부장은 사장, 직원은 본부장에게 각각 결재를 득하면 된다.

③ 결재권자의 부재 시, 차상급 직위자의 전결로 처리하되 반드시 결재권자의 업무 복귀 후 후결로 보완한다는 규정이 있다.

⑤ 직원의 해외 출장 결재권자는 본부장이다. 따라서 F팀 직원은 해외 출장을 위해 C본부장에게 최종 결재를 득하면 된다.

51 ③

FREQUENCY(배열1, 배열2) : 배열2의 범위에 대한 배열1 요소들의 빈도수를 계산

*PERCENTILE(범위, 인수) : 범위에서 인수 번째 백분위수 값

함수 형태 = FREQUENCY(Data_array, Bins_array)

Data_array : 빈도수를 계산하려는 값이 있는 셀 주소 또는 배열

Bins_array : Data_array를 분류하는데 필요한 구간 값들이 있는 셀 주소 또는 배열

수식 : { = FREQUENCY(B3:B9, E3:E6)}

52 ④

MIN 함수에서 최소값을 반환한 후, IF 함수에서 "이상 없음" 문자열이 출력된다. B3의 내용이 1로 바뀌면 출력은 "부족"이 된다.

㉠ 반복문은 사용되고 있지 않다.

㉢ 현재 입력으로 출력되는 결과물은 "이상 없음"이다.

53 ④

위 내용은 데이터베이스 구축의 중요성에 대한 사례로써 한 의류업체는 기존 고객들의 체형을 데이터베이스화하여 이러한 자료들을 기반으로 신상품을 연이어 개발할 수 있었다. 또한 이 노력들이 결실을 맺어 해당 의류회사는 눈부신 매출액 신장을 이룰 수 있었는데, 이처럼 데이터베이스를 구축해서 효과적으로 활용하는 것은 상당히 중요하다는 것을 알 수 있다.

54 ③

Index 뒤에 나타나는 문자가 오류 문자이므로 이 상황에서 오류 문자는 'GHWDYC'이다. 오류 문자 중 오류 발생 위치의 문자와 일치하지 않는 알파벳은 G, H, W, D, Y 5개이므로 처리코드는 'Atnih'이다.

55 ③

Index 뒤에 나타나는 문자가 오류 문자이므로 이 상황에서 오류 문자는 'UGCTGHWT'이다. 오류 문자 중 오류 발생 위치의 문자와 일치하지 않는 알파벳은 U, C, H, W 4개이므로 처리코드는 'Atnih'이다.

56 ③

책꽂이 20개를 제작하기 위해서는 칸막이 80개, 옆판 40개, 아래판 20개, 뒤판 20개가 필요하다. 재고 현황에서 칸막이는 40개, 옆판 30개가 있으므로 추가적으로 필요한 칸막이와 옆판의 개수는 각각 40개, 10개이다.

57 ⑤

완성품 납품 개수는 총 100개이다. 완성품 1개당 부품 A는 10개가 필요하므로 총 1,000개가 필요하고, B는 300개, C는 500개가 필요하다. 이때 각 부품의 재고 수량에서 A는 500개를 가지고 있으므로 필요한 1,000개에서 가지고 있는 500개를 빼면 500개의 부품을 주문해야 한다. 이와 같이 계산하면 부품 B는 180개, 부품 C는 250개를 주문해야 한다.

58 ①

직무중심의 인적관리에 대한 내용이다.

승진대상자는 승진하는 자리인 상위의 직무기술서에 표현된 직무기술을 토대로 승진대상자의 적합성 유무를 판단해야 옳다.

59 ①

구매 제한가격에 따라 다 업체에서는 C 물품을 구매할 수 없다. 나머지 가, 나, 라 업체의 소모품 구매 가격을 정리하면 다음과 같다.

구분	구매 가격
가 업체	(12,400 × 2) + (1,600 × 3) + (2,400 × 2) + (1,400 × 2) + (11,000 × 2) = 59,200원
나 업체	(12,200 × 2) + (1,600 × 3) + (2,450 × 2) + (1,400 × 2) + (11,200 × 2) = 59,300원
라 업체	(12,500 × 2) + (1,500 × 3) + (2,400 × 2) + (1,300 × 2) + (11,300 × 2) = 59,500원

따라서 가장 저렴한 가격에 소모품을 구입할 수 있는 곳은 가 업체로 구매 가격은 59,200원이다.

60 ②

우선 지하철을 2번 타므로 2,000원 소요, 모든 입장료를 지불하면 17,000원

- 스마트교통카드→1,000원 : 전망대 50% 할인 5,000원, 지하철 2,000원을 할인받으므로 총 7,000원 할인
- 시티투어A→3,000원 : 모두 30%씩 할인하므로 경복궁 300원. 서울시립미술관 1,500원, 서울타워전망대 3,000원, 국립중앙박물관 300원, 지하철 2,000원을 할인받으므로 총 7,100원 할인
- 시티투어B→5,000원 : 경복궁, 서울타워전망대, 국립중앙박물관이 모두 무료이므로 총 1,000 + 10,000 + 1,000 = 12,000원 할인

시티투어B를 선택하여 지불할 가격은 5,000원, 서울시립미술관 5,000원, 지하철 2,000원이므로 총 12,000원이 된다.

61 ④

기술능력이 뛰어난 사람은 주어진 한계 속에서, 그리고 제한된 자원을 가지고 일한다.

62 ②

문제에 제시된 사례는 예측이 가능했던 사고임에도 불구하고 적절하게 대처를 하지 못해 많은 피해를 입히게 된 내용이다. 이러한 사례를 통해 산업재해는 어느 정도 예측이 가능하며, 그에 따라 예방이 가능함을 알 수 있다.

63 ④

④ 잉크패드는 사용자가 직접 교체할 수 없고 고객지원센터의 전문가만 교체할 수 있다.

64 ②

단계 1은 문제 분석 단계이다.
단계 2는 순서도 작성 단계이다.
단계 3은 코딩·입력 및 번역 단계이다.
단계 4는 모의 실행 단계이므로 '논리적 오류'를 발견할 수 있다.

65 ③

발전소에서 생산된 전기는 변전소로 이동하기 전, 전압을 높이고 전류를 낮추는 승압(A) 과정을 거쳐 송전(B)된다. 또한 변전소에 공급된 전기는 송전 전압보다 낮은 전압으로 만들어져 여러 군데로 배분되는 배전(C) 과정을 거치게 되는데, 배전 과정에서 변압기를 통해 22.9KV의 전압을 가정에서 사용할 수 있는 최종 전압인 220V로 변압(D)하게 된다. 따라서 빈칸에 알맞은 말은 순서대로 '승압, 송전, 배전, 변압'이 된다.

66 ①

문제에 제시된 사례는 회사 내에서 성공한 사람이라고 평가받는 S부장의 사례로써 S부장의 사례를 통해 자기개발에 대한 계획을 수립하기 위해서 장단기 계획을 세우고, 인간관계를 고려하며, 현재의 직무를 고려하여야 함을 알 수 있다.

67 ④

자신을 제대로 파악하지 못하여 자신의 목표를 제대로 달성하지 못하는 사례로 이를 통해 사람들은 흔히 자신이 어떠한 일에 흥미를 가지고 있으며 잘할 수 있는지를 잘 알지 못해 많은 노력을 하여도 성과로 연결되지 않는 경우가 있음을 사례를 통해 알 수 있다.

68 ⑤

지문에서는 실수를 하고 난 이후에 다른 태도를 보이는 A, B 신입사원에 대해 나타내고 있는데, A는 자신이 잘못한 원인을 생각해보려 하지 않고 지나갔고, B는 이러한 일이 일어나게 된 이유를 파악하고, 다시는 같은 실수를 반복하지 않도록 노트를 해두었다. 즉 자기 자신에 대한 성찰을 하고 있음을 알 수 있다. 이를 통해 직장생활에서 일어나는 많은 문제 상황들에서 반성적으로 되돌아보는 것이 중요하며, 어떠한 방법을 통해 보다 체계적으로 성찰을 할 수 있는지 알 수 있다.

① 성찰을 하게 되면 현재 저지른 실수에 대하여 원인을 파악하고 이를 수정하게 되므로, 다시는 같은 실수를 하지 않게 된다. 그러므로 다른 사람에게 신뢰감을 줄 수 있다.

② 어떠한 일을 마친 후에 자신이 잘한 일은 무엇이고, 개선할 점은 무엇인지 깊이 생각해보는 것은 미래에 다른 일을 해결해나가는 노하우를 축적할

수 있게 되는 원천이 된다.

③ 성찰을 통해 현재의 부족한 부분을 알게 되고, 미래의 목표에 따라 매일매일 노력하게 된다면 지속적으로 성장할 수 있는 기회가 된다.

④ 창의적인 사람은 따로 존재하지 않으며 창의력은 지속적인 사고를 통해서 신장될 수 있는데, 이는 새로운 것을 만들기 위해서 생각을 해야 하며, 진정으로 창의적인 사람은 생각하기를 그치지 않기 때문이다. 그러므로 성찰을 지속하다 보면 어느 순간 무릎을 탁 칠만한 창의적인 생각이 나오게 되는 것이다.

69 ⑤

A 의원은 서번트 리더십의 중요성을 강조하고 있다. 이러한 서번트 리더십은 인간 존중을 바탕으로 다른 구성원들이 업무 수행에 있어 자신의 잠재력을 최대한 발휘할 수 있도록 도와 주는 리더십을 의미한다. ①번은 감성 리더십, ②번은 카리스마 리더십, ③번은 거래적 리더십, ④번은 셀프 리더십을 각각 설명한 것이다.

70 ③

자기개발은 그 필요성을 인식하고 자신과 자신의 업무에 대한 이해를 바탕으로 어떤 능력을 개발해야 하는지를 찾고 자신이 이를 위해 어떻게 해야 하는지를 깨닫는 것이 중요하다. 즉, 자기개발은 자아인식, 자기관리, 경력개발로 이루어져야 한다.

71 ②

C는 주제와 상관없는 사항을 거론하며 상대를 깎아내리는 발언을 하고 있으므로 C가 토의를 위한 기본적인 태도를 제대로 갖추지 못한 사람이라고 볼 수 있다.

72 ⑤

⑤ 갈등의 권위적 해결은 효과적인 팀 운영을 저해하는 요소이다.

73 ②

② 협력을 장려하는 환경을 조성하기 위해서는 팀원들이 침묵을 지키는 것을 존중하여야 한다.

74 ③

①②④⑤는 핵심문제에 대한 갈등으로 해결이 가능하다. 그러나 ③은 감정적 갈등으로 불필요한 갈등에 해당한다.

75 ①

구분		상대방의 이익을 만족시키려는 정도		
		낮음	중간	높음
자신의 이익을 만족시키려는 정도	낮음	회피		순응
	중간		타협	
	높음	경쟁		협동

76 ②

용건을 마치면 인사를 하고 상대가 끊었는지를 확인한 후에 끊어야 한다.

77 ⑤

명함은 손아랫사람이 먼저 건네야 한다. 더불어서 지위 또는 직책 등이 낮은 사람이 먼저 명함을 건넨다.

※ **명함 교환 시의 기본 매너**
　㉠ 명함은 항상 넉넉히 준비한다.
　㉡ 명함은 자리에 앉기 전에 교환한다.
　㉢ 상대에게 명함을 건네면서 소속과 이름을 밝힌다.
　㉣ 상대로부터 받은 명함은 그 자리에서 확인하며, 한자 등의 다소 읽기 어려운 글자는 정중히 물어서 회사명과 이름을 틀리지 않아야 한다.
　㉤ 상대로부터 명함을 받은 후에 곧바로 지갑에 넣지 말고, 미팅이나 또는 회의 시에 테이블 오른 쪽에 꺼내놓고 이름 및 직함을 부르면서 대화한다.
　㉥ 상대 앞에서 명함에 낙서하는 것은 곧 상대의 얼굴에 낙서하는 것과 같음을 의미하며, 더불어서 명함을 손가락 사이에 끼고 돌리는 등의 손장난을 하는 것은 상대방을 무시하는 것과 같다.

ⓢ 명함은 스스로의 것과 상대방 것을 구분해서 넣어둔다. 만약의 경우 급한 순간에 타인의 명함을 상대에게 줄 수도 있기 때문이다.

ⓞ 상대로부터 받은 명함을 절대 그냥 두고 오는 일이 없도록 해야 한다.

78 ②

조문 시에 상제에게 맞절을 하고 위로의 인사말을 한다. 이때 절은 상제가 먼저 시작하고 늦게 일어나야 한다.

79 ④

악수는 반드시 오른손으로 해야 한다. 또한, 악수는 기본적으로 오른손으로 해야 하며, 거리에서 아는 사람을 만났다 하더라도 들고 있던 짐이나 또는 물건 등은 왼손으로 옮겨서 악수를 해야 함에 주의해야 한다.

※ 악수할 때의 에티켓

㉠ 반드시 오른손으로 악수를 해야 한다.

㉡ 악수를 하면서 상대의 눈을 바라보아야 한다.

㉢ 외국인과 악수할 때에는 허리를 꼿꼿이 세워 대등하게 악수를 해야 한다.

㉣ 손을 쥐고 흔들 때에는 윗사람이 흔드는 대로 따라서 흔든다.

㉤ 길에서 아는 사람을 만났을 경우에 들고 있던 물건은 왼손으로 옮긴다.

㉥ 웃어른의 뜻에 의해 악수, 또는 황송하다고 생각해 두 손으로 감싸는 것은 좋지 않다.

ⓢ 남녀 모두 장갑을 벗는 것이 원칙이다.

80 ②

엘리베이터에서는 버튼 대각선 방향의 뒤 쪽이 상석이 된다.

※ 엘리베이터 상석의 위치

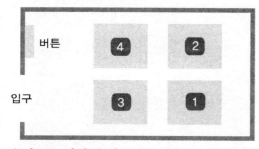

* 번호는 상석 순위

서울교통공사

필기시험 모의고사

정답 및 해설

SEOWONGAK

(주)서원각

1 ③

③ '점거(占居)'는 '어떤 장소를 차지하여 삶'이라는 의미로 해당 문장에서는 점거보다 '물건이나 영역, 지위 따위를 차지함'의 뜻을 가진 '점유(占有)'가 쓰이는 것이 적절하다.

2 ④

① 초콜렛 → 초콜릿
② 컨셉 → 콘셉트
③ 악세사리 → 액세서리
⑤ 팜플렛 → 팸플릿, 타겟 → 타깃

3 ①

배경지식이 전혀 없던 상태에서는 X선 사진을 관찰하여도 아무 것도 찾을 수 없었으나 이론과 실습 등을 통하여 배경지식을 갖추고 난 후에는 X선 사진을 관찰하여 생리적 변화, 만성 질환의 병리적 변화, 급성 질환의 증세 등의 현상을 알게 되었다는 것을 보면 관찰은 배경지식에 의존한다고 할 수 있다.

4 ⑤

서울 메트로 9호선 지부장은 "필수 유지업무 인력은 남기고 (　　)에 들어간다."라며 "하지만 준법 투쟁의 수위는 계속해서 올라갈 것"이라고 말했으므로 문맥상 파업(罷業)임을 추론해낼 수 있다.

5 ③

③ '몸가짐이나 언행을 조심하다.'는 의미를 가진 표준어는 '삼가다'로, '삼가야 한다'는 어법에 맞는 표현이다. 자주 틀리는 표현 중 하나로 '삼가해 주십시오' 등으로 사용하지 않도록 주의해야 한다.
① 어떤 일의 수단이나 도구를 나타내는 격조사 '-로써'로 고치는 것이 적절하다.

② 어떤 사실이나 내용을 시인하면서 그에 반대되는 내용을 말하거나 조건을 붙여 말할 때에 쓰는 연결 어미인 '-지마는(-지만)'이 오는 것이 적절하다.
④ '및'은 '그리고', '그 밖에', '또'의 뜻으로, 문장에서 같은 종류의 성분을 연결할 때 쓰는 말이다. 따라서 앞뒤로 이어지는 표현의 구조가 대등해야 한다.
⑤ '자문하다'는 '어떤 일을 좀 더 효율적이고 바르게 처리하려고 그 방면의 전문가나, 전문가들로 이루어진 기구에 의견을 묻다.'라는 뜻으로 '~에/에게 ~을 자문하다' 형식으로 쓴다.

6 ③

③ 수의계약은 경쟁이나 입찰에 의하지 않고 상대편을 임의로 선택하여 체결하는 계약으로, 手(손 수)가 아닌 隨(따를 수)를 쓴다. 수의(隨意)는 자기의 마음대로 함이라는 의미이다.

7 ②

제시된 글은 첫 문장에서 유행성 감기가 퍼지는 속도는 인간의 여행 속도에 비례한다는 내용을 언급하고, 과거와 오늘날의 그 속도 차이에 대해 비교하고 있다. 글 후반부에서 현대식 속도가 유행성 감기를 예측할 수 없게 만들었고, 따라서 통제수단도 더 빨라져야 한다고 언급하므로, 답은 ②이다.

8 ④

④ 계란 알레르기가 있는 고객이므로 제품에 계란이 사용되었거나, 제조과정에서 조금이라도 계란이 들어갔을 우려가 있다면 안내해 주는 것이 바람직하다. 이 제품은 원재료에 계란이 들어가지는 않지만, 계란 등을 이용한 제품과 같은 제조시설에서 제조하였으므로 제조과정에서 계란 성분이 들어갔을 우려가 있다. 따라서 이 점에 대해 안내해야 한다.

9 ⑤

① 캡슐 커피라는 신제품을 통해 경쟁의 축을 바꿈으로써 시장을 선도하였다.

② 전체적인 구조조정을 통한 원가 혁신을 단행했다.

③ 시계를 패션 아이템으로 차별화하였다.

④ 경쟁의 범위를 솔루션 영역으로 확장하였다.

10 ③

정보사회에 있어서 인공지능(AI)과 통계의 역학관계를 주제로 한, 맥락 파악형 문제이다. 상기 자료는 여러 가지 기술적 관점에서 달리 보일 수 있지만, 그 용어의 구분이 모호하고 중첩됨을 말하고 있다. 다시 말하면, 글쓴이의 제시 질문에 관련하여, '인공지능 시대에 통계는 그 역할이 뒤떨어지지 않는다.'임을 알 수 있다. 따라서 이와 같은 맥락적 관점에서 본다면 다른 네 사람과 거리가 먼 발언을 한 사람은 ③번 정 대리이다.

11 ②

산재보험의 소멸은 명확한 서류나 행정상의 절차를 완료한 시점이 아닌 사업이 사실상 폐지 또는 종료된 시점에 이루어진 것으로 판단하며, 법인의 해산 등기 완료, 폐업신고 또는 보험관계소멸신고 등과는 관계없다.

① 마지막 부분에 고용보험 해지에 대한 특이사항이 기재되어 있다.

③ '직권소멸'은 적절한 판단에 의해 근로복지공단이 취할 수 있는 소멸 형태이다.

12 ③

ⓛ의 앞 문장을 보면 "그는 선을 최대로 산출하는 행동이 도덕적으로 옳은 행동이라고 보았다."라고 명시되어 있으므로 무어의 입장에서 보면 선을 최대로 산출하는 행동이 도덕적으로 옳은 행동이라고 할 수 있다.

13 ①

ⓛ, ⓒ 모두 선을 향유하는 존재가 있다고 인정하고 있다. 그렇기 때문에, 선이 인간과 상관없이 독립적으로 존재한다고 보는 ⓖ 고전적 객관주의를 비판할 수 있다. 그러므로 '선은 (선을 향유할 수 있는) 인간과 독립적으로 존재하지 않는다.'라는 논지이다.

14 ③

③ 두 번째 문단에서 한국은행이 발표한 최근 자료를 활용하여 자신의 논거의 근거로 삼고 있다.

15 ⑤

⑤ 현재 소비를 포기한 대가로 받는 이자를 더 중요하게 생각한다면, 저축 이자율이 떨어지고 물가 상승률이 증가하는 상황에서 저축을 해야 한다고 조언하지 않을 것이다.

16 ①

늘어난 비율을 x라 하면, 다음 공식이 성립한다.

$20x \times 15x = 432 \rightarrow 300x^2 = 432$

따라서 $x^2 = 1.44$가 되어 $x = 1.2$가 된다.

이것은 원래의 가로, 세로의 길이에서 20%씩 길이가 늘어났다는 것이 되므로,

새로운 잔디밭의 가로, 세로의 길이는 $20 \times 1.2 = 24$m, $15 \times 1.2 = 18$m가 되는 것을 알 수 있다.

17 ②

현재 아버지의 나이를 x라 하면, 어머니의 나이는 $\frac{4}{5}x$

2년 후 아들과 어머니의 나이의 조건을 살펴보면

$\left(\frac{4}{5}x + 2\right) + \left\{\frac{1}{3}(x+2)\right\} = 65$

$x = 55$

아버지의 나이는 55세, 어머니는 44세, 아들은 17세이므로

$55 + 44 + 17 = 116$

18 ③

처음 소금의 양을 x라 하면

농도 $= \dfrac{\text{소금의 양}}{\text{소금물의 양}} \times 100$이므로

소금물 300g에서 물 110g을 증발시킨 후 소금 10g을 더 넣은 농도 = 처음 농도의 2배

$\dfrac{x+10}{300-110+10} \times 100 = 2 \times \dfrac{x}{300} \times 100$

$x = 30$

처음 소금의 양이 30g이므로 처음 소금물의 농도는

$\frac{30}{300} \times 100 = 10\%$

19 ①

㉠ 1~3일의 교통사고 건당 입원자 수는 알 수 없다.

㉡ 평소 주말 평균 부상자 수는 알 수 없다.

20 ①

① 재배면적은 고추가 2016년 대비 2017년에 감소하였고, 참깨는 증가하였음을 확인할 수 있다.

② 고추는 두 가지 모두 지속 감소, 참깨는 두 가지 모두 지속 증가하였다.

③ 고추는 123.5천 톤에서 55.7천 톤으로, 참깨는 19.5천 톤에서 14.3천 톤으로 감소하였다.

④ 고추는 대체적으로 감소세라고 볼 수 있으나, 참깨는 증감을 반복하고 있는 추세이므로 적절한 설명이라고 볼 수 있다.

⑤ 예를 들어 2015년 고추의 경우 재배면적은 감소하였으나, 생산량은 오히려 증가한 것을 확인할 수 있다.

21 ①

수계별로 연도별 증감 추이는 다음과 같다.

• 한강수계 : 감소 − 감소 − 감소 − 감소

• 낙동강수계 : 증가 − 감소 − 감소 − 감소

• 금강수계 : 증가 − 증가 − 감소 − 감소

• 영·섬강수계 : 증가 − 감소 − 감소 − 감소

따라서 낙동강수계와 영·섬강수계의 증감 추이가 동일함을 알 수 있다.

22 ④

구분＼물품	A	B	C	D	E	F	G	H
조달단가(억 원)	3	4	5	6	7	8	10	16
구매 효용성	1	0.5	1.8	2.5	1	1.75	1.9	2
정량적 기대효과	3	2	9	15	7	14	19	32

따라서 20억 원 이내에서 구매예산을 집행한다고 할 때, 정량적 기대효과 총합이 최댓값이 되는 조합은 C, D, F로 9 + 15 + 14 = 38이다.

23 ②

① 분만 : $\frac{2,909 - 3,295}{3,295} \times 100 =$ 약 -11.7%

② 검사 : $\frac{909 - 97}{97} \times 100 =$ 약 837.1%

③ 임신장애 : $\frac{619 - 607}{607} \times 100 =$ 약 2.0%

④ 불임 : $\frac{148 - 43}{43} \times 100 =$ 약 244.2%

⑤ 기타 : $\frac{49 - 45}{45} \times 100 =$ 약 8.9%

24 ④

1인 수급자는 전체 부부가구 수급자의 약 17%에 해당하며, 전체 기초연금 수급자인 4,581,406명에 대해서는 약 8.3%에 해당한다.

① 기초연금 수급자 대비 국민연금 동시 수급자의 비율은 2009년이 719,030 ÷ 3,630,147 × 100 = 19.8%이며, 2016년이 1,541,216 ÷ 4,581,406 × 100 = 33.6%이다.

② 4,581,406 ÷ 6,987,489 × 100 = 65.6%이므로 올바른 설명이다.

③ 전체 수급자는 4,581,406명이며, 이 중 2,351,026명이 단독가구 수급자이므로 전체의 약 51.3%에 해당한다.

⑤ 2009년부터 2017년까지 65세 이상 노인인구는 꾸준히 증가하고 있다.

25 ②

② 6~10층에 설치된 승강기 대수는 2016년에 증가하였다가 2017년에 감소하는 양상을 보인다. 그러나 26~30층에 설치된 승강기 대수는 계속 증가한다.

26 ②

㉠ (17,294 − 14,855) ÷ 14,855 × 100 = 약 16.4%로 빅데이터가 가장 높다. (O)

㉡ 자율주행차, 로봇, 빅데이터, 가상현실, 블록체인, 드론으로 6개이다. (X)

㉢ 2011년 주요 11개 테마 부가가치액의 총합에서 자율주행차와 사물 인터넷의 부가가치액이 차지하는 비중 $\frac{77,844}{312,728} \times 100 = 24.9\%$ (O)

ⓔ 인공지능 : 감소→증가→증가→증가, 3D 프린팅
: 감소→증가→증가→감소 (X)

27 ①

㉮ 남성은 2013년에 전년과 동일하였고 이후 줄곧 증가하였으나, 여성은 2014년부터 감소세에서 증가세로 반전했음을 알 수 있다. (O)

㉯ 69.0%→68.9%→68.4%→67.5%→67.0%→66.8%로 매년 감소하였다. (O)

㉰ 2016년은 $21.2 \div 64.3 \times 100 = 33.0\%$이나, 2017년은 $22.6 \div 68.1 \times 100 = 33.2\%$로 남성의 비중이 가장 높은 해이다. (X)

㉱ 2016년의 증가율은 $(64.3 - 60.4) \div 60.4 \times 100$ = 약 6.5%이며, 2017년의 증가율은 $(68.1 - 64.3) \div 64.3 \times 100$ = 약 5.9%이다. (O)

28 ③

• 2018년 남성 우울증 환자 수 : $22.6 \times 1.1 = 24.86$만 명
• 2018년 여성 우울증 환자 수 : $45.5 \times 0.9 = 40.95$만 명

따라서 2018년 전체 우울증 환자 수는 $24.86 + 40.95 = 65.81$만 명이다.

29 ④

A에서 B로 변동한 수치의 증감률은 $(B - A) \div A \times 100$임을 활용하여 다음과 같이 계산할 수 있다.

• 유소년 : $(1,130 - 1,742) \div 1,742 \times 100$ = 약 -35.1%
• 생산연령 : $(5,954 - 6,231) \div 6,231 \times 100$ = 약 -4.4%
• 고령 : $(1,931 - 1,370) \div 1,370 \times 100$ = 약 40.9%

30 ②

생산연령 인구는 읍 지역에서는 지속 증가세를 보였으나, 면 지역에서는 계속 감소하다가 2015년에 증가세로 돌아선 것을 알 수 있다.

① 유소년 인구는 빠르게 감소 추세를 보이고 있다.

③ 유소년 인구와 달리 고령 인구는 빠른 증가로 인해 도시의 노령화 지수가 상승하였다고 볼 수 있다.

④ 농촌의 전체 인구와 면 지역의 생산연령 인구는 모두 감소 후 2015년에 증가하는 추이를 보이고 있다.

⑤ 약 6.9% 감소, 0.9% 감소, 4.5% 증가를 나타내고 있다.

31 ②

출발시각과 도착시각은 모두 현지 시각이므로 시차를 고려하지 않으면 A→B가 4시간, B→A가 12시간 차이가 난다. 비행시간은 양 구간이 동일하므로 $\frac{4+12}{2} = 8$, 비행시간은 8시간이 된다.

비행시간이 8시간인데 시차를 고려하지 않은 A→B 구간의 이동시간이 4시간이므로 A가 B보다 4시간 빠르다는 것을 알 수 있다.

32 ①

㉠ '거리 = 속도 × 시간'이므로,

• 정문에서 후문까지 가는 속도 : 20m/초 = 1,200m/분
• 정문에서 후문까지 가는데 걸리는 시간 : 5분
• 정문에서 후문까지의 거리 : $1200 \times 5 = 6,000$m

㉡ 5회 왕복 시간이 70분이므로,

• 정문에서 후문으로 가는데 소요한 시간 : 5회 × 5분 = 25분
• 후문에서 정문으로 가는데 소요한 시간 : 5회 × x분
• 쉬는 시간 : 10분
• 5회 왕복 시간 : $25 + 5x + 10$분 = 70분

∴ 후문에서 정문으로 가는데 걸린 시간 x = 7분

33 ③

① A 단체는 자유무역협정을 체결한 필리핀에 드라마 콘텐츠를 수출하고 있지만 올림픽과 관련된 사업은 하지 않는다. 최종 선정 시 올림픽 관련 단체를 엔터테인먼트 사업 단체보다 우선하므로 B, C와 같이 최종 후보가 된다면 A는 선정될 수 없다.

② 올림픽의 개막식 행사를 주관하는 모든 단체는 이미 보건복지부로부터 지원을 받고 있다. B 단체는 올림픽의 개막식 행사를 주관하는 단체이다. →B 단체는 선정될 수 없다.

③ A와 C 단체 중 적어도 한 단체가 최종 후보가 되지 못한다면, 대신 B와 E 중 적어도 한 단체는 최종 후보가 된다. 보기 ②⑤를 통해 B, E 단체를 후보가 될 수 없다. 후보는 A와 C가 된다.

④ D가 최종 후보가 된다면, 한국과 자유무역협정을 체결한 국가와 교역을 하는 단체는 모두 최종 후보가 될 수 없다. D가 최종 후보가 되면 A가 될 수 없고 A가 된다면 D는 될 수 없다.

⑤ 후보 단체들 중 가장 적은 부가가치를 창출한 단체는 최종 후보가 될 수 없고, 한국 음식문화 보급과 관련된 단체의 부가가치 창출이 가장 저조하였다. E 단체는 오랫동안 한국 음식문화를 세계에 보급해 온 단체이다. →E 단체는 선정될 수 없다.

34 ①

- 현수는 당번× (ⓗ)
- 현수가 당번× →현우와 현성이 당번○ (ⓜ)
- 현우와 현성이 당번○ →현아는 당번× (ⓒ)
- 현아가 당번× →현경이 당번○ (⊙의 대우)
- 현경이 당번○ →현우도 당번○ (ⓛ)
- 현아나 현성이 당번○ →현진이도 당번○ (ⓔ)

따라서 청소 당번은 현우, 현성, 현경, 현진이다.
(청소 당번이 아닌 사람은 현수, 현아)

35 ①

각 조건에서 알 수 있는 내용을 정리하면 다음과 같다.
⊙ 사고 C는 네 번째로 발생하였다.

첫 번째	두 번째	세 번째	C	다섯 번째	여섯 번째

ⓛ 사고 A는 사고 E보다 먼저 발생하였다. →A > E
ⓒ 사고 B는 사고 A보다 먼저 발생하였다. →B > A
ⓔ 사고 E는 가장 나중에 발생하지 않았다. →사고 E는 2~3번째(∵ ⓛ에 의해 A > E이므로) 또는 5번째로 발생하였다.
ⓜ 사고 F는 사고 B보다 나중에 발생하지 않았다. → F > B
ⓗ 사고 C는 사고 E보다 나중에 발생하지 않았다. → C > E
ⓢ 사고 C는 사고 D보다 먼저 발생하였으나, 사고 B보다는 나중에 발생하였다. →B > C > D

따라서 모든 조건을 조합해 보면, 사고가 일어난 순서는 다음과 같으며 세 번째로 발생한 사고는 A이다.

F	B	A	C	E	D

36 ⑤

1. [이야기 내용] 마지막 문장에서 3사람 외에 다른 사람은 없었다고 하였으므로, 미용실에는 여자 미용사 1명, 여성 손님 1명, 남성 손님 1명이 있었다. → ○
2. 세 번째 문장에서 '커트 비용으로 여자 미용사는 ~'이라고 언급하고 있으므로 이 미용실의 미용사는 여성이다. → ○
3. 두 번째 문장에서 '여성에 대한 커트가 끝나자, 기다리던 남성도 머리를 커트하였다'라고 하였으므로 여자 미용사는 남성의 머리를 커트하였다. → ○
4. '커트 비용으로 여자 미용사는 남성으로부터 모두 10,000원을 받았다.' 이 문장만으로 '돈을 낸' 사람이 머리를 커트한 남자 손님이라고 단정할 수는 없다. 여자 손님이 낸 돈을 남자 손님이 미용사에게 건네주었을 수도 있다. → ×
5. [이야기 내용]만으로는 이 미용실의 일인당 커트 비용을 알 수 없다. → ×
6. 두 번째 문장에서 '여성에 대한 커트가 끝나자, 기다리던 남성도 머리를 커트하였다'라고 하였으므로 머리를 커트한 사람은 모두 2명이다. → ○

37 ①

상사가 '다른 부분은 필요 없고, 어제 원유의 종류에 따라 전일 대비 각각 얼마씩 오르고 내렸는지 그 내용만 있으면 돼.'라고 하였다. 따라서 어제인 13일자 원유 가격을 종류별로 표시하고, 전일 대비 등락 폭을 한눈에 파악하기 쉽게 기호로 나타내 줘야 한다. 또한 '우리나라는 전국 단위만 표시하도록' 하였으므로 13일자 전국 휘발유와 전국 경유 가격을 마찬가지로 정리하면 ①과 같다.

38 ④

SWOT분석은 기업의 내부환경과 외부환경을 분석하여 강점(strength), 약점(weakness), 기회(opportunity), 위협(threat) 요인을 규정하고 이를 토대로 경영전략을 수립하는 기법이다. 기회 요인은 경쟁, 고객, 거시적 환경 등과 같은 외부환경으로 인해 비롯된 기회를 말한다.

④ 난공불락의 甲자동차회사는 위협 요인에 들어가야 한다.

39 ⑤

⑤ 어머니와 본인, 배우자, 아이 셋을 합하면 戊의 가족은 모두 6명이다. 6인 가구의 월평균소득기준은 5,144,224원 이하로, 월평균소득이 480만 원이 되지 않는 戊는 국민임대주택 예비입주자로 신청할 수 있다.

① 세대 분리되어 있는 배우자도 세대구성원에 포함되므로 주택을 소유한 아내가 있는 甲은 국민임대주택 예비입주자로 신청할 수 없다.

② 본인과 배우자, 배우자의 부모님을 합하면 乙의 가족은 모두 4명이다. 4인 가구 월평균소득기준은 4,315,641원 이하로, 월평균소득이 500만 원을 넘는 乙은 국민임대주택 예비입주자로 신청할 수 없다.

③ 신청자인 丙의 배우자의 직계비속인 아들이 전 남편으로부터 아파트 분양권을 물려받아 소유하고 있으므로 丙은 국민임대주택 예비입주자로 신청할 수 없다.

④ 3천만 원짜리 자동차를 소유하고 있는 丁은 자동차에서 자산보유 기준을 충족하지 못하므로 국민임대주택 예비입주자로 신청할 수 없다.

40 ②

② 출입문을 개방하는 것은 비상코크를 작동함으로써 가능하다. 비상코크는 객차 내 의자 양 옆 아래쪽에 있다.

41 ④

5개의 건물이 위치한 곳을 그림과 기호로 표시하면 다음과 같다.

첫 번째 조건을 통해 목욕탕, 미용실, 은행은 C, D, E 중 한 곳, 교회와 편의점은 A, B 중 한 곳임을 알 수 있다.

두 번째 조건에 의하면 목욕탕과 교회 사이에 편의점과 또 하나의 건물이 있어야 한다. 이 조건을 충족하려면 A가 교회, B가 편의점이어야 하며 또한 D가 목욕탕이어야 한다. C와 E는 어느 곳이 미용실과 은행의 위치인지 주어진 조건만으로 알 수 없다.

따라서 보기 ④에서 언급된 바와 같이 미용실이 E가 된다면 은행은 C가 되어 교회인 A와 45m 거리에 있게 된다.

42 ④

50세인 최 부장은 기본점수가 100점 이었으나 성수기 2박 이용으로 40점(1박 당 20점)이 차감되어 60점의 기본점수가 남아 있으나 20대인 엄 대리는 미사용으로 기본점수 70점이 남아 있으므로 점수 상으로는 선정 가능성이 더 높다고 할 수 있다.

① 신청은 2개월 전부터 가능하므로 내년 이용 콘도를 지금 예약할 수는 없다.

② 신혼여행 근로자는 최우선 순위로 콘도를 이용할 수 있다.

③ 선정 결과는 유선 통보가 아니며 콘도 이용권을 이메일로 발송하게 된다.

⑤ 이용자 직계존비속 사망에 의한 취소의 경우이므로 벌점 부과 예외사항에 해당된다.

43 ④

모두 월 소득이 243만 원 이하이므로 기본점수가 부여되며, 다음과 같이 순위가 선정된다.

우선, 신혼여행을 위해 이용하고자 하는 B씨가 1순위가 된다. 다음으로 주말과 성수기 선정 박수가 적은 신청자가 우선순위가 되므로 주말과 성수기 이용 실적이 없는 D씨가 2순위가 된다. A씨는 기본점수 80점, 3일 전 취소이므로 20점(주말 2박) 차감을 감안하면 60점의 점수를 보유하고 있으며, C씨는 기본점수 90점, 성수기 사용 40점(1박 당 20점) 차감을 감안하면 50점의 점수를 보유하게 된다. 따라서 최종순위는 B씨 − D씨 − A씨 − C씨가 된다.

44 ②

② 외국인은 국제면허증과 자국의 면허증이 필요하며, 내국인의 경우에는 11인승 이상을 대여할 경우 1종 보통면허가 필요하다.
① 임대차 계약서와 차량 인수인계서에 서명을 해야 한다.
③ '예약 시 지정한 반납지점'이라고 명시되어 있으므로 대여지점과 반납지점은 미리 예약한 곳으로 지정이 가능하다고 볼 수 있다.
④ 차량 반납 시 유류 잔량을 확인한다고 명시되어 있다는 것으로 보아, 대여자의 부담이라고 판단할 수 있다.
⑤ 외국인의 경우에는 국제 운전 면허증과 로컬면허증 두 개가 모두 필요하다.

45 ⑤

⑤ 길이 막혀 늦어지는 경우는 사전 예약이 된 경우라고 볼 수 없으므로 초과시간이 12시간에서 한두 시간이 넘을 경우 6시간의 초과 요금이 아닌, 추가 1일의 요금이 더해진다.
① 1일 대여보다 3~6일 대여가 1일 대여요금이 19,000원 저렴하다.
② V11과 T11이 11인승이므로 저렴한 V11이 경제적이다.
③ 초과시간요금은 6시간까지 모두 동일하다.
④ T9을 대여해서 12시간을 초과하면 278,000원의 초과시간요금이 발생하므로 V11의 하루 요금인 270,000원보다 비싸지게 된다.

46 ①

제시된 내용은 사업부제 조직에 대한 내용으로 사업부제 조직은 사업 단위별로 조직의 권한을 분산시키는 조직이다.

47 ①

100만 원을 초과하는 금액을 법인카드로 결제할 경우, 대표이사를 최종결재권자로 하는 법인카드신청서를 작성해야 한다. 따라서 문서의 제목은 법인카드신청서가 되며, 대표이사가 최종결재권자이므로 결재란에 '전결' 또는 상향대각선 등 별다른 표기 없이 작성하면 된다.

48 ⑤

50만 원 이하의 출장비신청서가 필요한 경우이므로 전결규정에 의해 본부장을 최종 결재권자로 하는 출장비신청서가 필요하다. 따라서 본부장 결재란에는 '전결'이라고 표시하고 최종 결재권자란에 본부장이 결재를 하게 된다.

49 ③

㉠ [O] 전동차 분야의 2018년 소계액은 1,488억 원, 2019년 소계액은 1,672억 원으로 모든 분야 중 가장 큰 금액이다.
㉡ [O] 2018년 공기질 개선 측정기구에 대한 투자액은 0원이므로 2019년에 새롭게 투자한 항목이라는 것을 알 수 있다.
㉢ [×] 노후 전선로 및 노후 전력설비를 개량하는 데 투자한 금액의 합은 2018년에 423억 원으로, 노후시설 개선 전체 투자금액 1,076억 원의 약 39%를 차지한다. 2019년 역시 두 내역의 금액 합은 461억 원으로, 노후시설 개선 투자금액의 48% 비중이다. 따라서 두 해 모두 노후 전선로 및 노후 전력설비를 개량 비용은 노후시설 개선 분야의 투자금액 중 절반에 못 미친다.
㉣ [O] 도표 중 증감란을 보면, 세부 내역 모두에서 감소(△) 표시가 없는 분야는 '공기질'과 '디지털 기반 안전시스템(SCM)'임을 알 수 있다.

50 ②

② 해당 내용은 조직도를 통해 타당하게 유추하기 어렵다. 철도안전법상 관제자격증명의 신체검사는 서울교통공사의 종합관제단이 아니라 국토교통부장관이 실시한다.

51 ⑤

⑤ 데이터는 논리적 및 전사적으로 통합된 공동의 저장소에 수집·저장·제공되어야 한다. 또한 정보 수요자의 정보 활용 공통기반을 구축하고, 운영 및 유지하여야 한다.

52 ②

'#,###,'이 서식은 천 단위 구분 기호 서식 맨 뒤에 쉼표가 붙은 형태로 소수점 이하는 없애고 정수 부분은 천 단위로 나타내면서 동시에 뒤에 있는 3자리를 없애준다. 반올림 대상이 있을 경우 반올림을 한다. 2451648.81 여기에서 소수점 이하를 없애주면 2451648이 되고, 그 다음 정수 부분에서 뒤에 있는 3자리를 없애주는데 맨 뒤에서부터 3번째 자리인 6이 5 이상이므로 반올림이 된다. 그러므로 결과는 2,452가 된다.

53 ③

메신저는 인터넷 상에서 실시간으로 메시지 및 데이터 등을 주고받을 수 있는 소프트웨어를 의미한다. 또한 대부분의 메신저가 파일 교환을 지원하기 때문에 FTP를 거치지 않고 바로 파일을 교환할 수 있다.

54 ③

특정 값을 일시적으로 필터링하는 기능인 필터 기능을 사용하여 '승차'값만 확인하는 것이 가장 적절하다.

55 ③

① '승차/하차'를 나타내는 '구분' 열이 삭제되었다.
② [B2:I6]의 셀은 각 지하철역별 승차 인원수와 하차 인원수를 더한 값을 표현하고 있다.
④ [J2:J6]은 스파크라인을 이용하여 셀 안에 차트를 삽입하였다.
⑤ [B7:I7]은 average 함수를 이용하여 시간대별 평균 이용자수를 나타낸 값이다.

56 ④

런던 현지 시각 8월 10일 오전 10시 이전에 행사장에 도착하여야 한다.
그리고 런던 현지 시각이 서울보다 8시간 느리며, 입국 수속에서 행사장 도착까지 4시간이 소요된다는 것을 잊지 말아야 한다.
① 총 소요시간 : 7 + 12 + 4 = 23시간
　행사장 도착 시각 : 19 : 30 + 23 − 8 = 익일 10 : 30

② 총 소요시간 : 5 + 13 + 4 = 22시간
　행사장 도착 시각 : 20 : 30 + 22 − 8 = 익일 10 : 30
③ 총 소요시간 : 3 + 12 + 4 = 19시간
　행사장 도착 시각 : 23 : 30 + 19 − 8 = 익일 10 : 30
④ 총 소요시간 : 11 + 4 = 15시간
　행사장 도착 시각 : 02 : 30 + 15 − 8 = 09 : 30
⑤ 총 소요시간 : 9 + 4 = 13시간
　행사장 도착 시각 : 05 : 30 + 13 − 8 = 10 : 30

57 ①

• 직무 분석 결과에 따른 인사 배치는 '적재적소 배치의 원칙'을 적용한 것이다.
• 기업 부설 연수원에서 교육을 실시하는 것은 Off JT 형태이다.
• 건강 강좌를 제공하는 것은 법정 외 복리 후생 제도이다.

58 ③

업무상 지출의 개념이 개인 가계에 적용될 경우, 의식주에 직접적으로 필요한 비용은 직접비용, 세금, 보험료 등의 비용은 간접비용에 해당된다. 따라서 간접비용은 보험료, 공과금, 자동차 보험료, 병원비로 볼 수 있다.
총 지출 비용이 10,201만 원이며, 이 중 간접비용이 20 + 55 + 11 + 15 = 101만 원이므로 101 ÷ 10,201 × 100 = 약 0.99%가 됨을 알 수 있다.

59 ①

시간관리 매트릭스

	긴급함	긴급하지 않음
중요함	• 기간이 정해진 프로젝트	• 인간관계 구축 • 중장기 계획
중요하지 않음	• 눈앞의 급박한 상황	• 우편물 확인

60 ④

가장 먼저 해야 할 일은 1사분면의 일이다.
따라서 긴급하면서 중요한 일은 '마감이 가까운 업무'가 된다.

61 ④

◑, ◉을 차례로 눌러서 다음과 같이 변화되었음을 알 수 있다.

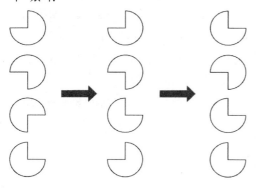

62 ②

4차 산업발전이 제공하는 스피드와 만족과 더불어서 C2C(Customer to Customer)는 인터넷을 통한 직거래 또는 물물교환, 경매 등에서 특히 많이 활용되는 전자상거래 방식이다. C 쇼핑이 제공하는 서비스는 "수수료를 받지 않고 개인 간 물품거래를 제공하는 스마트폰 애플리케이션 '오늘 마켓'을 서비스 한다"라는 구절을 보면 알 수 있다.

63 ①

크로스도크(Cross Dock) 방식을 사용할 경우 대내 운송품은 유통센터에 하역되고 목적지별로 정렬되고 이어 트럭에 다시 실리는 과정을 거치게 된다. 재화는 실제로 전혀 창고에 들어가지 않으며 단지 도크를 거쳐 이동할 뿐이며, 이로 인해 최소 재고를 유지하고, 유통비용을 줄일 수 있다.

64 ④

주어진 설명에 따라 10진법과 16진법의 표기를 표로 나타내면 다음과 같다.

10진법	0	1	2	3	4	5	6	7	8	9	10	11	12	13	14	15
16진법	0	1	2	3	4	5	6	7	8	9	A	B	C	D	E	F

10진법	16	17	18	19	20	21	22	23	24	25	26	27	28	29	30	31
16진법	10	11	12	13	14	15	16	17	18	19	1A	1B	1C	1D	1E	1F

10진법	32	33	34	35	36	37	38	39	40	41	42	43	44	45	46	47
16진법	20	21	22	23	24	25	26	27	28	29	2A	2B	2C	2D	2E	2F

따라서 10진법의 45는 16진법으로 2D로 표기된다.

65 ③

DNA 칩 등의 생체삽입용 칩 기술은 바이오 기술(BT)과 미세한 나노미터(10억분의 1m) 기술(NT)을 융합한 첨단 기술이 필요한 분야이다.

※ CS는 Cognitive Science의 약자로 인지과학을 말한다.

66 ②

자기개발을 할 때는 인간의 욕구와 감정이 작용하여 자기개발에 대한 태도를 형성한다. 제시된 사례에서 Y씨는 욕구와 감정을 합리적으로 통제하지 못했기 때문에 자기개발 목표 달성에 실패했다.

67 ③

③ 실장은 일의 지시를 비효율적으로 하고 있다. 구청과 검찰청이 가까울 경우에 두 기관을 함께 방문하도록 지시했어야 하는데, 구청을 방문하고 돌아오는 길에 전화를 해서 다시 검찰청으로 가라고 하고 있다.

68 ④

④ 김 대리는 현대 일본을 상대로 하는 무역회사에 다니고 있으므로 고급 일본어를 수강하겠다는 것은 현재 직무를 고려한 자기개발이다.

69 ③

③은 5단계 반성 및 피드백에서 필요한 질문이다.

70 ②

주어진 질문들은 비전과 목표가 정립되고 난 후에 과제 발견 단계에서 하는 질문들이다. 역할들을 도출한 후에는 이 역할에 상응하는 활동목표를 설정하게 된다.

71 ⑤

빈정거리는 유형의 고객은 상대에 대해서 빈정거리거나 또는 무엇이든 반대하는 열등감 또는 허영심이 강하고 자부심이 강한 사람이다.

※ 고객유형별 전화응대의 기술

고객의 유형	고객별 특성	응대기술
우유부단한 고객	협조적인 성격이나 또는 다른 사람이 자신을 위해 의사결정을 내려주기를 기다리는 경향이 있다.	몇 가지의 질문을 해서 자신의 생각을 솔직히 드러낼 수 있도록 도와준다.
저돌적인 고객	상황을 처리하는데 있어서 단지 자신이 생각한 한 가지 방법 밖에 없다고 믿도록 남으로부터의 피드백을 받아들이려 하지 않는다.	침착성을 유지하면서 고객의 친밀감을 이끌어내고 자신감 있는 자세로 고객을 정중하게 맞이한다.
전문가형 고객	자신을 과시하는 타입의 고객으로 자신이 모든 것을 다 알고 있는 전문가처럼 행동할 수 있다.	고객 자신이 주장하는 내용의 문제점을 스스로 느끼게끔 대안 및 개선방안을 제시한다.
빈정거리는 고객	빈정거리거나 또는 무엇이든 반대하는 열등감 또는 허영심이 강하고 자부심이 강한 사람이다.	정중하면서도 의연하게 대처하는 것이 좋지만 상황에 의해 고객들의 행동을 우회해서 지적해 줄 수도 있고, 때로는 가벼운 농담형식으로 응답하는 노련함이 효과적일 수 있다.
호의적인 고객	사교적, 협조적이고 합리적이면서 진지하다. 때때로 자신이 하고 싶지 않거나 할 수 없는 일에도 약속을 해서 상대방을 실망시키는 경우도 있다.	상대방의 의도에 말려들거나 기분에 사로잡히지 않도록 하며, 말을 절제하고 고객에게 말할 기회를 많이 주어 결론을 도출한다.
동일한 말을 되풀이하는 고객	자아가 강하면서 끈질긴 성격을 가진 사람이다.	상대의 말에 지나치게 동조하지 말고, 고객의 항의 내용을 확인한 후에, 고객의 문제를 충분히 이해하였다는 것을 알리고 이에 대한 확실한 결론을 내어 믿음을 주도록 한다.
과장하거나 또는 가정해서 말하는 고객	콤플렉스를 가진 고객일 수 있다.	상대의 진의를 잘 파악해서 말로 설득하려 하지 말고 객관적인 자료로 응대하는 것이 좋다.
불평불만을 늘어놓는 고객	사사건건 트집 및 불평 등을 잡는 고객이다.	고객의 입장을 인정해 준 후 차근차근 설명하여 이해시킨다.

72 ⑤

ⓜ은 '언행일치'와 관련한 내용으로 행동과 말을 일치시키는 것이 대인관계 향상에 매우 중요함을 보여주고 있다.

73 ②

성공사례를 들여다보면 팀원들 간의 협동심과 희생정신을 기반으로 이는 곧 팀워크를 의미하는 것으로 이로 인한 시너지 효과를 나타내는 경우가 대부분임을 알 수 있다. ②번의 경우 마지막 문장을 보면 잘못된 내용이라는 것을 알 수 있다.

74 ⑤

⑤ 갈등의 진행과정은 '의견 불일치 – 대결국면 – 격화국면 – 진정 국면 – 갈등의 해소'의 단계를 거친다.

75 ②

② '내가'라는 자아의식의 과잉은 팀워크를 저해하는 대표적인 요인이 될 수 있다. 팀워크는 팀 구성원이 공동의 목적을 달성하기 위해 상호 관계성을 가지고 서로 협력하여 일을 해나가는 것인 만큼 자아의식이 강하거나 자기중심적인 이기주의는 반드시 지양해야 할 요소가 된다.

76 ③

③ 직장이라는 특수 상황에서 갖는 집단적 인간관계는 가족관계. 개인적 선호에 의한 친분 관계와는 다른 측면의 배려가 필요하다.

77 ①

① 정직과 신뢰는 매사에 조금씩 차곡차곡 축적해 나가야 한다.

78 ④

가. 악수를 하는 동안에는 상대에게 집중하는 의미로 반드시 눈을 맞추고 미소를 짓는다.

다. 처음 만나는 사람과의 악수라도 손끝만을 잡는 행위는 상대방을 존중한다는 마음을 전달하지 못하는 행위이다.

바. 정부 고관을 지낸 사람을 소개할 경우 퇴직한 사람이라도 직급명은 그대로 사용해 주는 것이 일반적인 예절로 인식된다.

79 ③

제시된 상황은 대표적으로 직업윤리와 개인윤리가 충돌하는 상황이라고 할 수 있다. 직무에 따르는 업무적 책임 사항은 반드시 근무일에만 적용된다고 판단하는 것은 올바르지 않으며, 불가피한 경우 휴일에도 직무상 수행 업무가 발생할 수 있음을 감안하는 것이 바람직한 직업윤리의식일 것이다. 따라서 이러한 경우 직업윤리를 우선시하는 것이 바람직하다. 선택지 ④와 같은 경우는 대안을 찾는 경우로서, 책임을 다하는 태도라고 할 수 없다.

80 ③

이런 인성검사와 유사한 유형은 지원자의 성향을 파악하기 위한 것으로 따로 정답이 정해져 있지는 않다. 다만 청렴과 정직, 성실, 책임감 등 기본적인 직업윤리를 바탕으로 정답을 선택하는 것이 바람직하다.

제5회 정답 및 해설

1 ④

④ '비록'은 '아무리 그러하더라도'의 의미를 갖는 부사로, 해당 맥락에서는 '가령', '예를 들어' 등이 사용되는 것이 적절하다.

2 ②

'위로 끌어 올리다'의 뜻으로 사용될 때는 '추켜올리다'와 '추어올리다'를 함께 사용할 수 있지만 '실제보다 높여 칭찬하다'의 뜻으로 사용될 때는 '추어올리다'만 사용해야 한다.

① 쓰여지는 지 → 쓰이는지

③ 나룻터 → 나루터

④ 서슴치 → 서슴지

⑤ 졸였다 → 조렸다

※ '졸이다'와 '조리다'

　㉠ 졸이다 : 찌개, 국, 한약 따위의 물이 증발하여 분량이 적어지다. 또는 속을 태우다시피 초조해하다.

　㉡ 조리다 : 양념을 한 고기나 생선, 채소 따위를 국물에 넣고 바짝 끓여서 양념이 배어들게 하다.

3 ①

말다 … '말고' 꼴로 명사의 단독형과 함께 쓰여 '아니고'의 뜻을 나타낸다.

② 밥이나 국수 따위를 물이나 국물에 넣어서 풀다.

③ 종이나 김 따위의 얇고 넓적한 물건에 내용물을 넣고 돌돌 감아 싸다.

④⑤ 어떤 일이나 행동을 하지 않거나 그만두다.

4 ④

④ '발굴'은 세상에 널리 알려지지 않거나 뛰어난 것을 찾아 밝혀낸다는 의미로, 發(필 발)掘(팔 굴)로 쓴다.

5 ④

④ '제공(提供)'은 '갖다 주어 이바지함'의 의미로 '자료 제공', '정보 제공' 등의 형태로 쓰인다. 홈페이지에 게시된 콘텐츠나 홈페이지에서 지원하고 있는 서비스를 모두 포괄할 수 있는 맥락에서 보기 중 빈칸에 들어가기 가장 적절한 단어는 '제공'이다.

① 공급 : 요구나 필요에 따라 물품 따위를 제공함

② 공고 : 국가 기관이나 공공 단체에서 일정한 사항을 일반 대중에게 광고, 게시, 또는 다른 공개적 방법으로 널리 알림

③ 공표 : 여러 사람에게 널리 드러내어 알림

⑤ 생산 : 인간이 생활하는 데 필요한 각종 물건을 만들어 냄

6 ④

'안전우선'은 가장 많은 예산이 투자되는 핵심가치이다. 전략과제는 3가지가 있고, 그 중 '(시설 안전성 강화)'는 가장 많은 개수를 기록하고 있으며, 예산은 464,688백만 원이다. '고객감동'의 전략과제는 3가지이며, 고객만족을 최우선으로 하고 있다. 핵심가치 '(변화혁신)'은 113개를 기록하고 있고, 3가지 전략과제 중 융합형 조직혁신이 가장 큰 비중을 차지하고 있다. 핵심가치 '(상생협치)'는 가장 적은 비중을 차지하고 있고, 2가지 전략과제를 가지고 있다.

7 ①

① '안전우선'의 예산은 가장 높은 비중을 보이고 있다.

8 ②

제시된 제7조~제12조까지의 내용은 각 조항별로 각각 인원보안 업무 취급 부서, 비밀취급인가 대상자, 비밀취급인가 절차, 비밀취급인가대장, 비밀취급인가의 제한 조건, 비밀취급인가의 해제 등에 대하여 언급하고 있다.

② 비밀의 등급이나 비밀에 해당하는 문서, 정보 등 취급인가 사항에 해당되는 비밀의 구체적인 내용에 대해서는 언급되어 있지 않다.

9 ③

1천만 원 이상의 과태료가 내려지게 되면 공표 조치의 대상이 되나, 모든 공표 조치 대상자들이 과태료를 1천만 원 이상 납부해야 하는 것은 아니다. 과태료 금액에 의한 공표 대상자 이외에도 공표 대상에 포함될 경우가 있으므로 반드시 1천만 원 이상의 과태료가 공표 대상자에게 부과된다고 볼 수는 없다.

① 행정처분의 종류를 처분 강도에 따라 구분하였으며, 이에 따라 가장 무거운 조치가 공표인 것으로 판단할 수 있다.

10 ②

객차 내 정확한 인원 산출이 어려워 이를 보완하고자 양사의 정보를 공유하고 활용해서 특정 시간대 및 장소별, 객차별 혼잡도를 산출하는 것이 목적이지만, 특정 시간의 특정 객차 안 정확한 인원수를 알 수 있는지에 대해서는 나와 있지 않다.

11 ①

㉠ 最適(최적) : 가장 알맞음. '가장 짧다'는 뜻의 '최단'은 '最短'과 같이 쓴다.

12 ④

네 번째 문단에서 '그러나 플랫폼을 외부 파트너에게 개방한다고 해서 모두가 성공하는 건 아니다. 성공을 위해선 적절한 동기 부여 역할을 하는 인센티브 시스템이 수반돼야 한다'고 했으므로 개방만이 성공의 핵심 키워드라고 할 수는 없다.

13 ③

③ 요체(要諦)는 '중요한 점, 핵심'의 의미를 가진다.

14 ④

마지막 단락에서 언급하고 있는 바와 같이 신혼부부 가구의 추가적인 자녀계획 포기는 경제적 지원 부족보다는 자녀양육 환경문제에 가장 크게 기인한다. 따라서 여성에게 경제적 지원을 늘린다고 인구감소를 막을 수 있는 것은 아니다.

15 ⑤

빈칸의 앞 문장이 뒤에 오는 문장의 근거가 되고 있으므로 '따라서'가 가장 적절하다.

16 ②

2개의 생산라인을 하루 종일 가동하여 3일간 525개의 통조림을 생산하므로 하루에 2개 생산라인에서 생산되는 통조림의 개수는 $525 \div 3 = 175$개가 된다. 이때, A라인만을 가동하여 생산할 수 있는 통조림의 개수가 90개/일이므로 B라인의 하루 생산 개수는 $175 - 90 = 85$개가 된다.

따라서 A라인 5일, B라인 2일, A + B라인 2일의 생산 결과를 계산하면, 생산한 총 통조림의 개수는 $(90 \times 5) + (85 \times 2) + (175 \times 2) = 450 + 170 + 350 = 970$개가 된다.

17 ①

작년의 송전 설비 수리 건수를 x, 배전 설비 수리 건수를 y라고 할 때, $x + y = 238$이 성립한다. 또한 감소 비율이 각각 40%와 10%이므로 올해의 수리 건수는 $0.6x$와 $0.9y$가 되며, 이것의 비율이 5 : 3이므로 $0.6x : 0.9y = 5 : 3$이 되어 $1.8x = 4.5y(\to x = 2.5y)$가 된다.

따라서 두 연립방정식을 계산하면, $3.5y = 238$이 되어 $y = 68$, $x = 170$건임을 알 수 있다.

그러므로 올 해의 송전 설비 수리 건수는 $170 \times 0.6 = 102$건이 된다.

18 ④

불합격 남자 x, 불합격 여자 x, 합격 남자는 100명, 합격여자는 60명

$(100 + x) : (60 + x) = 4 : 3$, $\therefore x = 60$

따라서 전체 응시 인원은 $160 + 120 = 280$(명)이다.

19 ②

오답의 허용 개수를 x라 하면,

$10(15 - x) - 8x \geq 100 \to x \leq 2.7$

따라서 최대 2개까지만 오답을 허용할 수 있다.

20 ④

B가습기 작동 시간을 x라 하면

$$\frac{1}{16}\times 10 + \frac{1}{20}x = 1$$

$$\therefore x = \frac{15}{2}$$

따라서 7분 30초가 된다.

21 ③

③ 2006년 대비 2056년 인도의 인구 증가율

$$= \frac{1,628 - 1,122}{1,122}\times 100 = 약 ~45.1\%$$

2006년 대비 2056년 중국의 인구 증가율

$$= \frac{1,437 - 1,311}{1,311}\times 100 = 약 ~9.6\%$$

22 ⑤

⑤ E에 들어갈 값은 37.9 + 4.3 = 42.2이다.

23 ③

재정력지수가 1.000 이상이면 지방교부세를 지원받지 않는다. 따라서 3년간 지방교부세를 지원받은 적이 없는 지방자치단체는 서울, 경기 두 곳이다.

24 ②

인사이동에 따라 A지점에서 근무지를 다른 곳으로 이동한 직원 수는 모두 32 + 44 + 28 = 104명이다. 또한 A지점으로 근무지를 이동해 온 직원 수는 모두 16 + 22 + 31 = 69명이 된다. 따라서 69 − 104 = −35명이 이동한 것이므로 인사이동 후 A지점의 근무 직원 수는 425 − 35 = 390명이 된다.

같은 방식으로 D지점의 직원 이동에 따른 증감 수는 83 − 70 = 13명이 된다. 따라서 인사이동 후 D지점의 근무 직원 수는 375 + 13 = 388명이 된다.

25 ④

④ 범수 = 30 + 4 × 7 = 58
① 용식 = 5 + 5 × 10 = 55
② 재원 = 25 + 2 × 10 = 45

③ 효봉 = 20 + 4 × 7 = 48
⑤ 지수 = 35 + 6 × 2 = 47

26 ④

Y년의 총 에너지 사용량이 80,542천Toe이며, 화공산업 부문 전기다소비사업장의 전기 사용 비중은 27.4%이다. 따라서 화공산업 부문 전기다소비사업장의 전기 사용량은 80,542 × 0.274 = 22,068천Toe가 된다. 또한, 이것은 전년 대비 4.5% 증가한 것이므로 Y−1년의 사용량을 x라 하면, 증가율의 공식에 의해 (22,068 − x) ÷ x = 0.045가 된다. 이것은 다시 22,068 = 1.045x가 되므로 x = 22,068 ÷ 1.045 = 21,117천Toe가 됨을 알 수 있다.

27 ②

차종별 주행거리에서 화물차는 2016년에 비해 2017년에 7.9% 증가하였음을 알 수 있다.

28 ③

지방도로의 주행거리에서 가장 높은 수단과 가장 낮은 수단과의 주행거리 차이는 승용차의 주행거리에서 화물차의 주행거리를 뺀 값으로 (61,466 − 2,387 = 59,079km)이다.

29 ④

각 기업의 1단계 조건 충족 여부는 다음과 같다.

기업	사무실조건 (25명/개 이하)	임원조건 (15명/명 이하)	차량조건 (100명/대 이하)	여유면적조건 (650㎡ 이상)
A	26.4명/개 → ×	10.2명/명 → ○	44명/대 → ○	950㎡ → ○
B	22.9명/개 → ○	26.7명/명 → ×	80명/대 → ○	680㎡ → ○
C	24명/개 → ○	17.1명/명→ ×	120명/대 → ×	140㎡ → ×
D	24.3명/개 → ○	8.6명/명 → ○	85명/대 → ○	650㎡ → ○
E	22.5명/개 → ○	13.5명/명 → ○	67.5명/대 → ○	950㎡ → ○

30 ④

예비 선정된 기업인 D, E 중 임원평균근속기간이 더 긴 D 기업이 최종 선정된다.

31 ①

첫 번째와 두 번째 조건을 정리해 보면, 세 사람은 모두 각기 다른 건물에 연구실이 있으며, 오늘 갔던 서점도 서로 겹치지 않는 건물에 있다.

세 번째 조건에서 최 교수와 김 교수는 오늘 문학관 서점에 가지 않았다고 하였으므로 정 교수가 문학관 서점에 간 것을 알 수 있다. 즉, 정 교수는 홍보관에 연구실이 있고 문학관 서점에 갔다.

네 번째 조건에서 김 교수는 정 교수가 오늘 갔던 서점이 있는 건물에 연구실이 있다고 하였으므로 김 교수의 연구실은 문학관에 있고, 따라서 최 교수는 경영관에 연구실이 있다.

두 번째 조건에서 자신의 연구실이 있는 건물이 아닌 다른 건물에 있는 서점에 갔었다고 했으므로, 김 교수가 경영관 서점을 갔고 최 교수가 홍보관 서점을 간 것이 된다. 이를 표로 나타내면 다음과 같다.

교수	정 교수	김 교수	최 교수
연구실	홍보관	문학관	경영관
서점	문학관	경영관	홍보관

32 ④

④ 대학로점 손님은 마카롱을 먹지 않은 경우에도 알레르기가 발생했고, 강남점 손님은 마카롱을 먹고도 알레르기가 발생하지 않았다. 따라서 대학로점, 홍대점, 강남점의 사례만을 고려하면 마카롱이 알레르기 원인이라고 볼 수 없다.

33 ④

한주가 수도인 나라는 평주가 수도인 나라의 바로 전 시기에 있었고, 금주가 수도인 나라는 관주가 수도인 나라 바로 다음 시기에 있었으나 정보다는 이전 시기에 있었으므로 수도는 관주 > 금주 > 한주 > 평주 순임을 알 수 있다. 병은 가장 먼저 있었던 나라는 아니지만, 갑보다 이전 시기에 있었으므로 두 번째나 세 번째가 되는데, 병과 정이 시대 순으로 볼 때 연이어 존재하지 않았으므로 을 > 병 > 갑 > 정이 되어야 한

다. 따라서 나라와 수도를 연결해 보면, 을 – 관주, 병 – 금주, 갑 – 한주, 정 – 평주가 되며 [이야기 내용]과 일치하는 것은 3, 5, 6이다.

34 ④

甲 국장은 전체적인 근로자의 주당 근로시간 자료 중 정규직과 비정규직의 근로시간이 사업장 규모에 따라 어떻게 다른지를 비교하고자 하는 것을 알 수 있다. 따라서 국가별, 연도별 구분 자료보다는 ④와 같은 자료가 요청에 부합하는 적절한 자료가 된다.

35 ③

〈보기〉에 주어진 조건대로 고정된 순서를 정리하면 다음과 같다.
- B 차장 > A 부장
- C 과장 > D 대리
- E 대리 > ? > ? > C 과장

따라서 E 대리 > ? > ? > C 과장 > D 대리의 순서가 성립되며, 이 상태에서 경우의 수를 따져보면 다음과 같다.

㉠ B 차장이 첫 번째인 경우라면, 세 번째와 네 번째는 A 부장과 F 사원(또는 F 사원과 A 부장)이 된다.
- B 차장 > E 대리 > A 부장 > F 사원 > C 과장 > D 대리
- B 차장 > E 대리 > F 사원 > A 부장 > C 과장 > D 대리

㉡ B 차장이 세 번째인 경우는 E 대리의 바로 다음인 경우와 C 과장의 바로 앞인 두 가지의 경우가 있을 수 있다.
- E 대리의 바로 다음인 경우 : F 사원 > E 대리 > B 차장 > A 부장 > C 과장 > D 대리
- C 과장의 바로 앞인 경우 : E 대리 > F 사원 > B 차장 > C 과장 > D 대리 > A 부장

따라서 위에서 정리된 바와 같이 가능한 네 가지의 경우에서 두 번째로 사회봉사활동을 갈 수 있는 사람은 E 대리와 F 사원 밖에 없다.

36 ③

1. 키가 110cm 미만인 아동이 10명, 심한 약시인 아동이 10명 있지만, 이 학교의 총 학생 수가 20명인지는 알 수 없다. → ×

2. 키가 110cm 미만인 아동은 모두 특수 스트레칭 교육을 받는데, 이 학교에는 키가 110cm 미만인 아동이 10명 있으므로 특수 스트레칭 교육을 받는 아동은 최소 10명이다. → ○

3. 약시인 어떤 아동은 특수 영상장치가 설치된 학급에서 교육을 받는데, 특수 스트레칭 교육을 받는 아동 중에는 약시인 아동이 없으므로 특수 스트레칭 교육을 받는 아동은 특수 영상장치가 설치된 학급에서 교육을 받지 않는다. → ×

4. 이 학교의 학급 수는 알 수 없다. → ×

5. 석이의 키가 100cm라면, 석이는 특수 스트레칭 교육을 받고 약시가 아니다. → ○

6. 약시인 어떤 아동은 특수 영상장치가 설치된 학급에서 교육을 받으므로, 약시인 아동이라고 해서 모두 특수 영상장치가 설치된 학급에서 교육을 받는 것은 아니다. 따라서 숙이, 철이, 석이 모두 약시라도, 세 사람은 같은 교실에서 교육을 받는지는 알 수 없다. → ×

37 ④

설문조사지는 조사의 목적에 적합한 결과를 얻을 수 있는 문항으로 작성되어야 한다. 제시된 설문조사는 보다 나은 제품과 서비스 공급을 위하여 브랜드 인지도를 조사하는 것이 목적이므로, 자사 자사의 제품이 고객들에게 얼마나 인지되어 있는지, 어떻게 인지되었는지, 전자제품의 품목별 선호

브랜드가 동일한지 여부 등 인지도 관련 문항이 포함되어야 한다.

④ 특정 제품의 필요성을 묻고 있으므로 자사의 브랜드 인지도 제고와의 연관성이 낮아 설문조사 항목으로 가장 적절하지 않다.

38 ④

①④ 거짓이나 그 밖의 부정한 방법으로 승인을 받은 경우에는 그 승인을 취소하여야 한다.

② 철도운영자는 안전관리체계의 변경승인을 받지 아니한 경우 6개월 이내의 기간을 정하여 업무의 제한이나 정지를 명할 수 있다.

③ 안전관리체계를 지속적으로 유지하지 아니하여 중대한 지장을 초래한 경우 국토교통부장관은 그 승인을 취소하거나 6개월 이내의 기간을 정하여 업무의 제한이나 정지를 명할 수 있다.

⑤ 안전관리체계의 유지 조항에 따른 시정조치명령을 이행하지 않은 경우 정당한 사유가 없을 시에만 처분 대상이 된다.

39 ⑤

제38조의9(인증정비조직의 준수사항) 제5호에서 '철도차량정비가 완료되지 않은 철도차량은 운행할 수 없도록 관리할 것'이라고 명시되어 있다.

40 ④

④ 예능 프로그램 2회 방송의 총 소요 시간은 1시간 20분으로 1시간짜리 뉴스와의 방송 순서는 총 방송 편성시간에 아무런 영향을 주지 않는다.

① 채널1은 3개의 프로그램이 방송되었는데 뉴스 프로그램을 반드시 포함해야 하므로, 기획물이 방송되었다면 뉴스, 기획물, 시사정치의 3개 프로그램이 방송되었다.

② 기획물, 예능, 영화 이야기에 뉴스를 더한 방송시간은 총 3시간 40분이 된다. 채널2는 시사정치와 지역 홍보물 방송이 없고 나머지 모든 프로그램은 1시간 단위로만 방송하므로 정확히 12시에 프로그램이 끝나고 새로 시작하는 편성 방법은 없다.

③ 9시에 끝난 시사정치 프로그램에 바로 이어진 뉴스가 끝나면 10시가 된다. 기획물의 방송시간은 1시간 30분이므로, 채널3에서 영화 이야기가 방송되었다면 정확히 12시에 기획물이나 영화 이야기 중 하나가 끝나게 된다.

⑤ 채널5에서는 1시간 30분짜리 기획물이 연속 2편 편성되었으므로 총 3시간이고, 1시간짜리 뉴스와, 20분짜리 지역 홍보물이 방송되고 정확히 12시에 어떤 프로그램이 끝나기 위해서는 40분짜리 예능이 방송되어야 한다.

41 ④

④ 채널2에서 영화 이야기 프로그램 편성을 취소하면 3시간 10분의 방송 소요시간만 남게 되므로 정각 12시에 프로그램을 마칠 수 없다.

① 기획물 1시간 30분 + 뉴스 1시간 + 시사정치 2시간 30분 = 5시간으로 정각 12시에 마칠 수 있다.

② 뉴스 1시간 + 기획물 1시간 30분 + 예능 40분 + 영화 이야기 30분 + 지역 홍보물 20분 = 4시간이므로 1시간짜리 다른 프로그램을 추가하면 정각 12시에 마칠 수 있다.

③ 시사정치 2시간 + 뉴스 1시간 + 기획물 1시간 30분 + 영화 이야기 30분 = 5시간으로 정각 12시에 마칠 수 있다.

⑤ 기획물 1시간 30분 × 2회 + 뉴스 1시간 + 영화 이야기 30분 × 2회 = 5시간으로 정각 12시에 마칠 수 있다.

42 ②

㈎ 충전시간 당 통화시간은 A모델 6.8H > D모델 5.9H > B모델 4.8H > C모델 4.0H 순이다. 음악재생시간은 D모델 > A모델 > C모델 > B모델 순으로 그 순위가 다르다. (X)

㈏ 충전시간 당 통화시간이 5시간 이상인 것은 A모델 6.8H과 D모델 5.9H이다. (O)

㈐ 통화 1시간을 감소하여 음악재생 30분의 증가 효과가 있다는 것은 음악재생에 더 많은 배터리가 사용된다는 것을 의미하므로 A모델은 음악재생에, C모델은 통화에 더 많은 배터리가 사용된다. (X)

㈑ B모델은 통화시간 1시간 감소 시 음악재생시간 30분이 증가한다. 현행 12시간에서 10시간으로 통화시간을 2시간 감소시키면 음악재생시간이 1시간 증가하여 15시간이 되므로 C모델과 동일하게 된다. (O)

43 ③

두 개의 제품 모두 무게가 42g 이하여야 하므로 B모델은 제외된다. K씨는 충전시간이 짧고 통화시간이 길어야 한다는 조건만 제시되어 있으므로 나머지 세 모델 중 A모델이 가장 적절하다.
친구에게 선물할 제품은 통화시간이 16시간이어야 하므로 통화시간을 더 늘릴 수 없는 A모델은 제외되어

야 한다. 나머지 C모델, D모델은 모두 음악재생시간을 조절하여 통화시간을 16시간으로 늘릴 수 있으며 이때 음악재생시간 감소는 C, D모델이 각각 8시간(통화시간 4시간 증가)과 6시간(통화시간 3시간 증가)이 된다. 따라서 두 모델의 음악재생 가능시간은 15 − 8 = 7시간, 18 − 6 = 12시간이 된다. 그런데 일주일 1회 충전하여 매일 1시간씩의 음악을 들을 수 있으면 된다고 하였으므로 7시간 이상의 음악재생시간이 필요하지는 않으며, 7시간만 충족될 경우 고감도 스피커 제품이 더 낫다고 요청하고 있다. 따라서 D모델보다 C모델이 더 적절하다는 것을 알 수 있다.

44 ③

③ 정밀안전검사는 설치 후 15년이 도래하거나 결함원인이 불명확한 경우, 중대한 사고가 발생하거나 또는 그 밖에 행정안전부장관이 정한 경우에 실시한다. 에스컬레이터에 쓰레기가 끼이는 단순한 사고가 발생하여 수리한 경우에는 수시검사를 시행하는 것이 적절하다.

45 ⑤

⑤ 쇼핑카트나 유모차, 자전거 등을 가지고 층간 이동을 쉽게 할 수 있도록 승강기를 설치하는 경우에는 계단형의 디딤판을 동력으로 오르내리게 한 에스컬레이터보다 평면의 디딤판을 동력으로 이동시키게 한 무빙워크가 더 적합하다.

46 ③

상석을 결정할 경우, 나이와 직위가 상충된다면 직위가 나이를 우선하게 된다. 또한 식사 테이블의 좌석을 정하는 에티켓으로는 여성 우선의 원칙, 기혼자 우선의 원칙 등이 있다.
⑤ 핸드백은 의자의 등받이와 자신의 등 사이에 놓는 것이 원칙이다.

47 ④

④ 조직 B와 같은 조직도를 가진 조직은 사업이나 제품별로 단위 조직화되는 경우가 많아 사업조직별 내부 경쟁을 통해 긍정적인 발전을 도모할 수 있다.

48 ④

차별화 전략, 원가우위 전략, 집중화 전략은 다음과 같은 특징이 있다.

㉠ **차별화 전략** : 소비자들이 널리 인정해주는 독특한 기업 특성을 내세워 경쟁하는 경쟁전략을 말하며, 고품질, 탁월한 서비스, 혁신적 디자인, 기술력, 브랜드 이미지 등 무엇으로든 해당 산업에서 다른 경쟁기업들과 차별화할 수 있는 특성을 위주로 전략을 펴게 된다.

㉡ **원가우위 전략** : 낮은 비용은 경쟁우위의 중요한 원천의 하나이며 비용우위 전략에서는 비용면에서 '경쟁회사보다 낮은 비용을 실현한다.'는 것이 기본 전제가 된다. 물론 낮은 비용이라고 해서 품질이나 서비스와는 상관이 없다는 것이 아니지만 기본적으로 비용을 중심으로 경쟁우위를 확립한다.

㉢ **집중화 전략** : 기업이 사업을 전개하는 과정에서 산업 전반에 걸쳐 경쟁하지 않고 고객이나 제품, 서비스 등의 측면에서 독자적 특성이 있는 특정 세분시장만을 상대로 원가우위나 차별화를 꾀하는 사업 수준의 경쟁전략이다. 비록 전체 시장에서 차별화나 원가우위를 누릴 능력을 갖지 못한 기업일지라도 세분시장을 집중 공략한다면 수익을 낼 수 있다고 판단하고 구사하는 경쟁전략의 하나다.

49 ④

OJT는 각 부서의 장이 주관하여 업무에 관련된 계획 및 집행의 책임을 지는 부서 내 교육훈련이므로 다수의 인원을 한 번에 교육시키기에는 부족하다.

50 ②

메일의 내용에 안전조사처에서 보유하고 있는 통계 자료를 부탁하고 있으므로 ⓐ에 들어갈 부서는 안전조사처이다.

51 ④

제시된 상황에서 오류 문자는 'TLENGO'이고, 오류 발생 위치는 'MEONRTD'이다. 두 문자에 사용된 알파벳을 비교했을 때 일치하는 알파벳은 T, E, N, O 4개이다. 판단 기준에 따라 '3 < 일치하는 알파벳의 개수'에 해당하므로 Final code는 Nugre이다.

52 ④

제시된 상황에서 오류 문자는 'ROGNATQ'이고, 오류 발생 위치는 'GOLLIAT'이다. 두 문자에 사용된 알파벳을 비교했을 때 일치하는 알파벳은 O, G, A, T 4개이다. 판단 기준에 따라 '3 < 일치하는 알파벳의 개수'에 해당하므로 Final code는 Nugre이다.

53 ②

입고연월일 190422 + 입고시간 P0414 + 경상북도 목장2 05J + 염소 치즈 5B
따라서 코드는 '190422P041405J5B'가 된다.

54 ④

경북 지역의 지역코드는 05이다. 보기에 제시된 제품 코드의 지역코드가 모두 05이므로 모두 경북 지역에서 생산된 제품이라 폐기 대상이다. 다만 털 제품을 제외한다고 하였으므로 제품 종류가 산양 털(6C)인 ④는 폐기 대상이 아니다.

55 ③

③ 인공지능 전기·전자공학 연구 개발업 : dvAI70121

56 ②

Open-To-Buy plan = planned EOM stock(6백만 원) − Projected EOM stock(4백 6십만 원) = 1백 4십만 원

57 ⑤

총 안전재고를 구하기 위한 과정은 다음과 같다.

① **주문기간 중의 평균수요**
- 소매상 = $5 \times 20/7 = 14.28 \fallingdotseq 14$
- 도매상 = $50 \times 39/7 = 278.57 \fallingdotseq 279$
- 공장창고 = $2,500 \times 41/7 = 14,642,86 \fallingdotseq 14,643$

② **평균안전재고**
- 소매상 = $500 \times (25-14) = 5,500$
- 도매상 = $50 \times (350-279) = 3,550$
- 공장창고 = $1 \times (19,000-14,643) = 4,357$

∴ 총 안전재고 = $5,500 + 3,550 + 4,357 = 13,407$

58 ②

전체 예산은
$9,994 + 49,179 + 91 + 669 + 7 + 60 = 60,000$(백만 원)이다.
이 중 철도차량교체 예산의 비중은
$9,994 \div 60,000 = 16.65666\ldots$ 이므로 16.7%이다.

59 ④

온라인 유통업체의 경우 신성장 전략으로서 PB상품 개발과 같은 제품의 차별화에 적극적이다.

60 ③

응시자들의 점수를 구하기 전에 채용 조건에 따라 서류전형과 2차 필기에서 최하위 득점을 한 응시자 B와 1차 필기에서 최하위 득점을 한 응시자 D는 채용이 될 수 없다. 면접에서 최하위 득점을 한 응시자 A는 90점 이상이므로 점수를 계산해 보아야 한다. 따라서 응시자 A, C, E의 점수는 다음과 같이 계산된다.

응시자 A : $89 \times 1.1 + 94 \times 1.15 + 88 \times 1.2 + 90 \times 1.05 = 406.1$점

응시자 C : $94 \times 1.1 + 89 \times 1.15 + 90 \times 1.2 + 93 \times 1.05 = 411.4$점

응시자 E : $93 \times 1.1 + 91 \times 1.15 + 89 \times 1.2 + 93 \times 1.05 = 411.4$점

응시자 C와 E가 동점이나, 가중치가 많은 2차 필기의 점수가 높은 응시자 C가 최종 합격이 된다.

61 ③

기술의 실패는 전에는 없던 규모로 사람을 살상하고, 환경을 오염시키고, 새로운 위험과 불확실성을 만들어내고, 기타 각종 범죄의 도구로 사용되기도 한다는 것을 인식하도록 하여 새로운 기술의 문제점에 경각심을 가지도록 하고 있다.

62 ⑤

새로운 기술은 전에는 유례없던 규모로 사람을 살상하고, 환경을 오염시키고, 새로운 위험과 불확실성을 만들어내고, 기타 각종 범죄의 도구로 사용되기도 한

다. 부실시공에 관리 불량이 겹쳐서 발생한 성수대교 붕괴사고는 일단 짓고 보자는 식의 급속한 성장만을 추구하던 우리나라의 단면을 상징적으로 잘 보여준 것이다.

63 ⑤

클라우스 슈바프 다보스포럼 회장은 그의 저서 「4차 산업혁명」에서 "4차 산업혁명의 수혜자는 이노베이터 (혁신가), 투자자, 주주와 같은 지적 · 물적 자본을 제공하는 사람들"이라며 "노동자와 자본가 사이 부의 격차는 갈수록 커지고 있다"고 지적하고 있다. 나아가 2020년까지 세계고용의 65%를 차지하는 선진국 및 신흥시장 15개국에서 5년간 일자리 710만개가 사라질 것이라고 예측하고 있다. 4차 산업혁명으로 210만 개의 일자리가 창출된다 하더라도 500만 개의 일자리가 감소할 것으로 전망된다. 저임금 반복노동, 특정 논리나 방법론에 의해 작동되는 직업은 사라지게 될 가능성이 크다. 인간의 일자리간 임금격차도 커져 빈부격차의 심화도 우려된다고 말했다.

64 ⑤

실외기 설치 시 주의사항에서는 실외기에서 토출되는 바람, 공기 순환, 보수 점검을 위한 공간, 지반의 강도, 배관의 길이 등을 감안한 위치 선정을 언급하고 있다. 따라서 보기 ⑤의 '배관 내 충진된 냉매를 고려한 배관 길이'가 실외기 설치 장소의 주요 감안 요건이 된다.

65 ②

보행자에게 토출구에서 나오는 바람이 닿지 않도록 하는 것은 설치 시 주의해야 할 사항이나, 토출구를 안쪽으로 돌려 설치하는 것은 뜨거운 공기가 내부로 유입될 수 있어 올바른 설치 방법으로 볼 수 없다.

66 ①

제시문에서 설명하는 내용은 진로 탐색 과정 중 자기이해 과정이다.

67 ⑤

수행목표는 의도하고자 하는 학습 결과로 과정 및 프로그램 종료 후 무엇을 할 수 있을 것인가를 명확하게 진술하는 것으로 학습과제의 명세화와 과정/프로그램 매체와 방법의 선택을 연결해 준다. 수행목표는 학습과정 혹은 경험을 통해서 학습자가 이루고자하는 행동의 변화를 기술하는 것이다.

ㄱ 교육 참가자가 학습과정 종료 후 강사의 가르침이나 도움을 받지 않고 혼자서 해당 분야의 일을 수행할 수 있는 상태를 제시

ㄴ 교육 참가자들에게 학습목표의 달성 정도를 평가할 수 있는 기준

ㄷ 교육 참가자들이 성취하여야 할 학습범위를 제한하여 명확화

68 ③

① 실무형
② 주도형
③ 순응형
④ 수동형
⑤ 소외형

※ 팔로워십 유형

ㄱ 소외형
  • 개성이 강한 사람으로 조직에 대해 독립적이고 비판적인 의견을 내어 놓지만 역할 수행에 있어서는 소극적인 유형
  • 리더의 노력을 비판하면서도 스스로는 노력을 하지 않거나 불만스런 침묵으로 일관하는 유형으로 전체 팔로워의 약 15~20%를 차지
  • 소외는 충족되지 않는 기대나 신뢰의 결여에서 비롯
  • 본래 모범적인 팔로워였으나 부당한 대우나 리더와의 갈등 등으로 인해 변했을 가능성이 높음
  • 모범적인 팔로워가 되기 위해서는 독립적, 비판적 사고는 유지하면서 부정적인 면을 극복하고 긍정적 인식을 회복하여 적극적으로 참여하는 사람이 되어야 함

ㄴ 수동형
  • 의존적이고 비판적이지 않으면서 열심히 참여도 하지 않는 유형
  • 책임감이 결여되어 있고 솔선수범 하지 않으며 지시하지 않으면 주어진 임무를 수행하지 않는 유형으로 전체 팔로워의 약 5~10%의 소수를 차지

  • 맡겨진 일 이상은 절대 하지 않음
  • 리더가 모든 일을 통제하고 팔로워에게 규정을 지키도록 위협적인 수단을 사용할 때 많이 생기는 유형
  • 모범적인 팔로워가 되기 위해서는 부하의 진정한 의미를 다시 배워야 하며, 자신을 희생하고 모든 일에 적극적으로 참여하는 방법을 익혀야 함

ㄷ 순응형
  • 독립적 비판적인 사고는 부족하지만 열심히 자신의 역할을 수행하는 유형
  • 역할에는 불편해 하지 않지만 리더의 명령과 판단에 지나치게 의존하는 '예스맨' 유형으로 전체 팔로워의 약 20~30%를 차지
  • 순종을 조장하는 사회적 풍토나 전체적인 리더 하에서 많이 나타나는 유형
  • 모범적인 팔로워가 되기 위해서는 독립적이고 비판적인 사고를 높이는 자기 자신의 견해에 대해 자신감을 기르고, 조직이 자신의 견해를 필요로 함을 깨우쳐야 함

ㄹ 실무형
  • 별로 비판적이지 않으며 리더의 가치와 판단에 의문을 품기도 하지만 적극적으로 대립하지도 않는 유형
  • 시키는 일은 잘 수행하지만 모험을 보이지도 않는 유형으로 전체 팔로워의 약 25~30%를 차지
  • 실무형 팔로워는 성격 탓도 있지만 사회나 조직이 불안한 상황에서 많이 나타남
  • 모범적인 팔로워가 되기 위해서는 먼저 목표를 정하고 사람들의 신뢰를 회복해야 하며 자기보다는 다른 사람의 목표달성을 돕는 것에서부터 시작해야 함

ㅁ 주도형
  • 스스로 생각하고 알아서 행동할 줄 알며 독립심이 강하고 헌신적이며 독창적이고 건설적인 비판도 하는 유형으로 리더의 힘을 강화시킴
  • 자신의 재능을 조직을 위해서 유감없이 발휘하는 유형으로 전체 팔로워의 약 5~10%를 차지
  • 솔선수범하고 주인의식이 있으며, 집단과 리더를 도와주고, 자신이 맡은 일보다 훨씬 많은 일을 하려고 함
  • 다른 사람들도 배우고 따를 수 있는 역할과 가치관이 있음
  • 적극적인 성향은 경험이나 능력에 기인하며, 동일 조직이나 다른 조직의 사람들과 상호 작용할 기회가 증대되어 사고와 행동성향이 훨씬 더 발전할 수 있음

69 ③

甲이 안전관리 수준평가에서 우수운영자 지정을 받기 위해서는 평가 기준에 맞게 행동해야 한다. ③은 안전관리 수준평가와 동떨어진 행동이므로 옳지 않다.

※ 철도운영자등에 대한 안전관리 수준평가의 대상 및 기준 등〈철도안전법 시행규칙 제8조〉

① 법 제9조의3제1항에 따른 철도운영자등의 안전관리 수준에 대한 평가의 대상 및 기준은 다음 각 호와 같다. 다만, 철도시설관리자에 대해서 안전관리 수준평가를 하는 경우 제2호를 제외하고 실시할 수 있다.

  1. 사고 분야

    가. 철도교통사고 건수

    나. 철도안전사고 건수

    다. 운행장애 건수

    라. 사상자 수

  2. 철도안전투자 분야: 철도안전투자의 예산 규모 및 집행 실적

  3. 안전관리 분야

    가. 안전성숙도 수준

    나. 정기검사 이행실적

  4. 그 밖에 안전관리 수준평가에 필요한 사항으로서 국토교통부장관이 정해 고시하는 사항

② 국토교통부장관은 매년 3월말까지 안전관리 수준평가를 실시한다.

③ 안전관리 수준평가는 서면평가의 방법으로 실시한다. 다만, 국토교통부장관이 필요하다고 인정하는 경우에는 현장평가를 실시할 수 있다.

70 ②

② '자기 혁신'에 대한 설명이다. '회복 탄력성'이란 '실패에 좌절하지 않고 끊임없이 배우고 문제를 해결하는 능력'을 뜻한다.

71 ②

제시된 내용은 임파워먼트(권한 위임)에 대한 설명이다.

72 ③

동기부여 방법

㉠ 긍정적 강화법을 활용한다.

㉡ 새로운 도전의 기회를 부여한다.

㉢ 창의적인 문제해결법을 찾는다.

㉣ 책임감으로 철저히 무장한다.

㉤ 몇 가지 코칭을 한다.

㉥ 변화를 두려워하지 않는다.

㉦ 지속적으로 교육한다.

73 ④

④ 갈등해결방법 모색 시에는 논쟁하고 싶은 유혹을 떨쳐내고 타협하려 애써야 한다.

74 ④

민수는 각 팀장들에게 프로젝트 성공 시 전원 진급을 약속하였지만 결국 그 약속을 이행하지 못했으므로 정답은 ④이다.

75 ③

변화에 소극적인 직원들을 성공적으로 이끌기 위한 방법

㉠ 개방적인 분위기를 조성한다.

㉡ 객관적인 자세를 유지한다.

㉢ 직원들의 감정을 세심하게 살핀다.

㉣ 변화의 긍정적인 면을 강조한다.

㉤ 변화에 적응할 시간을 준다.

76 ③

C대리의 행동에서는 꾸준히 자기개발을 수행하는 성실함을 엿볼 수 있으며, 이는 '책임'을 실천하는 모습과는 관련이 없다

77 ⑤

단기 일자리를 제공하는 임시 고용형태는 육아와 일, 학업과 일을 병행하거나 정규직을 찾지 못한 사람 등이 주축이 되는 경우가 많으며, 제대로 운용할 경우 적절한 직업으로 거듭날 수도 있는 방식이다. 따라서 이런 임시 고용형태 자체를 무조건 비판하고 부정하는 것은 적절하지 않다.

78 ④

김 대리가 윤리적 가치를 준수하고 있는 가장 큰 이유는, 그것이 어떻게 살 것인가 하는 가치관의 문제와도 관련이 있기 때문이다. 그러한 가치는 눈에 보이는 경제적 이득과 육신의 안락만을 추구하는 것이 아니고, 삶의 본질적 가치와 도덕적 신념을 존중하기 때문에 윤리적으로 행동해야 한다는 것을 말해 주고 있는 것이다.

79 ⑤

⑤ 타인에 의한 외부적인 동기부여가 효율적이라고 생각한다.

80 ③

철도안전법 제20조 제1항에 따르면 운전면허의 철도차량 운전상의 위험과 장해를 일으킬 수 있는 약물 또는 알코올 중독자로서 대통령령으로 정하는 사람은 운전면허를 받을 수 없다. 형이 철도차량을 운전하는 것은 법에 위반되는 행위이고 운전상의 위험과 장해를 일으킬 수 있기 때문에 형에게 스스로 알릴 것을 권한 후 형이 알리지 않을 시에는 직접 회사에 알려야 한다.

서울교통공사

NCS 모듈

핵심예제

≫ 서울교통공사 CI와 슬로건

① CI

Safety + Service + Seoul
시민안전   공공서비스   교통공사

서울교통공사 CI는 시민안전(Safety)과 공공서비스(Service) 확보를 최우선으로 내세우는 서울교통공사(Seoul Metro)의 출범의지를 '에스(S)'로 상징합니다.

지상과 지하를 달리는 역동적 이미지의 교통수단으로 'S'를 표현하여 향후 대중교통 통합 운영을 지향하는 공사 미래상을 제시하고 있습니다.

CI의 심벌에 '순환, 지구, 세계' 등을 상징하는 원형을, '신뢰'를 상징하는 파란색을 사용하여 원활한 교통체계를 구축, 세계 속에 우뚝 서는 글로벌 No.1 기업의 의지를 표현합니다

② 슬로건

M●ve the City

"우리가 함께하는 시간이 모여 일상은 더 행복해집니다.
더 편리하게, 늘 안전하게, 서울교통공사가 도시를 움직입니다."

• 슬로건 의미

"Move the City"는 '도시를 움직이다, 도시를 감동시키다'라는 뜻입니다. 서울교통공사가 제공하는 편리한 교통서비스가 도시의 활력을 만들어 낸다는 의미를 담았습니다.

"the City"는 서울뿐 아니라, 서울교통공사의 기술과 노하우로 변화하고 있는 대한민국과 세계 곳곳의 도시를 가리킵니다. 서울교통공사가 이끄는 도시교통의 변화와 발전은 우리의 가치 있는 삶을 뒷받침하는 에너지입니다.

• 슬로건 디자인

활기찬 도시의 움직임을 이끌어 가는 서울교통공사의 미래 비전을 간결하고 세련된 그래픽으로 표현했습니다. 하늘색 원 안에 담긴 행복한 미소는 공사와 시민의 소통, 즐거움 가득한 만남을 상징합니다.

≫ 캐릭터

장난꾸러기 지하철 친구

"또타"

또, 또, 타고 싶은 서울지하철!

시민들에게 어떻게 웃음을 주나 늘 고민하는 장난꾸러기 친구, "또타"를 소개합니다.

서울교통공사의 공식 캐릭터 "또타"는 시민 여러분과 늘 함께하는 서울지하철의 모습을 밝고 유쾌한 이미지로 표현합니다.

전동차 측면 모양으로 캐릭터 얼굴을 디자인하여 일상적으로 이용하는 대중교통수단의 모습을 참신한 느낌으로 담아냈고, 메인 컬러로 사용한 파란색은 시민과 공사 간의 두터운 신뢰를 상징하고 있습니다.

안전하며 편리한 서울지하철, 개구쟁이 "또타"와 함께라면 자꾸만 타고 싶은 즐겁고 행복한 공간이 됩니다.

≫ 경영목표

미션	안전한 도시철도, 편리한 교통 서비스				
비전	행복한 시민, 신뢰받는 기업, 글로벌 No.1 서울교통공사				
경영목표	안전운행을 최우선으로	경영개선을 획기적으로	시민편익을 감동적으로	조직문화를 긍정적으로	미래대비를 선도적으로
전략과제	• 안전 시설 계량 • 안전 시스템 혁신 • 생산성 강화	• 수익 다각화 • 감동 서비스 제공 • 서비스 시설 개선	• 발전적 문화 조성 • 자긍심 · 협력 제고 • 혁신 기술 수용		• 미래 인재 양성
성과지표	• 철도사고재난 Zero • 운행장애 Zero	• 당기손익 6,262억원 • 영업수지 0.77	• 고객만족도 87.93점 • 미세먼지농도 63.3μg/㎥ • VOC 응대율 98.2%		• 소통지수 75.0점 • 직원만족도 70.0점 • 청렴도 8.22점

≫ 혁신계획

① 추진근거
행정안전부 '지방공기업 혁신 가이드라인'

② 추진목적
서울교통공사 혁신계획 수립·실행을 통한 공공기관의 책임 이행 및 사회적 가치 창출

③ 비전 및 목표

비전	시민과 통(通)하는 서울교통공사
목표	사회적 가치 창출을 통한 지방공기업 혁신 선도
추진전략	1. 공통(共通)가치를 위한 사회적 책임 경영 2. 소통(疏通)하는 참여협력 경영 3. 상통(相通)하는 지역상생 경영 4. 능통(能通)한 적극혁신 경영

≫ 사회공헌

① 사회공헌 전략
지역사회와 상생협력으로 공기업의 사회적 가치 실현

② 실행목록
- 사회적 약자를 배려하고 진심으로 존중받는 나눔·상생문화 확산
- 자발적 봉사 및 기부활동 확산 등 나눔문화 조성
- 지역공동체, 유관기관 등 소통·협력 강화를 위한 파트너십 구축

③ 실행과제

지역상생 지역동방성장 공헌활동전개	직원공감 자발적 나눔문화 조정	시민소통 지역복지 파트더십 강화
◇ 사회적 취약계층 지원 －본부별 결연시설 지원 등 6건	◇ 건전한 기부문화 조성 －매칭그랜트 기금조성 등 4건	◇ 대외협력 활동 강화 －민관협의체 구성·운영 －농촌자매마을 일손돕기 －지역주민 김장나눔 행사 등 6건
◇ 지역경제 활성화 －소통데이 운영 등 3건	◇ 나눔과 봉사활동 활성화 －자원봉사주간 운영 등 3건	

≫ 인재상

핵심가치	업무자세 가치 Input	업무수행 가치 Throughput	최종산출 가치 Output

슬로건	최고 추구	미래 도전	약속 이행	행복 나눔	무한 안전

≫ 채용 및 각종제도

① 직급별 승진가능 포인트

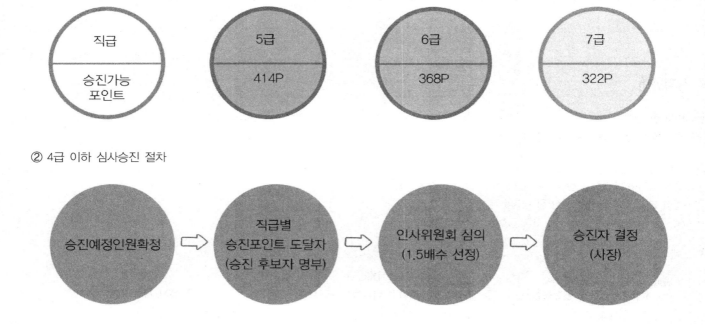

직급 / 승진가능 포인트

5급 414P

6급 368P

7급 322P

② 4급 이하 심사승진 절차

승진예정인원확정 ⇨ 직급별 승진포인트 도달자 (승진 후보자 명부) ⇨ 인사위원회 심의 (1.5배수 선정) ⇨ 승진자 결정 (사장)

≫ 철도안전법 관련 용어

- 철도 : 「철도산업발전기본법」에 따른 철도
- 전용철도 : 「철도사업법」에 따른 전용철도
- 철도시설 : 철도산업발전기본법에 따른 철도시설
- 철도운영 : 철도산업발전기본법에 따른 철도운영
- 철도차량 : 철도산업발전기본법에 따른 철도차량
- 철도용품 : 철도시설 및 철도차량 등에 사용되는 부품 · 기기 · 장치 등
- 열차 : 선로를 운행할 목적으로 철도운영자가 편성하여 열차번호를 부여한 철도차량
- 선로 : 철도차량을 운행하기 위한 궤도와 이를 받치는 노반(路盤) 또는 인공구조물로 구성된 시설
- 철도운영자 : 철도운영에 관한 업무를 수행하는 자
- 철도시설관리자 : 철도시설의 건설 또는 관리에 관한 업무를 수행하는 자
- 철도종사자 : 다음의 어느 하나에 해당하는 사람

  1. 철도차량의 운전업무에 종사하는 사람(운전업무종사자)

  2. 철도차량의 운행을 집중 제어 · 통제 · 감시하는 업무(관제업무)에 종사하는 사람

  3. 여객에게 승무(乘務) 서비스를 제공하는 사람(여객승무원)

  4. 여객에게 역무(驛務) 서비스를 제공하는 사람(여객역무원)

  5. 철도차량의 운행선로 또는 그 인근에서 철도시설의 건설 또는 관리와 관련한 작업의 협의 · 지휘 · 감독 · 안전관리 등의 업무에 종사하도록 철도운영자 또는 철도시설관리자가 지정한 사람(작업책임자)

  6. 철도차량의 운행선로 또는 그 인근에서 철도시설의 건설 또는 관리와 관련한 작업의 일정을 조정하고 해당 선로를 운행하는 열차의 운행 일정을 조정하는 사람(철도운행안전관리자)

  7. 그 밖에 철도운영 및 철도시설관리와 관련하여 철도차량의 안전운행 및 질서유지와 철도차량 및 철도시설의 점검 · 정비 등에 관한 업무에 종사하는 사람으로서 대통령령으로 정하는 사람

- 철도사고 : 철도운영 또는 철도시설관리와 관련하여 사람이 죽거나 다치거나 물건이 파손되는 사고로 국토교통부령으로 정하는 것
- 철도준사고 : 철도안전에 중대한 위해를 끼쳐 철도사고로 이어질 수 있었던 것으로 국토교통부령으로 정하는 것
- 운행장애 : 철도사고 및 철도준사고 외에 철도차량의 운행에 지장을 주는 것으로서 국토교통부령으로 정하는 것
- 철도차량정비 : 철도차량(철도차량을 구성하는 부품 · 기기 · 장치를 포함)을 점검 · 검사, 교환 및 수리하는 행위
- 철도차량정비기술자 : 철도차량정비에 관한 자격, 경력 및 학력 등을 갖추어 국토교통부장관의 인정을 받은 사람
- 정거장 : 여객의 승하차(여객 이용시설 및 편의시설을 포함), 화물의 적하(積荷), 열차의 조성(組成 : 철도차량을 연결하거나 분리하는 작업), 열차의 교차통행 또는 대피를 목적으로 사용되는 장소
- 선로전환기 : 철도차량의 운행선로를 변경시키는 기기

01 의사소통능력

01 예제

다음은 신용카드 약관의 주요내용이다. 규정 약관을 제대로 이해하지 못한 사람은?

[부가서비스]

카드사는 법령에서 정한 경우를 제외하고 상품을 새로 출시한 후 1년 이내에 부가서비스를 줄이거나 없앨 수가 없다. 또한 부가서비스를 줄이거나 없앨 경우에는 그 세부내용을 변경일 6개월 이전에 회원에게 알려주어야 한다.

[중도 해지 시 연회비 반환]

연회비 부과기간이 끝나기 이전에 카드를 중도해지하는 경우 남은 기간에 해당하는 연회비를 계산하여 10 영업일 이내에 돌려줘야 한다. 다만, 카드 발급 및 부가서비스 제공에 이미 지출된 비용은 제외된다.

[카드 이용한도]

카드 이용한도는 카드 발급을 신청할 때에 회원이 신청한 금액과 카드사의 심사 기준을 종합적으로 반영하여 회원이 신청한 금액 범위 이내에서 책정되며 회원의 신용도가 변동되었을 때에는 카드사는 회원의 이용한도를 조정할 수 있다.

[부정사용 책임]

카드 위조 및 변조로 인하여 발생된 부정사용 금액에 대해서는 카드사가 책임을 진다. 다만, 회원이 비밀번호를 다른 사람에게 알려주거나 카드를 다른 사람에게 빌려주는 등의 중대한 과실로 인해 부정사용이 발생하는 경우에는 회원이 그 책임의 전부 또는 일부를 부담할 수 있다.

---

① 혜수 : 카드사는 법령에서 정한 경우를 제외하고는 1년 이내에 부가서비스를 줄일 수 없어.

② 진성 : 카드 위조 및 변조로 인하여 발생된 부정사용 금액은 일괄 카드사가 책임을 지게 돼.

③ 영훈 : 회원의 신용도가 변경되었을 때 카드사가 이용한도를 조정할 수 있어.

④ 영호 : 연회비 부과기간이 끝나기 이전에 카드를 중도해지하는 경우에는 남은 기간에 해당하는 연회비를 카드사는 돌려줘야 해.

✱

출제의도

주어진 약관의 내용을 읽고 그에 대한 상세 내용의 정보를 이해하는 능력을 측정하는 문항이다.

해설

② 부정사용에 대해 고객의 과실이 있으면 회원이 그 책임의 전부 또는 일부를 부담할 수 있다.

답 ②

다음은 들은 내용을 구조적으로 정리하는 방법이다. 순서에 맞게 배열하면?

> ㉠ 관련 있는 내용끼리 묶는다.
> ㉡ 묶은 내용에 적절한 이름을 붙인다.
> ㉢ 전체 내용을 이해하기 쉽게 구조화한다.
> ㉣ 중복된 내용이나 덜 중요한 내용을 삭제한다.

① ㉠㉡㉢㉣   ② ㉠㉡㉣㉢
③ ㉡㉠㉢㉣   ④ ㉡㉠㉣㉢

✱ ---

출제의도
음성정보는 문자정보와는 달리 쉽게 잊혀 지기 때문에 음성정보를 구조화 시키는 방법을 묻는 문항이다.

해 설
내용을 구조적으로 정리하는 방법은 '㉠ 관련 있는 내용끼리 묶는다. → ㉡ 묶은 내용에 적절한 이름을 붙인다. → ㉣ 중복된 내용이나 덜 중요한 내용을 삭제한다. → ㉢ 전체 내용을 이해하기 쉽게 구조화한다.'가 적절하다.

답 ②

다음 중 공문서 작성에 대한 설명으로 가장 적절하지 못한 것은?

① 공문서나 유가증권 등에 금액을 표시할 때에는 한글로 기재하고 그 옆에 괄호를 넣어 숫자로 표기한다.
② 날짜는 숫자로 표기하되 년, 월, 일의 글자는 생략하고 그 자리에 온점(.)을 찍어 표시한다.
③ 첨부물이 있는 경우에는 붙임 표시문 끝에 1자 띄우고 "끝."이라고 표시한다.
④ 공문서의 본문이 끝났을 경우에는 1자를 띄우고 "끝."이라고 표시한다.

✱ ---

출제의도
업무를 할 때 필요한 공문서 작성법을 잘 알고 있는지를 측정하는 문항이다.

해 설
공문서 금액 표시
아라비아 숫자로 쓰고, 숫자 다음에 괄호를 하여 한글로 기재한다.
예) 123,456원의 표시 : 금 123,456(금 일십이만삼천사백오십육원)

답 ①

다음은 면접스터디 중 일어난 대화이다. 민아의 고민을 해소하기 위한 조언으로 가장 적절한 것은?

> 지섭 : 민아씨, 어디 아파요? 표정이 안 좋아 보여요.
> 민아 : 제가 원서 넣은 공단이 내일 면접이어서요. 그동안 스터디를 통해서 면접 연습을 많이 했는데도 벌써부터 긴장이 되네요.
> 지섭 : 민아씨는 자기 의견도 명확히 피력할 줄 알고 조리 있게 설명을 잘 하시니 걱정 안하셔도 될 것 같아요. 아, 손에 꽉 쥐고 계신 건 뭔가요?
> 민아 : 아, 제가 예상 답변을 정리해서 모아둔거에요. 내용은 거의 외웠는데 이렇게 쥐고 있지 않으면 불안해서..
> 지섭 : 그 정도로 준비를 철저히 하셨으면 걱정할 이유 없을 것 같아요.
> 민아 : 그래도 압박면접이거나 예상치 못한 질문이 들어오면 어떻게 하죠?
> 지섭 : _____

① 시선을 적절히 처리하면서 부드러운 어투로 말하는 연습을 해보는 건 어때요?
② 공식적인 자리인 만큼 옷차림을 신경 쓰는 게 좋을 것 같아요.
③ 당황하지 말고 질문자의 의도를 잘 파악해서 침착하게 대답하면 되지 않을까요?
④ 예상 질문에 대한 답변을 좀 더 정확하게 외워보는 건 어떨까요?

출제의도
상대방이 하는 말을 듣고 질문 의도에 따라 올바르게 답하는 능력을 측정하는 문항이다.

해 설
민아는 압박질문이나 예상치 못한 질문에 대해 걱정을 하고 있으므로 침착하게 대응하라고 조언을 해주는 것이 좋다.

답 ③

당신은 팀장님께 업무 지시내용을 수행하고 결과물을 보고 드렸다. 하지만 팀장님께서는 "최대리 업무를 이렇게 처리하면 어떡하나? 누락된 부분이 있지 않은가."라고 말하였다. 이에 대해 당신이 행할 수 있는 가장 부적절한 대처 자세는?

① "죄송합니다. 제가 잘 모르는 부분이라 이수혁 과장님께 부탁을 했는데 과장님께서 실수를 하신 것 같습니다."
② "주의를 기울이지 못해 죄송합니다. 어느 부분을 수정보완하면 될까요?"
③ "지시하신 내용을 제가 충분히 이해하지 못하였습니다. 내용을 다시 한 번 여쭤보아도 되겠습니까?"
④ "부족한 내용을 보완하는 자료를 취합하기 위해서 하루정도가 더 소요될 것 같습니다. 언제까지 재작성하여 드리면 될까요?"

출제의도
상사가 잘못을 지적하는 상황에서 어떻게 대처해야 하는지를 묻는 문항이다.

해 설
상사가 부탁한 지시사항을 다른 사람에게 부탁하는 것은 옳지 못하며 설사 그렇다고 해도 그 일의 과오에 대해 책임을 전가하는 것은 지양해야 할 자세이다.

답 ①

02 수리능력

01 예제

다음 자료를 보고 주어진 상황에 대한 물음에 답하시오.

〈근로소득에 대한 간이 세액표〉

월 급여액(천 원) [비과세 및 학자금 제외]		공제대상 가족 수				
이상	미만	1	2	3	4	5
2,500	2,520	38,960	29,280	16,940	13,570	10,190
2,520	2,540	40,670	29,960	17,360	13,990	10,610
2,540	2,560	42,380	30,640	17,790	14,410	11,040
2,560	2,580	44,090	31,330	18,210	14,840	11,460
2,580	2,600	45,800	32,680	18,640	15,260	11,890
2,600	2,620	47,520	34,390	19,240	15,680	12,310
2,620	2,640	49,230	36,100	19,900	16,110	12,730
2,640	2,660	50,940	37,810	20,560	16,530	13,160
2,660	2,680	52,650	39,530	21,220	16,960	13,580
2,680	2,700	54,360	41,240	21,880	17,380	14,010
2,700	2,720	56,070	42,950	22,540	17,800	14,430
2,720	2,740	57,780	44,660	23,200	18,230	14,850
2,740	2,760	59,500	46,370	23,860	18,650	15,280

※ 갑근세는 제시되어 있는 간이 세액표에 따름
※ 주민세＝갑근세의 10%
※ 국민연금＝급여액의 4.50%
※ 고용보험＝국민연금의 10%
※ 건강보험＝급여액의 2.90%
※ 교육지원금＝분기별 100,000원(매 분기별 첫 달에 지급)

박○○ 사원의 5월 급여내역이 다음과 같고 전월과 동일하게 근무하였으나, 특별수당은 없고 차량지원금으로 100,000원을 받게 된다면, 6월에 받게 되는 급여는 얼마인가? (단, 원 단위 절삭)

(주) 서원플랜테크 5월 급여내역			
성명	박○○	지급일	5월 12일
기본급여	2,240,000	갑근세	39,530
직무수당	400,000	주민세	3,950
명절 상여금		고용보험	11,970
특별수당	20,000	국민연금	119,700
차량지원금		건강보험	77,140
교육지원		기타	
급여계	2,660,000	공제합계	252,290
지급총액			2,407,710

① 2,443,910

② 2,453,910

③ 2,463,910

④ 2,473,910

✱ ⋯⋯

출제의도

업무상 계산을 수행하거나 결과를 정리하고 업무비용을 측정하는 능력을 평가하기 위한 문제로서, 주어진 자료에서 문제를 해결하는 데에 필요한 부분을 빠르고 정확하게 찾아내는 것이 중요하다.

해 설

기본급여	2,240,000	갑근세	46,370
직무수당	400,000	주민세	4,630
명절 상여금		고용보험	12,330
특별수당		국민연금	123,300
차량지원금	100,000	건강보험	79,460
교육지원		기타	
급여계	2,740,000	공제합계	266,090
지급총액			2,473,910

답 ④

둘레의 길이가 4.4km인 정사각형 모양의 공원이 있다. 이 공원의 넓이는 몇 a인가?

① 12,100a

② 1,210a

③ 121a

④ 12.1a

✱

출제의도

길이, 넓이, 부피, 들이, 무게, 시간, 속도 등 단위에 대한 기본적인 환산 능력을 평가하는 문제로서, 소수점 계산이 필요하며, 자릿수를 읽고 구분할 줄 알아야 한다.

해 설

공원의 한 변의 길이는

$4.4 \div 4 = 1.1(km)$이고

$1km^2 = 10,000a$이므로

공원의 넓이는

$1.1km \times 1.1km = 1.21km^2 = 12,100a$

답 ①

다음 식을 바르게 계산한 것은?

$$1 + \frac{2}{3} + \frac{1}{2} - \frac{3}{4}$$

① $\frac{13}{12}$

② $\frac{15}{12}$

③ $\frac{17}{12}$

④ $\frac{19}{12}$

✱

출제의도

직장생활에서 필요한 기초적인 사칙연산과 계산방법을 이해하고 활용할 수 있는 능력을 평가하는 문제로서, 분수의 계산과 통분에 대한 기본적인 이해가 필요하다.

해 설

$\frac{12}{12} + \frac{8}{12} + \frac{6}{12} - \frac{9}{12} = \frac{17}{12}$

답 ③

인터넷 쇼핑몰에서 회원가입을 하고 디지털캠코더를 구매하려고 한다. 다음은 구입하고자 하는 모델에 대하여 인터넷 쇼핑몰 세 곳의 가격과 조건을 제시한 표이다. 표에 있는 모든 혜택을 적용하였을 때 디지털캠코더의 배송비를 포함한 실제 구매가격을 바르게 비교한 것은?

구분	A 쇼핑몰	B 쇼핑몰	C 쇼핑몰
정상가격	129,000원	131,000원	130,000원
회원혜택	7,000원 할인	3,500원 할인	7% 할인
할인쿠폰	5% 쿠폰	3% 쿠폰	5,000원
중복할인여부	불가	가능	불가
배송비	2,000원	무료	2,500원

① A<B<C   ② B<C<A

③ C<A<B   ④ C<B<A

✱

출제의도
직장생활에서 자주 사용되는 기초적인 통계기법을 활용하여 자료의 특성과 경향성을 파악하는 능력이 요구되는 문제이다.

해 설
㉠ A 쇼핑몰
• 회원혜택을 선택한 경우 : 129,000 − 7,000 + 2,000 = 124,000(원)
• 5% 할인쿠폰을 선택한 경우 : 129,000 × 0.95 + 2,000 = 124,550
㉡ B 쇼핑몰 : 131,000 × 0.97 − 3,500 = 123,570
㉢ C 쇼핑몰
• 회원혜택을 선택한 경우 : 130,000 × 0.93 + 2,500 = 123,400
• 5,000원 할인쿠폰을 선택한 경우 : 130,000 − 5,000 + 2,500 = 127,500
∴ C<B<A

답 ④

다음 표는 2009 ~ 2010년 지역별 직장인들의 자기개발에 관해 조사한 내용을 정리한 것이다. 이에 대한 분석으로 옳은 것은?

(단위 : %)

연도	2009				2010			
구분 / 지역	자기개발 하고 있음	자기개발 비용 부담 주체			자기개발 하고 있음	자기개발 비용 부담 주체		
		직장 100%	본인 100%	직장50% + 본인50%		직장 100%	본인 100%	직장50% + 본인50%
충청도	36.8	8.5	88.5	3.1	45.9	9.0	65.5	24.5
제주도	57.4	8.3	89.1	2.9	68.5	7.9	68.3	23.8
경기도	58.2	12	86.3	2.6	71.0	7.5	74.0	18.5
서울시	60.6	13.4	84.2	2.4	72.7	11.0	73.7	15.3
경상도	40.5	10.7	86.1	3.2	51.0	13.6	74.9	11.6

① 2009년과 2010년 모두 자기개발 비용을 본인이 100% 부담하는 사람의 수는 응답자의 절반 이상이다.
② 자기개발을 하고 있다고 응답한 사람의 수는 2009년과 2010년 모두 서울시가 가장 많다.
③ 자기개발 비용을 직장과 본인이 각각 절반씩 부담하는 사람의 비율은 2009년과 2010년 모두 서울시가 가장 높다.
④ 2009년과 2010년 모두 자기개발을 하고 있다고 응답한 비율이 가장 높은 지역에서 자기개발비용을 직장이 100% 부담한다고 응답한 사람의 비율이 가장 높다.

✱

출제의도
그래프, 그림, 도표 등 주어진 자료를 이해하고 의미를 파악하여 필요한 정보를 해석하는 능력을 평가하는 문제이다.

해 설
② 지역별 인원수가 제시되어 있지 않으므로, 각 지역별 응답자 수는 알 수 없다.
③ 2009년에는 경상도에서, 2010년에는 충청도에서 가장 높은 비율을 보인다.
④ 2009년과 2010년 모두 '자기 개발을 하고 있다고 응답한 비율이 가장 높은 지역은 서울시이며, 2010년의 경우 자기개발 비용을 직장이 100% 부담한다고 응답한 사람의 비율이 가장 높은 지역은 경상도이다.

답 ①

03 문제해결능력

 01 예제

D회사 신입사원으로 입사한 귀하는 신입사원 교육에서 업무수행과정에서 발생하는 문제 유형 중 설정형 문제를 하나씩 찾아오라는 지시를 받았다. 이에 대해 귀하는 교육받은 내용을 다시 복습하려고 한다. 설정형 문제에 해당하는 것은?

① 현재 직면하여 해결하기 위해 고민하는 문제
② 현재의 상황을 개선하거나 효율을 높이기 위한 문제
③ 앞으로 어떻게 할 것인가 하는 문제
④ 원인이 내재되어 있는 원인지향적인 문제

✱

출제의도
업무수행 중 문제가 발생하였을 때 문제 유형을 구분하는 능력을 측정하는 문항이다.

해 설
업무수행과정에서 발생하는 문제 유형으로는 발생형 문제, 탐색형 문제, 설정형 문제가 있으며 ①④는 발생형 문제이며 ②는 탐색형 문제, ③이 설정형 문제이다.

답 ③

02 예제

M사 홍보팀에서 근무하고 있는 귀하는 입사 5년차로 창의적인 기획안을 제출하기로 유명하다. S부장은 이번 신입사원 교육 때 귀하에게 창의적인 사고란 무엇인지 교육을 맡아달라고 부탁하였다. 창의적인 사고에 대한 귀하의 설명으로 옳지 않은 것은?

① 창의적인 사고는 새롭고 유용한 아이디어를 생산해 내는 정신적인 과정이다.
② 창의적인 사고는 특별한 사람들만이 할 수 있는 대단한 능력이다.
③ 창의적인 사고는 기존의 정보들을 특정한 요구조건에 맞거나 유용하도록 새롭게 조합시킨 것이다.
④ 창의적인 사고는 통상적인 것이 아니라 기발하거나, 신기하며 독창적인 것이다.

✱

출제의도
창의적 사고에 대한 개념을 정확히 파악하고 있는지를 묻는 문항이다.

해 설
흔히 사람들은 창의적인 사고에 대해 특별한 사람들만이 할 수 있는 대단한 능력이라고 생각하지만 그리 대단한 능력이 아니며 이미 알고 있는 경험과 지식을 해체하여 다시 새로운 정보로 결합하여 가치 있는 아이디어를 산출하는 사고라고 할 수 있다.

답 ②

L사에서 주력 상품으로 밀고 있는 TV의 판매 이익이 감소하고 있는 상황에서 귀하는 B부장으로부터 3C분석을 통해 해결방안을 강구해 오라는 지시를 받았다. 다음 중 3C에 해당하지 않는 것은?

① Customer
② Company
③ Competitor
④ Content

출제의도

3C의 개념과 구성요소를 정확히 숙지하고 있는지를 측정하는 문항이다.

해 설

3C 분석에서 사업 환경을 구성하고 있는 요소인 자사(Company), 경쟁사(Competitor), 고객을 3C(Customer)라고 한다. 3C 분석에서 고객 분석에서는 '고객은 자사의 상품 · 서비스에 만족하고 있는지'를, 자사 분석에서는 '자사가 세운 달성목표와 현상 간에 차이가 없는지'를 경쟁사 분석에서는 '경쟁기업의 우수한 점과 자사의 현상과 차이가 없는지'에 대한 질문을 통해서 환경을 분석하게 된다.

답 ④

C사는 최근 국내 매출이 지속적으로 하락하고 있어 사내 분위기가 심상치 않다. 이에 대해 Y부장은 이 문제를 극복하고자 문제처리 팀을 구성하여 해결방안을 모색하도록 지시하였다. 문제처리 팀의 문제해결 절차를 올바른 순서로 나열한 것은?

① 문제 인식 → 원인 분석 → 해결안 개발 → 문제 도출 → 실행 및 평가
② 문제 도출 → 문제 인식 → 해결안 개발 → 원인 분석 → 실행 및 평가
③ 문제 인식 → 원인 분석 → 문제 도출 → 해결안 개발 → 실행 및 평가
④ 문제 인식 → 문제 도출 → 원인 분석 → 해결안 개발 → 실행 및 평가

출제의도

실제 업무 상황에서 문제가 일어났을 때 해결 절차를 알고 있는지를 측정하는 문항이다.

해 설

일반적인 문제해결절차는 '문제 인식 → 문제 도출 → 원인 분석 → 해결안 개발 → 실행 및 평가'로 이루어진다.

답 ④

04 자기개발능력

01 예제

자기개발을 할 때에는 인간의 욕구와 감정이 작용하여 자기개발에 대한 태도를 형성하기도 한다. 다음은 어느 회사에 근무하는 사원들이 자신의 욕구를 표현한 것이다. 다음 중 가장 상위의 욕구를 가진 사람은?

① K씨 : 나 너무 피곤해. 일찍 퇴근해서 잠이나 푹 잤으면 좋겠어.

② S씨 : 이번에 팀장으로 승진한 만큼 팀원들이 나를 존경해줬으면 좋겠어.

③ A씨 : 나는 직장 동료들과 좀 친하게 지내고 싶어.

④ H씨 : 나는 내 분야에서 내 꿈을 펼치고야 말겠어.

출제의도

자기개발 태도에 영향을 미치는 욕구와 관련하여 매슬로우의 욕구 5단계를 구분할 수 있는지를 측정하는 문항이다.

해 설

① 생리적 욕구

② 존경의 욕구

③ 사회적 욕구

④ 자기실현의 욕구

답 ④

02 예제

M회사 편집부에서 근무하는 X대리는 평소에 자신의 능력이 뛰어나고 일의 분배를 공평하게 하는 동시에 사람 관리를 잘하여 사원들이 자신을 잘 따른다고 믿고 있으나, 사원들은 X대리가 독단적으로 일을 결정하며 고집적인 모습을 가지고 있다고 생각하고 있다. X대리는 다른 사람으로부터 이러한 사실을 전해 듣고는 내가 생각하는 나와 타인이 생각하는 내가 다르다는 것을 알았다. 이에 대해 X대리는 조해리의 창을 이용하여 자신을 인식하고자 한다. 이에 대한 설명으로 알맞지 않은 것은?

① '내가 아는 나'와 '타인이 아는 나'를 통해 '공개된 자아'를 알아볼 수 있다.

② 조해리의 창을 통해보면 자신을 공개된 자아, 눈먼 자아, 숨겨진 자아, 아무도 모르는 자아로 나누어 볼 수 있다.

③ 조해리의 창은 자신과 다른 사람의 두 가지 관점을 통해 파악해 보는 자기인식 모델이다.

④ 타인은 나를 알지만 내가 모르는 경우에는 '숨겨진 자아'라고 한다.

출제의도

자기인식 또는 자기 이해 모델인 조해리의 창의 내용을 알고 있는지를 측정하는 문항이다.

해 설

조해리의 창을 통해보면 자신을 공개된 자아, 눈먼 자아, 숨겨진 자아, 아무도 모르는 자아로 나누어 볼 수 있으며, 타인은 나를 알지만 내가 모르는 나인 경우에는 '눈먼 자아'이다.

답 ④

03 예제

I회사에 근무하는 L씨는 성실하게 자기 업무를 수행하는 걸로 소문이 나있다. L씨 책상은 깨끗하게 정리되어 있으며 좌우명도 책상에 붙여놓고 실천하도록 노력한다. L씨는 다른 누구보다도 자기관리가 철저하여 자기 일을 수행하고 나면 반드시 반성하고 피드백 시간을 가진다. L씨가 반성과 피드백하면서 하는 질문으로 가장 알맞지 않은 것은?

① 우선순위에 맞게, 계획대로 수행하였는가?
② 일을 수행하면서 어떤 목표를 성취하였는가?
③ 의사결정을 함에 있어서 어떻게 결정을 내리고 행동했는가?
④ 현재 변화되어야 할 것은 없는가?

출제의도
자기관리 5단계의 내용을 파악하고 그를 토대로 각 단계에서의 질문들을 적절히 할 수 있는지를 측정하는 문항이다.

해 설
④는 자기관리의 2단계인 과제 발견에서 해야 할 질문이다. 과제 발견 단계에서는 비전과 목표가 정립되면 현재 자신의 역할 및 능력을 다음 질문을 통해 검토하고, 할 일을 조정하여 자신이 수행해야 할 역할들을 도출한다.

답 ④

---

04 예제

다음은 어떤 사람의 경력단계이다. 이 사람의 첫 번째 경력 말기는 몇 세부터 몇 세까지인가?

20세	전문대 유통학과 입학
21세	군 입대
23세	군 제대 후 학교 복학
24세	유통학과에 별 뜻이 없고, 조리사가 되고 싶어 조리학원 다니기 시작
25세	유통학과 겨우 졸업, 한식 조리사 자격증 취득
26세	조리사로 취업
30세	일식 조리사 자격증 취득
35세	양식 조리사 자격증 취득
50세	자신의 조리사 생활을 되돌아보고 자신만의 식당을 창업을 하기로 하고 퇴직 준비기간을 가짐
53세	퇴직
55세	음식업 창업
70세	퇴직

① 24∼25세 ② 26∼30세
③ 50∼53세 ④ 70세

출제의도

해 설
이 사람은 50세에 자신의 조리사 생활을 되돌아보고 퇴직을 생각하면서 창업을 준비하였고 53세에 퇴직하였다.

답 ③

경력목표를 설정하는 데 도움이 될 수 있도록 하는 탐색의 방법에는 자기탐색과 환경탐색이 있다. 인사팀에서 근무하는 W가 환경탐색의 방법으로 탐색하려고 할 때 가장 거리가 먼 것은?

① 자격정보 사이트인 Q-Net에 접속해 본다.
② 주변 지인과 대화한 것을 메모해 본다.
③ 자신만의 일기를 쓰고 성찰의 과정을 거친다.
④ 회사의 연간 보고서를 훑어본다.

출제의도
탐색의 방법에 관한 내용을 숙지하고 자기탐색과 환경탐색을 구분할 수 있는지를 평가하는 문항이다.

해 설
경력개발 과정 중 '자신과 환경이해'의 2단계에서는 경력목표를 설정하는데 도움이 될 수 있도록 자신의 능력, 흥미, 적성, 가치관 등을 파악하고 직무와 관련된 주변 환경의 기회와 장애요인에 대하여 정확하게 분석한다. 탐색의 방법에는 자기탐색과 환경탐색이 있으며 ③의 방법은 자기탐색에 관한 방법에 해당한다.

답 ③

05 자원관리능력

01 예제

당신은 A출판사 교육훈련 담당자이다. 조직의 효율성을 높이기 위해 전사적인 시간관리에 대한 교육을 실시하기로 하였지만 바쁜 일정 상 직원들을 집합교육에 동원할 수 있는 시간은 제한적이다. 다음 중 귀하가 최우선의 교육 대상으로 삼아야 하는 것은 어느 부분인가?

구분	긴급한 일	긴급하지 않은 일
중요한 일	제1사분면	제2사분면
중요하지 않은 일	제3사분면	제4사분면

① 중요하고 긴급한 일로 위기사항이나 급박한 문제, 기간이 정해진 프로젝트 등이 해당되는 제1사분면
② 긴급하지는 않지만 중요한 일로 인간관계구축이나 새로운 기회의 발굴, 중장기 계획 등이 포함되는 제2사분면
③ 긴급하지만 중요하지 않은 일로 잠깐의 급한 질문, 일부 보고서, 눈 앞의 급박한 사항이 해당되는 제3사분면
④ 중요하지 않고 긴급하지 않은 일로 하찮은 일이나 시간낭비거리, 즐거운 활동 등이 포함되는 제4사분면

✱

출제의도
주어진 일들을 중요도와 긴급도에 따른 시간관리 매트릭스에서 우선순위를 구분할 수 있는가를 측정하는 문항이다.

해설
교육훈련에서 최우선 교육대상으로 삼아야 하는 것은 긴급하지 않지만 중요한 일이다. 이를 긴급하지 않다고 해서 뒤로 미루다보면 급박하게 처리해야하는 업무가 증가하여 효율적인 시간관리가 어려워진다.

구분	긴급한 일	긴급하지 않은 일
중요한 일	위기사항, 급박한 문제, 기간이 정해진 프로젝트	인간관계구축, 새로운 기회의 발굴, 중장기계획
중요하지 않은 일	잠깐의 급한 질문, 일부 보고서, 눈앞의 급박한 사항	하찮은 일, 우편물, 전화, 시간낭비거리, 즐거운 활동

답 ②

유아용품 홍보팀의 사원 은이씨는 일산 킨텍스에서 열리는 유아용품박람회에 참여하고자 한다. 당일 회의 후 출발해야 하며 회의 종료 시간은 오후 3시이다.

장소	일시
일산 킨텍스 제2전시장	2016. 1. 20(금) PM 15:00~19:00 * 입장가능시간은 종료 2시간 전 까지

오시는 길
지하철 : 4호선 대화역(도보 30분 거리)
버스 : 8109번, 8407번(도보 5분 거리)

● 회사에서 버스정류장 및 지하철역까지 소요시간

출발지	도착지	소요시간	
회사	×× 정류장	도보	15분
		택시	5분
	지하철역	도보	30분
		택시	10분

● 일산 킨텍스 가는 길

교통편	출발지	도착지	소요시간
지하철	강남역	대화역	1시간 25분
버스	×× 정류장	일산 킨텍스 정류장	1시간 45분

위의 제시 상황을 보고 은이씨가 선택할 교통편으로 가장 적절한 것은?

① 도보 – 지하철
② 도보 – 버스
③ 택시 – 지하철
④ 택시 – 버스

출제의도

주어진 여러 시간정보를 수집하여 실제 업무 상황에서 시간자원을 어떻게 활용할 것인지 계획하고 할당하는 능력을 측정하는 문항이다.

해 설

④ 택시로 버스정류장까지 이동해서 버스를 타고 가게 되면 택시(5분), 버스(1시간 45분), 도보(5분)으로 1시간 55분이 걸린다.

① 도보-지하철 : 도보(30분), 지하철(1시간 25분), 도보(30분)이므로 총 2시간 25분이 걸린다.

② 도보-버스 : 도보(15분), 버스(1시간 45분), 도보(5분)이므로 총 2시간 5분이 걸린다.

③ 택시-지하철 : 택시(10분), 지하철(1시간 25분), 도보(30분)이므로 총 2시간 5분이 걸린다.

답 ④

당신은 가을 체육대회에서 총무를 맡으라는 지시를 받았다. 다음과 같은 계획에 따라 예산을 진행하였으나 확보된 예산이 생각보다 적게 되어 불가피하게 비용항목을 줄여야 한다. 다음 중 귀하가 비용 항목을 없애기에 가장 적절한 것은 무엇인가?

〈○○산업공단 춘계 1차 워크숍〉

1. 해당부서 : 인사관리팀, 영업팀, 재무팀
2. 일　　정 : 2016년 4월 21일~23일(2박 3일)
3. 장　　소 : 강원도 속초 ○○연수원
4. 행사내용 : 바다열차탑승, 체육대회, 친교의 밤 행사, 기타

---

① 숙식비   ② 식비
③ 교통비   ④ 기념품비

✱ ....

출제의도

업무에 소요되는 예산 중 꼭 필요한 것과 예산을 감축해야할 때 삭제 또는 감축이 가능한 것을 구분해내는 능력을 묻는 문항이다.

해 설

한정된 예산을 가지고 과업을 수행할 때에는 중요도를 기준으로 예산을 사용한다. 위와 같이 불가피하게 비용 항목을 줄여야 한다면 기본적인 항목인 숙박비, 식비, 교통비는 유지되어야 하기에 항목을 없애기 가장 적절한 정답은 ④번이 된다.

답 ④

S호텔의 외식사업부 소속인 K씨는 예약일정 관리를 담당하고 있다. 아래의 예약일정과 정보를 보고 K씨의 판단으로 옳지 않은 것은?

〈S호텔 일식 뷔페 1월 ROOM 예약 일정〉

* 예약 : ROOM 이름(시작시간)

SUN	MON	TUE	WED	THU	FRI	SAT
					1	2
					백합(16)	장미(11) 백합(15)
3	4	5	6	7	8	9
라일락(15)		백향목(10) 백합(15)	장미(10) 백향목(17)	백합(11) 라일락(18)	백향목(15)	장미(10) 라일락(15)

ROOM 구분	수용가능인원	최소투입인력	연회장 이용시간
백합	20	3	2시간
장미	30	5	3시간
라일락	25	4	2시간
백향목	40	8	3시간

- 오후 9시에 모든 업무를 종료함
- 한 타임 끝난 후 1시간씩 세팅 및 정리
- 동 시간 대 서빙 투입인력은 총 10명을 넘을 수 없음

안녕하세요, 1월 첫째 주 또는 둘째 주에 신년회 행사를 위해 ROOM을 예약하려고 하는데요, 저희 동호회의 총 인원은 27명이고 오후 8시쯤 마무리하려고 합니다. 신정과 주말, 월요일은 피하고 싶습니다. 예약이 가능할까요?

① 인원을 고려했을 때 장미ROOM과 백향목ROOM이 적합하겠군.
② 만약 2명이 안 온다면 예약 가능한 ROOM이 늘어나겠구나.
③ 조건을 고려했을 때 예약 가능한 ROOM은 5일 장미ROOM뿐이겠구나.
④ 오후 5시부터 8시까지 가능한 ROOM을 찾아야해.

✻

출제의도
주어진 정보와 일정표를 토대로 이용 가능한 물적자원을 확보하여 이를 정확하게 안내할 수 있는 능력을 측정하는 문항이다. 고객이 제공한 정보를 정확하게 파악하고 그 조건 안에서 가능한 자원을 제공할 수 있어야 한다.

해 설
③ 조건을 고려했을 때 5일 장미ROOM과 7일 장미ROOM이 예약 가능하다.
① 참석 인원이 27명이므로 30명 수용 가능한 장미ROOM과 40명 수용 가능한 백향목ROOM 두 곳이 적합하다.
② 만약 2명이 안 온다면 총 참석인원 25명이므로 라일락ROOM, 장미ROOM, 백향목ROOM이 예약 가능하다.
④ 오후 8시에 마무리하려고 계획하고 있으므로 적절하다.

답 ③

최근 조직개편 및 연봉협상 과정에서 직원들의 불만이 높아지고 있다. 온갖 루머가 난무한 가운데 인사팀원인 당신에게 사내 게시판의 직원 불만사항에 대한 진위여부를 파악하고 대안을 세우라는 팀장의 지시를 받았다. 다음 중 당신이 조치를 취해야 하는 직원은 누구인가?

① 사원 A는 팀장으로부터 업무 성과가 탁월하다는 평가를 받았는데도 조직개편으로 인한 부서 통합으로 인해 승진을 못한 것이 불만이다.

② 사원 B는 회사가 예년에 비해 높은 영업 이익을 얻었는데도 불구하고 연봉 인상에 인색한 것이 불만이다.

③ 사원 C는 회사가 급여 정책을 변경해서 고정급 비율을 낮추고 기본급과 인센티브를 지급하는 제도로 바꾼 것이 불만이다.

④ 사원 D는 입사 동기인 동료가 자신보다 업무 실적이 좋지 않고 불성실한 근무태도를 가지고 있는데, 팀장과의 친분으로 인해 자신보다 높은 평가를 받은 것이 불만이다.

✱ ───

출제의도

주어진 직원들의 정보를 통해 시급하게 진위여부를 가리고 조치하여 인력배치를 해야 하는 사항을 확인하는 문제이다.

해 설

사원 A, B, C는 각각 조직 정책에 대한 불만이기에 논의를 통해 조직적으로 대처하는 것이 옳지만, 사원 D는 팀장의 독단적인 전횡에 대한 불만이기 때문에 조사하여 시급히 조치할 필요가 있다. 따라서 가장 적절한 답은 ④번이 된다.

답 ④

06 대인관계능력

01 예제

인간관계를 형성하는데 있어 가장 중요한 것은?

① 외적 성격 위주의 사고
② 이해득실 위주의 만남
③ 자신의 내면
④ 피상적인 인간관계 기법

출제의도
인간관계형성에 있어서 가장 중요한 요소가 무엇인지 묻는 문제다.

해 설
③ 인간관계를 형성하는데 있어서 가장 중요한 것은 자신의 내면이고 이때 필요한 기술이나 기법 등은 자신의 내면에서 자연스럽게 우러나와야 한다.

답 ③

02 예제

A회사에서는 격주로 사원 소식지 '우리가족'을 발행하고 있다. 이번 호의 특집 테마는 팀워크에 대한 것으로, 좋은 사례를 모으고 있다. 다음 중 팀워크의 사례로 가장 적절하지 않은 것은 무엇인가?

① 팀원들의 개성과 장점을 살려 사내 직원 연극대회에서 대상을 받을 수 있었던 사례
② 팀장의 갑작스러운 부재 상황에서 팀원들이 서로 역할을 분담하고 소통을 긴밀하게 하면서 팀의 당초 목표를 원만하게 달성할 수 있었던 사례
③ 자재 조달의 차질로 인해 납기 준수가 어려웠던 상황을 팀원들이 똘똘 뭉쳐 헌신적으로 일한 결과 주문 받은 물품을 성공적으로 납품할 수 있었던 사례
④ 팀의 분위기가 편안하고 인간적이어서 주기적인 직무순환 시기가 도래해도 다른 부서로 가고 싶어 하지 않는 사례

출제의도
팀워크와 응집력에 대한 문제로 각 용어에 대한 정의를 알고 이를 실제 사례를 통해 구분할 수 있어야 한다.

해 설
④ 응집력에 대한 사례에 해당한다.

답 ④

03 예제

리더에 대한 설명으로 옳지 않은 것은?

① 사람을 중시한다.　　　　　　　　　② 오늘에 초점을 둔다.
③ 혁신지향적이다.　　　　　　　　　④ 새로운 상황 창조자이다.

✱

출제의도

리더와 관리자에 대한 문제로 각각에 대해 완벽하게 구분할 수 있어야 한다.

해 설

② 리더는 내일에 초점을 둔다.

답 ②

04 예제

갈등의 두 가지 쟁점 중 감정적 문제에 대한 설명으로 적절하지 않은 것은?

① 공존할 수 없는 개인적 스타일　　　② 역할 모호성
③ 통제나 권력 확보를 위한 싸움　　　④ 자존심에 대한 위협

✱

출제의도

갈등의 두 가지 쟁점인 핵심문제와 감정적 문제에 대해 묻는 문제로 이 두 가지 쟁점을 구분할 수 있는 능력이 필요하다.

해 설

② 갈등의 두 가지 쟁점 중 핵심 문제에 대한 설명이다.

답 ②

05 예제

고객중심 기업의 특징으로 옳지 않은 것은?

① 고객이 정보, 제품, 서비스 등에 쉽게 접근할 수 있도록 한다.
② 보다 나은 서비스를 제공할 수 있도록 기업정책을 수립한다.
③ 고객 만족에 중점을 둔다.
④ 기업이 행한 서비스에 대한 평가는 한번으로 끝낸다.

✱

출제의도

고객서비스능력에 대한 포괄적인 문제로 실제 고객중심 기업의 입장에서 생각해 보면 쉽게 풀 수 있는 문제다.

해 설

④ 기업이 행한 서비스에 대한 평가는 수시로 이루어져야 한다.

답 ④

07 정보능력

01 예제

5W2H는 정보를 전략적으로 수집·활용할 때 주로 사용하는 방법이다. 5W2H에 대한 설명으로 옳지 않은 것은?

① WHAT : 정보의 수집방법을 검토한다.
② WHERE : 정보의 소스(정보원)를 파악한다.
③ WHEN : 정보의 요구(수집)시점을 고려한다.
④ HOW : 정보의 수집방법을 검토한다.

✱

출제의도

방대한 정보들 중 꼭 필요한 정보와 수집 방법 등을 전략적으로 기획하고 정보수집이 이루어질 때 효과적인 정보 수집이 가능해진다. 5W2H는 이러한 전략적 정보 활용 기획의 방법으로 그 개념을 이해하고 있는지를 묻는 질문이다.

해설

5W2H의 'WHAT'은 정보의 입수대상을 명확히 하는 것이다. 정보의 수집방법을 검토하는 것은 HOW(어떻게)에 해당되는 내용이다.

답 ①

02 예제

인사팀에서 근무하는 J씨는 회사가 성장함에 따라 직원 수가 급증하기 시작하면서 직원들의 정보관리 방법을 모색하던 중 다음과 같은 A사의 직원 정보관리 방법을 보게 되었다. J씨는 A사가 하고 있는 이 방법을 회사에도 도입하고자 한다. 이 방법은 무엇인가?

A사의 인사부서에 근무하는 H씨는 직원들의 개인정보를 관리하는 업무를 담당하고 있다. A사에서 근무하는 직원은 수천 명에 달하기 때문에 H씨는 주요 키워드나 주제어를 가지고 직원들의 정보를 구분하여 관리하여, 찾을 때도 쉽고 내용을 수정할 때도 이전보다 훨씬 간편할 수 있도록 했다.

① 목록을 활용한 정보관리
② 색인을 활용한 정보관리
③ 분류를 활용한 정보관리
④ 1:1 매칭을 활용한 정보관리

✱

출제의도

본 문항은 정보관리 방법의 개념을 이해하고 있는가를 묻는 문제이다.

해설

주어진 자료의 A사에서 사용하는 정보관리는 주요 키워드나 주제어를 가지고 정보를 관리하는 방식인 색인을 활용한 정보관리이다. 디지털 파일에 색인을 저장할 경우 추가, 삭제, 변경 등이 쉽다는 점에서 정보관리에 효율적이다.

답 ②

귀하는 커피 전문점을 운영하고 있다. 아래와 같이 엑셀 워크시트로 4개 지점의 원두 구매 수량과 단가를 이용하여 금액을 산출하고 있다. 귀하가 다음 중 D3셀에서 사용하고 있는 함수식으로 옳은 것은? (단, 금액 = 수량 × 단가)

	A	B	C	D	E
1	지점	원두	수량(100g)	금액	
2	A	케냐	15	150000	
3	B	콜롬비아	25	175000	
4	C	케냐	30	300000	
5	D	브라질	35	210000	
6					
7		원두	100g당 단가		
8		케냐	10,000		
9		콜롬비아	7,000		
10		브라질	6,000		
11					

① =C3*VLOOKUP(B3, $B$8:$C$10, 1, 1)

② =B3*HLOOKUP(C3, $B$8:$C$10, 2, 0)

③ =C3*VLOOKUP(B3, $B$8:$C$10, 2, 0)

④ =C3*HLOOKUP($B$8:$C$10, 2, B3)

출제의도

본 문항은 엑셀 워크시트 함수의 활용도를 확인하는 문제이다.

해 설

"VLOOKUP(B3,$B$8:$C$10, 2, 0)"의 함수를 해설해보면 B3의 값(콜롬비아)을 B8:C10에서 찾은 후 그 영역의 2번째 열(C열, 100g당 단가)에 있는 값을 나타내는 함수이다. 금액은 "수량 × 단가"으로 나타내므로 D3셀에 사용되는 함수식은 "=C3*VLOOKUP(B3, $B$8 : $C$10, 2, 0)"이다.

※ HLOOKUP과 VLOOKUP

　㉠ HLOOKUP : 배열의 첫 행에서 값을 검색하여, 지정한 행의 같은 열에서 데이터를 추출

　㉡ VLOOKUP : 배열의 첫 열에서 값을 검색하여, 지정한 열의 같은 행에서 데이터를 추출

답 ③

08 기술능력

---

01 예제 ●

Y그룹 기술연구소에 근무하는 정호는 연구 역량 강화를 위한 업계 워크숍에 참석해 기술 능력이 뛰어난 사람의 특징에 대해 기조 발표를 하려고 한다. 다음 중 정호가 발표에 포함시킬 내용으로 옳지 않은 것은?

① 기술의 체계와 같은 무형의 기술에 대한 능력과는 무관하다.
② 주어진 한계 속에서 제한된 자원을 가지고 일한다.
③ 기술적 해결에 대한 효용성을 평가한다.
④ 실질적 해결을 필요로 하는 문제를 인식한다.

✱

출제의도
기술능력이 뛰어난 사람의 특징에 대해 묻는 문제로 문제의 길이가 길 경우 그 속에 포함된 핵심 어구를 찾는다면 쉽게 풀 수 있는 문제다.

해 설
① 여러 상황 속에서 기술의 체계와 도구를 사용하고 배울 수 있다.

답 ①

---

02 예제 ●

주현은 건설회사에 근무하면서 프로젝트 관리를 한다. 얼마 전 대규모 프로젝트에 참가한 한 하청업체가 중간 보고회를 열고 다음과 같이 자신들이 이번 프로젝트의 성공적 마무리를 위해 노력하고 있음을 설명하고 있다. 다음 중 총괄 책임자로서 주현이 하청업체의 올바른 추진 방향으로 인정해줘야 하는 부분으로 바르게 묶인 것은?

┌───┐
│ ⊙ 정부 및 환경단체가 요구하는 성과평가의 실천 방안을 연구하여 반영하고 있습니다. │
│ ⓒ 이번 프로젝트 성공을 위해 기술적 효용과 함께 환경적 효용도 추구하고 있습니다. │
│ ⓒ 오염 예방을 위한 청정 생산기술을 진단하고 컨설팅하면서 협력회사와 연대하고 있습니다. │
│ ⓔ 환경영향평가에 대해서는 철저한 사후평가 방식으로 진행하고 있습니다. │
└───┘

① ⊙ⓒⓒ
② ⊙ⓒⓔ
③ ⊙ⓒⓔ
④ ⓒⓒⓔ

✱

출제의도
실제 현장에서 사용하는 기술들에 대해 바람직한 평가요소는 무엇인지 묻는 문제다.

해 설
ⓔ 환경영향평가에 대해서는 철저한 사전평가 방식으로 진행해야 한다.

답 ①

다음은 철재가 알아낸 산업재해 원인과 관련된 자료이다. 다음 자료에 해당하는 산업재해의 기본적인 원인은 무엇인가?

2015년 산업재해 현황분석 자료에 따른 사망자의 수

(단위 : 명)

사망원인	사망자 수
안전 지식의 불충분	120
안전 수칙의 오해	56
경험이나 훈련의 불충분	73
작업관리자의 작업방법 교육 불충분	28
유해 위험 작업 교육 불충분	91
기타	4

출처 : 고용노동부 2015 산업재해 현황분석

① 정책적 원인
② 작업 관리상 원인
③ 기술적 원인
④ 교육적 원인

✱

출제의도

산업재해의 원인은 크게 기본적 원인과 직접적 원인으로 나눌 수 있고 이들 원인은 다시 여러 개의 세부 원인들로 나뉜다. 표에 나와 있는 각각의 원인들이 어디에 속하는지 잘 구분할 수 있어야 한다.

해 설

④ 안전 지식의 불충분, 안전 수칙의 오해, 경험이나 훈련의 불충분, 작업관리자의 작업방법 교육 불충분, 유해 위험 작업 교육 불충분 등은 산업재해의 기본적 원인 중 교육적 원인에 해당한다.

답 ④

다음은 기술경영자의 어떤 부분을 이야기하고 있는가?

어떤 일을 마무리하는 데 있어서 6개월의 시간이 걸린다면 그는 그 일을 한 달 안으로 끝낼 것을 원한다. 그에게 강한 밀어붙임을 경험한 사람들은 그에 대해 비판적인 입장을 취하기도 한다. 그의 직원 중 일부는 그 무게를 이겨내지 못하고, 다른 일부의 직원들은 그것을 스스로 더욱 열심히 할 수 있는 자극제로 사용한다고 말한다.

① 빠르고 효과적으로 새로운 기술을 습득하는 능력
② 기술 이전을 효과적으로 할 수 있는 능력
③ 기술 전문 인력을 운용할 수 있는 능력
④ 조직 내의 기술 이용을 수행할 수 있는 능력

✱

출제의도
해당 사례가 기술경영자에게 필요한 능력 중 무엇에 해당하는 내용인지 묻는 문제로 각 능력에 대해 확실하게 이해하고 있어야 한다.

해 설
③ 기술경영자는 기술 전문 인력을 운용함에 있어 강한 리더십을 발휘하고 직원 스스로 움직일 수 있게 이끌 수 있어야 한다.

답 ③

직표는 J그룹의 기술연구팀에서 근무하고 있는데 하루는 공정 개선 워크숍이 열려 최근 사내에서 이슈로 떠오른 신 제조공법의 도입과 관련해 토론을 벌이고 있다. 신 제조공법 도입으로 인한 이해득실에 대해 의견이 분분한 가운데 직표가 할 수 있는 발언으로 옳지 않은 것은?

① "기술의 수명 주기뿐만 아니라 기술의 전략적 중요성과 잠재적 응용 가능성 등도 따져봐야 합니다."
② "다른 것은 그냥 넘어가도 되지만 기계 교체로 인한 막대한 비용만큼은 철저히 고려해야 합니다."
③ "신 제조공법 도입이 우리 회사의 어떤 시장 전략과 연관되어 있는지 궁금합니다."
④ "신 제조공법의 수명을 어떻게 예상하고 있는지 알고 싶군요."

✱

출제의도
기술적용능력에 대해 포괄적으로 묻는 문제로 신기술 적용 시 중요하게 생각해야 할 요소로는 무엇이 있는지 파악하고 있어야 한다.

해 설
② 기계 교체로 인한 막대한 비용뿐만 아니라 신 기술도입과 관련된 모든 사항에 대해 사전에 철저히 고려해야 한다.

답 ②

09 조직이해능력

---

01 예제 ●

주어진 글의 빈칸에 들어갈 말로 가장 적절한 것은?

> 조직이 지속되게 되면 조직구성원들 간 생활양식이나 가치를 공유하게 되는데 이를 조직의 (㉠)라고 한다. 이는 조직구성원들의 사고와 행동에 영향을 미치며 일체감과 정체성을 부여하고 조직이 (㉡)으로 유지되게 한다. 최근 이에 대한 중요성이 부각되면서 긍정적인 방향으로 조성하기 위한 경영층의 노력이 이루어지고 있다.

① ㉠ : 목표, ㉡ : 혁신적　　　　　　　　② ㉠ : 구조, ㉡ : 단계적
③ ㉠ : 문화, ㉡ : 안정적　　　　　　　　④ ㉠ : 규칙, ㉡ : 체계적

✱

출제의도
본 문항은 조직체계의 구성요소들의 개념을 묻는 문제이다.

해　설
조직문화란 조직구성원들 간에 공유하게 되는 생활양식이나 가치를 말한다. 이는 조직구성원들의 사고와 행동에 영향을 미치며 일체감과 정체성을 부여하고 조직이 안정적으로 유지되게 한다.

답 ③

---

02 예제 ●

다음은 중국의 H사에서 시행하는 경영참가제도에 대한 기사이다. 밑줄 친 이 제도는 무엇인가?

> H사는 '사람' 중심의 수평적 기업문화가 발달했다. H사는 <u>이 제도</u>의 시행을 통해 직원들이 경영에 간접적으로 참여할 수 있게 하였는데 이에 따라 자연스레 기업에 대한 직원들의 책임 의식도 강화됐다. 참여주주는 8만2471명이다. 모두 H사의 임직원이며, 이 중 창립자인 CEO R은 개인 주주로 총 주식의 1.18%의 지분과 퇴직연금으로 주식총액의 0.21%만을 보유하고 있다.

① 노사협의회제도　　　　　　　　　　② 이윤분배제도
③ 종업원지주제도　　　　　　　　　　④ 노동주제도

✱

출제의도
경영참가제도는 조직원이 자신이 속한 조직에서 주인의식을 갖고 조직의 의사결정과정에 참여할 수 있도록 하는 제도이다. 본 문항은 경영참가제도의 유형을 구분해낼 수 있는가를 묻는 질문이다.

해　설
종업원지주제도 … 기업이 자사 종업원에게 특별한 조건과 방법으로 자사 주식을 분양·소유하게 하는 제도이다. 이 제도의 목적은 종업원에 대한 근검저축의 장려, 공로에 대한 보수, 자사에의 귀속의식 고취, 자사에의 일체감 조성 등이 있다.

답 ③

다음은 경영전략을 세우는 방법 중 하나인 SWOT에 따른 어느 기업의 분석결과이다. 다음 중 주어진 기업 분석 결과에 대응하는 전략은?

강점(Strength)	• 차별화된 맛과 메뉴 • 폭넓은 네트워크
약점(Weakness)	• 매출의 계절적 변동폭이 큼 • 딱딱한 기업 이미지
기회(Opportunity)	• 소비자의 수요 트랜드 변화 • 가계의 외식 횟수 증가 • 경기회복 가능성
위협(Threat)	• 새로운 경쟁자의 진입 가능성 • 과도한 가계부채

내부환경 외부환경	강점(Strength)	약점(Weakness)
기회 (Opportunity)	① 계절 메뉴 개발을 통한 분기 매출 확보	② 고객의 소비패턴을 반영한 광고를 통한 이미지 쇄신
위협 (Threat)	③ 소비 트렌드 변화를 반영한 시장 세분화 정책	④ 고급화 전략을 통한 매출 확대

✱

출제의도

본 문항은 조직이해능력의 하위능력인 경영관리능력을 측정하는 문제이다. 기업에서 경영전략을 세우는데 많이 사용되는 SWOT분석에 대해 이해하고 주어진 분석표를 통해 가장 적절한 경영전략을 도출할 수 있는지를 확인할 수 있다.

해 설

② 딱딱한 이미지를 현재 소비자의 수요 트렌드라는 환경 변화에 대응하여 바꿀 수 있다.

답 ②

04 예제

다음은 I기업의 조직도와 팀장님의 지시사항이다. H씨가 팀장님의 심부름을 수행하기 위해 연락해야 할 부서로 옳은 것은?

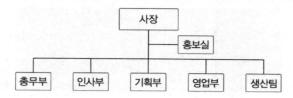

H씨! 내가 지금 너무 바빠서 그러는데 부탁 좀 들어줄래요? 다음 주 중에 사장님 모시고 클라이언트와 만나야 할 일이 있으니까 사장님 일정을 확인해주시구요. 이번 달에 신입사원 교육·훈련계획이 있었던 것 같은데 정확한 시간이랑 날짜를 확인해주세요.

① 총무부, 인사부   ② 총무부, 홍보실
③ 기획부, 총무부   ④ 영업부, 기획부

출제의도
조직도와 부서의 명칭을 보고 개략적인 부서의 소관 업무를 분별할 수 있는지를 묻는 문항이다.

해 설
사장의 일정에 관한 사항은 비서실에서 관리하나 비서실이 없는 회사의 경우 총무부(또는 팀)에서 비서업무를 담당하기도 한다. 또한 신입사원 관리 및 교육은 인사부에서 관리한다.

답 ①

05 예제

다음 중 업무수행 시 단계별로 업무를 시작해서 끝나는 데까지 걸리는 시간을 바 형식으로 표시하여 전체 일정 및 단계별로 소요되는 시간과 각 업무활동 사이의 관계를 볼 수 있는 업무수행 시트는?

① 간트 차트   ② 워크 플로 차트
③ 체크리스트   ④ 퍼트 차트

출제의도
업무수행 계획을 수립할 때 간트 차트, 워크 플로 시트, 체크리스트 등의 수단을 이용하면 효과적으로 계획하고 마지막에 급하게 일을 처리하지 않고 주어진 시간 내에 끝마칠 수 있다. 본 문항은 그러한 수단이 되는 차트들의 이해도를 묻는 문항이다.

해 설
② 일의 절차 처리의 흐름을 표현하기 위해 기호를 써서 도식화한 것
③ 업무를 세부적으로 나누고 각 활동별로 수행수준을 달성했는지를 확인하는 데 효과적
④ 하나의 사업을 수행하는 데 필요한 다수의 세부사업을 단계와 활동으로 세분하여 관련된 계획 공정으로 묶고, 각 활동의 소요시간을 낙관시간, 최가능시간, 비관시간 등 세 가지로 추정하고 이를 평균하여 기대시간을 추정

답 ①

10 직업윤리

01 예제

윤리에 대한 설명으로 옳지 않은 것은?

① 윤리는 인간과 인간 사이에서 지켜져야 할 도리를 바르게 하는 것으로 볼 수 있다.
② 동양적 사고에서 윤리는 인륜과 동일한 의미이며, 엄격한 규율이나 규범의 의미가 배어 있다.
③ 인간은 윤리를 존중하며 살아야 사회가 질서와 평화를 얻게 되고, 모든 사람이 안심하고 개인적 행복을 얻게 된다.
④ 윤리는 세상에 두 사람 이상이 있으면 존재하며, 반대로 혼자 있을 때도 지켜져야 한다.

출제의도
윤리의 의미와 윤리적 인간, 윤리규범의 형성 등에 대한 기본적인 이해를 평가는 문제이다.

해 설
윤리는 인간과 인간 사이에서 지켜져야 할 도리를 바르게 하는 것으로서 이 세상에 두 사람 이상이 있으면 존재하고 반대로 혼자 있을 때에는 의미가 없는 말이 되기도 한다.

답 ④

02 예제

직업윤리에 대한 설명으로 옳지 않은 것은?

① 개인윤리를 바탕으로 각자가 직업에 종사하는 과정에서 요구되는 특수한 윤리규범이다.
② 직업에 종사하는 현대인으로서 누구나 공통적으로 지켜야 할 윤리기준을 직업윤리라 한다.
③ 개인윤리의 기본 덕목인 사랑, 자비 등과 공동발전의 추구, 장기적 상호이익 등의 기본은 직업윤리도 동일하다.
④ 직업을 가진 사람이라면 반드시 지켜야 할 윤리규범이며, 중소기업 이상의 직장에 다니느냐에 따라 구분된다.

출제의도
직업윤리의 정의와 내용에 대한 올바른 이해를 요구하는 문제이다.

해 설
직업윤리란 직업을 가진 사람이라면 반드시 지켜야 할 공통적인 윤리규범을 말하는 것으로 어느 직장에 다니느냐를 구분하지 않는다.

답 ④

우리 사회에서 정직과 신용을 구축하기 위한 지침으로 볼 수 없는 것은?

① 정직과 신뢰의 자산을 매일 조금씩 쌓아가도록 한다.
② 잘못된 것도 정직하게 밝혀야 한다.
③ 작은 실수는 눈감아 주고 때론 타협을 하여야 한다.
④ 부정직한 관행은 인정하지 말아야 한다.

출제의도
근로윤리 중에서도 정직한 행동과 성실한 자세에 대해 올바르게 이해하고 있는지 평가하는 문제이다.

해 설
타협하거나 부정직한 일에 대해서는 눈감아주지 말아야 한다.

답 ③

예절에 대한 설명으로 옳지 않은 것은?

① 예절은 일정한 생활문화권에서 오랜 생활습관을 통해 하나의 공통된 생활방식으로 정립되어 관습적으로 행해지는 사회계약적인 생활규범이라 할 수 있다.
② 예절은 언어문화권에 따라 다르나 동일한 언어문화권일 경우에는 모두 동일하다.
③ 무리를 지어 하나의 문화를 형성하여 사는 일정한 지역을 생활문화권이라 하며, 이 문화권에 사는 사람들이 가장 편리하고 바람직한 방법이라고 여겨 그렇게 행하는 생활방법이 예절이다.
④ 예절은 한 나라에서 통일되어야 국민들이 생활하기가 수월하며, 올바른 예절을 지키는 것이 바른 삶을 사는 것이라 할 수 있다.

출제의도
공동체윤리에 속하는 여러 항목 중 예절의 의미와 특성에 대한 이해능력을 평가하는 문제이다.

해 설
예절은 언어문화권에 따라 다르고, 동일한 언어문화권이라도 지방에 따라 다를 수 있다. 예를 들면 우리나라의 경우 서울과 지방에 따라 예절이 조금씩 다르다.

답 ②

도서
출판 서 원 각

goseowon.com